SOCIAL WORK IN HEALTH CARE

의료 사회복지론

이솔지 · 김진영 · 김나리 · 권혜민 공저

어가 語歌

머리말

최근 의료사회복지현장은 큰 변화의 중심에 있다. 2018년 「사회복지사업법」의 개정으로 의료사회복지사가 법정 자격으로 제도화되어 국가자격제도의 시행과 세부기준이 마련됨에 따라 의료사회복지사 양성을 위한 교육과 훈련이 더욱 중요해졌다. 더불어 그동안 호스피스·완화의료 영역의 확대와 만성질환자 통합관리, 특히 지역사회 통합 돌봄사업의 활성화와 코로나-19의 대유행으로 인하여 의료환경이 급격하게 변화됨에 따라 의료사회복지사의 활동 영역이 매우 넓어지고 있어 의료사회복지 영역에서 의료사회복지사가 해야 할 역할이 주목받고 있다. 현시점에서 의료사회복지사는 이처럼 급변하는 환경에서 의료사회복지 전문가로서 기대되는 영역에서 제 역할을 할 수 있는 전문가로 활동하기 위한 준비를 할 필요가 있다. 이에 이 책은 현 시대의 흐름에 맞추어 의료사회복지에 대한 이론적인 지식과 실천현장의 실무에 필요한 실천지식 내용이 최대한 체계적으로 정리되도록 집필하였다.

이 책은 크게 3부로 구성되었다.

1부에서는 의료사회복지에 대한 전반적인 개관을 다루었다. 이를 위해 의료사회복지에 대한 기본 이해를 돕기 위하여 의료사회복지와 관련한 다양한 개념들과 패러다임의 변화, 의료사회복지의 의의를 정리하였다. 이후 의료사회복지의 발달과정을 소개한 후 의료사회복지실천의 토대가 되는 의료보장 정책과 제도에 대해 다루었다.

2부에서는 의료사회복지의 실천 과정 및 기술에 대해 다루었는데, 이를 위해 의료사회복지의 실천 과정을 초기, 중기, 종료 단계로 나누어 설명하였다. 이후 의료사회복지실천을 위한 다양한 이론과 모델을 소개하였다. 또한 의료사회복지에서의 상담기술과 집단 대상의 의료사회복지실천에 대해 정리하였고, 마지막으로 의료사회복지에서의 기록과 평가를 위한 내용을 소개하였다.

마지막 3부에서는 의료사회복지의 영역별 실천과 지역사회 기반의 의료사회복지실천에 대해 정리하였다. 이를 위해 다양한 일반의료와 사회복지, 정신건강사회복지, 공공보건의료 사회복지, 호스피스·완화의료에 대해 정리하면서 다양한 영역에서 기능하는 의료사회복지에 대한 전반적인 개관을 다루었다. 마지막으로 의료사회복지의 쟁점과 과제에 대해 논하기 위하여 이를 지역사회 통합 돌봄(커뮤니티케어)을 중심으로 의료사회복지사의 역할에 대해 포괄적으로 살펴보았다.

근대적 의미의 의료사회복지실천이 시작된 지도 벌써 60여 년이 흘렀다. 오랜 세월 동안 의료사회복지실천현장에서 녹아 내려온 의료사회복지에 대한 이론적 지식과 실천현장에서의 실천지식은 그 역사만큼이나 아주 방대하다. 이러한 방대한 내용의 지식을 한 권의 책으로 축약하여 엮어 내는 것이 쉬운 일은 아니었지만, 이 책에서는 변화되는 보건의료 환경에서 요구되는 의료사회복지에 대한 최신 지식을 중심으로 담고자 노력하였다. 이에 이 책이 의료사회복지론을 수강하는 학부생이나 대학생, 수련생 등 의료사회복지 영역에 첫발을 내딛는 분들에게 의료사회복지에 대한 전반을 이해하고 전문적 역량을 갖추는 데 도움이 되길 바란다. 마지막으로 이 책이 출간되기까지 기회를 주신 도서출판 어가의 어진용 대표님에게 감사한 마음을 전한다.

2022년 9월
저자 일동

차례

Part 02 의료사회복지의 실천 과정 및 기술

Part 03 의료사회복지의 영역별 실천

Part 1

의료사회복지의 개관

의료사회복지론

Social Work In Health Care

Chapter 01

의료사회복지에 대한 기본 이해

학습 목표

- 건강, 질병, 의료의 개념과 패러다임의 변화에 대해 알고 의료사회복지의 의의를 이해한다.
- 의료사회복지의 개념과 의료사회복지의 직무에 대해 이해한다.

오래전부터 사람들은 인간의 건강이나 질병이 단순히 생물학적이거나 자연적인 조건에 의해 결정된다고 생각해 왔고 또 그렇게 알려져 왔다. 사람들은 건강이나 질병이 사회적인 책임이기보다는 개인적인 문제라고 생각해 왔다. 그러나 근래에는 건강이나 질병이 개인의 사회적·환경적·경제적 수준, 문화적 배경 차이에 의해 많은 영향을 받는 것으로 인식되고 있다. 그래서 그 대응책도 개인적 차원의 위생이나 건강 대책보다는 사회적·환경적 차원의 대책과 더불어 심리 사회적 문제와도 밀접한 관련이 있다고 여김에 따라, 좀 더 포괄적인 차원의 다양한 접근을 하고 있다. 이에 건강과 질병의 생심리사회적(biopsychosocial) 관점을 바탕으로, 환자와 가족을 위한 전문적이고 체계적인 의료서비스를 제공하기 위한 의료사회복지실천의 중요성이 날로 증가하고 있다. 즉, 정신신체의학 개념의 발달로 과거에는 질병에 대한 생의학적 접근으로 해결할 수 없었던 심리사회적 문제를 인식하게 되었으며 질병에 대해 다각적으로 접근하는 새로운 이해가 필요하게 된 것이다. 이에 의료사회복지도 질병에 대한 치료적 관점에만 머무르는 것이 아니라 질병의 예방, 건강관리, 회복과 재활 등 좀 더 포괄적인 기능이 필요하게 되었다.

이 장에서는 건강과 질병, 의료에 대한 개념과 그 개념의 패러다임 변화 상황을 살펴봄으로써 보건의료 영역에서 의료사회복지의 필요성이 강화되고 있는 이유를 의료사회복지의 개념 및 의의, 직무 및 실천현장 등에 대한 개관을 통해 살펴보고자 한다.

01 건강, 질병, 의료의 개념과 의료사회복지의 의의

1) 건강, 질병, 의료에 대한 이해

(1) 건강의 개념 변화

'건강하다'는 것은 무엇을 의미할까? 건강과 질병은 상대적인 개념이다. 흔히 질병이 없는 상태를 건강하다고 하며 건강하지 않은 상태를 질병이 없는 상태로 보기 때문이다. 그러나 건강의 개념이 단순히 신체적 질병이 없다거나 허약하지 않은 상태만을 가리키지 않으며, 질병의 개념 또한 건강하지 않은 상태라고 표현하는 것만으로는 충분하지 못하다.

세계보건기구(WHO: World Health Organization, 1972)는 "건강이란 신체적 및 정신적으로 완전한 안녕의 상태이며, 단지 질병이 없거나 허약하지 않은 상태만을 의미하지 않는다(Health is a state of complete physical, mental and social well-being and not merely the absence of disease or infirmity)."라고 밝히며 건강이란 신체적, 정신적 및 사회적으로 안녕한 상태를 말한다고 정의하였다(유수현·김창곤·김원철, 2017).

이후 밀톤 테리스(Milton Terris)는 WHO의 건강에 대한 개념에서 일부 수정할 필요성을 주장하였다(Bracht, 1978: 101-102). 그는 기존의 WHO의 건강 개념에서 '신체적, 정신적, 사회적으로 완전한 안녕의 상태'라는 문구에서 건강을 완전한 상태로 보는 것에 논의의 여지가 있다고 보고, 인간의 건강이란 항상 가변적이므로 기능적이며 주관적인 용어로 정의되어야 한다고 하였다. 이를테면, 인간은 육체적으로나 정신적으로 노동을 하면 피로하고 적당히 휴식을 취하면 다시 회복되는 자체기능을 가진 동시에, 신체나 정신을 사용하지 않으면 그 기능이 쇠퇴하여 오히려 건강하지 않은 상태가 되며 이러한 변화 또한 자주 있을 수 있다는 것이다. 또한 무엇보다 건강이라는 상태는 완전무결할 수 없다는 것이다. 즉, 건강이란 정도(degree)가 있어 오히려 건강은 완전무결한 신체적, 정신적 및 사회적 조건보다는 한 인간이 독립적으로 영위해 나갈 수 있는 능력과 관계가 있다고 보았다. 이에 그는 '완전한(complete)'이라는 문구를 삭제하고 건강은 '사회생활을 할 수 있는 능력(ability to function)'으로 보고 기능적이고 주관적인 용어로 정의하였다(Bracht, 1978). 즉, 건강이란 완전무결한 신체적·정신적·사회적 조건보다는 한 인간이 사회생활을 독립적으로 할 수 있는 능력과 관계된다고 하였다.

또한 그는 WHO에서 언급한 '질병' 개념으로 'disease'를 'illness'란 용어로 대치시켜야 한다고 하였다. 그 이유는 영어에서 'disease'는 생화학적 변수로 측정할 수 있는 범위에서 벗어난 상태, 즉 신체상의 증상으로 한정한 의미이기 때문이다. 반면, 'illness'란 불안이나 고통을 경험하는 주관적 상태로, 즉 심리사회적인 요인까지 고려한 질병을 의미한다. 이는 기존의 건강과 질병의 개념을 질병의 원인이나 치료적 측면에서 좀 더 포괄적인 차원의 광범위한 해석으로 정의해야 할 필요가 있음을 의미한다고 볼 수 있다.

이와 같은 논리로 밀톤 테리스는 건강을 "신체적, 정신적 및 사회적 안녕의 상태이며 일상생활에서 그 기능을 발휘할 수 있는 능력을 말하며, 단지 질병이 없다거나 허약하지 않은 상태만을 말하는 것은 아니다(Health is a state of physical, mental and social well-being and ability to function and not merely the absence of disease or infirmity)." 라고 좀 더 포괄적인 측면에서 건강과 질병에 대해 수정 정의하였다.

1998년 WHO에서는 기존에 정의한 건강의 개념에서 영적 건강의 개념을 추가하여 건강에 대해 "건강이란 신체적, 정신적, 사회적, 영적으로 완전한 안녕의 상태이며, 단지 질병이 없거나 허약하지 않은 상태만을 의미하지 않는다(Health is a dynamic state of complete physical, mental, social and spiritual well-being and not merely the absence of disease or infirmity)."라고 재정의하였다(유수현 외, 2017). 즉, 건강이란 단지 신체적인 측면에만 한정되거나 의학적 이상이 없다는 것만을 의미하는 것이 아닌 신체와 정신, 사회적 측면과 더 나아가 영적인 측면까지 모두를 포함하여 전체적 통합과 유기적 활성이 긍정화된 상태라고 규정하였다.

이처럼 건강과 질병의 개념 변화를 통해 살펴보면 손발이 절단된 사람이라도 '살아 있다는 것이 행복하다. 앞으로 열심히 살아가고 싶다.'는 의지가 강하다면 건강한 사람으로 판정받을 수 있으며, 반면 건강한 신체에 엄청난 재산을 모은 사람이라도 항상 '죽고 싶다, 사는 게 재미없고 의미 없다'고 생각하면 건강하지 않은 상태, 즉 질병을 가진 사람의 범주에 넣을 수 있다는 것을 의미한다. 이러한 관점에서 보면 건강이나 질병의 개념을 명확히 규정하기는 어려우나 현재 건강의 개념은 한 인간이 자립적으로 사회생활을 할 수 있는 능력(ability to function)과 더불어 영적인 웰빙 상태의 중요성이 더욱 강조되고 있음을 알 수 있다. 그러므로 생심리사회적인 차원의 포괄적인 개입을 주로 하는 의료사회복지가 이와 같은 건강의 문제에 개입하는 것은 어쩌면 당연하고 필요하다고 볼 수 있다.

(2) 질병과 의료의 개념 변화

우리나라에서는 질병(疾病) 혹은 질환(疾患)은 동일한 의미, 즉 의학적 기준점에서 벗어난 상태를 의미하는 것으로 통용되고 있다. 영어에서는 질병이 'disease'와 'illness', 'sickness'로 표현되는데 이들은 의미가 약간 상이하다. 'disease'는 생의학적 개념(bio-medical concept) 차원에서 정상수치를 벗어나는 상태를 의미하는데, 이는 혈액검사 등과 같은 다양한 의학적 기준 부합검사를 통해 과학적 수치를 산출하여 이것이 통상적 범위를 벗어나는 경우 질병으로 판단하는 것이다. 이러한 관점에서는 생의학적 측면에서 질병을 진단하고 이를 정상으로 교정하는 치료적 노력이 주된 치료적 접근이 된다. 반면, 'illness'는 객관화된 수치에 의한 질병의 진단보다는 개인의 주관적 평가에 의해 개인이 느끼는 불편함을 보다 중시하고, 이로부터 파생되는 개인의 기능 수행에 좀 더 초점을 맞추어 질병을 규정한다. 이를테면, 혈압수치가 정상 범위에 있지 않더라도 그 개인이 별다른 불편함을 느끼지 못하고 일상생활에 큰 어려움이 없다면 이를 질병으로 보지 않는다는 것이다. 즉, 'disease'는 있으나 'illness'는 없다고 간주한다. 한편, 'sickness'는 사회적인 요소(social factor)를 좀 더 강조한 개념으로, 질병을 한 개인이 가진 문제에 국한하는 것이 아니라 사회적인 맥락을 고려하여 규정하는 것이다. 즉, 질병이라는 것은 그 발생 원인이나 파급효과가 사회적인 영향을 받거나 상호작용하는 경우가 상당하므로 좀 더 포괄적으로 질병의 개념을 인식해야 한다는 것이다.

이처럼 질병이라는 개념은 단지 생의학적인 측면의 객관화된 수치로 건강과 건강하지 못함을 의미하는 개념으로 이해하는 것이 아니라 때로는 개인의 주관적 평가와 사회적인 맥락을 고려하여 포괄적인 인식이 필요하다는 것을 알 수 있다. 이와 같은 맥락에서 최근 병원에서도 기본적인 질병 체크과정에서 스트레스(stress)나 통증(pain) 등을 기본 추가 요소로 고려하고 건강평가 항목 등에도 사회적 기능 수행 등을 반영하고 있는 것을 볼 때, 건강의 개념과 마찬가지로 질병의 개념도 포괄성과 복합성을 반영하여 인식되는 상황이라는 것을 알 수 있다. 따라서 인간에게 있어 질병이란 유기체의 신체적 기능이 단지 비정상적으로 된 상태, 즉 부상이나 장애에 그치는 것이 아니라 넓은 의미에서는 극도의 고통을 비롯해 정신적 스트레스, 사회적 상황에서의 문제 및 제도상의 모순이나 결함에서 오는 질병의 문제 등과도 관련되어 이해할 필요가 있다. 그러므로 생심리사회적 측면에 관심이 있는 사회복지가 이와 같은 건강과 질병, 의료문제의 해결에 개입하는 것은 어쩌면 당연한 일인지 모른다.

질병의 개념과 더불어 의료의 개념에 대한 인식 또한 넓어지고 포괄화되고 있다. 우리는 건강의 보호·유지와 질병의 예방 및 제거를 위한 학문을 의학이라고 부르며 이 학문이론의 실천을 의료라고 부른다. 의료란 '질병으로부터의 회복'이라는 뜻을 가지며 인간의 부상과 질병의 예방, 조기발견, 치료나 사회 복귀 등을 목적으로 의학에 관한 전문적인 지식과 기술을 가진 전문가가 의료서비스를 받고자 하는 사회구성원에게 제공하는 것이다. 이는 의료에 대한 광의적 개념이며, 의료를 협의적 개념으로 보면 크게 의료(medical care)와 건강보호(health care)로 나누어 생각해 볼 수 있다. 여기서 의료는 질병과 손상의 회복에 초점을 두어 이를 달성하기 위한 진단과 치료를 말하며, 건강보호는 현재의 건강 상태를 유지하거나 건강문제 출현을 예방하기 위한 개인과 사회의 노력(강홍구, 2019)으로, 의료기관에서 제공되는 진단, 치료, 조기진단과 조기치료, 예방 및 재활은 물론 정기적인 건강진단과 집단 진단검사 등 건강증진을 위한 모든 영역을 일컫는다(연세대학교 의과대학 예방의학교실, 1975: 유수현 외, 2017 재인용).

이처럼 의료는 협의적으로 볼 때 두 가지 의미가 포함되는 것이나 최근 의료환경의 변화는 의료를 앞서 언급한 광의의 개념으로 해석하는 쪽으로 변화되어 현재는 협의의 개념에서 설명한 두 가지 의료의 개념을 포함하는 포괄적 의료(comprehensive medical care)라는 개념으로 의료를 바라보고 있다. 포괄적 의료란, ① 예방에서 재활에 이르기까지 충분한 서비스를 제공하고, ② 지속적인 치료를 하며, ③ 질병의 사회적 및 개인적 측면의 관리를 강조하고, ④ 개인 의지의 책임이 포함된 건강 개념의 사용과 현대 과학의 의료실천에서의 다양한 요소를 조정하고 통합하여 건강서비스를 가족들에게 조직적으로 제공하는 것을 뜻한다(유수현 외, 2017; Snoke & Weinerman, 1965). 즉, 이 개념으로 보면, 포괄적 의료는 환자를 전인(whole person)으로 보고 총체적인 치료(total care)를 하는 것을 의미한다는 것을 알 수 있다.

이처럼 질병의 개념과 마찬가지로 의료의 개념 또한 점점 더 포괄적으로 해석되고 있다. 다양한 보건의료 전문가들은 팀 협력체제 의료환경에서 함께 일할 수밖에 없으며, 이에 생리심리사회적 측면에서 개입하는 의료사회복지사의 역할 또한 중요해질 수밖에 없다.

2) 의료문제와 사회문제의 속성

의료문제는 질병과 관련된다. 질병의 문제는 건강의 문제이고 건강의 문제는 생활전반의 문제가 되므로 의료문제와 사회문제는 서로 밀접한 상호작용을 하고 있다고 볼 수 있다. 즉, 질병의 발생은 어떤 개인의 사회생활을 영위하기 위한 기능의 변화를 가져와 사회 적응상의 문제를 초래하고, 그 개인의 이와 같은 문제는 가정과 지역사회 전반에 걸쳐 변화를 가져올 수도 있다. 그래서 의료문제와 사회문제의 속성은 상호작용하는 측면이 있어 의료문제를 의료적 차원으로만 해결하기 어렵다는 것이다.

이에 대해 질병과 사회문제의 상호역동성, 심리사회적 문제와 질병, 의료문제의 사회적 성격의 세 가지 측면으로 살펴보면 다음과 같다.

(1) 질병과 사회문제의 상호역동성

질병은 사회문제를 야기하기도 하고 사회문제가 질병을 초래하기도 한다. 먼저 질병이 사회문제를 일으키는 데 작용하는 예를 코로나-19와 같은 전염병의 예를 통해서 쉽게 알 수 있다. 전염병은 급속히 많은 사람에게 질병을 전염시킬 수 있고 전염력과 질병의 치명률 등의 정도에 따라 전염성 질병이 사회 전체에 미치는 영향력은 매우 크다. 코로나-19의 경우만 보아도 전염성 질병은 개인의 문제가 아닌 그 사회 전체에 해당하는 엄청난 사회문제를 만들어 냈다.

다음으로 사회변화에 따른 사회문제 또한 질병 구조의 변화를 초래할 수 있고 질병의 원인으로 작용한다. 실제로 산업화, 도시화의 영향으로 인해 생겨난 여러 가지 사회문제들은 질병구조를 변화시키고 새로운 질병을 만들어 냈다. 박종기(1979: 31)는 급격한 도시화의 영향으로 인한 질병의 초래에 대해 이야기하였는데, 즉 밀집 주거환경의 폐단, 대기 및 수질오염의 확대, 도시환경시설의 부족 현상 초래, 교통사고의 발생빈도 증가, 호흡기질환 유발, 정신 및 신경계 질환 유발, 진폐증이나 약물중독 등과 같은 직업병 성격의 산재질병 등이 초래되었다고 지적하였다. 이처럼 앞서 질병이 사회문제를 만들어 내는 상황에서의 사회적 차원의 대처가 중요한 것과 마찬가지로 사회문제들이 질병 구조를 변화시키고 새로운 공해병, 직업병, 교통사고, 스트레스 등의 질병을 만들어 내므로 그 치료 대책도 개인적 차원의 위생 개념이나 건강 케어보다는 사회적 차원으로 치료 대책이 강구되어야만 하게 된 것이다. 이는 사회적 문제의 해결을 위해 제도적·실천적 측면에서 개입하는 의료사회복지의 역할의 중요성이 있음을 설명하는 부분이다.

(2) 심리사회적 문제와 질병

한 가정에서 가족 구성원 중 누구 하나가 질병에 노출되면 그것은 그 개인에게 단순히 질병이 노출되어 의료적 치료를 요하는 문제로 끝나는 것이 아닌 다양한 사회적 이슈들을 발생시키게 된다. 좁게는 다른 가족구성원들의 삶에 큰 영향을 미칠 수 있고 넓게는 더 넓은 체계에 영향을 미칠 수 있다는 사실을 우리는 알 수 있다. 즉, 어느 가족에게 환자가 발생했다 함은 환자를 포함한 온 가족에게 새로운 문제를 가져다주는 위기로 볼 수 있고 또한 질병이 발생함으로써 여러 가지 사회적 역기능(social dysfunction)이 뒤이어 발생하기 때문에 질병이란 사회복지의 입장에서 볼 때 '의료적 사건(medical event)'이 아니라 '사회적 사건(social event)'인 것이다. 그러므로 사회적 사건에 대한 대처에 관여하는 의료사회복지에서의 개입이 의료문제에 있어 중요하고 볼 수 있다.

(3) 의료문제의 사회적 성격

John Cassel은 질병과 사회적·행위적 요인에 대한 연구를 통해 사회환경과 인간 질병 간의 관계에 대한 가설을 세우면서, 질병 발생의 원인은 어지러운 사회관계, 사회적 지위의 하층성, 보호적 요인의 결핍, 유전적 요인과 유해 요소의 침투 등에 있다고 하였다(Bracht, 1978: 107-108). 즉, 생활양식과 빈곤 등과 같은 조건들이 질병과 밀접한 관련이 있다는 것으로, 사회적·문화적·경제적 조건이 질병과 밀접한 관련이 있다는 것이다. 그러므로 의료의 문제는 곧 사회의 문제인 것이며 사회적 문제를 의학적 해결방법만 가지고 해결하는 것은 불가능할 뿐만 아니라 한 개인의 힘만으로도 해결하기 어렵다.

더불어 의료문제를 사회문제로 보는 다른 이유는 의료비의 속성 때문이다. 의료는 이윤추구의 법칙에 따라 영리 목적의 민간 주도의 의료시설이 많다. 이들 민간 의료시설은 양질의 의료제공 경쟁으로 인해 고가의 과학적 현대 의료장비를 갖추게 되었고 이에 대한 투자비는 의료비의 부담을 가중시킨다. 고가의 의료수가는 저소득층에게는 많은 부담을 주며 그 서비스의 대상은 주로 중·고소득층으로 초점이 맞춰진다. 그래서 양질의 의료서비스를 제공하는 의료시설은 주로 도시지역에 밀집하고 의료비의 상승은 의료 욕구가 높은 도시 영세민이나 농어촌 주민은 질이 낮은 의료서비스를 제공받고 의료 욕구가 낮은 고소득자가 오히려 최고 양질의 의료서비스를 제공받게 되는 아이로니컬한 상황을 만들었다. 이처럼 이와 같은 모순들은 사회복지적 측면에서 시급히 해결해야 할 과제이므로 이의 해결을 위해 의료사회복지사의 참여가 요구되는 것이다.

전술한 바와 같이 의료문제와 사회문제는 상호역동적 관계에 있으며 의료문제의 사회적 성격 때문에 의료문제를 다룰 때는 사회문제와의 관계를 간과할 수 없다. 사회문제를 다루는 전문가로서 의료사회복지사가 의료의 문제에 개입하는 것은 당연하며 그 의미가 크다는 것을 알 수 있다.

02 의료사회복지의 개념

최근 건강 보호 영역에서는 의료서비스가 치료에서 보건의 개념으로 확대되면서 바람직한 치료에 대한 개념도 변화됨에 따라 이를 반영하여 의료사회복지실천 영역에서도 좀 더 포괄적인 차원으로 의료사회복지에 대해 정의한다. 이를 설명하기 위해 먼저 미시적 차원과 거시적 차원에서 의료사회복지의 개념을 정의해 보면 다음과 같다.

1) 미시적 개념의 의료사회복지

미시적 차원에서의 의료사회복지에 대한 개념적 정의를 엄햄과 매리(Upham & Mary, 1951)는 "의료사회복지의 기능이란 병원에서 제공하는 의료적 치료를 조정·보강하여 질병의 원인이 될 수도 있고 치료에 방해가 될 수 있는 사회적·정서적 인간의 내면의 문제를 해결하도록 돕고, 환자가 퇴원 후에 가정이나 지역사회에 복귀하여 정상적으로 사회적 기능을 발휘하도록 돕는 사회복지의 한 분야"라고 정의하였다(장수미 외, 2021: 10 재인용). 유수현 등(2017: 30 재인용)은 "의료사회복지란 병원이나 진료소에서 사회복지사가 임상치료 팀의 일원이 되어 사회복지의 입장에서 질병의 원인이 될 수도 있고, 치료에 장애가 되는 심리사회적인 문제들을 해결하도록 도와주고 환자가 퇴원 후에도 정상적인 사회 기능을 발휘할 수 있도록 환자뿐만 아니라 가족에게까지도 전문적인 서비스를 제공하는 활동을 말한다."고 병원이나 의료시설 내에서의 임상 지향적인 개념으로 의료사회복지실천의 개념을 정의하였다.

이와 같은 의료사회복지의 미시적 개념 정의는 전술한 협의의 의료 개념인 병원이나 의료시설 내의 'medical care' 활동으로 이해될 수 있다. 이는 의료사회복지를 질병의 치료와 회복에 목표를 두는 것으로서, 질병과 관련이 있는 심리사회적인 요인을 다루는 사회복지실천이라고 볼 수 있다. 이러한 정의는 질병의 원인과 치료에 방해가 될 수 있는 개인 내면의 문제요인을 없애는 것에 초점을 두며, 이를 위해 치료진을 지원하는 역할을 의료사회복지의 기능이라고 정의하는 것이다. 즉, 이러한 정의는 병원이나 의료시설 내의 진료 과정에서 의료를 보다 효과적이며 능률적으로 전개할 수 있도록 돕기 위해 환자와 그 가족이 가지고 있는 사회적·경제적·심리적 문제에 대하여 사회복지 원조 서비스를 제공하는 것을 의미한다.

2) 거시적 개념의 의료사회복지

거시적 차원의 개념은 건강(health) 차원의 접근으로, 질병의 회복과 더불어 예방과 사후 관리를 포함한 일련의 과정으로 인식할 수 있다. 접근의 단위도 병원 내의 활동에만 국한하는 것이 아니라 지역사회에 대한 개입으로까지 개입의 범위를 확대하며 필요할 경우 제도와 정책적인 차원의 접근 또한 포함하는 포괄적인 개념이라고 볼 수 있다. 이에 대해 유수현 등(2017: 30 재인용)은 거시적 차원의 의료사회복지를 "질병의 예방과 건강의 증진 및 개발 지향적인 지역사회 의료복지를 달성하기 위해 보건 및 의료 분야에 대한 제반 시책 및 시설을 포함한 제도와 정책에서 사회복지사가 수행하는 제반 활동"이라고 정의하였다. 이는 의료사회복지를 질병 예방, 건강증진 및 지역사회의 의료복지 달성을 목표로 하는 보다 포괄적인 개념으로 정의한 것이다. 의료의 개념이 단지 질병의 치료와 회복을 목적으로 하는 것이 아니라 건강의 증진을 통해 사회적 안녕까지 이루어지도록 하는 것을 포함하는 것으로, 이를 위해 사회복지의 개입범위도 확대되어 정의한 것이다. 이와 같은 정의는 전술한 의료의 개념에서 'health care'와 관련된 정의라고 볼 수 있다. 미시적 개념과 거시적 개념의 의료사회복지의 개념을 비교하면 다음의 〈표 1-1〉과 같다.

〈표 1-1〉 미시적 개념과 거시적 개념의 의료사회복지의 개념 비교

구분	미시적 개념	거시적 개념
목표	질병 치료, 건강회복 유지	질병 예방, 건강증진, 지역사회 의료복지 달성
의료의 개념	medical care	health care
서비스의 주요 기능(지향점)	환자의 임상치료 지향적	주민의 건강개발 지향적
사회복지사의 활동 영역	의료시설 내 (병원, 진료소 등)	의료시설, 의료문제를 가지고 있는 지역의료제도 및 정책 결정기관
서비스 대상	환자, 가족, 의료진	환자의 가족을 포함한 지역주민, 의료환경(의료기관, 의료제도, 의료정책)
서비스 내용	① 질병과 관련되는 심리사회적 문제의 해결 ② 건강회복, 건강 유지, 사회적응을 위한 원조	① 주민의 보건의식 개발과 건강한 생활 태도 유지 ② 환경개선: 불량 위생환경 개선 및 방역 ③ 의료자원 발굴, 조직과 활용 ④ 보건정책 또는 제도의 결정 및 시행에 영향력 행사 ⑤ 의료문제 해결을 위한 자문(consultation)
사회복지사의 위치	임상치료팀의 일원	지역사회 보건의료팀의 일원
주로 사용하는 사회복지의 방법	social casework social groupwork family treatment	social groupwork community work social work research
용어	medical social work	social work in health care

출처: 유수현 외(2017: 31)

앞의 내용을 토대로 의료사회복지에 대해 정의하면 "의료사회복지는 질병을 가진 환자와 그 가족, 지역사회를 대상으로 의료진과 함께 클라이언트의 심리, 사회적, 정서적, 환경적 문제를 해결하도록 돕고 퇴원 시뿐만 아니라 입원 전과 퇴원 후에도 사회적 기능을 원활히 수행할 수 있도록 질병의 예방과 회복, 사후 관리에 이르는 연속적 과정에서 개인에 대한 접근뿐만 아니라 의료제도와 정책 차원의 접근을 통하여 의료사회복지실천의 목적을 달성하도록 돕는 보건의료 영역의 사회복지실천"(대한의료사회복지사협회 홈페이지 www.kamsw.or.kr)이라고 할 수 있겠다. 이는 최근 건강보호 영역에서 의료서비스가 치료에서 보건의 개념으로 확대되면서 바람직한 치료[1]에 대한 개념도 변화됨에 따라 이를 반영한 포괄적이고 거시적인 차원의 의료사회복지에 대해 개념이다.

03 의료사회복지의 실천 분야와 기능 및 역할(직무)

1) 의료사회복지의 실천 분야

의료사회복지의 실천 분야는 의료서비스의 영역에 따라 달라진다. 여기에서는 이를 크게 일반의료서비스, 재활의료서비스, 정신건강의료서비스, 지역사회공공의료서비스, 기타 의료사회복지서비스로 나누어 간단히 소개하고자 하며 자세한 내용은 '3부 의료사회복지의 영역별 실천'에서 자세히 다루고자 한다.

(1) 일반의료와 의료사회복지

일반의료서비스란 재활의학과와 정신건강의학과를 제외한 신체적인 질병과 관련

1 바람직한 치료란 의료의 개념을 포괄적으로 정의하는 것을 통해 인간의 문제를 전인적인 관점에서 통찰하여, 단순한 예방책이나 질병의 조기발견, 조기치료에 대한 치료 영역의 확대만을 의미하는 것이 아닌 심신의 기능 회복과 더불어 사회 복귀, 더 나아가 전 국민의 건강증진을 위한 정책적·실천적 기능을 요하는 것으로 볼 수 있다.

된 질환에 대한 개입 활동이다. 종합병원이나 개인병원 등 일반 의료시설 내에서 병의 원인이 될 수 있고 치료의 효과를 방해할 수 있는 사회적·정서적·경제적 문제들을 해결하도록 돕고 퇴원 후 환자가 가정이나 지역사회로 돌아가서도 기능적인 사회적 역할을 수행할 수 있도록 돕는 사회복지사의 활동 영역이라고 볼 수 있다. 일반 의료서비스 분야는 암, 화상, 만성질환, 장기이식, 심장질환, 호스피스·완화의료 등 개입을 요하는 환자의 질병군에 따라 증상과 치료의 과정이 상이하므로 각 질병에서 파생되는 제반 심리사회적·경제적 문제 등에 대한 이해와 접근방법이 조금씩 다를 수 있다. 이에 일반의료사회복지사는 해당 질병군에 따른 전문지식과 기술을 활용하여 이러한 질병을 가진 환자와 가족에게 개입한다.

(2) 재활의료와 의료사회복지

재활의료란 재활의학과에서 치료받고 있는 환자들을 포함하여 재활(rehabilitation)이라는 목표를 가진 환자와 가족들에 대한 개입 활동을 의미한다. 질환별로 보면 척수 손상, 절단, 뇌졸중, 뇌손상, 뇌성마비, 사지(부전)마비 등이 있다. 개인에게 영구적인 심신의 장애가 생겼다는 것은 당사자와 주변 지지체계에 상당한 변화와 충격을 줄 수 있다. 또한 가정적으로나 사회적으로 부차적인 문제를 많이 야기하며 이것은 환자의 의료적 재활에 부정적인 영향을 미치는 경우가 대부분이다. 재활의료는 이러한 문제의 직접적인 해결을 통해 다른 의료팀의 구성원들과 더불어 환자의 의료적 재활을 보다 효과적으로 성취하고 가정과 지역사회에 원만히 복귀할 수 있도록 돕는 서비스이다.

(3) 정신건강의료와 의료사회복지

정신의료서비스는 정신의학적 어려움을 겪는 클라이언트나 정신장애의 치료와 재발, 예방을 목적으로, 환자, 가족, 넓게는 전 국민의 정신건강 증진을 목적으로 대학병원 내 정신건강의학과나 정신과 전문병원, 치매 및 알코올중독 치료 전문병원, 정신요양시설, 사회복귀시설, 정신건강복지센터 등에서 행하는 서비스이다. 정신건강의료 영역에서 일하는 사회복지사는 치료팀의 일원으로 대상자들을 직간접적으로 치료하는 동시에 대상자의 가족과 주변 지지체계에 대한 개입을 통해 대상자의 회복과 긍정적인 환경 변화가 일어날 수 있도록 전문적으로 개입한다.

(4) 지역사회공공의료서비스와 의료사회복지

지역사회공공의료서비스 활동은 지역사회 내에서 지역주민들의 보건 향상을 위한 의료활동을 의미한다. 이는 질병의 조기발견, 예방, 치료, 교육을 통한 상호작용을 의미하며 지역사회 주민들의 보건 향상을 위한 주민 건강교육, 특정 질환 진료비 지원 사업, 가정간호 사업, 지역주민을 위한 무료 이동 진료 활동, 지역사회 내 의료복지 자원체계 활동 등을 포함한다. 따라서 지역사회 관공서, 보건소, 의료기관, 각종 사회복지 관련 기관 등 의료사회복지서비스를 제공하는 기관들이 증가하고 있다.

(5) 기타 의료사회복지 영역

이외에도 군의료사회복지, 호스피스·완화의료 사회복지 등과 같은 의료사회복지 서비스 영역이 있다. 군의료사회복지는 일반의료 및 정신건강사회복지사의 활동 원칙과 특성을 가지고 전투력 강화의 저해 요인인 군조직 성원의 치료팀 일원으로, 질병의 사회적·심리적·정신적·경제적 요인을 조사·사정하여 환자의 질병 치료에 기여하는 의료사회복지실천 영역이다. 마지막으로 호스피스·완화의료서비스가 있으나 해당 내용은 이 책의 12장에서 좀 더 상세히 소개하고자 한다.

2) 의료사회복지의 직무와 역할

의료사회복지사의 직무란 의료사회복지사가 책임을 지고 담당하는 업무를 의미한다. 해당 직무를 명시하는 것은 책임을 분명하게 하고 전문직 간의 팀 협력 과정에서 업무협조를 촉진한다는 점에서 중요하다. 미국의 경우 1997년에 미국사회복지사협회(NASW: National Association of Social Workers)가 각 병원에서 통상적으로 수행하고 있는 의료사회복지사의 표준화된 서비스 유형 12개를 설정하였다(National Association of Social Workers, 1977, Bracht, 1978: 유수현 외, 2013 재인용). 1987년에는 이 유형을 클라이언트에 대한 11개의 서비스와 지역사회에 대한 6개의 서비스로 구분하여 표준 의료사회복지사업 서비스로 설정하였고, 이는 다음 〈표 1-2〉와 같았다.

〈표 1-2〉 미국 표준 의료사회복지사업 서비스

클라이언트에 대한 특정 서비스	① 사회사업서비스에 대한 욕구의 사정 ② 입원 전 계획 및 퇴원계획의 수립 ③ 개인, 가족, 집단에게 직접서비스 및 치료 ④ 사례의 발견 및 접근 ⑤ 정보 제공과 정보 의뢰 ⑥ 조직 내·외부에서 클라이언트 옹호 ⑦ 클라이언트의 권리와 수급권 및 보상의 권리 보호 ⑧ 장·단기 계획 수립 ⑨ 건강 및 정신건강의 유지와 증진 ⑩ 예방, 치료, 재활의 계획 수립 ⑪ 접근성의 확보와 효과적 활용을 포함한 치료의 지속성 제공
지역사회에 대한 서비스	① 미충족된 욕구와 서비스를 받지 못한 집단의 확인 ② 위험인구집단 확인 및 위험집단에 대한 서비스 확인 ③ 건강의 보호 및 증진에 관련된 외부 조직들 및 전문직들과의 협의 및 협력 ④ 지역사회 연결 서비스 ⑤ 지역사회계획 수립 및 조정 활동 ⑥ 심리사회적 건강교육 및 증진

출처: National Association of Social Workers(1987: 6-7)

미국사회복지사협회에서는 의료사회복지사의 직무 유형 가운데 다음의 4개 기능은 하기를 기대하며 규정하였다(Cowles, 2000: 31-32).

① 직간접적인 서비스를 모두 제공해야 한다.
② 사회복지사의 서비스를 필요로 하는 클라이언트를 찾아 나서야 한다.
③ 클라이언트의 권리와 욕구의 보호를 일차적인 의무로 삼아야 한다.
④ 개별 클라이언트뿐만 아니라 가족 및 집단과 지역사회에 대해서도 서비스를 제공해야만 한다.

우리나라에서도 의료사회복지사의 직무에 대해 대한의료사회복지사협회에서는 연세대학교 사회복지연구소에 의뢰하여 의료사회복지사의 표준 직무를 설정하려고 시도하였고 동 연구에서는 미국의 표준 직무와 우리의 의료현장에서 이루어지고 있는 직무를 종합하여 사회복지 임상업무, 행정업무, 교육 및 연구조사 차원으로 크게 분류하였다. 구체적인 직무 내용은 다음의 〈표 1-3〉과 같다.

〈표 1-3〉 의료사회복지사의 직무 분류와 직무 내용

<table>
<tr><th>직무 차원</th><th>직무 하위 차원</th><th colspan="2">직무 내용</th></tr>
<tr><td rowspan="20">사회복지 임상</td><td rowspan="9">심리·사회·정신적 문제해결 직무 차원</td><td>1</td><td>심리사회적 문제의 원인 조사 및 사정</td></tr>
<tr><td>2</td><td>치료계획에 의한 환자의 개별치료</td></tr>
<tr><td>3</td><td>내원객의 욕구에 의한 환자의 개별상담</td></tr>
<tr><td>4</td><td>치료계획에 의한 환자의 가족치료</td></tr>
<tr><td>5</td><td>내원객의 욕구에 의한 환자의 가족상담</td></tr>
<tr><td>6</td><td>집단치료</td></tr>
<tr><td>7</td><td>집단활동지도</td></tr>
<tr><td>8</td><td>환자와 환자 가족의 교육</td></tr>
<tr><td>9</td><td>환자와 환자 가족에게 질병에 관한 정보 제공</td></tr>
<tr><td rowspan="3">경제적 문제해결 직무 차원</td><td>10</td><td>사회보장 및 법적 제도에 대한 정보 제공과 지원</td></tr>
<tr><td>11</td><td>병원 내의 자원을 이용한 진료비 지원</td></tr>
<tr><td>12</td><td>후원자, 후원단체 연결을 통한 병원 외적 자원과의 연결</td></tr>
<tr><td rowspan="3">지역사회 자원 연결 직무 차원</td><td>13</td><td>지역사회의 새로운 자원 개발 및 자원체계에 대한 정보제공</td></tr>
<tr><td>14</td><td>수집된 기존 지역사회의 자원체계에 대한 정보 제공</td></tr>
<tr><td>15</td><td>지역사회 자원과 연결</td></tr>
<tr><td rowspan="5">사회복귀 및 재활 문제해결 직무 차원</td><td>16</td><td>퇴원계획 상담</td></tr>
<tr><td>17</td><td>추가치료 및 자가치료 지원(가정방문, 외래상담 등)</td></tr>
<tr><td>18</td><td>직업재활 상담지도</td></tr>
<tr><td>19</td><td>회복 상태 및 사회적응도 평가</td></tr>
<tr><td>20</td><td>사회생활 훈련지도</td></tr>
</table>

직무 차원	직무 하위 차원	직무 내용	
〃	team approach 직무 차원	21	회진 참여
		22	타 부서와의 case conference
		23	병원 경영에 어려움을 줄 수 있는 고위험 환자의 조기발견
		24	질병에 의한 고위험 환자의 조기발견
		25	사례분석 평가
행정	사회복지 부서의 순수행정 직무 차원	26	보고서 및 업무일지의 기록
		27	사회사업 부서의 운영에 관한 회의
		28	부서 직원의 지휘 및 감독
		29	병원(기관)의 행정 및 경영에 관계된 회의
교육 및 연구조사	교육 및 연구조사 직무 차원	30	실습생 지도
		31	신규직원 교육
		32	전문성 제고를 위한 교육참여(임상연구 회의, 저널클럽)
		33	의료사회사업 연구 및 조사 활동

출처: 유수현 외(2017: 79)

이 외에도 의료사회복지사의 직무에 대해 확인할 수 있는 것으로는 의료기관에서 시행하고 있는 병원의 진료 수준 향상과 의료기관의 의료 질 관리를 위해 평가 제도인 수련병원실태조사 및 병원신임평가와 의료기관인증평가가 있다. 먼저 병원신임평가는 2003년 '수련병원실태조사 및 병원신임평가'로 명칭을 변경하여 병원의 진료, 시설 및 장비, 인력, 경영 등에 일정한 기준을 정하고 제시된 기준을 통해 적정진료보장, 최신 의료 수준의 수용성 증대, 병원경영관리의 효율성 제고, 병원이 진료 수준을 향상시키는 데 목적이 있으며, 의료사회복지 영역도 이 가운데 한 분야를 차지하고 있다. 병원신임평가에서 의료사회복지사업에 대해 평가하고 있는 내용을 살펴보는 것은 의료기관 내에서 의료사회복지 영역에 요구되는 직무에 대한 이해를 돕는다. 병원신임평가에서의 의료사회복지 영역에 대한 평가 항목의 내용은 다음과 같다.

병원신임평가에서의 의료사회복지사업평가 항목

〈규정〉

1. 의료사회복지 부문의 업무규정은 다음의 내용을 포함한다.

   해당사항 없음(업무규정이 없으므로)

   ① 사회복지의 업무 범위와 직원의 직무분장
   ② 사회복지사의 개입문제 목록과 전문적인 개입기술
   ③ 사회복지서비스 대상환자 선정 기준
   ④ 협진의뢰(consultation) 절차 및 체계
   ⑤ 사회복지 기록(recording)
   ⑥ 사례의 전반적인 진행 과정(process)에 관한 사항
   ⑦ 사회복지상담에서 요구되는 비밀보장 등 윤리에 관한 사항
   ⑧ 활용 가능한 외부자원에 대한 정보체계 및 기관의 리스트
   ⑨ 질 향상(QI)을 위한 방법에 관한 사항
   ⑩ 사회복지전문교육에 관련된 사항

현지 준비: 의료사회복지 관련 업무규정 등 관련 자료

평가 목적: 의료기관은 환자들의 요구를 충족시키기 위한 사회복지서비스 제공 체계를 갖추고 적합한 활동을 수행할 수 있어야 한다.

평가 방법: ① 해당 병원은 평가년도 5월 1일 기준의 의료사회복지부문 업무규정을 준비한다.
② 업무규정에는 최소한 다음과 같은 내용이 포함되어야 한다.

가. 사회복지의 업무범위와 직원의 직무분장
- 사회복지의 업무범위와 사회복지사별 업무분장이 제시되어야 한다.
- 개인별 업무분장에는 담당자, 업무 분야, 업무 내용, 기타 업무 등이 제시되어야 한다.

나. 사회복지사의 개입문제 목록과 전문적인 개입기술
- 사회복지사의 개입문제 목록이 제시되고 전문적인 개입방법과 관련된 전문기술에 대한 내용이 제시되어야 한다.

다. 사회복지서비스 대상 환자 및 선정 기준
- 사회복지서비스 대상 환자를 선정하는 기준 내용이 제시되어야 한다.

라. 협진의뢰 절차 및 체계
- 사회복지 부문으로의 대상자 협진의뢰에 관한 절차가 기술되어야 한다.
- 병원 내의 사회복지의 개입대상이 되는 문제환자에 대하여 조기에 개입할 수 있는 체계가 제시되어야 한다.

마. 사회복지 기록의 보전에 관한 사항
- 사회복지의 기록과 통계 보고서의 작성에 관한 일반 원칙이 제시되어야 한다.
- 사회복지 부분 기록과 병원의무기록에 포함되어야 할 내용이 제시되어야 한다.
- 사회복지 기록에는 의뢰경위 및 의뢰절차, 환자 관련 정보, 문제사정, 개입목표 및 계획, 개입활동, F/U, 종결 및 요약 보고에 관한 내용이 기술되어야 한다.

바. 사례의 전반적인 진행 과정에 관한 사항
- 사례의 진행 과정에 따른 사회복지사의 역할과 개입단계별 과정, 문제유형별 개입전략 등이 기술되어야 한다.

사. 사회복지상담에서 요구되는 비밀보장 등 윤리에 관한 사항
- 사회복지사의 기본 가치와 윤리에 대한 사항이 포괄적으로 언급되어야 한다.
- 환자나 가족의 비밀보장에 관한 사항이 제시되어야 한다.
- 비밀보장을 하기 위한 구체적인 방법이 제시되어야 한다.

아. 활용 가능한 외부자원에 대한 정보체계 및 기관의 리스트
- 네트워크되어 있는 외부자원체계에 대한 기술과 그 기관의 리스트가 제시되어야 한다.
- 외부기관의 리스트는 기관명, 사업내용, 주소, 전화번호, 특기사항 등이 기술되어야 한다.

자. 질 향상을 위한 방법에 관한 사항
- 사회복지의 질 향상을 위해 case conference, 이용자 만족도 조사 등의 QI 실시방법과 기준이 제시되어야 한다.
- 각 방법당 사용하는 도구나 진행과정이 제시되어야 한다.

차. 사회복지전문교육에 관련된 사항
- 사회복지사의 전문적 역량을 강화하기 위해서 직무교육, 수련교육, 실습교육 등 사회복지전문교육과 관련된 지침이 제시되어야 한다.

③ 평가위원은 평가년도 5월 1일 기준의 의료사회복지 부문 업무규정을 확인한다.

〈인력〉

2. 직원 현황(오른쪽 난에 사회복지사 수를 기입, 단위: 명)
* 아래 난에 해당 숫자만 기입하시오.

구분	인원
사회복지사	
기타 직원	

* 100병상당 사회복지사의 수를 오른쪽 난에 기입하시오. (   )
[산출방법: (사회복지사 수/허가병상 수) × 100]

현지 준비: 직원 현황 및 관련 자료
평가 목적: 의료기관은 양질의 의료서비스를 제공하기 위하여 의료사회복지의 적정한 인력을 두어야 한다.
평가 방법: ① 해당 병원은 평가년도 5월 1일 기준의 의료사회사업 부문 직원 현황표를 준비한다.
② 직원의 인력을 산출할 때에는 시간제 근무자, 휴직자, 출산휴가자, 병가(1개월 이상)를 제외한다. 단, 위 제외 인력 중에 대체인력이 있을 경우에는 포함하여 산정한다.
③ 평가위원은 평가년도 5월 1일 기준으로 의료사회사업 부문 인력 현황 관련 자료를 통해 확인한다.

〈시설〉

3. 상담실의 독립성과 접근도(현장 확인)

3-1. 수혜자의 사생활(privacy) 유지를 위한 독립된 상담공간이 있다.

⓪ 아니요 ① 예

* 오른쪽 난에 독립된 상담실의 총수를 기입하시오(단위: 개). (　　　　)

3-2. 상담실은 환자와 가족, 의료진 등이 접근하기 쉽게 되어 있다(유도 안내판을 확인한 후 직접 찾아가면서 평가한다).

⓪ 해당 사항 없음

① 접근하기 좋고, 유도사인도 잘되어 있다.

② 접근하기 좋으나, 유도사인이 잘되어 있지 않다.

③ 접근하기 어려우나, 유도사인이 잘되어 있다.

현지 준비: 의료사회복지부서/상담실 위치도와 평면도 등 관련 자료

평가 목적: 의료기관은 환자들의 요구를 충족시키기 위한 사회복지서비스 제공 체계를 갖추고 적합한 활동을 수행할 수 있어야 한다.

평가 방법: ① 해당 병원은 평가년도 5월 1일 기준의 상담실 위치도와 평면도 등 관련 자료를 준비한다.

② 사회복지부서 및 상담실 위치도는 전체 병원의 lay-out과 해당 층의 평면도(주 출입로, 계단 및 명기)와 평수가 함께 제시되어야 한다.

③ 평가위원은 평가 당일 상담실 위치도와 평면도 등 관련 자료를 통하여 상담실 공간과 접근 용이도 등을 실제로 확인한다.

〈수행〉

4. 의료사회복지 대상 환자 협진의뢰체계

4-1. 의료사회복지 부문으로의 협진의뢰체계가 있다.

⓪ 아니오 ① 예

4-2. 의료사회복지서비스 대상자인 취약계층 및 문제 환자 발견체계가 있다.

⓪ 아니오 ① 예

현지 준비: 의료사회복지 부문 업무규정, 협진의뢰체계와 관련된 자료

평가 목적: 의료기관은 환자들의 여러 가지 상태에 따라 단계적으로 의료서비스를 이용할 수 있도록 협진 진료가 활성화되도록 노력하여야 한다.

평가 방법: ① 해당 병원은 평가년도 5월 1일 기준의 업무규정과 협진의뢰 체계와 관련된 자료를 준비한다.

② 사회복지개입이 필요한 환자 발생 시, 임상과에서 사회복지로 협진을 요청할 수 있는 체계가 제시되어야 한다.

③ 병원 내에서 사회복지의 개입대상이 되는 사회적인 취약계층 및 문제 환자를 발견하여 개입할 수 있는 체계가 제시되어야 한다.

④ 평가위원은 평가년도 5월 1일 기준의 업무규정과 협진의뢰 체계와 관련된 문서를 확인한다.

5. 의료사회복지 부분의 기록
   5-1. 의료사회복지 부문의 의무기록은 다음과 같이 보존된다.
      ⓪ 아니오
      ① 예
         ⓐ 사회복지의 자체기록으로 보존된다.
         ⓑ 병원의 의무기록으로 보존된다.
   5-2. 의료사회복지 기록에는 다음의 내용이 충실히 기술되어 있다. [현지평가]
      (전년도에 퇴원 종결한 사회복지 사례를 접수대장에 무작위로 3례를 추출하여 기록의 적절성 여부를 평가한다.)

a. Case 1	b. Case 2	c. Case 3
• 면접기록 ⓪ 적절하지 않음 ① 적절함 • 경과기록 ⓪ 적절하지 않음 ① 적절함 • 종결기록 ⓪ 적절하지 않음 ① 적절함	• 면접기록 ⓪ 적절하지 않음 ① 적절함 • 경과기록 ⓪ 적절하지 않음 ① 적절함 • 종결기록 ⓪ 적절하지 않음 ① 적절함	• 면접기록 ⓪ 적절하지 않음 ① 적절함 • 경과기록 ⓪ 적절하지 않음 ① 적절함 • 종결기록 ⓪ 적절하지 않음 ① 적절함

현지 준비: 사회사업기록 사본 3부, 접수대장 등 관련 자료

평가 목적: 의료기관은 환자들의 요구를 충족시키기 위한 사회복지서비스 제공체계를 갖추고 적합한 활동을 수행할 수 있어야 한다.

평가 방법: ① 해당 병원은 평가 전년도 1년간 사회사업기록에 관련된 자료를 준비한다.
② 서류평가 대상병원은 평가 전년도 1년간의 사회사업기록 중에 병원 내규로 보존되고 있는 형태를 구분하여 기재한다(5-1번 문항은 현지/서류평가 대상병원을 모두 기재하고, 5-2번 문항은 현지평가 대상병원만 기재한다).
③ 현지평가 대상병원은 현지평가 당일 평가 전년도 1년간의 사회사업 접수대장을 준비한다.
④ 접수대장에는 일련번호, 환자의 이름, 성, 연령, 진단명, 진료과, 주치의, 주요 개입문제, 의뢰처, 담당 사회복지사의 이름 등이 제시되어야 한다.
⑤ 평가위원은 현지 평가 당일 해당 병원에서 제시한 사회사업 접수대장에서 퇴원 종결된 사례 중 무작위로 3례 기록을 추출하여 면접기록, 경과기록, 종결기록이 기록되어 있는지 확인한다.

출처: 대한병원협회 홈페이지(www.kha.or.kr)

마지막으로 의료기관인증평가에서 제시하는 의료사회복지 분야에의 인증기준을 통해 의료사회복지의 직무에 대한 이해를 돕고자 한다. 의료기관 인증제도는 의료기관으로 하여금 환자 안전과 의료의 질 향상을 위한 자발적이고 지속적인 노력을

유도하여 의료소비자에게 양질의 의료서비스를 제공하기 위한 제도이다. 의료기관 인증평가의 내용 구성은 총 3개 영역/11개 장/55개 기준/268개 조사항목으로 구성되어 있다. 단, 의료기관의 종류에 따라 인증기준의 내용이 조금씩 상이할 수 있다. 이에 본서에서는 여러 의료기관 가운데 급성기병원의 의료기관 인증기준을 중심으로 내용을 소개하고자 하는데, 그 내용은 다음과 같다.

의료기관 인증평가 '6.4 의료사회복지 부문'

〈기준 6.4〉

의료사회복지체계를 수립하고 운영한다.

〈조사 목적〉

의료기관은 의료윤리경영을 실현하기 위해 지역사회 요구도를 반영한 의료사회복지체계를 수립하고 대상자에게 서비스를 제공한다.

〈조사 항목〉

조사항목	구분	상급	종합	병원	조사결과
1. 의료사회복지체계가 있다.	S	정규	정규	정규	□상 □중 □하
2. 직원은 의료사회복지서비스 의뢰 기능대상 및 의뢰절차를 알고 있다.	P	정규	정규	정규	□상 □중 □하
3. 의료사회복지서비를 제공한다.	P	정규	정규	정규	□상 □중 □하
4. 지역사회 요구도를 반영한 의료사회복지서비스를 제공한다.	P	정규	정규	정규	□상 □중 □하

〈기준의 이해〉

1) 의료사회복지체계에는 다음의 내용을 포함한다.
   - 의료사회복지 담당 부서 또는 담당 직원
   - 의료사회복지서비스 의뢰 가능대상 및 의뢰절차
   - 의료사회복지서비스의 종류와 대상자 선정절차
     - 환자 상담: 심리사회적 상담, 경제적 문제 상담, 지역사회 지원연결 상담, 재활상담
     - 진료비용 지원
   - 사회공헌(예시: 보육시설, 학교 등 지역사회 의료지원 등)
2) 직원은 의료사회복지서비스 의뢰 가능대상 및 의뢰절차를 알고 있다.
3) 체계에 따라 대상자를 선정하고 필요한 의료사회복지서비스를 제공한다.
4) 체계에 따라 지역사회 요구도를 반영한 의료 사회공헌을 한다.

출처: 의료기관평가인증원 홈페이지(www.koiha.or.kr)

생각해 봅시다

- 의료사회복지 영역에서 의료사회복지가 필요한 이유와 그 의미에 대해 생각해 봅시다.
- 의료사회복지사의 직무와 역할에 대한 이해를 통해 전문 의료사회복지사가 되기 위해 갖추어야 할 의료사회복지 지식과 실천 역량은 무엇인지 생각해 봅시다.

Chapter 02

의료사회복지의 역사

학습 목표

- 의료사회복지의 기원을 이해하고 설명할 수 있다.
- 미국의 의료사회복지를 이해한다.
- 한국의 의료사회복지를 이해한다.

역사를 돌아보는 이유는 현재를 볼 수 있는 자료이고 미래의 방향을 제시하는 훌륭한 지침이 되기 때문이다. 의료사회복지의 역사적 발전과정을 살펴봄으로써 의료사회복지의 현 지점을 이해하고 평가할 수 있고, 앞으로 의료사회복지가 나아갈 방향도 모색할 수 있다. 의료사회복지의 역사를 이해하기 위해서는 역사적 시대 구분의 결정적 사건(critical event)과 시대상황적 배경(embedded situation), 역사적 전개나 흐름의 연결고리(historical linkage)를 이해하는 것이 필요하다. 이 장에서는 먼저 영국과 미국에서 시작된 건강보호(health care)의 기원적 활동을 살펴보고, 현재 의료사회복지가 가장 발전한 국가 중 하나인 미국을 살펴본 후, 우리나라 의료사회복지의 역사를 살펴보고자 한다.

01 의료사회복지의 기원

역사적으로 산업혁명 이후 자본주의는 발전하였지만, 상대적으로 빈민이 발생하였다. 도시지역 빈민들이 모여 형성된 슬럼 지역은 비위생적이고 질병이 만연하였다. 빈곤과 질병의 악순환이라는 질병 구조의 변화는 의료문제를 개인적 차원이 아닌 사회적 차원의 사회문제로 부각시키게 된 계기가 되었다. 시대적 상황과 의료기술의 발전, 의료조직의 변화로 병원이 설립되고, 빈민과 질병자를 돕기 위한 사회사업활동도 단편적으로 곳곳에서 이루어졌다. 이러한 단편적인 서비스들이 현재 의료사회복지의 발전에 영향을 주었다고 볼 수 있다.

영국과 미국의 서비스를 중심으로 현대 의료사회복지의 기원을 살펴보면 다음과 같다.

1) 비조직적 활동(non-organized activity)

14세기 초반, 영국의 일부 교회에서는 병원 형태의 수도원과 구제원(구빈원)을 설립하고 빈곤자를 비롯한 노동 불가능자, 맹인, 불구자, 노인, 질병자 등 다양한 환자를 수용·보호하였다. 런던에서는 최초의 자선진료소가 존 웨슬리(John Wesley, 1713~1791)에 의해 개설되었고, 자선조직협회(COS: Charity Organization Society)는 빈곤 환자의 가정방문을 통해 위로와 질병 치료, 생활 원조를 실시하는 등 조직화되지 않은 의료서비스 활동이 실시되었다.

2) 부녀봉사단의 활동(Lady Almoner/Friendly Visitor)

산업중심지였던 영국의 수도 런던에는 빈민들을 수용하는 시료(施療)병원인 왕립무료병원(Royal Free Hospital)이 설립되었다. 1890년 당시 영국의 자선조직협회(COS) 사무국장인 Charles S. Lock은 시료환자의 적격 여부 조사를 위해 부녀봉사원(Lady Almoner)의 필요성을 제안하였고, 1895년 런던의 왕립무료병원에서 이 제안을 채택하고 시행하였다.

19세기 영국에서는 자선사업가 혹은 봉사원을 'Almoner'라고 하였고, 부녀봉사원을 'Lady Almoner'라고 하였다. 부녀봉사원은 병원조직의 일원으로 당시 영국 자선조직협회(COS)와 병원 간 긴밀한 연계와 협조 역할을 하였다. 주로 자선환자의 적격 여부 결정을 위한 가정방문 조사업무를 수행하며 필요시 사회사업기관이나 의료기관에 환자를 의뢰하는 일을 하였다. 특히 환자의 사회적 문제를 해결함으로써 사회적 평안을 증진하는 데 이바지하였다. 부녀봉사단이 수행했던 업무는 의료진과 환자에게 도움이 되는 기초적 의료사회복지 활동으로, 이는 오늘날 의료사회복지 활동의 원형이라고 할 수 있다.

3) 간호사들의 봉사활동(nursing care)

17~18세기 미국의 간호사들은 환자를 위한 치료보조자의 역할과 함께 환자와의 면담을 통해 환자와 가족의 제반 문제에 도움을 주었다. 이러한 활동은 1869년 미국 뉴욕의 간호사들이 빈곤환자 가정방문을 통해 질병은 물론, 가족을 위로하고 환자로 인해 발생한 문제를 도와주는 것에서 비롯되었다. 이후 방문간호사업은 1887년 보스턴과 시카고에서 조직적으로 시작되었다. 당시 보스턴은 무역과 산업의 주요 중심지로 이민자 및 남부 흑인의 유입 등으로 빈곤과 질병 문제가 만연하였다. 이는 의료사회사업의 시작과 방문간호활동의 전개로 이어졌다. 이들 방문간호사(visiting nurse)가 제공한 사회적·정서적 문제에 대한 봉사활동은 오늘날 의료사회사업의 기원이 되었다고 할 수 있다.

4) 정신병 환자의 퇴원 후 사회적응지도를 위한 봉사활동

1890년 초 영국에서는 민간 사회복지단체가 정신병원이나 요양원을 퇴원하였지만 퇴원 후 사후요양(after care)을 맡을 가족이나 친척이 부재해 갈 곳이 없는 환자를 대상으로 사회적응지도를 실시하였다. 주로 불우한 정신병자들을 위탁가정이나 사회복지시설 요양원에 의뢰하고, 일부의 퇴원환자들은 단체의 주선으로 지역사회에서 스스로 적응하는 방법을 알선하고 지도해 주는 일이었다.

5) 의과대학생들의 봉사활동

미국 존스 홉킨스 대학(Johns Hopkins University)의 에머슨(Charles P. Emerson) 박사는 의과교육과정에 사회적 및 정서적 문제에 관한 이해를 위한 내용을 포함시킬 것을 제안하였다. 이에 의과대학생을 자선기관(settlement house)에 파견하여 의료자원봉사활동을 통해 환자의 질병에 영향을 미치는 사회적·경제적 생활상의 조건을 이해할 수 있도록 하였다. 의과대학생의 의료자원봉사활동은 볼티모어(Baltimore)의 자선조직협회(COS)가 담당하였다. 의료자원봉사활동은 환자에 대한 의료적 접근은 물론 환자의 심리사회적 측면을 이해하는 계기가 되었으며, 이를 근거로 1900년대 초반 미국에서는 현대적 의료사회사업 운동이 시작되었다(김룡, 1979 : 21).

02 미국의 의료사회복지

미국의 의료사회복지를 시기별로 구분하면 자선조직협회나 인보관 운동 차원에서 실시된 1905년 이전까지를 태동기, 1905~1930년대까지를 도입기, 1930~1960년대 말까지를 제도화기, 1970~1980년대까지를 전문화기, 그 이후를 확장기로 구분할 수 있다. 시기별 주요 특징을 살펴보면 다음과 같다.

1) 태동기(1905년 이전)

태동기의 의료사회복지는 주로 지역사회 중심의 공중보건문제(public health problem)에 집중적으로 이루어졌다. 결핵, 유아 사망, 매독(syphilis), 소아마비, 미혼모의 임신 등과 관련된 보건과 생활환경 등에 대한 실천 노력이 강조되었다. 당시 영국의 인보관 운동에 자극을 받은 아담스(Jane Addams)는 1893년 미국에 헐하우스(Hull House, 현재 지역사회복지관의 기능을 수행하는 기관)에 어린이 진료소(medical dispensary)를 개설하고, 빈곤 환자와 공중보건문제를 가진 사람들을 병원에 연계하고 상담하는 역할을 하였다. 병원에서는 정신병원, 시립병원, 요양원 등에서 환자의 신원확인과 병동 청소(cleaning wards), 위생교육을 실시하였다. 태동기의 의료사회복지는 자선조직협회나 인보관 운동 차원에서 수행되었다는 것을 알 수 있다.

2) 도입기(1905~1930년)

도입기에는 병원 중심의 의료적 서비스에 사회사업 개념이 포함되기 시작한 근대적 의미의 의료사회복지가 시작되었다. 1905년 매사추세츠 종합병원의 외래진료부 의사 캐봇(Richard Cabot)은 치료가 완료된 환자들이 동일질환으로 반복해서 내원하는 것에 대한 문제의식을 가졌다. 그는 질병의 근원은 생리적 요인뿐만 아니라 사회적 요인도 영향을 미친다고 생각하고 환자의 심리사회적 요인에 관심을 가지게 되었다. 어느 날 소화불량으로 의학적 치료가 완료된 아이가 다시 어머니와 병원에 오는 것을 보고 어머니에 대한 교육지도가 필요하다는 것을 인식하게 되었다. 그리고 질병과 사회 환경이 깊은 관련이 있다는 생각을 하게 됨으로써 치료 과정에 환자의 가정환경, 직업, 가족, 걱정거리, 양육 상태 등의 지식이 필요함을 제기하였다.

캐봇은 간호사 펠튼(Garnet Pelton)을 고용하여 환자와 환자 가족의 심리사회적 요인을 파악하여 이를 진료 과정에 연계하도록 지원하는 역할을 부여하였다. 이를 통해 환자와 의사, 의사와 지역사회 자원의 효과적인 연계, 환자와 환자 가족에 대한 교육과 홍보 등의 업무가 진료 과정과 성과에 긍정적인 영향을 준다는 것이 입증되었다(Ross, 1995).

1905년 매사추세츠 종합병원에서 간호사를 고용하여 의료사회사업을 실시한 이후 1907년 존스홉킨스 대학에 사회복지사가 고용되었으며, 1908년 뉴해븐 정신병원과 1909년 영국의 토마스 병원에도 처음으로 Lady Almoner가 고용되었다. 1918년 시카고 대학병원과 1923년 워싱턴 대학병원에 사회사업 부서가 설치되어 사회적 빈곤 구제와 건강회복, 환자의 심리사회적 조사의 필요성을 강조하는 등 질병의 원인에 관심을 두기 시작하였다. 도입기에는 병원에 사회복지사가 고용되어 진료협조의 역할을 수행함으로써 근대적 의미의 의료사회복지가 시작되었다고 볼 수 있다.

한편, 의료사회복지가 단기간 확대될 수 있었던 것은 플렉스너(A. Flexner)의 영향도 있었다. 1915년 플렉스너는 전국 자선과 교정회의(National Conference on Charities and Correction)에서 "사회사업은 전문직인가?"라는 질문을 던지고 전문직으로 규정하기는 어렵다는 결론을 내렸다. 이에 사회복지계는 사회복지 전문직의 기본 틀에 맞는 환경을 조성하고 전문직으로 인정받을 수 있는 기술을 갖추는 것에 초점을 두었다. 1917년 사회복지 전문교육이 가능한 학교를 설립하고(약 17개의 전문교육 기관 설립), 리치몬드(Richmond)의 『사회진단(*Social Diagnosis*)』, 『개별사회사업이란 무엇인가(*What is Social Case Work*)』 등 전문서적도 발간되었다. 1918년에는 미국병원사회복지사협회(American Association of Hospital Social Workers), 1921년 미국사회복지사협회(NASW: National Association of Social Workers), 1924년 미국정신의학사회복지사협회 등이 설립되며 꾸준한 노력이 전개되었다. 이러한 노력으로 1920년 미국병원협회(AHA: American Hospital Association)는 병원에서 근무하는 사회복지사를 공식적인 의료인(medical staff)으로 소개하는 등 실천 활동도 보다 구체화되고 전문화되기 시작하였다.

3) 제도화기(1930~1960년)

1930년대에는 1,000개의 병원에서 사회사업 부서가 설치되어 1~5명의 사회복지사가 활동하기 시작하였다. 이 시기의 사회복지사는 의료팀의 한 전문가로 인식되었고, 관련된 여러 제도가 구축되었다. 특히 1930년대 경제불황으로 정신 상태나 감정이 인간의 신체에 영향을 미칠 것이라는 생각이 팽배해짐으로써 신체와 정신건강의 상호관련성에 대한 연구가 집중된 시기이다. 빈곤의 문제에서 개인의 사회적·심리적 문제에 관심을 갖게 된 것이다. 사회복지사는 사회구성원으로서 환자를 존중하고 감정상의 욕구나 질병과 관련 있는 사회환경을 이해하고자 노력하였다.

1933년 「연방응급구제법(Federal Emergency Relief Act)」이 제정되고, 1935년 「연방사

회보장법(Social Security Act)」 제정과 함께 의료사회복지의 수요도 함께 증가했으며, 「연방지체부자유아동법(Federal Crippled Children's Service)」에 사회사업서비스가 포함되었다.

1930년대 이전의 미국은 주로 교회나 민간 조직을 중심으로 사회복지가 이루어졌고, 빈곤은 개인의 나태와 부도덕에서 발생하는 것으로 인식되었다. 그러나 1930년대 초반 경제대공황으로 인한 대량실업과 빈곤문제로 등장한 사회문제로 인해 국가 개입의 필요성이 증대되었다. 빈부격차의 심화, 아동 노동의 증가, 여성 노동, 만성 실업자의 증가, 슬럼 지역 등의 문제를 타개하고자 1935년 「사회보장법(Social Security Act)」을 제정하였다. 이를 통해 정부는 사회보험과 공공부조 프로그램을 비롯한 다양한 사회복지서비스 프로그램을 제도화하는 등, 그동안 주로 민간기관에서 시행하던 빈민구제 등의 업무를 공공부문에서 담당하면서 사회복지에 대한 책임을 정부가 맡게 된 계기가 되었다. 또한 정부는 공공 영역에 사회복지사를 대거 고용하고 대공황으로 인한 직업상실과 우울증 환자 증가 등의 문제 원인이 사회적 요인이라는 것을 인식하게 되었다.

제2차 세계대전은 장애인과 부상자에 대한 재활의 중요성을 부각시키고 참전병사와 그 가족들의 재활과 지원을 사회문제로 인식하게 되면서 보다 체계적이고 전문화된 사회복지실천의 필요성이 제기되었다. 이에 국립 및 주립 직업재활정책과 지도계획이 설정되었고, 사회복귀시설에 처음으로 사회복지사가 채용되기도 하였다. 절단수술자, 척추장애인 및 심장장애인을 대상으로 재활서비스에 대한 새로운 과제가 제시되기도 하였다.

이에 1946년 「정신보건법」이 제정되었고, 1965년 의료보장제도인 메디케어(medicare)와 메디케이드(medicaid)가 만들어지면서 노인과 장애인, 빈곤 계층이 혜택을 받게 됨에 따라 의료사회사업에 대한 수요와 업무량이 증가하게 되었다. 또한 참전용사를 위한 정신사회복지실천(psychiatric social work)이나 집단사회복지실천(group work) 등도 도입되었다.

1920년대에 프로이트(Freud)의 정신분석학이 사회복지에 수용된 이후, 1940년대에는 많은 병원에서 의료사회복지 프로그램과 정신의료사회복지 프로그램이 별도의 독립된 프로그램으로 운영되었다. 그리고 1931년 시카고 대학의 알버트(Abbort)가 '정신의료사회복지'라는 용어를 최초로 사용하였다.

이처럼 1960년대에 이르러 사회복지사에 대한 인식이 향상되면서 의료사회복지사는 전문직으로서의 자신감을 갖고, 의료 영역에서 보다 많은 자율성을 갖게 되었다. 즉, 보건의료팀의 일원으로 사회사업 분야에서 전문성을 인정받는 기틀이 되었다.

4) 전문화기(1970~1980년)

1960년대는 의료사회사업이 전문직으로 자리 잡게 된 시기였다면, 1970년대 이후에는 의료사회사업과 관련된 다양한 접근이 시도됨으로써 사회복지사의 인식은 물론 전문 의료사회복지 영역이 확대되는 시기라고 할 수 있다. 이 시기에 의료사회복지는 학문과 실천적인 면에서 더욱 체계화되고 전문성이 확립되었다. 문제해결이론에 기초한 과업중심이론과 가족치료, 위기개입, 행동주의이론에 근거한 인지행동이론과 행동수정모델 등의 다양한 접근이 시도되었다. 1970년과 1980년대 초반에는 전문영역이 확대되어 행동수정이론, 분석치료, 자아심리치료, 위기개입, 가족치료 등 다양한 접근을 통해 의료사회복지가 전문영역으로 자리매김하였다. 예방적 차원의 프로그램으로 가족계획, 태교, 성상담 등이 운영되었고, 병원에서는 응급실 프로그램이 강조되었다. 그리고 임종에 이르는 병이나 심각한 정서적 장애가 동반되는 유병환자나 그 가족에 대한 사회복지사의 역할이 강조되었다(김규수, 1999).

이 시기에는 실천적으로 임상과의 세분화와 표준화를 위한 노력이 진행되었다. 병원합동심의위원회(JCAHO)와 「사회보장법」의 개정으로 의료사회복지의 표준화와 전문화에 큰 영향을 주었다. 1973년 병원합동심의위원회의 병원 승인 프로그램에 사회복지서비스가 추가됨으로써 의료사회사업서비스가 표준화되는 계기가 마련되었고, 의료사회복지의 전문화에 큰 영향을 주었다. 그리고 1972년 「사회보장법」 개정으로 PSRO(Professional Standards Review Organization)가 도입되었다. 이 제도는 이용도 조사(utilization review)를 통해 치료와 서비스의 적정성을 보장하고, 의료적 감시(medical audit)를 요구하며, 사회사업 동료 평가체계 개발을 통해 책임성과 전문적 성과를 강조하였다. 사회사업 분야에서도 책임성과 관련하여 생산성과 결과의 측정을 강조하며, 사회사업 전문직의 신뢰도가 증진하였다(Ross, 1995). 1978년 개정된 「사회보장법」에 의해 말기 신장질환자의 급여제공을 위해서는 석사학위 이상의 사회복지사가 채용되어야 했다.

5) 확장기(1980년대 이후)

1980년대 이후의 의료사회복지는 전문가로서의 입지가 더욱 견고해졌다. 임상과별로 당뇨 전문 사회복지사, 호스피스 전문 사회복지사 등으로 세분화되고 영역이 확대되었으며, 제도적 명문화도 확대되었다. 의료사회복지사의 역할과 기능도 환자와 가족, 병원, 지역사회 영역으로 확대되는 등 포괄적 건강 이슈를 다루는 확장적 실천으로 양적·질적 면에서의 확대가 가속화되었다.

1983년 「적자감축법」의 제정으로 새로운 의료비 지불체계인 포괄수가제(DRG: Diagnosis Related Groups)가 1984년에 적용됨에 따라 급성치료에 대한 비용책임이 제3자 지불에서 서비스제공자로 이동되었다. 이 제도는 유사한 질병들을 범주화하고 동일한 범주에 속하는 질병을 모두 같은 입원 기간과 진료비를 책정하여 관리하는 것으로, 정부는 환자의 입원 기간과 관계없이 책정된 만큼만 지불하는 것이다. 이 제도로 인해 의료사회복지사의 역할은 환자의 퇴원계획에도 개입하게 되었다.

1967년부터 미국의 소아청소년학회, 가정의학회, 내과학회 등에서는 만성질환 관리 중심의 일차진료모형(patient centered medical home)의 필요성을 제기해 왔다. 일차진료모형은 이용자의 의료 접근성을 확대하고 낮은 비용으로 양질의 의료를 제공받을 수 있는 체계이다. 특히 이 모형에서는 환자의 의사결정을 지원하는 의료사회복지사의 역할이 부각되고 있다. 일차진료모형에서는 맞춤형 진료 제공을 통해 환자의 요구와 선호도에 부합되도록 하고, 의료 이용자나 환자의 적극적인 의사결정

참여를 촉구하기 때문에 능동적인 참여자가 될 수 있도록 의료사회복지사의 다양한 정보제공과 도움이 필요하기 때문이다.

2000년대 초반에 이르러 만성질환자에 대한 관리가 의료사회복지사의 업무로 규정되기 시작하였다. 이는 유병환자의 생존 기간이 길어지고, 불치병으로 간주되던 암과 같은 질병의 생존율이 높아지면서 삶의 질 문제가 부각되었기 때문이다. 그리고 류마티스 관절염 등과 같이 만성질환자에게 질병 조건보다 충만한 삶을 영위하도록 지도가 요구되었다. 클라이본과 반덴버그(Claiborne & Vandenburgh, 2001)는 질병관리팀의 핵심 구성원에 의료사회복지사의 참여가 필요하다고 제안하였다. 이와 같은 과정을 거쳐 현재 미국의 의료사회복지사는 대학원 수준의 교육을 받고 이론과 실제 경험을 토대로 환자와 그 가족의 복지 증진을 위해 노력하고 있다.

03 한국의 의료사회복지

한국의 의료사회복지는 다른 나라에 비해 상대적으로 짧고, 상세한 기록도 충분하지 못하다는 점에서 일부 한계를 가지고 있지만, 여러 학자가 분류한 것처럼 시기별로 구분하면 태동기, 도입기, 제도화기, 활성화기, 전문화 및 확장기로 구분할 수 있다. 시기별 주요 특징을 살펴보면 다음과 같다.

1) 태동기(1958년 이전)

역사적으로 한국의 의료사회복지는 1958년을 기점으로 구분할 수 있다. 병원에서 구체적으로 의료사회복지 활동이 있었던 시기가 1958년이기 때문이다. 1958년 이전에 우리나라는 유럽의 구빈원과 유사한 제도가 동일한 시대에 설치·운영되었고, 빈민과 서민의 치료를 위한 적절한 제도가 있었다.

구체적으로 고려시대의 제11대 문종(1046~1083년)은 빈민질환자의 구호요양을 위해 개경과 서경에 동서대비원(東西大悲院)을 창설하였고, 제16대 예종 7년(1112년)에는 혜민국(惠民局)을 창설하여 일반 시민을 치료하고 빈민환자는 무료치료, 의약과 의복을 제공하였다. 혜민국은 이후 제34대 공양왕 3년(139년)에 혜민전약국(惠民典藥局)으로 개칭되어 운영되었다. 이처럼 고려시대에는 빈민 환자의 의료를 지원하기 위한 의료구제사업기관이 발달하였으며, 조선시대에도 빈민 환자를 위한 자선이나 구제가 다양하게 시행되었다.

근대적 의미의 의료사회복지는 1885년 현재 연세대학교 세브란스 병원의 전신인 광혜원에서 자원봉사자들의 자원봉사활동 기록도 있지만, 현대적 의미의 의료사회복지는 1950년대 후반 외국의 의료사회사업 이념과 서비스가 도입되면서 시작되었다고 볼 수 있다.

2) 도입기(1950~1960년대)

도입기에는 의료사회복지와 관련된 제도적 근거는 아직 마련되지 않았으나 의료사회복지 사업을 도입하는 병원이 증가하였다.

1958년 한노 병원과 세브란스 병원에서 선교사에 의한 결핵약 배급과 구호물자 공급 등 물질적 원조가 주를 이루었다. 1958년 7월 한노 병원에서는 캐나다 유니테리언봉사회(USC: Unitarian Service Committee)의 사회복지사인 레케보(Diakon Gotfred, Rekkebo)의 지도 아래 결핵 환자와 그 가정을 위해 활동하였다. 세브란스 병원에서는 기독교사회봉사회의 원조로 흉곽내과에 김성분 사회복지사가 배치되어 결핵 환자를 위한 활동이 전개되었으며, 절단재활을 위한 의수족부가 1960년에 설치되어 김영혁 사회복지사가 최초의 재활의료사회복지 업무를 수행하였다.

1958년 서울대학교 병원에서는 정신신경과(현 정신건강의학과) 병동에 사회복지실을 설치하고 정신질환자를 대상으로 무료 상담이 진행되었다. 1959년에는 국립의료원과 원주기독병원 등에서도 의료사회복지 업무로 극빈 환자를 지원하고 나환자촌(한센병) 순회 진료가 시작되었다. 1962년에는 국립정신병원과 가톨릭 부속 성모병원에서는 사회복지사가 정신질환자를 진단하고 치료하는 과정에 참여하기도 하였다(김규수, 1999; 윤현숙·김연옥·황숙연, 2001; 한인영·최현미, 2000). 1964년 연세의대 부속 세브란스 병원, 1966년 성모병원, 계명의대 부속 동산의료원, 1968년 예수병원, 고려병원, 중앙대 부속 병원 등에서도 의료사회사업 업무가 공식적으로 시작되었으며, 1971년 한강성심병원, 안양정신병원, 혜동의원 정신과 등에서도 사회사업 업무가 진행되었다(김규수, 1999). 이 시기 사회복지사의 주요 업무는 결핵약품이나 물자를 지원한 등의 자선 업무와 지역사회 공중위생 문제와 빈곤에 대한 경제적 지원이며, 정신신경과에서 정신질환자 상담에 개입하였다.

도입기에는 아직 의료사회복지와 관련된 제도적 근거가 마련되지는 않았으나 다수의 병원에서 의료사회복지의 필요성을 인식하고 의료사회복지를 도입하는 병원이 증가하였다. 당시 의료사회복지가 활발할 수 있었던 이유는 선진국(대표적으로 미국)의 사회복지 영역에 임상 개입이 활발했던 시기에 유학했던 교수들이 국내 대학에서 유학 당시 배웠던 임상 업무를 가르쳤고 제자들의 정신신경과 취직에 앞장섰기 때문이다. 그리고 사회복지에 대한 지식이 있었던 정신신경과 의사들의 요청으로 임상적인 사회복지 업무가 정신신경과에서 시작된 것이다(장수미 외, 2021). 의료사회복지를 실시하는 병원이 점차 증가하고 사회복지실 등의 독립된 부서로 존재했지만 아직 전문직으로 발전하기에는 어려움이 있었다.

3) 제도화기(1970~1980년대)

제도화기에는 의료사회복지와 관련하여 제도적 근거가 마련되면서 의료사회복지 제도화의 기틀이 마련되었다.

1973년 9월 20일 대통령령 제6863호로 공포된 「의료법 시행령」 제24조제2항제5호(현재는 「의료법 시행규칙」 제38조제2항제6호)에 의하면 "종합병원에는 「사회복지사업법」에 따른 사회복지사업 종사자 자격을 가진 자 중에서 환자의 갱생, 재활과 사회복귀를 위한 상담 및 지도업무를 담당하는 요원을 1인 이상 둔다."고 명시되어 있다. 이에 종합병원에서는 환자의 갱생과 재활, 사회복귀 상담과 지도를 수행할 수 있는 사회복지사 채용 규정을 마련하게 되었다. 같은 해에 '대한의료사회사업가협회'가 설립되어 사회복지사 재교육 및 권익 신장의 토대가 마련되었다.

점차 의료사회복지를 시행하는 병원은 증가추세였는데, 1974년 이화여대 부속병원, 서울기독병원, 안양정신병원, 고려대학교 의과대학 부속병원에서 의료사회복지부서를 설치하였고, 1975년 성분도병원, 1976년 서울 백제병원, 가톨릭의대 부속 산업재해병원, 1977년 대구 파티마병원, 국립보훈병원 등에서도 의료사회복지를 시작하였다(김규수, 1999). 이처럼 「의료법 시행령」의 개정으로 의료사회복지가 법적으로 인정받게 되면서 의료사회복지는 더욱 활발해졌다.

의료사회복지는 1977년 7월부터 의료보험제도에 정신의료사회복지사의 상담업무를 보험 수가로 청구할 수 있게 되었다(대한의료사회복지사협회, 1999 : 2). 이후 정신과를 중심으로 사회복지사를 채용하는 병원이 증가했으며, 1978년 부산 한병원, 1979년 부산 메리놀병원, 1980년 부산 아동병원, 1982년 인제대학교 부산 백병원, 1983년 서울 적십자병원, 연세대학교 의과대학 부속 영동병원, 목포 성골롬반병원, 마산 고려병원 등에서도 의료사회사업을 시작하였다. 의료보험제도의 시행은 의료 수요를 급격하게 증가시켰고 의료기관의 증설로 이어졌다.

한편 의료 수요와 공급의 급격한 증가로 인해 의료의 질이 저하될 수 있다는 우려가 제기되면서 의료계의 자율적인 관리의 필요성이 대두되었다. 이에 대한병원협회는 보건의료서비스를 향상시키고 사후관리 강화를 목적으로 외국의 모델을 도입하여 '병원표준화 심사' 제도를 도입하였다. 1981년 118개의 수련병원을 대상으로 최초의 병원표준화 심사를 통해 수련병원 실태조사와 병행·실시하였다(대한병원협회, 1998). 1983년도부터 병원표준화 심사제도에 의료사회사업 부문이 포함되었다. 이 심사제도의 평가항목에는 의료사회복지부서의 편성, 업무규정, 직원 수와 자격, 교육과 훈련, 실천 내용, 연간 예산 등이 규정되어 지방의 중소병원에서도 사회복지사를 채용하는 계기가 되었다. 왜냐하면 병원표준화 심사제도에서 의료사회사업 부문의 점수 비중은 낮았지만 평균 60점 미만일 경우 전공의 정원을 배정하지 않는 등의 조치를 취했기 때문이다. 이처럼 의료사회복지의 서비스 질과 직무수행을 평가하는 병원표준화 심사제도의 구축은 의료사회복지의 전문화를 견인하였다.

제도화기에는 「의료법」에 따른 의료사회복지의 법적 근거가 마련되었고, 의료사회복지에 대한 보험수가 적용으로 더욱 활성화될 수 있었으며, 병원표준화 심사제도의 도입으로 의료사회복지의 전문화를 구축할 수 있었다. 또한 대한의료사회사업가협회가 설립되어 의료사회복지사의 권익을 신장하기 위한 기틀이 마련되었다.

4) 활성화기(1990년대)

활성화기에는 의료사회복지의 전문적인 서비스 제공을 위한 기반이 조성되면서 의료사회복지가 보다 활성화되었다.

국내 대기업의 병원사업 진출이 본격화되면서 우리나라 의료사회복지에도 변화가 찾아왔다. 1990년대 서울아산 병원(현대아산중앙 병원), 1994년 아주대학교 병원, 1995년 삼성서울 병원(삼성강남 병원) 등 중·대형 기업형 병원이 설립되며 지역사회 협력과 사회공헌 활동이 체계적으로 전개되었다. 특히 기업형 병원은 개원할 때부터 사회사업 부서를 정규부서로 설치하고, 사회복지사를 한 명이 아닌 3~4명을 배치하여 의료사회사업서비스의 적정 규모화를 자극하는 계기가 되었다. 또한 1995년 세계무역기구(WTO) 체제에 의한 의료시장 개방 압력은 환자에 대한 전인적 처우와 사회사업 부서에 대한 인식을 고양하는 계기를 마련해 주었다.

한편 그동안 사회복지사들이 주로 담당해 왔던 무료진료는 한정된 재원과 자원으로 서비스 제공에 한계가 있었다. 그러나 대기업의 막대한 자본투입은 현대화된 무료진료 차량으로 저소득층 밀집 지역과 지방 오지를 순회 방문하며 질 높은 의료서비스의 제공을 가능하도록 하였다. 이에 기업형 병원의 순회 무료진료는 사회적으로 긍정적인 평가를 받을 수 있었으나 지역병원의 무료진료는 위축되었다. 그러나 2000년 의약분업, 공공보건의료와 보건소 기능이 강화되면서 무료진료 활동은 점차 감소하였다.

이 시기에는 제도적으로 사회복지사의 실천 근거가 명시됨으로써 의료사회복지사의 실천 영역이 더욱 확대될 수 있었다. 1992년 4월 '골수이식 실시기관 인정등 기준' 고시를 통해 급성골수성 백혈병, 만성골수성 백혈병 등을 앓고 있는 골수 이식 환자에게도 의료보험 급여를 인정하게 되었다. 이 기준에 의하면 의료기관이 골수이식 실시기관으로 인정받기 위해서는 훈련된 사회사업가를 상근인력으로 확보해야 함을 규정하고 있다. 이는 골수이식 과정에 사회복지사의 참여가 제도화됨으로써 실천 근거가 마련된 것이다. 그리고 그동안 정신의료사회복지만 의료보험 수가 청구가 가능했었으나 재활의학과도 가능하게 되었다. 재활의학과에 대한 사회사업의 필요성이 강조되면서 1994년 8월 3개 항목에서 재활의학적 사회사업 수가가 의료보험으로 인정받게 되었다. 이처럼 1977년 신경정신과에 이어 재활의학과와 골수이식 등에서 법적 기준이 마련되어 의료사회복지사의 활동 영역이 확대되었다.

1995년에는 정부 주도로 의료기관 서비스평가제도가 시범사업으로 시행되면서 의료서비스에 대한 관심이 제고되었고 이로 인해 서비스의 수준 향상, 임상 질지표 도입 등 의료사회사업서비스의 질 보장에 대한 필요성이 대두되었다.

한편, 장기이식 업무를 국가가 관장하면서, 1999년 2월 8일에 제정되고 2000년 2월 9일에 시행된 「장기등이식에관한법률시행령」 제17조(장기이식의료기관의 지정기준)에는 '장기등의 적출·이식을 위한 상담·연락 업무 등을 담당하는 간호사와 사회복지사 각 1인 이상을 두어야 한다.'라고 명시됨으로써 장기이식을 담당하는 사회복지사의 활동 근거가 마련되었다. 이러한 제도적 근거는 의료사회복지의 전문적 서비스 제공의 토대가 되었다.

1973년에 발족한 대한의료사회사업가협회(2000년 3월 대한의료사회복지사협회로 개칭)는 1993년 2월에 정신의료사회복지학회를 창립하였다. 그리고 의료사회복지사의 전문성 향상과 제도화를 위해 1998년부터 논문자료집 창간호 발행, 워크숍 개최, 수련사회사업가 제도 시행, 「의료법」 개정을 위해 꾸준히 노력해 왔다.

1995년 12월에 「정신보건법」이 제정되면서 정신보건사회복지사 자격증을 소지한 사회복지사만 정신과 영역에서 활동할 수 있게 되었다. 「정신보건법」에서는 정신보건전문요원을 사회복지사, 정신보건 임상심리사, 정신보건 간호사로 규정하고 있다. 이에 정신보건전문요원이 양성되기 시작하였으며, 병원에서는 신규 채용에서 정신보건사회복지사를 채용하기 시작하였다. 현재 의료사회복지사의 60%가 정신과에서 활동하고 있다(장수미 외, 2021: 33). 의료사회복지사협회에서 정신과를 담당하는 사회복지사협회가 독립하여 1997년 1월 한국정신보건사회복지사회(현재 한국정신건강사회복지사협회)를 창립하여 현재 지역사회 정신건강을 포괄하는 사업까지 광범위한 활동을 전개하고 있다.

5) 전문화 및 확장기(2000년대 이후)

전문화 및 확장기에는 의료사회복지현장의 부족한 인력을 보충하고, 전문 의료사회복지사를 육성하기 위한 목적으로 의료사회복지사수련제도(training and internship medical social worker)가 마련되었다. 법적으로 제도화된 것은 아니지만 1991년 서울아산중앙병원에서 수련생 한 명으로 시작하여 1995년 대한의료사회복지사협회의 인준을 통해 확대되었으며, 2009년도부터 전국적으로 수련제도가 시행되고 있다.

1990년대 이후 국내 대기업의 병원사업 진출은 무료진료 등 사회공헌 활동을 활성화했고, 1997년 IMF(국제통화기금) 경제위기는 기부문화를 조성하여 의료비 지원이 활발해지는 등 민간기관의 역할이 두드러졌다. 이에 정부는 공공보건의료의 기본적인 사항을 정하여 국민에게 양질의 공공보건의료를 효과적으로 제공함으로써 국민보건의 향상에 이바지함을 목적으로 2000년 1월 12일 「공공보건의료에관한법률」을 제정하였다. 이 법률 제7조(공공보건의료기관의 의무)에는 "의료급여환자 등 취약계층에 대한 보건의료, 아동과 모성, 장애인, 정신질환, 응급진료 등 수익성이 낮아 공급이 부족한 보건의료, 재난 및 감염병 등 신속한 대응이 필요한 공공보건의료, 질병예방과 건강 증진에 관련된 보건의료, 교육·훈련 및 인력 지원을 통한 지역적 균형을 확보하기 위한 보건의료를 우선적으로 제공해야 한다."고 명시하고 있다. 이 제시된 의무를 수행하기 위해서는 직간접적인 서비스를 제공하는 의료사회복지사의 역할이 중요하다. 이에 국립대학교병원을 중심으로 공공보건의료 전담조직을 설치할 때 의료사회복지 담당 부서를 공공보건의료 전담조직 속에 편제하였다. 그리고 전담조직의 내실화와 의료취약계층 의료 안전망 기능 강화 계획을 포함하면서 그동안 의료사회복지사가 추진해 왔던 서비스들이 공공보건의료 영역의 사업계획에 포함될 수 있었다. 이러한 과정에서 공공보건의료 영역에서 의료사회복지사의 중요성이 새롭게 인식되는 계기가 마련되었다.

대한의료사회복지사협회는 한국사회복지협회와 공동으로 의료사회복지사의 전문화를 위해 2000년 11월 수련 슈퍼바이저와 실습 슈퍼바이저 자격제도를 도입하였다. 의료사회복지사 자격을 취득하기 위해서는 수련과정을 마쳐야 하며, 이후 협회가 시행하는 자격시험에 합격하도록 하였다. 대한의료사회복지사협회는 2008년 9월 7일 제1회 의료사회복지사 자격시험을 서울대학교 병원과 신촌세브란스 병원에서 시행하여 257명의 의료사회복지사가 배출되었다.

이후 매년 의료사회복지사 자격시험이 시행되고 있으며 2020년 9월 기준 의료사회복지사 자격증 취득자는 1,302명이다. 이러한 노력으로 2018년 11월 「사회복지사업법」 개정을 통해 의료사회복지사 자격이 국가 전문자격으로 인정받게 되었다. 이를 통해 의료사회복지사의 전문성과 의료사회복지서비스의 질이 더욱 공고해지는 계기가 마련되었다. 의료사회복지사 자격증 취득은 「사회복지사업법」 제11조제3항(사회복지사 자격증의 발급 등)에 따라 보건복지부령으로 정하는 기관에서 수련을 받은 사람에게 부여한다. 수련과정은 1년의 기간에 걸쳐 이루어지며, 이론 80시간, 실습 900시간, 학술활동 20시간 등 수련시간은 총 1,000시간이다. 수련과정과 보수교육은 대한의료사회복지사협회가 시행하고, 자격증 발급은 「사회복지사업법」에 의거하여 사회복지사 자격발급 업무를 위탁받은 한국사회복지사협회에서 시행하고 있다.

그리고 1995년 제정된 「정신보건법」은 2017년 「정신건강복지법」으로 개정하며 정신장애인의 강제입원 절차를 개선하고 동의입원을 신설하는 등 정신장애인의 인권과 복지 영역을 강조하였다.

초창기 의료사회복지사의 주요 업무는 행정 등 사무적인 업무와 환자의 경제적인 문제해결에 초점을 두었으나 오늘날 의료사회복지사의 직무는 사회사업임상, 행정, 교육 및 연구조사로 구분되어 보다 전문화되고 있다. 그리고 노인장기요양보험제도와 보건의료 관련법의 재정 및 개정 등으로 의료복지실천현장도 분야별로 일반·정신·재활의료, 만성·급성 의료 등 전문화가 진행되고 있다. 그리고 호스피스 완화병동, 화상 환자, 당뇨환자, 심장질환자 등 전문 임상과별 활동 영역이 세분화되고 있으며, 의료사회복지실천은 장기이식팀, 임상연구위원회, 퇴원계획팀, 질관리위원회, 적정관리위원회 등의 팀워크 활동으로 이루어지고 있다.

생각해 봅시다

- 한국의 의료사회복지가 나아가야 할 방향에 대해서 생각해 봅시다.
- 2018년 「사회복지사업법」 개정으로 의료사회복지사 자격이 국가 전문자격으로 인정받은 것에 대한 의미를 생각해 봅시다.

Chapter 03

의료보장제도와 의료사회복지활동의 근거

학습 목표

- 의료보장제도를 이해하고 설명할 수 있다.
- 의료사회복지활동의 법적 기준과 근거를 이해한다.

「대한민국헌법」에는 모든 국민의 보편적인 평등과 인간다운 삶을 영위하도록 보장하기 위해 평등권과 행복추구권이 명시되어 있다. 이를 근거로 모든 국민의 동등한 건강서비스 혜택을 보장하기 위해 우리나라는 국민건강보험을 중심으로 보건의료체계가 이루어져 있다. 이는 개인의 성별, 나이, 소득, 사회적 지위와 이념 등과 상관없이 모든 국민은 보건, 복지, 의료서비스 혜택을 공공 및 민간 보건의료시스템으로 공평하게 지원하고 있다.

이 장에서는 의료사회복지사의 활동에 근거가 되는 대표적인 의료보장제도를 이해할 수 있도록 국민건강보험제도, 의료급여제도, 노인장기요양보험제도에 대해 살펴보고자 한다. 그리고 의료사회복지활동의 법적 기준과 근거를 이해할 수 있도록 「의료법」, 「사회복지사업법」, 「정신건강증진 및 정신질환자 복지서비스 지원에 관한 법률」, 「국민건강보험법」(수가 기준)을 알아보고 기타 관련 규정에 대해 살펴보고자 한다.

01 의료보장제도

의료보장은 국민의 건강권을 보호하기 위해 국가나 사회가 제도적으로 보건의료 서비스를 제공하는 것을 말한다. 의료보장제도는 국가의 책임 아래 국민의 건강 및 의료문제를 해결함으로써 국민의 건강한 삶을 보장하기 위한 것이다. 의료보장제도는 사회계층 간 의료수혜의 불평등을 해소하고, 예측 불가능한 질병으로부터 개인 및 가계의 경제적 부담을 완화하고, 개인의 위험을 국가적·사회적 위험으로 인식하여 위험의 분산 및 사회연대 인식을 제고시키기 위한 제도라는 점에 의의를 두고 있다.

우리나라 의료보장제도는 생활 유지능력에 따라 구분하여 적용하고 있다. 생활 유지능력이 있는 국민은 「국민건강보험법」에 기초한 '국민건강보험제도'와 '노인장기요양보험제도'를 적용하고, 생활 유지능력이 없거나 어려운 국민은 「의료급여법」에 기초한 '의료급여제도'를 적용하고 있다.

1) 국민건강보험제도

(1) 국민건강보험제도의 의의

국민건강보험제도는 「국민건강보험법」 제1장제1조에 의거하여 "국민의 질병·부상에 대한 예방·진단·치료·재활과 출산·사망 및 건강증진에 대하여 보험급여를 실시함으로써 국민 보건 향상과 사회보장 증진을 목적"으로 시행된다. 건강보험제도는 일상생활에서 발생하는 우연한 질병이나 부상으로 인한 고액의 진료비가 발생했을 때 가계의 과도한 부담을 방지하고자 보험원리에 근거하여, 국민이 평소에 납부한 보험료를 국민건강보험공단이 관리·운영하다가 필요시 보험급여를 제공함으로써 국민 상호 간 위험을 분담하고 국민에게 필요한 의료서비스를 제공하는 사회보장제도이다.

(2) 국민건강보험제도의 연혁

우리나라 건강보험은 1963년 12월 16일 「의료보험법」으로 제정되어 1970년 적용

대상을 근로자, 공무원, 군인 등으로 하였으나 시행되지 못하다가, 1977년 7월 1일부터 500인 이상 사업장 근로자와 공업단지 근로자가 있는 사업장을 대상으로 출발하였다. 1979년 7월에는 300인 이상 사업장으로 의료보험이 확대되었고, 1979년 1월부터 공무원 및 교직원도 의료보험이 적용되었다. 직장의료보험은 1981년 1월에 100인 이상 사업장 근로자, 1982년 12월에 16인 이상 사업장 근로자 등으로 적용 범위가 확대되었다. 그리고 1988년 7월에 5인 이상 사업장 근로자까지 확대되었다.

정부는 1980년대에 이르러 전 국민을 대상으로 의료보험을 실시하기 위한 준비를 하며 한편으로는 지역의료보험제도 준비도 착수하였다. 지역의료보험제도 시범사업은 1981년 7월에 홍천군, 옥구군, 군위군 등 3개 지역을 대상으로 실시되었고, 1982년 7월에 강화군, 보은군, 목포시 등 3개 지역으로 시범사업이 확대되었다. 지역의료보험은 1988년 1월에 농어촌 지역을 대상으로 의료보험이 먼저 실시된 이후 1989년 7월에 도시지역으로 확대·적용되었다. 이로써 우리나라는 의료보험 시행 12년 만에 전 국민 의료보험이 실시된 것으로, 이는 독일 127년, 일본 36년이 소요된 것에 비하면 매우 빠른 속도이다.

우리나라 건강보험은 1963년 「의료보험법」이 제정된 이후 1999년 「국민건강보험법」이 제정되었고, 2000년 7월 국민의료보험관리공단과 직장의료보험조합이 통합되며 현재 국민건강보험공단으로 통합·운영되고 있다. 그리고 2003년 7월 직장·지역 가입자의 재정이 통합되어 운영되었고, 2007년에 「노인장기요양보험법」이 제정되어 2008년 7월 1일부터 노인장기요양보험제도가 실시되었으며, 2011년 1월부터 사회보험징수가 통합적으로 이루어졌다.

(3) 국민건강보험제도의 특성

우리나라 건강보험제도의 특성은 두 가지로 요약할 수 있다.

첫째, 건강보험은 법률에 근거하여 일정한 법적 요건이 충족되면 본인의 의사와 상관없이 강제 가입되고 보험료 납부 의무도 발생한다. 만약 선택적 가입으로 보험 가입을 회피할 경우 의료비에 대한 국민 상호 간 위험부담을 공동으로 해결하고자 하는 건강보험제도의 목적이 실현되기 어렵기 때문이다. 그리고 질병위험이 큰 사람만 선택적으로 보험에 가입할 경우 보험재정의 파탄으로 원활한 건강보험 운영이 불가능해질 수 있기 때문이다.

「국민건강보험법」 제5조제1항에는 가입자와 피부양자를 "국내에 거주하는 국민"으로 정하고 있다. 그러나 「의료급여법」에 따라 의료급여를 받는 사람과 「독립유공자예우에 관한 법률」 및 「국가유공자 등 예우 및 지원에 관한 법률」에 따라 의료보호를 받는 사람은 제외된다. 그리고 피부양자는 동법 제5조제2항에 "직장가입자에게 주로 생계를 의존하는 사람으로서 소득 및 재산이 보건복지부령으로 정하는 기준 이하에 해당하는 사람"으로, 직장가입자의 ① 배우자, ② 직계존속(배우자의 직계존속 포함), ③ 직계비속(배우자의 직계비속을 포함)과 그 배우자, ④ 형제·자매로 규정하고 있다.

둘째, 건강보험의 보험료는 개인의 부담능력에 따라 차등부담(형평부과) 하고 있다. 민간보험의 경우 급여의 내용과 위험 정도, 계약 내용에 따라 보험료가 다르게 부담되고 보험료 부과기준과 계약기간 및 내용에 따라 차등급여를 받는다. 그러나 건강보험은 사회보험 방식으로, 사회적 연대를 기초로 의료비 문제를 해결하는 것이 목적이므로 소득수준 등 개인의 보험료 부담능력에 따라 보험료가 차등적으로 부담되며, 보험료 부과수준과 관계없이 관계 법령에 의거하여 보험급여는 균등하게 이루어진다.

(4) 보험급여 지원 유형

보험급여는 「국민건강보험법」이 정하는 바에 따라 현물 또는 현금 형태로 제공된다. 급여는 현물급여를 원칙으로 하되 필요한 경우 현금으로도 급여를 제공할 수 있도록 하고 있다. 현물급여는 요양기관을 통해 직접 의료서비스를 제공하는 것으로 가입자 또는 피부양자의 질병, 부상, 출산 등에 대한 요양급여와 건강검진이 있다. 현금급여에는 요양비, 본인부담액 보상금, 장애인 보장구 급여비 등이 있다.

먼저 현물급여에서 요양급여는 가입자와 피부양자의 질병, 부상, 출산 등에 대한 진찰·검사, 약제·치료재료의 지급, 처치·수술 및 그 밖의 치료, 예방·재활, 입원, 간호, 이송 등으로 직접적인 서비스이다. 요양급여 대상은 「국민건강보험 요양급여의 기준에 관한 규칙」 제9조에서는 비급여대상 기준과 구체적인 항목을 명시하고 있다. 건강검진은 가입자와 피부양자에 대하여 질병의 조기 발견과 그에 따른 요양급여로 2년에 1회 무료로 실시한다.

현금급여에서 요양비는 가입자나 피부양자가 보건복지부령으로 정하는 긴급하거나 그 밖의 부득이한 사유로 요양기관과 비슷한 기능을 하는 기관으로서, 보건복지부령으로 정하는 기관에서 질병·부상·출산 등에 대하여 요양을 받거나 요양기관이 아닌 장소에서 출산한 경우에 그 요양급여에 상당하는 금액을 요양비로 지급하는 현금급여이다. 장애인 보장구 급여비는 「장애인복지법」에 의해 등록한 장애인 가입자나 피부양자가 보장구를 구입할 경우 보장구 구입 금액의 일정액을 지급하는 현금급여이다. 본인부담액 보상금은 병·의원에서 진료를 받고 납부한 법정 본인부담금이 일정액을 초과한 경우 그 초과금액의 일정률을 보상받는 급여이다. 현금급여 항목에서 본인부담상한제(「국민건강보험법 시행령」 제19조)는 2004년 7월 1일부터 시행 중인 제도이다. 고액·중증질환자의 과다한 의료비 지출로 인한 가계의 경제적 부담을 경감시키기 위해 일정 기준을 초과하면 그 차액을 돌려주는 것이다.

이 제도에 따라 1년을 기준으로 환자가 부담한 연간 본인 부담금 총액(비급여, 선별급여 등의 비용은 제외)이 가입자 소득수준에 따른 본인 부담 상한액을 초과하는 경우, 그 초과 금액을 전액 환자에게 돌려주는 제도이다. 현재 우리나라는 인구 고령화와 만성질환의 증가, 비급여의 급여화 정책 등으로 본인부담상한제의 환급 규모와 혜택을 받는 인원이 증가추세이다. 특히 건강보험 보장성 강화 대책의 일환인 MRI와 초음파 등의 비급여가 급여 항목으로 많이 확대되면서 소득이 높지 않은 저소득층과 경제활동이 어려운 고령의 환자들에게 큰 도움이 되고 있다. 2021년 기준 본인부담상한액은 직장(지역)가입자가 진료연도에 부담한 연평균 보험료는 소득 1분위는 81만 원, 2~3분위는 101만 원, 4~5분위는 152만 원, 6~7분위는 282만 원, 8분위는 352만 원, 9분위는 433만 원, 10분위는 584만 원의 상한액을 적용받는다(단, 요양병원 입원일수 120일 초과인 경우 소득1분위는 125만 원 2~3분위는 157만 원, 4~5분위는 212만 원).

본인부담상한제는 사전급여방식과 사후환급방식으로 두 가지 방식으로 운영되고 있다. 사전급여방식은 환자가 동일한 요양기관에서 부담한 연간 본인부담금이 당해 연도 급여본인부담액의 상한액 기준을 초과한 경우, 치료받은 사람은 최고 상한액까지만 병원에 납부하고 초과금액은 요양기관이 공단에 청구하여 지급받는 것이다. 사후환급방식은 당해 연도에 본인부담금 총액이 개인별 상한액을 넘고 사전급여를 받지 않은 경우, 다음 해에 초과금액을 공단이 환자에게 신청계좌로 직접 지급하는 것이다. 2020년부터 합리적인 의료공급 등을 이유로 요양병원은 사전급여 지급 방식을 중단하고 사후환급 방식을 시행하고 있다.

국민건강보험제도는 사회 공동의 연대책임을 적극 활용하여 소득 재분배 기능과 위험 분산 효과를 도모하여 사회통합을 이룰 수 있는 제도라고 할 수 있다.

의료보장제도는 사회보험방식(NHI: National Health Insurance), 국민보건서비스방식(NHS: National Health Services), 민간보험방식(consumer sovereignty model)으로 분류되어 나라마다 다르게 운영되고 있다. 미국의 민간보험방식은 사회정책적 차원의 제도는 아니다.

사회보험방식(NHI)은 독일의 비스마르크가 창시하여 '비스마르크방식'이라고도 한다. '의료비에 대한 국민의 자기책임의식'을 견지하되 이를 보험자가 보험료로 재원을 마련하여 의료를 보장하는 방식이다. 일차적으로 국민의 보험료에 의해 재원을 조달하고 국가는 이차적 지원과 후견적 지도 기능을 수행하는 것이다. 사회보험방식은 국민의 일차적 부담 의무가 전제되고 있기 때문에 국민의 정부 의존심을 최소화할 수 있다. 이 방식을 채택하고 있는 대표적인 나라는 독일, 일본, 프랑스, 한국 등으로, 의료보장제도를 시행하는 국가의 약 70%가 이 방식을 채택하고 있다.

국가보건서비스방식(NHS)은 국가가 직접 의료를 관장하는 방식으로, 베버리지가 제안하여 '베버리지방식' 또는 조세로 재원을 마련하여 '조세방식'이라고도 한다. '국민의 의료문제는 국가가 책임져야 한다.'는 관점에서 정부가 조세로 재원을 마련하고 모든 국민에게 무상으로 의료를 '제공(universal type)'하는 방식이다. 이 방식을 채택하고 있는 대표적인 나라는 영국, 스웨덴, 이탈리아 등으로 의료보험제도를 채택하고 있는 국가의 30%가 이 방식을 채택하고 있다.

2) 의료급여제도

(1) 의료급여제도의 의의

「의료급여법」은 생활 유지능력이 없거나 저소득층, 국가유공자와 인간문화재에 대해 국가가 의료비의 전부 또는 일부를 지원하기 위한 목적으로 만들어졌다. 2001년 5월 24일 개정된 「의료급여법」 제1조에 "이 법은 생활이 어려운 사람에게 의료급여를 함으로써 국민보건의 향상과 사회복지의 증진에 이바지함을 목적으로 한다."고 규정되어 있다. 의료급여제도는 국민건강보험제도와 함께 의료보장의 중요한 수단이 되는 사회보장제도로써 「의료급여법」에 따른 수급권자의 질병·부상·출산 등에 대한 진찰·검사, 약제·치료재료의 지급, 처치·수술과 그 밖의 치료, 예방·재활, 입원, 간호 등에 대한 의료서비스를 제공한다.

(2) 의료급여제도의 연혁

의료급여제도는 1961년 12월 31일에 제정된 「생활보호법」 제5조에 의해 의료보호가 생활보호대상자를 대상으로 주로 국·공립 의료기관에서 무료진료를 통해 실시되었으나 의료내용이 빈약하고 진료 거부 사례도 많이 발생하는 등 의료보장으로서 실효성이 낮았다. 1977년 직장의료보험이 시행되면서 의료보호도 분리되어 12월 31일 「의료보호법」이 제정·공포되고, 1978년 1월 1일부터 공적부조제도의 일환으로 본격적인 의료보호사업이 실시되었다.

그 후 2000년 10월 「국민기초생활보장법」에서 의료보호가 의료급여로 명칭이 변경되어 2001년 5월 25일 종전의 「의료보호법」을 「의료급여법」으로 전면 개정하였으며 2001년 10월 1일부터 시행하게 되었다. 「의료급여법」 시행에 따라 최저생계비 이하의 빈곤계층 등을 의료급여 수급권자로 선정하고 낮은 비용으로 의료서비스를 이용할 수 있도록 하고 있다.

(3) 의료급여 지원 유형

의료급여 수급권자는 1종과 2종으로 분류되며 그 혜택도 다르게 구분된다. 1종 수급권자는 「국민기초생활 보장법」에 의한 수급자 중 근로능력이 없는 자, 「의료급여법」에 의한 행려환자가 있고, 타 법에 의한 수급권자로는 이재민, 의상자 및 의사자의 유족, 입양아동(18세 미만), 국가유공자 및 그 유족과 가족, 국가무형문화재 보유자 및 그 가족, 북한이탈주민과 그 가족, 5·18 민주화운동 관련자 및 그 유족과 가족, 노숙인 등이다. 2종 수급권자는 국민기초생활보장 대상자 중 1종 수급대상이 아닌 가구이다.

〈표 3-1〉 의료급여 종별 대상자

구분	수급권자
1종 수급권자	•「국민기초생활 보장법」에 의한 수급자 중 근로능력이 없는 자 근로무능력가구, 산정특례 등록한 결핵질환자, 희귀질환자, 중증난치질환자 및 중증질환(암 환자, 중증 화상 환자만 해당) 등록자, 시설 수급자 •행려환자 •「국민기초생활 보장법」 이외의 타 법에 의한 수급권자 이재민, 의상자 및 의사자의 유족, 국내 입양된 18세 미만의 아동, 국가유공자 및 그 유족과 가족, 국가무형문화재 보유자 및 그 가족, 북한이탈주민과 그 가족, 5·18민주화운동 관련자 및 그 유족과 가족, 노숙인
2종 수급권자	•「국민기초생활 보장법」에 의한 수급자 중 근로능력이 있는 자

(4) 의료급여 내용

의료급여 수급권자의 의료급여 내용은 「의료급여법」 제7조에 따라 수급권자의 질병·부상·출산 등에 대한 의료급여로, 진찰·검사, 약제·치료재료의 지급, 처치·수술과 그 밖의 치료, 예방·재활, 입원, 간호, 이송 등이며 급여범위와 급여비용은 건강보험과 유사하다. 단, 정신과 입원, 혈액투석, 식대 수가체계는 상이하게 적용된다.

국가는 「의료급여법」에서 정한 수급권자의 법정본인부담금을 제외한 금액을 전액 지원하며, 이는 수급권자의 종(1종·2종)에 따라 다르게 적용된다.

1종 수급권자의 경우 입원비는 무료이나 외래의 경우 병원종에 따라 상이하다. 외래의 경우 본인부담금은 1차 의료급여기관 방문 시 1,000원, 2차 의료급여기관 방문 시 1,500원, 3차 의료급여기관 방문 시 2,000원이며, 약국은 처방전당 500원이 부과된다.

2종 수급권자는 입원과 외래 모두 본인부담금을 부과하며, 입원 시 총진료비의 10%가 부과된다. 외래의 경우, 본인부담금은 1차 의료급여기관 방문 시 1,000원, 2차 또는 3차 의료급여기관 방문 시 총진료비의 15%이며, 약국 방문 시 본인부담금은 500원이다. 이는 급여청구분일 경우에 해당되며 비급여 청구분의 경우에는 위의 기준이 적용되지 않기 때문에 전액 본인이 부담해야 한다. 특수장비로 촬영하는 CT, MRI, PET의 경우 1종 수급권자는 입원 중 촬영은 본인부담금이 없지만, 외래진료 중 촬영할 경우는 진료비의 5%를 부담한다. 2종 수급권자는 입원 중 촬영 시에는 10%의 본인부담금이며, 외래진료 시 촬영하면 15%의 본인부담금이 발생된다.

〈표 3-2〉 의료급여 수급권자의 법정본인부담금

구분		1차 (의원)	2차 (병원, 종합병원)	3차 (지정병원)	약국 (처방전)	특수장비촬영 (CT, MRI, PET)
1종	입원	없음	없음	없음	-	없음
	외래	1,000원	1,500원	2,000원	500원	5%
2종	입원	10%	10%	10%	-	10%
	외래	1,000원	15%	15%	500원	15%

출처: 보건복지부 홈페이지(www.mohw.go.kr). 기초의료보장

의료급여는 본인부담금이 없거나 소액만 지급하는 특성으로 인해 제2·3차 의료급여기관으로 진료가 집중될 여지가 높기 때문에 이를 사전에 방지하고자 건강보험의 2단계 요양급여와 달리 급여절차를 3단계로 규정하고 있다. 「의료급여법 시행규칙」 제3조에 따라 의료급여 수급권자의 경우 상급종합병원에서 진료를 받기 위해서는 [그림 3-1]과 같이 3단계의 절차를 거쳐야 한다. 수급권자가 의료급여를 받고자 할 경우 먼저 제1차 의료급여기관에 의료급여를 신청해야 한다. 진찰 결과 또는 진료 중 다른 의료급여기관의 진료가 필요한 경우 진료 담당의사의 진료 의견이 기재된

'의료급여 의뢰서'를 제출하여야 한다. 의료급여를 의뢰받은 의료급여기관은 수급권자의 상태가 호전되는 때에는 '의료급여 회송서'를 수급권자에게 발급하여 회송할 수 있다. 의뢰순서는 제1차 의료급여기관에서 제2차 의료급여기관으로, 제2차 의료급여기관에서 제2차 의료급여기관 또는 제3차 의료급여기관으로, 제3차 의료급여기관에서 제3차 의료급여기관이다. 회송순서는 제3차 의료급여기관에서 제2차 의료기관 또는 제1차 의료급여기관, 제2차 의료급여기관에서 제1차 의료급여기관이다.

만약 의료급여 수급권자가 의료급여 절차에 의하지 않고(의료급여 의뢰서 없이) 의료급여기관을 이용한 경우에는 진료비 전액을 본인이 부담해야 한다. 이는 의료자원의 효율적 활용과 대형병원으로의 환자 집중현상을 방지하기 위해서이다.

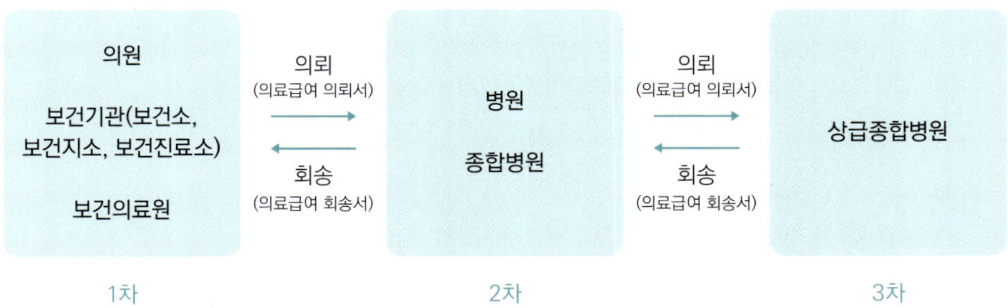

[그림 3-1] 의료급여 수급권자의 이용절차

출처: 보건복지부 홈페이지(www.mohw.go.kr). 기초의료보장

그러나 의료급여 수급권자의 이용절차 3단계에도 불구하고 〈표 3-3〉과 같이 응급, 분만 등의 예외 사항은 단계별 절차와 상관없이 의료급여가 제공된다.

〈표 3-3〉 의료급여 이용 절차 예외

예외 대상자	의료급여기관
•「응급의료에 관한 법률」 제2조제1호에 해당하는 응급환자인 경우 •분만의 경우 •「의료급여법 시행령」 제3조제2항제1호라목에 따라 보건복지부장관이 정하여 고시하는 결핵질환, 희귀난치성질환 또는 중증질환을 가진 사람이 의료급여를 받으려는 경우 •제2차 의료급여기관 또는 제3차 의료급여기관에서 근무하는 수급권자가 그 근무하는 의료급여기관에서 의료급여를 받으려는 경우 •「장애인복지법」 제32조의 규정에 따라 등록한 장애인이 「장애인·노인 등을 위한 보조기기 지원 및 활용촉진에 관한 법률」 제3조제2호에 따른 보조기기를 지급받으려는 경우 •「장애인복지법」 제32조에 따라 등록한 장애인이 「구강보건법」 제15조의2에 따른 장애인구강진료센터에서 의료급여를 받으려는 경우 •감염병의 확산 등 긴급한 사유가 있어 보건복지부장관이 정하는 기준에 따라 의료급여를 받으려는 경우 •「건강검진기본법」에 따른 국가검진을 받은 사람이 보건복지부장관이 정하여 고시하는 결핵질환의 확진검사에 대하여 의료급여를 받으려는 경우	제2차 또는 제3차 의료급여기관에 우선 의료급여 신청 가능
•단순물리치료가 아닌 작업치료·운동치료 등의 재활치료가 필요하다고 인정되는 사람이 재활의학과에서 의료급여를 받으려는 경우 •한센병환자가 의료급여를 받으려는 경우 •「장애인복지법」 제32조의 규정에 따라 등록한 장애인이 의료급여를 받으려는 경우 •「국민건강보험법 시행령」 제45조제1호에 해당하는 지역의 의료급여 수급권자가 의료급여를 받으려는 경우 •「국가유공자 등 예우 및 지원에 관한 법률 시행령」 제14조 또는 「보훈보상대상자 지원에 관한 법률 시행령」 제8조에 따른 상이등급을 받은 사람이 의료급여를 받으려는 경우 •15세 이하의 아동이 의료급여를 받으려는 경우	제2차 의료급여기관에 신청 가능
•노숙인 등이 「응급의료에 관한 법률」 제2조제1호에 해당하는 응급환자인 경우 •노숙인 등이 분만하는 경우	노숙인진료시설이 아닌 제1·2·3차 의료급여기관에 의료급여 신청 가능

출처: 보건복지부(2022)

3) 노인장기요양보험제도

(1) 노인장기요양보험제도의 의의

「노인장기요양보험법」은 고령이나 노인성 질병 등의 사유로 일상생활을 혼자서 수행하기 어려운 노인 등에게 제공하는 신체활동 또는 가사활동 지원 등의 장기요양급여에 관한 사항을 규정하여 노후의 건강증진 및 생활안정을 도모하고 그 가족의 부담을 덜어줌으로써 국민의 삶의 질을 향상시키는 것에 목적을 두고 있다.

2008년도 제도 시행 초기에는 전체 노인인구의 약 3%인 17만 명을 장기요양서비스 대상자로 예상하였으나, 2020년 12월 말 기준 장기요양등급 인정자는 86만 명, 그중 급여이용 수급자는 81만 명이다. 현재 2022년도 5월 말 장기요양등급 신청자 129만 명 중 등급 인정자는 96만 명으로, 노인장기요양보험제도 신청 및 이용자는 지속적으로 증가하고 있다. 2022년 5월 31일 기준 장기요양기관은 27,028개소가 운영 중이며, 재가급여기관은 20,977개소, 시설급여기관은 6,051개소가 설치되어 있다(국민건강보험공단, 2022).

〈표 3-4〉 장기요양서비스 이용자 현황

구분	2016	2017	2018	2019	2020
급여이용수급자(명)	520,043	578,867	648,792	732,181	807,067

출처: 국민건강보험공단(www.nhis.or.kr)

(2) 노인장기요양보험제도의 도입 배경

급격한 고령화로 인한 치매나 중풍 등으로 일상생활에 어려움을 겪는 노인이 증가하고, 그동안 주요 돌봄제공자였던 여성의 사회참여 증가와 가족의 부양가치관 변화, 핵가족화 등으로 가족에 의한 노인 돌봄이 약화되었다. 또한, 가정의 돌봄 비용 부담의 과중으로 장기적인 요양서비스가 필요한 노인 문제는 심각한 사회문제로 대두되었다. 이에 노인의 간병, 장기요양 문제를 사회연대 원리에 입각하여 사회보험방식으로 노인장기요양보험제도가 시행되었다. 이 제도를 통해 노인의 노후생활 안정과 가족의 부양부담을 덜어 줌으로써 국민의 삶의 질을 향상하고자 하였다.

노인장기요양보험제도의 도입배경을 살펴보면 첫째, 인구 고령화이다. 우리나라는 2000년 기준, 65세 이상 고령인구가 총인구의 7.2%가 되면서 고령화 사회에 진입하였다. 2018년에는 14.4%로 고령사회에 진입하였고, 2022년 1월 기준으로 17.6%가 되었다. 이 같은 추세라면 2025년에는 20.3%가 되어 초고령사회가 될 것으로 전망된다. 더불어 높아진 기대수명은 노인 인구의 규모를 훨씬 증가시킬 것으로 예상된다. 따라서 증가하는 노인인구에 대한 장기적인 서비스가 필요해졌다.

둘째, 치매노인 증가와 노인건강의 악화이다. 현재 치매환자는 꾸준하게 증가하고 있고 이와 함께 노인 건강 상태의 악화가 심화되고 있다. 최근 기대수명의 증가로 노년기가 길어짐에 따라 노인장기요양보험과 관련이 높은 치매, 암 등 노화 관련 질환 등에 노출될 가능성도 커졌다.

셋째, 노인부양 가치관의 변화이다. 전통적으로 노인을 보호하는 역할을 가족이 수행해 왔지만, 가족 규모의 감소와 자녀 동거율의 감소, 여성의 사회참여율 증가 등은 노인보호에 대한 공적 보호서비스의 필요성을 높였다. 또한 2020년 인구주택 총조사에 의하면 기혼여성의 연령군별 출생아 수는 60세 이상 연령군의 경우 평균 3명의 자녀를 출산하였지만, 35~39세 연령군은 1명에 불과하다. 이는 향후 노인을 부양할 수 있는 가족의 가능성을 급격하게 감소시키는 요인으로 볼 수 있다. 또한 노인의 자녀 의존 정도도 점차 낮아지고 있다. 이와 함께 우리나라 노인인구 중 대학 이상 학력자는 2020년 13.3%로, 2035년에는 45% 이상이 될 것으로 전망되고 있다. 높은 교육 수준은 노인의 독립성에 영향을 끼쳐 가족 및 자녀의존도를 낮추고, 공적 서비스에 대한 관심으로 이어질 가능성이 커졌다는 것이다.

그동안 우리나라의 노인복지서비스체계는 저소득층을 주요 대상으로 공공부조방식으로 추진되었다는 점에서, 중산층과 서민층을 대상으로 한 요양서비스체계가 절대적으로 부족했다는 것과 급증하는 노인의료비에 대한 문제가 새롭게 부각되기 시작하였다. 이에 공적노인요양보장체계 확립을 통해 국민의 노후 불안을 해소하고 노인요양가정의 부양 부담을 경감해야 할 필요성이 제기되었다. 이에 일반 국민을 대상으로 수요자 선택권 중심의 전문적이고 다양한 서비스가 제공되는 제5의 사회보험제도인 노인장기요양보험이 도입되었다.

(3) 노인장기요양보험제도의 추진 경과

우리 사회가 고령사회로 변화됨에 따라 새롭게 대두된 노인 문제에 대응하기 위해 2000년 '노인장기요양보호정책기획단'이 발족되었다. 고령화 시대를 대비한 '노인요양보장제도' 도입을 발표하고, 2001년 2월 노인장기요양보호종합대책의 수립과 함께 8월 15일 대통령 경축사에서 노인장기요양보험제도 도입이 제시되었고, 2002년 대통령 공약사항에 포함되었다. 정부는 노인요양보장제도 시행 준비를 위해 노인보건복지 종합대책 실행계획(2002.10.) 수립과 '공적노인요양보장추진기획단(2003.3.)' 설치, '공적노인요양보장제도실행위원회(2004.3.)'를 구성하고 운영하는 등 노인요양보장제도 도입을 위한 방안 마련과 제도화 추진을 위한 준비체계를 구축하였다. 2005년 5월 23일 당정협의를 통해 사회보험방식으로 노인요양보장제도를 도입하는 것으로 「노인장기요양보험법(안)」이 확정되었다. 수차례의 부처 협의와 공청회 등을 거쳐 정부는 2006년 2월 16일 「노인수발법(안)」을 국회에 제출하고, 2007년 2월 5일 법안심사소위원회의 심사를 거쳐 2월 22일에 보건복지위원회의 전체회의에 상정 및 의결되었으며, 이때 「노인장기요양보험법」으로 명칭이 변경되었다. 「노인장기요양보험법」은 2007년 4월 2일 국회 통과 이후 4월 17일 국무회의 의결을 거쳐 4월 27일에 공포되어 2008년 7월 1일부터 시행되었다.

「노인장기요양보험법」은 2005년 7월부터 2006년 3월까지 전국 6개 시군구(광주 남구, 강릉, 수원, 부여, 안동, 북제주)의 65세 이상 기초생활보장 수급노인을 대상으로 1차 시범사업을 실시하고, 2006년 4월부터 2007년 4월에는 8개 시군구(부산 북구, 전남 완도 추가)에서 2차 시범사업이 실시되었다. 2007년 5월부터 2008년 6월까지 13개 시군구(인천 부평구, 대구 남구, 청주, 익산, 하동 추가)에서 3차 시범사업이 실시되었다. 시범사업을 통해 노인장기요양보험제도의 실효성을 확인하면서 이 법은 2008년 7월 1일부터 전국적으로 시행되었다. 이후 외국인 근로자 장기요양보험가입자 제외제도 도입(2009.3.), 농어촌지역거주 수급자 본인일부부담금 감경 도입(2009.5.)을 통해 농어촌 지역에 거주하는 수급자의 경제적 부담을 완화하였다. 2010년 3월에는 장기요양기관장 의무 및 공단 장기요양기관 설치 근거를 신설하여 장기요양기관장의 급여제공 기록 자료기록과 관리의무 및 공단의 장기요양급여 제공기준 개발 및 급여비용 적정성을 위하여 장기요양기관을 설치·운영할 수 있는 규정을 마련하였고, 2013년 8월에 장기요양기관의 운영질서 확립 및 관리 강화를 위해 본인일부부담금 면제 및 할인 행위 금지, 거짓 청구한 경우 위반 사실 공표, 행정제재처분의 효과 승계 등에 대해 강화시켰다. 2014년 7월에는 노인장기요양 등급을 기존 3등급 체계에서 5등급(치매특별등급) 체계로 개편하였다. 2018년 1월에는 인지지원등급을 신설하여 신체적 기능 상태와 관계없이 모든 치매질환노인까지 장기요양서비스 대상자가 될 수 있도록 개선하였고, 2018년 8월에는 장기요양 본인일부담금 감경대상자 확대를 통해 저소득계층 수급자의 경제적 부담을 완화하였다. 2019년 12월에는 장기요양기관 지정제·지정갱신제를 시행하여 장기요양기관 진입기준 강화를 통해 부실기관에 대한 관리를 체계화시켰고, 2019년 12월에는 장기요양 부정 인정자 직권 재조사 제도 시행을 통해 거짓이나 부정한 방법 또는 고의로 사고 발생, 본인의 위법행위에 기인하여 장기요양인정을 받은 경우 직권 재조사를 실시할 수 있도록 하였다.

(4) 노인장기요양보험제도의 적용 대상

노인장기요양보험(이하 요양보험)은 국민건강보험과 같이 전 국민을 대상으로 실시한다. 가입자(보험료 납부자)와 수급자(서비스 수혜자) 사이에 불일치가 발생할 수도 있지만, 이는 재정부담을 노인 및 가족, 국민 전체가 연대의식 아래 분담함으로써 국가보호의 큰 틀을 구현하고 있기 때문이다. 요양보험의 적용 대상은 '노인등'으로 「노인장기요양보험법」 제2조제1호에 의하면 "65세 이상의 노인 또는 65세 미만의 자로서 치매·뇌혈관성질환 등 대통령령으로 정하는 노인성 질병을 가진 자"를 말한다. 즉, 65세 이상의 노인이거나 65세 미만의 사람도 「노인장기요양보험법 시행령」 별표1에 명시된 노인성 질병을 앓고 있다면 요양보험의 적용 대상에 해당된다.

〈표 3-5〉 노인성 질병의 종류(제2조 관련)

구분	질병명	질병코드
한국표준질병 사인분류	가. 알츠하이머병에서의 치매	F00
	나. 혈관성 치매	F01
	다. 달리 분류된 기타 질환에서의 치매	F02
	라. 상세불명의 치매	F03
	마. 알츠하이머병	G30
	바. 지주막하출혈	I60
	사. 뇌내출혈	I61
	아. 기타 비외상성 두개 내 출혈	I62
	자. 뇌경색증	I63
	차. 출혈 또는 경색증으로 명시되지 않은 뇌졸중	I64
	카. 뇌경색증을 유발하지 않은 뇌전동맥의 폐쇄 및 협착	I65
	타. 뇌경색증을 유발하지 않은 대뇌동맥의 폐쇄 및 협착	I66
	파. 기타 뇌혈관질환	I67
	하. 달리 분류된 질환에서의 뇌혈관장애	I68
	거. 뇌혈관질환의 후유증	I69
	너. 파킨슨병	G20
	더. 이차성 파킨슨증	G21
	러. 달리 분류된 질환에서의 파킨슨증	G22
	머. 기저핵의 기타 퇴행성 질환	G23
	버. 중풍후유증	U23.4
	서. 진전(振顫)	R25.1

* 질병명 및 질병코드는 「통계법」 제22조에 따라 고시된 한국표준질병·사인분류에 따름
* 진전은 보건복지부장관이 정하여 고시하는 범위로 함

출처: 국가법령정보센터 홈페이지(www.law.go.kr)

요양보험 적용대상자 중 '6개월 이상 동안 혼자서 일상생활을 수행하기 어렵다고 인정되는 자'로서 장기요양등급판정위원회에서 등급판정을 받은 사람에게 장기요양급여가 제공된다. 등급판정 기준은 '건강이 매우 안 좋다.' 등과 같은 주관적인 개념

이 아닌 '심신의 기능 상태에 따라 일상생활에서 도움(장기요양)이 얼마나 필요한가'를 지표화한 장기요양인정점수를 기준으로 한다. 장기요양 등급판정은 1차적으로 건강보험공단의 조사요원이 방문조사를 통해 신청인의 심신 상태를 나타내는 5영역 52개 항목을 조사한다. 조사 항목으로는 신체기능(12항목), 인지기능(7항목), 행동변화(14항목), 간호처치(9항목), 재활(10항목) 등 5영역 52개 항목의 조사 결과를 수형분석도에 적용하여 장기요양인정과 장기요양등급을 산출하고 있다. 그다음으로 등급판정위원회에서 1차 판정 결과와 특기사항 및 의사소견서, 기타 심의 참고자료 등을 토대로 신청인의 기능 상태 및 장기요양이 필요한 정도 등을 등급판정 기준에 따라 심의 및 최종 판정을 한다.

〈표 3-6〉 등급판정 기준

장기요양 등급	심신의 기능 상태
1등급	심신의 기능 상태 장애로 일상생활에서 전적으로 다른 사람의 도움이 필요한 자로서 장기요양인정 점수가 95점 이상인 자
2등급	심신의 기능 상태 장애로 일상생활에서 상당 부분 다른 사람의 도움이 필요한 자로서 장기요양인정 점수가 75점 이상 95점 미만인 자
3등급	심신의 기능 상태 장애로 일상생활에서 부분적으로 다른 사람의 도움이 필요한 자로서 장기요양인정 점수가 60점 이상 75점 미만인 자
4등급	심신의 기능 상태 장애로 일상생활에서 일정 부분 다른 사람의 도움이 필요한 자로서 장기요양인정 점수가 51점 이상 60점 미만인 자
5등급	치매환자로서(「노인장기요양보험법 시행령」 제2조에 따른 노인성 질병으로 한정) 장기요양인정 점수가 45점 이상 51점 미만인 자
인지지원등급	치매환자로서(「노인장기요양보험법 시행령」 제2조에 따른 노인성 질병으로 한정) 장기요양인정 점수가 45점 미만인 자

출처: 국민건강보험 홈페이지(longtermcare.or.kr)

장기요양급여의 종류는 재가급여, 시설급여, 특별현금급여가 있다. 재가급여는 장기요양요원이 수급자의 가정 등을 방문하여 신체활동 및 가사활동 등을 지원하는 서비스로, 방문요양, 방문목욕, 방문간호, 주·야간보호, 단기보호, 기타재가급여(복지용구)서비스가 있다. 시설급여는 장기요양기관에 장기간 입소한 수급자에게 신체활동 지원 및 심신기능의 유지·향상을 위한 교육·훈련 등을 제공하는 장기요양급여이다. 특별현금급여로는 가족요양비, 특례요양비, 요양병원간병비가 있다. 장기요양수급자는 재가·시설·특별현금 급여 중 한 가지만 이용이 가능하지만, 재가급여와 특별현금급여의 가족요양비 대상자는 복지용구를 추가 이용할 수 있다.

장기요양보험제도의 재정부담은 건강보험제도와 동일하게 가입자가 부담하는 장기요양보험료, 국가지원, 본인부담으로 이루어진다. 장기요양보험료는 건강보험료액에 일정한 장기요양보험료율을 곱하여 산정되며, 건강보험료와 통합하여 징수하지만 독립회계로 관리 및 운영하고 있다.

〈표 3-7〉 요양보험에 의한 요양급여 종류

구분		급여내용
재가급여	방문요양	장기요양요원이 수급자의 가정 등을 방문하여 신체활동 및 가사활동 지원
	방문목욕	장기요양요원이 목욕설비를 갖춘 차량을 이용하여, 수급자의 가정을 방문하여 목욕을 제공하는 급여
	방문간호	의사, 한의사 또는 치과의사의 지시에 따라 간호사, 간호조무사 또는 치위생사가 수급자의 가정 등을 방문하여 간호, 진료의 보조, 요양에 관한 상담 또는 구강위생 등을 제공하는 급여
	주·야간보호	수급자를 하루 중 일정한 시간 동안 장기요양기관에 보호하여 목욕, 식사, 기본간호, 치매관리, 응급서비스 등 심신기능의 유지·향상을 위한 교육·훈련 등을 제공하는 급여
	단기보호	수급자를 월 9일 이내 기간 동안 장기요양기관에 보호하여 신체활동 지원 및 심신기능의 유지·향상을 위한 교육·훈련 등을 제공하는 장기요양급여
	기타재가급여	수급자의 일상생활 또는 신체활동지원에 필요한 용구로서 보건복지부장관이 정하여 고시하는 것을 제공하거나 대여하여 노인장기요양보험 대상자의 편의를 도모하고자 지원하는 장기요양 급여(휠체어, 전동·수동침대, 목욕리프트, 욕창예방매트리스, 방석, 이동욕조, 성인용보행기 등)
시설급여	노인요양시설	장기간 입소한 수급자에게 신체활동 지원 및 심신기능의 유지·향상을 위한 교육·훈련 등을 제공하는 장기요양급여(입소정원: 10명 이상)
	노인요양 공동생활시설	장기간 입소한 수급자에게 가정과 같은 주거여건에서 신체활동 지원 및 심신기능의 유지 향상을 위한 교육·훈련 등을 제공하는 장기요양급여(입소정원: 5~9명)

구분		급여내용
특별 현금 급여	가족요양비	도서·벽지 등 장기요양기관이 현저히 부족한 지역이나 천재지변, 신체·정신 또는 성격 등의 이유로 요양보호사가 아닌 가족으로부터 장기요양을 받아야 할 수급자에게 지급하는 요양비
	특례요양비	수급자가 장기요양기관이 아닌 노인요양시설 등의 기관 또는 시설에서 재가급여 또는 시설급여에 상당한 장기요양급여를 받은 경우 해당 장기요양급여비용의 일부를 해당 수급자에게 지급하는 요양비
	요양병원 간병비	수급자가 「의료법」 제3조제2항제3호라목에 따른 요양병원에 입원한 때 장기요양에 사용되는 비용의 일부를 지급하는 간병비

출처: 법제처 국가법령정보센터 홈페이지(www.law.go.kr)

02 의료사회복지활동의 법적 기준과 근거

의료사회복지사는 의료사회복지실천의 전문성을 확보하기 위해 거시체계인 의료와 관련된 제도 및 복지 관련 제도를 알고 있어야 한다. 이에 여기에서는 의료사회복지와 관련된 제도로 앞서 살펴본 의료보장과 관련된 제도 및 의료사회복지실천현장에서 적용되는 제도인 「의료법」과 「정신건강증진 및 정신질환자 복지서비스 지원에 관한 법률」, 「국민건강증진법」 및 기타 규정에 대해 살펴보고자 한다.

1) 사회복지사 채용의 근거: 「의료법 시행규칙」 제38조제2항제6호

「의료법」은 "모든 국민이 수준 높은 의료 혜택을 받을 수 있도록 국민의료에 필요한 사항을 규정함으로써 국민의 건강을 보호하고 증진하는 데에 목적"을 두고 있다. 즉, 국민의료에 필요한 사항을 규정한 법률로서, 1951년 공포된 「국민의료법」이 수차례 개정을 거쳐 발전해 왔다. 사회복지사 채용의 근거는 1973년 대통령령 제6863호에 의해서 마련되었으며, 현재는 「의료법 시행규칙」 제38조(의료인 등의 정원) 제2항제6호에 "종합병원에는 「사회복지사업법」에 따른 사회복지사 자격을 가진 자 중에서 환자의 갱생·재활과 사회복귀를 위한 상담 및 지도 업무를 담당하는 요원을 1명 이상 둔다."고 명시되어 있다. 이 규정으로 1973년 이후부터 사회복지사의 채용이 증가하기 시작하였지만 여전히 종합병원의 50%는 이 규정을 준수하지 않고 있다. 왜냐하면 규정 미준수로 인한 특별한 불이익이 없고, 단지 병원표준화 심사에서 낮은 점수를 받는 것에 그치기 때문이다. 따라서 법의 실효성을 위해서는 규정 미준수에 따른 행정조치, 법정 채용의무화, 병상당 사회복지사 필요인원 의무화 등의 적극적인 방안이 모색되어야 할 필요가 있다.

2) 사회복지사의 진료수가 기준

사회복지사의 진료수가를 인정받은 것은 1977년 도입된 의료보험제도의 정신의학적 사회사업에서 시작되었다. 정신과에서 근무하는 사회복지사의 활동 중 개인력조사(individual history taking), 사회사업지도(social work guidance), 사회조사(social investigation for psychiatric social work), 가정방문(home visiting) 등 4개 항목이 수가를 인정받았다. 개인력 조사는 치료 기간 중 1회로 제한했으며, 사회사업지도와 사회조사, 가정방문은 주 1회 치료기간 중 2회 이내만 수가 청구가 가능하도록 허용하였다.

2001년 1월부터 자원기준상대가치수가제(RBRVS: Resources based Relative Value System)가 도입되었다. 자원기준상대가치수가제란 보험수가 항목간 불균형 현상을 개선하기 위해 2000년부터 진료 난이도, 빈도 및 소요시간 등 자원투입량을 반영한 것으로, 5년에 한 번씩 진료 원가를 측정하여 상대가치 점수를 산정한다. 이후 2008년 1월 1월부터 신상대가치점수체계가 도입되는데 상대가치점수제도가 의료발전과 건강보험제도 정착에 크게 기여해 왔으나 수가항목 간의 난이도, 진료시간, 신의료기술의 발전, 대외적인 의료환경의 변화, 의약분업 시행 등 새로운 의료정책의 도입과 물가수준 변동 및 진료비용 구성요인 변동 등을 제대로 반영하지 못하고 있다는 문제가 제기됨에 따라 새롭게 도입되었다.

1994년에는 재활의학적 사회사업의 근거가 마련되었다. 「의료보험 요양급여 기준 및 진료수가 기준」, 「재활 및 물리치료 실시 기관인정 등 기준」(2항 가~4호)에 의해 개인력 조사, 사회사업 상담, 가정방문 등 3개 항목이 정신의학적 수가와 동일한 수가로 인정받게 되었다. 이와 같이 사회복지사의 진료수가 인정은 의료사회복지의 발전에 기여하였다.

3) 건강보험 요양급여 기준의 근거

장기이식 업무를 국가가 관장하면서 「장기등 이식에 관한 법률 시행령」 제25조(이식의료기관의 지정기준)에 이식의료기관으로 지정받으려는 의료기관이 갖추어야 할 시설·장비, 인력 등을 "장기등의 적출·이식을 위한 상담·연락 업무 등을 담당하는 간호사와 사회복지사를 각각 1명 이상 두어야 한다."라고 명시하였다. 이 기준에 근거하여 훈련된 사회복지사가 이식의료기관에 상근하고 있다.

4) 정신건강증진 및 정신질환자 복지서비스 지원에 관한 법률(이하 정신건강복지법)

1995년에 제정된 「정신보건법」이 17차례 개정을 거친 후 2016년에 「정신건강증진 및 정신질환자 복지서비스 지원에 관한 법률(약칭 정신건강복지법)」으로 전부 개정되어 2017년부터 시행되고 있다. 「정신건강복지법」은 "정신질환자의 예방·치료, 정신질환자의 재활·복지·권리보장과 정신건강 친화적인 환경 조성에 필요한 사항을 규정함으로써 국민의 정신건강증진 및 정신질환자의 인간다운 삶을 영위하는 데 이바지함을 목적"으로 하고 있다. 「정신건강복지법」 제17조(정신건강전문요원의 자격 등)제1항에 의하면 보건복지부령으로 정하는 수련기관에서 수련을 받은 사람에게 정신건강전문요원의 자격을 줄 수 있다고 명시되어 있고, 제2항에는 전문분야에 따라 정신건강전문요원으로 정신건강임상심리사, 정신건강간호사, 정신건강사회복지사 및 정신건강작업치료사로 구분하고 있다. 정신과 영역에서 활동하는 사회복지사는 정신사회복지사자격증을 소지하여야만 한다.

「정신건강복지법 시행령」 제12조에는 정신건강전문요원의 등급을 1급과 2급으로 구분하고 있는데, 다음의 <표 3-8>과 같다.

<표 3-8> 정신건강사회복지사의 자격기준

종류 등급	정신건강사회복지사
1급	1. 사회복지학 또는 사회사업학에 대한 석사학위 이상을 소지한 사람으로서 보건복지부장관이 지정한 수련기관에서 3년(2급 자격 취득을 위한 기간은 포함하지 아니한다) 이상 수련을 마친 사람 2. 2급 정신건강사회복지사 자격을 취득한 후 정신건강증진시설, 보건소 또는 국가나 지방자치단체로부터 정신건강증진사업등을 위탁받은 기관이나 단체에서 5년 이상 근무한 경력(단순 행정업무 등 보건복지부장관이 정하는 업무는 제외한다)이 있는 사람
2급	「사회복지사업법」 제11조제2항에 따른 사회복지사 1급 자격을 소지한 사람으로서 수련기관에서 1년(1급 자격취득을 위한 기간을 포함한다) 이상 수련을 마친 사람

* 비고: 외국에서 정신건강전문요원과 유사한 교육·수련을 받거나 정신건강전문요원과 유사한 자격을 취득한 사람은 보건복지부장관이 정하는 바에 따라 정신건강전문요원과 동등한 자격을 인정받을 수 있다.

출처: 법제처 국가법령정보센터 홈페이지(www.law.go.kr)

5) 호스피스·완화의료 및 임종과정에 있는 환자의 연명의료결정에 관한 법률 (이하 연명의료결정법)

2016년 2월에 제정된 「연명의료결정법」(또는 '웰다잉법')은 "호스피스·완화의료와 임종과정에 있는 환자의 연명의료와 연명의료중단등결정 및 그 이행에 필요한 사항을 규정함으로써 환자의 최선의 이익을 보장하고 자기결정을 존중하여 인간으로서의 존엄과 가치를 보호하는 것을 목적"으로 하고 있다. 즉, ① 평소 건강할 때에 자신이 치료로써 회복이 불가능한 임종단계에 접어들게 되면 더 이상 무의미한 연명의료를 받지 않겠다는 서류 '사전연명의료의향서'를 작성해 두거나, ② 의사의 상담에 응해 같은 취지를 밝혀 의사가 '연명의료계획서'를 작성하는 경우에는 무의미한 연명의료를 아예 시작하지 않거나 연명의료 중에 있더라도 중단할 수 있다.

호스피스 전문기관으로 지정받기 위해서는 시행규칙 제21조제1항제3호에 따라 1급 사회복지사 1명 이상을 채용해야 한다.

생각해 봅시다

- 우리나라 의료보장제도에 대해서 보완해야 할 부분에 대해 생각해 봅시다.
- 의료사회복지사가 의료와 관련된 법적 기준과 근거를 숙지해야 하는 이유를 생각해 봅시다.

Part 2

의료사회복지의 실천 과정 및 기술

의료사회복지론
Social Work In Health Care

Chapter 04

의료사회복지의 실천 과정

학습 목표

- 의료사회복지실천 초기 단계에서 수행해야 할 주요 과업과 기술에 대해 이해한다.
- 의료사회복지실천 중간 단계에서 수행해야 할 주요 과업과 기술에 대해 이해한다.
- 의료사회복지실천 종료 단계에서 수행해야 할 주요 과업과 기술에 대해 이해한다.

클라이언트가 가진 다양하고 복합적인 문제와 욕구에 대해서 단 한 번의 개입으로 모든 것을 해결할 수는 없다. 의료사회복지실천의 경우도 환자와 가족이 가지는 심리사회적 기능 향상을 위해서는 단계적 접근이 필요하다.

의료사회복지에서 클라이언트를 돕기 위한 실천 단계 및 과정은 〈표 4-1〉과 같다.

〈표 4-1〉 의료사회복지실천 단계 및 과정

초기 단계 문제 확인, 계약·사정·계획하기	중간 단계 실행 및 목표 달성	종료 단계 평가 및 종결
• 라포와 관계 수립하기 • "환자가 있는 곳에서 시작하라." • 개입과정에 참여할 사람 및 역할 결정 • 문제와 욕구의 확인 • 환자와 가족의 강점을 확인 • 문제 해결에 대한 환자의 헌신(patient commitment) 평가 • 사회문화적 변수를 포함한 환자의 태도 고려 • 생태학적 맥락에서 문제 탐색 • 다차원적(생·심리사회적, 영적) 평가 진술 • 의료 팀원들과 상의 • 계획수립 • 초기 목표 설정과 계획에 대한 협력 합의	• 목표의 구체화/명료화 • 과업 우선순위 결정 • 전략 및 개입 선택 • 계획 과업 이행 • 필요한 후속조치를 위한 지역사회 서비스 제공자 확인 • 처음 의뢰된 치료 자원들을 평가 • 계획 이행에 대한 진행 점검 • 장애물을 확인하고 다루기 • 점검된 계획 및 개입 수정	• 퇴원 전에 환자의 욕구와 능력을 재평가 • 욕구를 확인하고 해결 • 환자의 강점, 긍정적 학습 및 문제해결 능력 강화 • 계획의 완전한 수행 또는 수정 • 필요에 따라 후속 조치를 위한 지역사회 자원에 대한 추가적 의뢰를 시작 • 환자와 종결 • 목표 달성 여부 점검, 미충족되거나 새로운 욕구 및 우려사항을 평가하기 위한 후속조치

출처: Allen & Spitzer(2015)

01 초기 단계

초기 단계는 의료사회복지사가 환자와 가족을 처음으로 접하는 시기이다. 초기 단계에서는 접수와 관계 형성, 자료 수집 및 사정, 목표설정과 계약이 이루어져야 하므로 사회복지사는 서비스 제공의 목적과 과정을 설명하고 제공 서비스를 결정한다. 이 단계에서 의료사회복지사가 수행해야 할 주요 과업은 다음과 같다(강흥구, 2019).

- 서비스 제공이 가능한지 검토한다.
- 환자 또는 가족과 협력관계를 수립한다.
- 환자의 문제와 관련된 각종 정보를 수집하고 문제를 규명한다.
- 환자의 욕구를 파악하고 해결 가능한 장·단기 목표를 세운다.

1) 접수 및 관계 형성

(1) 접수

환자와 가족을 처음 접촉하게 되는 것은 대부분 의료진의 협의 진료 의뢰(consultation), 지역사회기관의 의뢰(referral), 스크리닝(preliminary screening) 또는 아웃리치(out-reach), 환자와 가족의 요청(voluntary visiting)에 의해서이다(강흥구, 2019). 이러한 과정을 거쳐 환자가 의뢰해 오면, 사회복지사는 그에 합당한 서비스를 제공할 수 있는지 검토하게 되는데, 이 과정을 접수(intake)라고 한다. 이때 사회복지사는 클라이언트가 가지는 두려움, 긴장감, 양가감정 등을 완화시키고 친밀감을 형성하여 클라이언트의 욕구와 문제를 확인해야 한다. 의료사회복지사가 환자나 가족을 위해 적절한 서비스를 제공할 수 없는 경우에는 타 기관으로 의뢰하거나 다른 연계서비스를 제공할 수 있으며, 바로 사례를 종결할 수도 있다. 이때는 다른 기관으로의 의뢰 또는 종결의 이유를 설명해야 하며, 환자와 가족이 부정적인 느낌을 갖지 않도록 해야 한다.

① 협의 진료 의뢰

협의 진료 의뢰는 의료진이 병원의 공식적 의뢰체계를 통해 사례를 의뢰하는 경우이다. 의료 분야에서 사회복지사가 협력적 실천을 한다는 것은 사회복지사가 전문가로서 자율적인 판단으로 기능하는 것이 존중되는 것을 전제로 하며, 의료팀 전체에 이것에 관한 정보제공의 의무가 있다. 또한 환자에 관한 완전한 사정을 위해 협력적 실천은 필수적이며 이를 위한 협력적 기술이 요구된다. 환자의 입원과 동시에 의뢰되지 않으면 클라이언트의 상황이 매우 악화되어 문제 해결에 어려움이 많으며, 클라이언트의 관계 수립 또한 힘들어진다. 따라서 사회복지서비스 대상자가 초기에 의뢰될 수 있는 체계를 갖추는 것이 중요하다. 어떤 경우에는 의사 외의 다른 의료진(예: 간호사 등)에 의해 의뢰되는 경우도 있는데, 업무의 공식화 혹은 의료진과의 원활한 의사소통을 위해 주치의를 통하도록 하는 것이 좋다(강흥구, 2019).

② 지역사회기관의 의뢰

지역사회복지기관으로부터 환자가 의뢰되는 경우, 외래를 통한 검사부터 하고 의료적인 조정은 후속적으로 이루어진다. 따라서 사회복지사는 환자의 진료비 해결방안이나 간병계획, 퇴원 후 거처 마련까지 염두에 둔 접근이 필요하다(강흥구, 2019). 지역사회기관과의 의뢰체계를 구축하는 것은 기관들 간의 신뢰관계를 바탕으로 하는데, 환자의 퇴원계획 시 지역 내 기관과의 연계를 고려해야 한다.

③ 스크리닝과 아웃리치

사회복지사의 자율적 업무관리와 사회복지업무의 구조화 측면에서 자체의 스크리닝과 아웃리치를 적극적으로 활용할 필요가 있다. 구조화된 스크리닝 시스템은 사회복지서비스 대상자에 대한 요건을 미리 정하고, 그 기준에 부합하는 환자가 입원 또는 의료시설을 이용하는 경우에 자동으로 사회복지서비스에 연계되도록 하는 것이다. 이 경우 스크리닝 시스템은 입원 및 환자의 정보화 시스템과 연계되어 있기 때문에 사회복지사의 조기 개입을 통해 업무의 효율성과 효과성을 담보할 수 있다(강흥구, 2019). 의료사회복지서비스가 필요함에도 서비스를 제공받지 못하는 클라이언트에게는 사회복지사가 적극적으로 발굴하여 적절한 서비스를 받도록 아웃리치를 활용해야 한다. 아웃리치는 무료검진 프로그램이나 지역사회봉사활동 등을 통해 이루어질 수 있다.

④ 환자와 가족의 요청

환자와 가족이 사회복지서비스를 요청하는 경우를 위해 사회복지서비스에 대한 홍보와 이용방법이 적극적으로 안내되어야 한다. 환자와 가족이 직접 요청 시 대개는 경제적 지원 욕구나 일방적인 기대 심리가 높은 경우가 많다. 이 경우 의료사회복지사는 환자나 가족이 지나치게 의존적으로 되지 않도록 주의해야 한다. 의료사회복지사는 클라이어트를 강점 관점에서 바라보고 이들의 잠재력과 가능성을 믿고 역량을 최대한으로 이끌어 낼 수 있어야 한다.

(2) 관계 형성

기관에서 서비스 제공이 가능한 사례인 경우, 공식적으로 등록하고 사회복지사는 클라이언트와 전문적 관계를 수립해야 한다. 이 시기는 환자와 가족의 욕구 충족과 문제해결을 위해 본격적으로 원조관계나 치료관계를 수립해 나가는 단계로, 사회복지사는 민감성을 가지고 감정이입 태도를 견지함으로써 친밀한 관계(rapport)를 수립해야 한다. 클라이언트에 대한 수용과 온화한 태도, 진실성은 친밀감 형성에 기여할 것이며, 이 과정을 통하여 클라이언트가 자신의 문제해결에 보다 주체적으로 참여하도록 원조해야 한다. 이때 서비스 제공 범위와 의료사회복지사의 역할 및 기능을 명료하게 설명하는 것이 관계 형성에 도움이 된다(강흥구, 2019).

2) 자료 수집 및 사정

초기 단계에서는 환자와 가족의 현재 상황에서의 문제 및 욕구를 명확히 하여 개입의 방향성을 설정해야 한다. 개입목표와 개입방법은 사정에 의해 이루어진다. 따라서 사정은 사회복지실천의 핵심이라고 할 수 있다. 부정확하거나 불완전한 사정은 부적절한 목표와 개입으로 이어지며, 이 경우 클라이언트의 긍정적 변화가 이루어지기 어렵다(Zastrow, 1995).

환자와 가족이 가지는 문제와 욕구를 정확하게 사정하기 위해서는 충분한 자료 수집이 필요하다. 이를 위해 먼저 문제를 정의하는 데 초점을 맞추기 위한 정보를 선별해야 하는데, 여기에는 작업을 위한 적절한 문제의 선택, 환자의 기능 수준, 관계 패턴, 강점과 관련된 문제와 주변 사회체계의 문제 영역도 평가해야 한다(Miller & Rehr, 1983). 사정은 클라이언트와 가족, 집단의 잘못된 부분뿐만 아니라 클라이언트의 문제해결과 기능 강화, 성장 촉진에 관련된 강점, 동기, 기능적 요소, 기타 긍정적 요인을 포함해야 한다(Zastrow, 1995).

(1) 자료 수집

자료 수집이란 정보를 모으는 일로 욕구와 문제에 관한 객관적 자료를 확보하는 활동이다. 자료(data)는 클라이언트와 그의 상황에 대하여 수집된 인식(perception), 사고(thought), 느낌(feeling)의 조각과 파편으로, 자료가 조직화되기 전까지는 활용되지 못한다. 정보(information)는 자료가 처리된 것을 가리키며, 사정은 자료를 조직화고 처리하는 과정으로, 처리된 자료인 정보에 기초하여 결정하는 과정이다(강흥구, 2019).

의료사회복지사는 원자료(raw data)의 확인 과정과 자료의 축적을 통한 정보의 확인, 정보의 구축을 통하여 클라이언트의 욕구와 문제를 확인할 수 있어야 한다. 사회복지사는 이러한 일련의 과정을 통해 확보된 자료에 근거하여 클라이언트의 문제와 욕구를 확인하고 목표와 계획을 수립한다.

① 자료의 수집 영역

의료사회복지사는 환자와 가족의 병력, 개인의 성장배경, 가족력, 정서적 상태, 경제적 상황 등에 관한 자료를 수집하며, 클라이언트의 생활환경 등에 대한 탐색과 조사를 실시한다(강흥구, 2019).

- 병력: 의료사회복지의 특성상 환자의 질병 상태에 대한 자료를 우선적으로 수

집해야 한다. 진단명, 합병증 유무, 이전의 건강 상태, 유전적 요인이나 다른 가족의 질환 여부에 대하여도 자료를 수집해야 하며, 질병에 대한 환자와 가족의 반응 등도 체크해야 한다.

- 성장배경: 개인의 성장과정상에 나타난 의미 있는 사건에 대한 탐색이 이루어져야 한다. 신체적 발육 정도와 또래집단과의 관계 형성, 학령기에 보여 준 클라이언트의 특징에 대한 자료가 수집되어야 한다.
- 가족력: 가족의 구성과 가족성원의 역할 정도, 의사소통 양식과 상호작용의 패턴 등에 대한 자료가 수집되어야 하며, 가족성원 간의 친밀도에 관한 정보가 취합되어야 한다. 가족성원의 역학관계와 희생양 등에 대한 자료와 가족의 건강 상태에 관한 자료도 함께 수집되어야 한다.
- 정서적 상태: 환자와 가족의 정서적 상태를 판단하는 데 근거가 되는 자료도 파악되어야 한다. 정서적 상태가 안정적인지, 우울의 정도와 감정의 기복 상태에 대한 자료와 스트레스 정도, 분노의 양태 등에 대한 탐색이 이루어져야 한다.
- 경제적 상황: 환자와 가족의 주요 소득원과 재산 상태에 대한 자료가 취합되어야 하며, 진료비 부담능력, 보험 가입 유무, 다른 가용 자원 여부에 대한 정보가 취합되어야 한다.
- 클라이언트의 생활환경: 클라이언트의 주거환경과 가옥 구조 등에 대한 정보가 취합되어야 하며, 지역사회의 생활환경에 대한 정보가 취합되어야 한다.

② 중요 자료원(강흥구, 2019)

가. 의무기록

의무기록에는 환자와 관련된 병력뿐만 아니라, 다양한 정보가 기술되어 있다. 이때 사회복지사는 의무기록을 통하여, 필수 사항을 확인할 수 있는데, 입원 기록지를 통하여 입원일, 입원 사유, 주 호소 내용, 입원 경로, 현재의 신체 상태 및 의료적 상태 등을 파악할 수 있고, 건강보험의 적용 여부, 가족관계 등을 파악할 수 있다. 또한 경과 기록지를 통하여 과거력, 치료 계획, 예후, 수술 여부를 파악할 수 있으며,

간호 기록지를 통하여 병실 생활 정도, 기타 재원 중 문제점 등을 파악할 수 있다.

나. 다른 전문가의 의견

환자의 치료와 관련된 다른 의료진과의 의견 교환을 통해 환자의 상황에 대한 객관적 정보를 습득할 수 있다. 때론 환자나 가족이 사회복지사에게 이야기한 내용과 다른 의료진이 인지하고 있는 사실이 다른 경우가 있는데, 이 경우 차이를 규명하는 것만으로도 환자와 가족의 문제와 욕구가 명확해지기도 한다.

다. 입원 보증 등의 행정 기록

입원 서약서나 원무 행정에 필요한 관계 서류를 통하여 거주지, 보증인 관계, 보험 적용 여부, 입원의 특이 사유(산재 혹은 교통사고, 자살, 약물중독) 등을 파악할 수 있다.

라. 환자의 이야기

환자의 이야기는 클라이언트의 현재 기능 상태에 대한 정보와 본인의 욕구나 문제의 본질을 규명하는 데 중요한 단서가 된다. 부정의 정도나 왜곡의 정도가 나타나기도 하며 정서적 상태, 의료진에 대한 기대나 적대감 등이 나타난다. 또한 의존 정도를 파악하는 데 중요한 자료원이 되기도 한다.

마. 보호자의 진술

보호자의 진술에는 환자에 대한 보호 부담과 환자가 가족 내에서 차지하는 위치와 역할 정도를 파악할 수 있는 단서가 포함되어 있다. 환자와의 정서적 유대 정도나 친밀감 등이 보호자의 진술을 통해 나타난다. 환자와 보호자의 진술 차이가 있는 경우 이 부분의 확인을 통하여 클라이언트의 문제 본질에 접근할 수 있다.

바. 가정방문

경우에 따라서 가정방문이나 직장, 학교 방문은 클라이언트를 이해하는 중요한 자료원이 된다. 가정방문을 통한 이웃의 이야기, 직장 동료의 이야기, 학교 선생님과 또래 친구들의 이야기는 환자를 제한된 의료 세팅 내에서만 파악하는 것보다는 훨씬 더 다각적으로 이해하게 한다.

(2) 사정

사정(assessment)은 지금까지 탐색하고 수집된 모든 정보와 자료를 면밀히 검토하여 클라이언트가 직면하고 있는 문제와 상황을 확인하는 과정으로, 개입의 방향을 결정하는 일이다. 자료 수집이 클라이언트와 그의 문제를 이해하는 데 도움이 될 만한 많은 자료를 가능한 한 많이 모으는 것이라면 사정은 수집·정리된 자료를 분석하고 심사숙고하여 개입해야 할 문제를 규명하는 작업이다. 개입해야 할 문제를 찾으면 문제의 중요성과 변화의 시급성을 기준으로 우선순위를 정하고 개입의 목표를 정한다(강흥구, 2019).

사정 과정에서는 전문가로서 사회복지사가 가지고 있는 관점과 지식이 중요하다. 아무리 많은 자료를 수집하고 취합했다 하더라도 정보화하지 못하거나 잘못 정보화하는 경우에는 개입 문제를 제대로 규명하지 못한다. 따라서 사정 시에는 다음의 요소를 중요하게 고려해야 한다(강흥구, 2019).

- 수집된 정보를 토대로 환자와 가족의 문제와 욕구를 파악한다.
- 개입하여 변화시킬 목표를 구체적으로 정한다.
- 문제의 심각성, 해결방법의 실현 가능성, 효과성을 기준으로 개입의 우선순위를 정한다.
- 개입할 목표에 따라 실행계획을 세우고 적절히 사용해야 할 서비스를 정한다.
- 도출된 결과를 예측하며 필요한 경우 개입 절차를 설명한다.

사정은 주로 개입 초기에 이루어지지만 상황이나 여건의 변화 혹은 추가적 정보에 따라 지속적으로 사정이 이루어져야 하며, 클라이언트의 적극적 참여를 통하여 사회복지사와 상호작용이 촉진되어야 한다. 사정 시에는 클라이언트의 문제나 결핍보다는 강점 발견에 주력해야 한다. 의료사회복지사는 취합된 정보와 가족의 정보를 기반으로 하여 다음의 요소들을 집중적으로 규명해야 한다(강흥구, 2019).

① 환자의 기능 상태

가. 의료적 기능 상태

의료적 사정은 환자의 의료적 기능 상태에 초점을 맞추어 진행되어야 한다. 기본적으로 장애 여부, 일상생활수행능력(ADL: Activity of Daily Living) 정도가 파악되어야 하며, 회복 또는 예후에 대한 환자와 가족의 기대 수준을 파악하고, 환자의 잔존능력 및 추가적 치료 여부에 대한 사항이 파악되어야 한다. 또한 치료와 손상 회복의 과정상 요구되는 사항에 대한 순응 정도 등이 파악되어야 한다.

나. 심리적 기능 상태

환자와 가족이 받는 스트레스의 정도와 그에 대한 대응능력, 대처방식 등에 초점을 맞춰 욕구와 문제가 규명되어야 한다. 질병 또는 입원에 대한 환자와 가족의 반응, 신체 이미지의 변화에 따른 수용과 적응 여부, 환자가 사용하는 방어기제 등을 사정해야 하며, 심리 상태가 치료 과정에 미치는 영향에 주목해야 한다.

다. 사회적 기능 상태

질병 상태나 장애 정도가 환자와 가족이 사회적 역할을 수행함에 있어 미친 영향을 파악하며, 역할수행 수준을 활성화하고 증진시키기 위해 필요한 사항의 규명에 초점을 둔다. 타인과의 관계 형성 및 영향을 미치는 요인에 대하여 파악한다.

② 클라이언트의 장점과 약점

클라이언트의 장점과 약점을 파악한다. 환자 개인의 장점과 가족 또는 다른 장점이 될 만한 자원이 있는지 파악하고, 환자를 치료하는 데 있어 개인적 약점과 그 외 불리한 점이 없는지를 파악한다.

③ 클라이언트의 지원체계

가. 환자의 인적 지원체계

환자가 의료적 서비스를 받는 동안 심리·정서적으로 지원할 수 있는 인적 체계에 대해 사정해야 한다. 가족, 친구, 그 밖의 의미 있는 사람 중에서 환자 치료에 영향력을 행사하는 사람이 누구인지 파악해야 한다. 고통과 아픔의 대상은 누구이며, 희망과 긍정적 에너지 공급원은 누구인지 파악해야 한다.

나. 주거환경과 물적 자원체계

환자의 의료적 상태에 영향을 미치는 주거환경과 지역사회 자원, 육체적·심리적 안전을 확보할 수 있는 환경에 대해 파악하여야 하며, 학력, 직업 경력, 종교, 사회적 활동 정도, 사회문화적 수준 등과 같은 클라이언트의 사회제도 등의 자원체계에 대한 사정이 이루어져야 한다. 또한 경제적 소득원과 원조자원에 대한 사정이 이루어져야 한다. 의료사회복지사가 사정하게 되는 주요 내용을 살펴보면, 다음의 〈표 4-2〉와 같다.

〈표 4-2〉 주요 사정 내용

구분	사정할 내용
환자의 개인정보	•일반적인 개인정보: 성별, 연령, 학력, 종교, 직업, 주거상황, 건강보험 적용 여부, 경제적 상태(정부의 생계비 지원 여부 등), 의뢰 사유 •개인력: 발달단계별 과업을 중심으로 환자의 능력과 성취 정도 •신체적 상태: 환자의 질병, 사고 혹은 장애, 환자의 의료적 상태, 일상생활 수행능력(ADL/IADL), 운동 수행능력(ECOG Score) •심리적 상태: 발병 전후 성격, 질병 및 치료에 대한 수용 정도, 순응도, 치료 동기 등, 신체 이미지 변화에 따른 적응, 예후나 회복 수준에 대한 환자의 기대 정도 •사회적 상태: 가족, 친구, 동료 등 대인관계, 직장 등 사회적 활동
가족 관련 정보	•가족 구성 및 환자의 가족 내 역할과 위치 •가족성원 간 관계 및 의사소통 방식 •가족의 심리사회적·경제적 지원 정도, 치료 협조 가능성
질병 관련 정보	•진단, 예후, 입원 및 치료 기간, 치료 방법, 예상되는 후유증 •질병으로 인한 장애 발생 가능성, 사망 등 치명적인 결과 가능성 •치료진이 기대하는 치료 수준과 예후

구분		사정할 내용
강점 및 장애물	개인	• 환자 자신의 질병, 증상, 치료에 대한 이해 및 수용 정도 • 환자의 치료 의지와 치료진에 대한 협조 정도 • 문제해결 방식, 스트레스 및 위기 대처능력 • 치료에 영향을 미칠 수 있는 가족, 주변 인물
	가족	• 환자의 질병에 대한 이해 수준과 수용 정도 • 치료에 대한 기대 수준 • 치료 지원을 위한 동기와 심리적 상태 및 경제적 여건 • 치료 협력 정도
	사회문화	• 치료에 영향을 미칠 수 있는 환자와 가족의 규범, 가치, 특정 질병에 대한 편견이나 잘못된 정보, 종교, 직업이 질병과 치료에 영향 • 종교, 문화, 인종 등 사회문화적 특징 • 지역사회 내 환자를 지원할 수 있는 정책, 서비스, 자원 수준

출처: 장수미 외(2021)

3) 목표 설정 및 계약

사정을 통하여 클라이언트의 욕구와 문제가 규명되면 개입해야 할 목표를 구체화하여야 한다. 의료적 목표를 염두에 두고 사회복지사가 개입하여야 할 목표를 설정하여야 한다. 목표의 우선순위에 따라 표적문제가 선정되며, 그 목표 달성을 위한 장·단기 계획이 수립되어야 한다. 실행계획은 구체성을 띠어야 한다. 표적문제는 클라이언트가 중요하게 생각하고, 시급히 해결되기를 원하며 문제 상황을 대표하는 해결의 가능성이 비교적 뚜렷한 문제들로 정의한다(엄명용·김성천·윤혜미, 2020).

클라이언트가 원하는 목표가 여러 가지인 경우 우선순위를 정하는 기준은, ① 클라이언트에 가장 시급한 문제, ② 단기간에 성취 가능한 것, ③ 클라이언트에게 강한 동기를 부여할 수 있는 것, ④ 무리 없이 달성 가능한 것이다(양옥경·김정진·서미경·김미옥·김소희, 2018). 복잡하고 어려운 문제는 작은 목표로 쪼개어서 단계적으로 접근하는 것이 좋다.

목표를 설정할 때에는 사회복지사와 클라이언트의 이해가 공유되어야 하며, 상황의 변화가 있는 경우, 초기에 정한 목표를 수정할 수 있어야 한다. 이 과정은 융통성 있고 개방적이어야 한다. 또한 의료사회복지현장의 특성상 장기 목표보다는 단기 목표에 집중하는 것이 효과성과 효율성을 제고할 수 있다. 역시 계획 수립단계에서도 협력관계(partnership)의 개념이 중요하며, 사회복지사는 제안, 선택권의 비교 및 평가를 통해 클라이언트가 자립할 수 있는 과정을 배우고 스스로 계획을 수립할 수 있도록 지지해 준다. 사회복지사는 이 과정에서 가장 효율적으로 보이는 방향을 지지할 수 있다. 목표설정 및 계획수립의 원칙은 다음과 같다(강흥구, 2019; 최선화, 2014).

- 클라이언트에게 중요한 것을 목표로 정한다.
- 작고 쉬운 것을 정한다(클라이언트가 성공적인 경험을 하고 자신감을 확보할 수 있도록 작고 쉬운 것을 목표로 한다).
- 목표를 구체화한다(행동적으로 나타나는 것, 변화를 측정할 수 있고 수치화할 수 있는 것).
- 현실적이고 성취 가능한 것을 목표로 한다.
- 부정적인 것보다 긍정적인 목표를 정한다("그렇게 하지 마라." 대신 "이렇게 하라."고 하는 것이 더 효과적이다).
- 선택의 폭을 넓혀 주며 스스로 선택하게 하고 선택에 대한 책임을 지게 한다.
- 목표가 사회복지사의 중요한 권리나 가치에 위배된다면 동의하지 않는다.
- 목표는 기관의 기능과 일치해야 한다(일치하지 않거나 위배될 때는 클라이언트를 다른 기관으로 의뢰해야 한다).

개입 목표가 정해지고, 실행계획이 협의되면 계약의 단계로 진입한다. 계약(contracting)을 하는 것은 클라이언트로 하여금 자신의 문제해결과정에 적극적으로 참여하도록 하기 위함으로, 사회복지사와 클라이언트 간의 의무와 과업, 구체적 실천활동을 상호 약속하는 것이다. 클라이언트와 계약하는 것은 문제를 공식화하고 확인된 문제에 대해 환자와 처음과 순차적 계약들을 발달시키는 사회복지사의 능력이 요구된다(Miller & Rehr, 1983). 계약과 같이 구조화된 형식을 활용하는 것은 서로의 책임성을 강조하는 것이지만, 우리나라와 같이 계약 문화가 보편화되지 않은 상황 속에서는 구두로라도 명확하게 개입 목표와 목표 달성을 위한 세부적 전략과 수행과업을 설명하여야 한다. 사회복지실천에서 개입의 성공 여부는 클라이언트의 참여 여부에 달려 있다고 해도 과언이 아니다. 아무리 좋은 사정이 이루어졌더라도 실천 과정에서 클라이언트의 협력 없이는 성공적인 개입이 이루어질 수 없기 때문이다. 따라서 클라이언트가 가능한 한 적극적으로 참여할 수 있도록 문서화하는 것이 필요하다.

02 중간 단계

중간 단계에서는 계약된 목표 달성을 위해 변화를 가져오기 위한 개입활동이 본격적으로 이루어지는 시기이다. 클라이언트는 일반적으로 많은 문제와 강점을 동시에 지니고 있으므로 이 단계를 위해 수립되는 계획들은 다면적이라고 할 수 있다. 계획의 실행 단계에서 사회복지사와 클라이언트는 변화 정도를 평가하면서 계획을 점검(monitoring)하며 변화·수정·개선해야 한다. 점검 결과, 목표 달성이 불가하거나 실행계획을 변경해야 할 경우, 목표의 수정과 실행계획의 변화를 꾀해야 한다. 결국 중간 단계에서 의료사회복지사가 수행해야 할 과업은 개입해야 할 표적문제와 실행계획에 따라 전략적으로 접근하는 것인데, 목표 달성을 위한 효과적이고 효율적인 개입이 이루어지도록 지속적 점검과정을 통하여 개입의 방향성이 상실되지 않도록 해야 한다(강흥구, 2019).

1) 개입 실행

목표설정과 계약이 이루어지면 구체적인 개입이 본격적으로 시작된다.

개입기술은 알맞은 시기와 적합한 순간에 클라이언트에게 사용되는 적절한 개입의 선택을 포함한다. 개입은 사정에 따라 진행되며, 사회복지사는 환자, 가족 또는 기타 사회시스템의 사회적 환경에 대한 개입을 지시하도록 훈련되어야 한다. 또한 사회복지사는 환자의 제시된 문제를 명확하게 공식화하고 환자의 사회적 상황에 대한 개입을 고안함으로써 문제가 해결되는 방향으로 변화하도록 한다(Miller & Rehr, 1983).

계약 속에 명시된 구체적인 개입계획에 의해 개입활동은 개인 수준, 집단 수준, 가족 수준, 지역사회 수준 등 다양한 수준에서 이루어질 수 있다. 치료가 진행되면서 사회복지사는 환자와 가족에게 희망을 유지하게 하고, 그들의 대처 노력을 강화해야 하며, 지속적인 치료 동기와 사회적 기능을 회복할 수 있도록 제반 지원을 아끼지 않아야 한다.

개입의 실행 단계에서 의료사회복지사는 다양한 역할을 수행할 수 있다. 개입의 목표와 실행계획에 따라 개입 실행 단계에서 사회복지사가 수행하는 과업과 역할이 달라진다. 강흥구(2019)는 개입목표의 유형을, ① 의료적 상태에 대한 인식 증진, ② 개인의 심리적 역기능과 스트레스 상황의 개선, ③ 사회적 기능 상태의 회복과 역기능 상태의 개선, ④ 환자 지원체계의 강화, ⑤ 자원 동원의 촉진으로 구분하여 제시하였다. 각 유형에 따른 사회복지사의 과업은 다음과 같다.

(1) 의료적 상태에 대한 인식 증진

환자와 가족이 의료 상태에 대하여 제대로 인식하지 못하는 경우, 단계마다 수행해야 할 역할을 수행하지 못함으로써 치료 과정이 지연되거나 의료진과 협조가 어렵게 된다. 환자나 가족이 자신의 질병 상태를 부정하거나 우울, 극단적 분노의 표출로 치료 과정에 문제가 생기는 경우, 사회복지사는 의료진과 환자 및 가족 사이를 중재해야 한다. 이때 필요한 의료 정보와 의학적 지식을 자세하게 설명하여 환자와 가족이 정확한 병식을 갖도록 해야 한다. 이때 사회복지사의 정보 제공자, 교사로서의 역할이 강조되며, 필요한 경우 의료진과 환자 및 가족의 의사소통을 증진하는 중재자의 역할을 수행해야 한다.

의료사회복지사는 급성질환의 모든 과정 또는 만성질환과 장애를 성공적으로 관리하기 위하여 동기화시키고 유지시키는 것을 도와야 하는데 사회복지사는 환자, 가족, 집단이 희망을 유지하고 변화된 욕구에 직면하도록 도와야 한다. 이를 위해서는 클라이언트의 강점을 확인하기, 문제나 욕구를 다루기 쉽게 부분화하기, 가능한 요구와 대처 노력의 속도 조절, 압력을 경감하기 위해 합의한 목표와 과업의 재협상이 필요하다.

의료사회복지사는 의사소통을 촉진하여 진단과 의료환경에 대한 저항, 의료진에 대한 불신을 해소하고 자신의 상황을 수용해야 한다. 클라이언트의 상황인식능력 향상을 위한 의사소통 기술에는 격려(encouragement), 재보증(reassurance), 일반화(universalization), 환기법(ventilation)이 있다(엄명용 외, 2020).

이러한 과정을 통하여 사회복지사는 환자와 가족이 자신의 의료적 상황을 파악하게 하고 그것에 기초하여 현실적 대처기제를 개발하도록 해야 한다. 질병의 속성과 회복 기간, 회복 후의 장애 정도, 잔존능력이나 일상생활동작에 대한 현실적 감각을 갖도록 함으로써 환자와 가족의 자율성을 조장하고, 스스로의 문제해결능력을 함양하도록 해야 한다.

이 밖에 의료사회복지사는 팀 성원이나 다른 의료진에게 동기 부여자로서 기술을 사용한다. 여기에는 클라이언트의 욕구(need)와 행위의 해석, 곤란한 행동을 다루기 위한 제안, 의료진의 대처노력과 대처행동의 격려, 스트레스 증가와 동기 감소 및 대처활동을 방해하는 절차에 대하여 의료진이 관심을 갖게 하는 것이 포함된다. 의료진의 동기화는 문제해결의 협동적 태도, 공감적 의사소통, 치료 목적의 공감 여부에 달려 있다(Germain, 1984: 강흥구, 2019 재인용). 환자와 가족, 의료진과의 의사소통 촉진을 위하여 궁금한 사항에 대한 질의응답의 기회를 부여하며, 질병 관리에 필요한 의료적 대처방법에 대한 교육이 필요하다.

(2) 개인의 심리적 역기능과 스트레스 상황의 개선

질병으로 인하여 환자와 가족은 심각한 스트레스 상황에 직면할 수 있으며, 심리적으로 우울하거나 무기력감, 낮은 자존감, 절망감, 포기 등의 역기능적 심리 상태를 보일 수 있다. 자신의 건강 상태에 대한 불안과 무력감을 표현하며, 의욕 상실로 자포자기에 빠져 있는 경우, 사회복지사는 환자와 가족의 치료 동기를 강화해야 한다.

사회복지사는 그들에게 희망의 전도사로서 역할을 해야 하며, 변화된 역할에 순응하고 새로이 요구되는 상황에 기꺼이 직면하도록 해야 한다.

클라이언트가 내적 균형을 유지하고 심리적 안정감을 얻는 것은 질병과 장애로 야기된 부정적 감정들을 조절하고 바람직한 자아존중감을 획득 및 유지할 때 가능하다. 이러한 상태가 되기 위해서는 개인적·환경적 자원이 모두 필요한데, 사회복지사는 조력자로서 정서적 지지를 제공할 수 있으며 다른 의료진도 정서적 지지를 하도록 격려할 수 있다(Germain, 1984).

지지적 개입에는 클라이언트가 고통스러운 감정을 관리하도록 돕고, 자아상의 유지 또는 질병으로 초래된 현실의 변화 속에서 새로운 자아상의 창출, 자존감 유지 등이 포함된다. 방어기제가 질병의 치료와 재활 과정에 따라 강화 또는 완화되어야 하며, 불안, 우울, 죄책감, 수치심, 분노, 절망과 같은 감정들이 충분히 조절되어서 회복이나 동기 유발, 문제해결, 자발성을 방해하지 않도록 해야 한다(Germain, 1984). 이때 사용될 수 있는 기술들을 칭찬, 현실적 보증, 충고, 제안 수용 등이 있으며, 다양한 형태의 치료적 의사소통방법이 있다(Hammond, Hepworth, & Smith, 1977: Germain, 1984 재인용).

환자와 가족 중에는 과도한 스트레스로 인하여 질병이 초래되거나, 대응능력에 심각한 손상을 가져오는 경우가 있다. 이 경우도 스트레스를 해소하기 위한 노력과 훈련이 필요하다. 긴장 이완 훈련, 스트레스 면역 훈련을 통한 스트레스 관리가 필요하며, 문제해결 기술의 습득으로 자신감과 자기효율성을 증진시키는 것 또한 필요하다.

우울, 불안, 분노와 적개심, 열등감 및 수치감 등으로 대인관계나 사회적 역할수행에 어려움을 느끼는 경우, 감정의 표현을 통하여 감정의 정화와 자신에 대한 이해를 확장하도록 도울 수 있어야 한다. 이것은 인지 수정, 행동의 체험을 통한 정서의 변화로 이루어질 수 있다. 사회복지사는 감정이입(empathy)과 반영(reflection)을 통하여 의도적 감정 표현과 통제된 정서적 관여가 이루어지도록 해야 한다. 사회복지사는 클라이언트의 감정에 공감할 수 있도록 자기 자신에 대하여 통찰력을 지녀야 하며, 사회복지사의 미해결된 문제로 인하여 클라이언트에게 부정적 영향이 미치지 않도록 주의해야 한다. 그리고 혼란스러운 인지구조에 대하여는 초점화(focusing), 직면(confrontation), 재명명(reframing)과 같은 기법이 사용된다(엄명용 외, 2020).

질병 또는 입원에 대해 환자와 가족이 이상반응을 보이거나, 신체 이미지의 변화에 따른 비수용과 부적응적 행동을 나타낼 때는 이를 교정하기 위해 강화(reinforcement), 처벌(punishment), 소거(extinction)와 같은 행동 변화 기술을 사용할 수 있다.

(3) 사회적 기능 상태의 회복과 역기능 상태의 개선

질병 상태나 장애 정도로 인하여 환자와 가족이 사회적 역할을 잘 수행하지 못하여 이를 개선하기 위한 것이 개입의 주목표가 되는 경우에는 사회적 기능이 회복되도록 관계의 변화가 있어야 한다. 이때는 개인의 변화와 동시에 체계의 변화도 도모하여야 한다. 클라이언트의 자율성을 증진하고 관계망을 확대하여 더욱 긍정적인 관계망이 형성되도록 노력해야 하며, 자신감을 회복하도록 개입하여야 한다.

단기에 회복되는 환자와 달리 만성질환자군이나 영속적 장애를 갖고 살아가야 하는 환자와 가족은 그들이 수행하던 역할과 관계망의 변화가 초래된다. 초기에는 이러한 역할 변화에 잘 적응하지 못하는 경우가 많으며, 의존성이나 수동적 태도가 증가한다. 따라서 역할 변화에 적응하고, 변화된 상황 속에서 관계망을 설정하도록 하며 환자와 가족이 위축되지 않도록 해야 한다. 또 의도적으로 지지망을 연계해야 할 필요가 있다. 질병의 악화로 불가피하게 육체적 능력이 감소됨에 따라, 자아존중감, 자율성, 유능함에 대한 본인의 확신이 감소되는데 이에 대한 적응도 지원해야 한다.

(4) 환자 지원체계의 강화

환자의 치료에 영향을 미치는 인적 자원체계의 강화와 구축을 주요 목적으로 개입하는 경우, 가족으로부터 충분한 지지를 받을 수 있도록 가족상담을 시행하여야 한다(강흥구, 2019). 가족의 기본적 문제와 상호작용 유형을 파악하고, 그 원인에 따라 가족치료를 시행하여야 한다. 이때 사회복지사는 항상 개입의 초점을 개인으로부터 가족 전체로 확대하여야 하며, 가족이 갖는 죄책감과 책임의식을 감소시켜야 한다.

또한 사회복지사는 가족 내에서 일어나는 문제와 가족 상호 간의 관계 및 역동성에 대한 이해를 바탕으로 다른 가족구성원에 대하여 보상적이거나 대안적인 행동 양식을 발달시켜야 한다. 동시에 변화에 대한 저항도 함께 다루어져야 하며, 개입을 통하여 가족 혹은 성원의 변화가 있었다면 이를 확인하고, 가족이 변화를 유지할 수 있도록 지원해야 한다. 사회복지사는 주로 중재자의 역할을 수행하게 되는데, 환자뿐만 아니라 의료진이 적극적으로 참여하도록 해야 한다.

(5) 자원 동원의 촉진

자원의 결핍으로 인해 환자의 치료에 문제가 생긴 경우, 적절한 자원을 동원하여 환자와 가족이 직면한 문제를 해결하여야 한다. 외원기관을 연결하거나 내부 자원을 동원하여 치료에 필요한 자원을 확보하고, 환자와 가족을 지원할 수 있는 체계를 발굴하여야 한다. 이 활동에는 환경에 대한 개입활동 및 실천기술이 필요하며, 서비스 조정과 관련된 활동이 포함되어 있다. 사회복지사는 자원 동원자 외에 서비스 조정자로서의 역할을 수행해야 한다. 자원봉사 프로그램, 자조집단과 같은 프로그램 개발과 개발을 위한 활동, 학대받은 아동을 위한 쉼터, 보호시설이나 위탁가정에서 보호하도록 하는 환경 조작, 소외받고 있는 계층에 대한 옹호활동 등이 여기에 포함된다.

2) 점검

점검은 개입의 전개 과정이 설정된 목표에 비추어 올바로 수행되고 있는 것인지 확인하는 것이다. 뿐만 아니라 서비스 전달과정에서 장애물이 있는지 등을 확인하고 만약 장애물이 있다면 의료사회복지사는 개입계획을 수정하거나 새로운 방안을 클라이언트와 함께 모색할 수 있다. 또한 서비스의 질이 높은지도 점검하여 서비스 제공에 반영해야 한다.

03 종료 단계

종료 단계는 종결과 이송 또는 의뢰, 평가과정을 포함하며, 의료 세팅, 사회복지의 기능과 조치, 기금과 같은 조직적 요인과 대상 집단의 특성, 원조 양식, 클라이언트와 사회복지사와의 관계 요인에 의해 영향을 받는다(Germain, 1984: 강흥구, 2019 재인용). 이 단계에서 사회복지사는 요약과 검토, 변화에 대한 평가, 구체적인 개선의 강화, 클라이언트를 칭찬하고 인정하기와 같은 기술이 필요하다.

이 시기는 원조활동의 효과를 평가하고 원조관계가 만족스럽고 긍정적으로 끝나도록 하는 단계로, 클라이언트의 사회적 기능을 강화시키는 동시에 개입의 전 과정을 통해 같이 발전시켜 온 성과를 이해시키는 과정이라고 할 수 있다. 따라서 이 시기에는 목적 달성 여부를 확인하고 사례를 계속 진행할 것인지에 관한 평가를 실시한다. 그동안 치료했던 노력의 결과를 평가하고 서비스를 종결지으며, 필요한 경우 다른 병원이나 요양원, 사회복지기관으로 의뢰(종결, 이송과 의뢰)한다.

1) 퇴원계획과 종결

전원, 의료, 종결은 의료사회복지실천의 통합적 부분으로, 이러한 과정은 적절한 준비 작업, 평가 및 개입이 선행되어야만 원활하고 효과적일 수 있다. 특히 좋은 관계로 경험한 사회복지사와 클라이언트는 종결 과정에서 불편함을 경험하기 마련이다(Schlesinger, 1985).

의료사회복지의 경우, 실천 분야와 세팅의 특성에 따라 종결 단계의 과정과 내용이 영향을 받는다. 의료 세팅의 종결에 있어 두 가지 특징적 상황이 있는데, ① 퇴원에 의한 종결, ② 죽음과 사별에 따른 충격적 종결이다. 그러므로 종결 단계에서는 환자와 가족을 도울 수 있는 퇴원계획의 지식과 기술, 죽음과 사별에 대처하는 지식과 기술이 요구된다(Germain, 1984: 강흥구, 2019 재인용).

이 시기에는 의료적 치료와 회복이 진행되면서 사회복지사의 개입도 마무리되는 단계이다. 사회복지사는 개입 목표를 감안하여 클라이언트의 변화 상태를 확인하고, 변화된 기능 상태가 유지될 수 있도록 심리·정서적 대처를 해야 하며, 구체적으로 퇴원계획이 필요하다. 제반 기능을 회복하여 퇴원하는 경우는 제한적인 지지만 하더라도 특별한 개입이 필요 없기도 하나, 타 병원 혹은 다른 기관으로 의뢰 및 연계되거나 장애 상태나 지속적 치료가 필요한 상황에 가정으로 퇴원하는 경우에는 세심한 주의가 요구된다.

(1) 퇴원계획

퇴원계획이란 여러 전문직이 관여하여 의료 및 사회복지서비스의 연결 및 조정을 통해 환자가 무사히 지역사회로 복귀할 수 있도록 돕는 심리사회적 활동을 말한다. 따라서 퇴원계획은 환자의 입원 기간뿐만 아니라 적절한 치료의 종결과 사후관리 및 서비스 연계에 많은 비중을 두고 있다.

단기 입원 혹은 일시적 치료만으로도 효과를 거둘 수 있는 환자의 경우에 퇴원계획은 별다른 고려대상이 아니다. 그러나 추가적 치료와 보호가 필요한 만성질환자 및 장애 환자의 경우에는 준비된 퇴원이 필요하다. 퇴원계획은 환자와 보호자, 의료진의 요구를 잘 조화시키는 작업으로, 초기부터 관계 설정이 중요하다. 대안 없이 병동을 청소(cleaning bed)하는 과정이 퇴원계획과 같이 취급되어서는 안 되며, 의료진과 병원의 욕구만 충족되어서도 안 된다. 장기적으로 환자와 가족의 독립성 고양, 또 다른 대안으로서 치료의 연속성이 보장되어야 한다.

퇴원계획이 요구되거나 퇴원 결정이 난 경우 환자와 가족은 퇴원계획 담당자를 만나게 되는데, 그들은 간호사, 사회복지사 혹은 다른 의료전문가가 될 수도 있다. 환자나 가족에게 퇴원계획 담당자는 자신이 어떤 사람인지, 환자나 가족을 위해 어떤 일을 해 줄 수 있는 사람인지, 자신의 능력을 넘어서는 일은 어떤 것인지를 알리고 이해시키는 것이 중요하다. 퇴원계획 담당자는 과정 중 환자나 가족에게 해 줄 수 있는 한 모든 것을 지원한다. 때로는 환자나 가족과 같거나 유사한 상황에 있는 사람, 같은 의료적 상태를 가진 사람들과 얘기하도록 해 주는 것도 유익하다.

(2) 전원과 의뢰

퇴원계획 과정의 일부로, 다른 의료적 치료가 필요한 경우 타 병원으로의 전원과 의뢰가 필요하다. 적절하게 기관을 연계시키려면 환자의 의료적 상황과 욕구에 대한 정확한 사정에 근거하여 활용 가능한 기관에 대한 정보를 습득하여야 한다. 전원과 의뢰 전 환자와 가족에게 의뢰할 기관에 대하여 정보를 충분히 제공한 후 스스로 결정할 수 있도록 해야 한다. 가능하면 의뢰할 기관을 직접 방문하도록 하고, 관련자를 만나 그 과정을 협의해야 한다. 특히 현재 치료받고 있는 시설보다 상황과 환경이 취약한 병원으로 전원하는 경우, 환자와 보호자의 심리 상태에 관한 세심한 주의와 관리가 필요하다. 어떠한 경우라도 강권하거나 환자와 가족의 권익을 침해해서는 안 된다.

의료적 서비스 외 다른 사회적 서비스가 필요한 경우, 공식적 의뢰 형식을 활용해야 한다. 의뢰기관에 환자의 의료적 상황과 현재의 기능 상태, 필요한 서비스가 무엇인지에 대하여 명확히 설명하고, 환자와 가족이 이용하는 데 불편함이 없도록 조취를 취해야 한다. 의뢰나 전원을 하는 경우 클라이언트가 거부되었다는 느낌이나 불안감을 갖지 않도록 배려해야 하며 클라이언트의 자기결정권이 존중되어야 한다. 또한 클라이언트의 욕구에 부합하는 자원을 제안할 수 있어야 한다.

(3) 종결

종결은 사회복지사의 개입활동을 계획에 따라 마무리하는 과정으로, 계획된 개입기간이 종료되거나 목표가 달성될 때 이루어진다. 종결은 사회복지사의 개입 결과를 정리하고 영향력을 거두는 과정으로, 이제는 클라이언트 스스로 문제에 대처하게 되었다는 예고이기도 하다. 이때, 클라이언트는 불안과 긴장을 느낄 수 있기 때문에 성공적으로 개입을 마무리하기 위해서는 클라이언트가 긍정적으로 성과를 얻게 한 다음 돕는 관계가 원활하고 만족스럽게 끝나도록 해야 한다(엄명용 외, 2020). 그러나 의료사회복지현장에서는 예기치 않게 환자가 퇴원하거나 사망하는 경우도 많아 이에 대한 대처도 필요하다.

종결 과정에서 사회복지사는 적절한 종결 시기를 어떻게 결정할 것인지, 종결 시 나타나는 클라이언트의 반응을 어떻게 처리할 것인지, 변화된 효과를 어떻게 지속적으로 유지·강화시킬 것인지 등에 대하여 결정해야 한다.

의료사회복지실천에서 종결의 시기를 결정할 때는 두 가지 고려사항이 있다(Germain, 1984: 강흥구, 2019 재인용). 첫째, 세팅의 특성에 따라 종결의 강도가 다르다. 간단한 접촉만이 이루어지는 급성 보호 세팅(acute care setting)이나 간헐적 접촉이 이루어지는 통원 세팅(ambulatory setting)의 경우, 관계를 종료해야 하는 느낌이 강하지 않거나 발생하지 않는 반면, 규칙적이며 접촉 빈도가 많은 만성 보호와 장기이동서비스가 제공되는 곳의 종결 과정은 강한 느낌을 갖게 한다. 둘째, 의료 세팅에서 시간은 늘 부족하지만 종결 과정의 감정을 처리하고 개별화된 퇴원계획을 수립하는 데 시간이 걸린다는 것을 인식하여 이 두 가지 과업을 완수하는 데 필요한 시간을 확보해야 한다는 것이다.

일반적으로 종결의 시기를 판단할 때는 개입목적의 달성 정도, 서비스의 시간 내 제공 완료 여부, 클라이언트 문제 상황의 해결 정도, 사회복지사와 기관의 투자 노력, 이득 체감에 대한 사회복지사와 클라이언트의 합의 여부, 클라이언트의 의존성, 클라이언트에 대한 새로운 서비스의 적합성 여부 등을 고려해야 한다(엄명용 외, 2020).

의료사회복지실천에서 정상적 과정이 진행되어 종결하는 경우는 대개 설정한 목표가 달성되었거나 목표는 달성되지 않았지만 관여하지 않아도 독자적 기능 수행과 역할 수행상 어려움이 없는 경우이다. 개입을 통해 변화되거나 획득된 효과가 유지·강화되며, 이후 유사한 상황에서도 적절히 대처할 수 있도록 해야 한다. 종결로 인한 정서적 반응을 적절하게 해야 할 과제가 사회복지사에게 있는데 의존적인 관계가 되지 않도록 해야 한다.

이때 클라이언트에게는 이별에 대한 서운한 감정, 혼자서도 잘할 수 있을까 하는 두려운 감정 등이 복합적으로 나타난다. 사회복지사는 이러한 감정을 잘 표현하고 처리하도록 도와줌으로써 부정이나 퇴행 등의 현상이 나타나지 않도록 해야 한다. 가끔 목표 달성을 하지 못한 상황에서 종결해야 하는 경우도 있는데, 클라이언트는 실망, 분노, 초조함 등을 경험한다. 이때 준비과정 없이 바로 종결을 하게 되면 사회복지사를 거부하거나 공격하는 것과 같은 부정적 입장이 되므로 예고를 통해 서서히 종결하도록 해야 한다.

조기 퇴원과 사망 등의 경우에는 종결 시에 사회복지사가 수행해야 할 과업이 다르다. 예기치 못한 조기 퇴원으로 예정된 개입이 실행될 수 없는 경우에는 환자와 가족에게 더 이상 개입이 이루어질 수 없는 한계와 상황에 대해 설명하여야 한다. 나아가 다른 대안을 설명해야 하며, 후에 다시 그 기관의 서비스를 활용해야 하는 경우에도 무리 없이 접근이 가능하도록 통로를 개방해야 하고, 이용의 여지를 남겨놓아야 한다. 갑작스러운 환자의 사망으로 사례를 종결해야 하는 경우에는 유가족에 대한 비애 상담과 그들의 정서와 감정 상태가 정리될 수 있도록 특별히 관여하여야 한다.

(4) 퇴원 후 사후 관리와 종결 기록

퇴원 후 일정 기간이 지난 후(1~6개월)에 클라이언트가 잘 적응하고 있는지 전화나 면접을 통해 확인한다. 만약 환자가 정상적인 사회적 기능을 수행하고 독립적 생활이 가능한 경우, 사례를 종결하고 종결 기록을 남긴다. 종결 기록에는 환자와 가족과의 문제해결 과정이 나타나야 하고, 주요 개입문제와 목표, 개입방법과 그 결과가 기록되어 이후에 사례를 다시 등록하거나 환자의 상황을 이해할 때 참고할 수 있도록 해야 한다.

2) 평가

종료 단계에서는 개입활동 전반에 걸친 평가가 병행된다. 평가는 목표의 달성 정도를 평가하고 목표를 성취하기 위해 사용된 수단의 적합성을 심사하는 과정으로, 클라이언트와 지지자원, 사회구성원에게 책무성(accountability)을 증명하기 위해 필수적인 작업이다. 평가는 사용된 개입유형들과 그것의 적절성, 결과에 대한 사회복지사와 클라이언트의 만족도, 문제를 다른 방식으로 다룰 수 있는 가능성, 그리고 그것이 어떻게 수행될 수 있는지 등을 포함한다(Miller & Rehr, 1983). 평가의 방법으로는 집단설계(group design), 단일 사례 설계(single case design), 과업성취척도(TAS: Task Achievement Scale), 목적달성척도(GAS: Goal Attainment Scale) 등의 방법이 있다.

생각해 봅시다

- 의료 세팅에서 사회복지서비스의 제공은 주된 목적이 아니기 때문에 예산 등의 이유로 의료사회복지사의 실천업무가 평가절하되거나 배제될 수 있습니다. 사회복지사가 서비스의 영향을 기록하고 필요성을 강조하기 위해 취할 수 있는 조치에 대해 토론해 봅시다.
- 병원이나 의료팀이 내린 결정이 환자 또는 가족에게 부정적인 영향을 미친다고 여겨질 때 이러한 상황을 어떻게 다루어야 할지 생각해 봅시다.
- 의료모델은 심리사회적 문제보다 신체 또는 의료적 문제에 집중합니다. 이러한 의료환경에서 사회복지실천 과정이 어떻게 적용되어야 하는지에 대해 논의해 봅시다.

Chapter 05

의료사회복지실천을 위한 이론과 모델

학습 목표

- 의료사회복지에서 실천을 위한 이론과 모델이 가지는 목적과 의의를 이해한다.
- 주요 의료사회복지 실천모델의 기본 개념, 기법 및 개입과정을 이해한다.
- 각 의료사회복지 실천모델들이 적용되는 사례를 이해한다.

의료사회복지실천을 위한 이론과 모델은 사회복지실천에서 사용되는 이론 및 모델과 크게 다르지 않다. 의료사회복지사는 생태체계관점과 통합적 방법론에 입각하여 클라이언트를 사정하고 개입한다. 관점은 관심 영역과 가치, 대상들을 규정하는 사고체계를 말한다. 생태체계관점은 생태학과 일반체계이론의 개념이 합쳐진 관점으로, 인간행동에 대한 다양한 이론을 통합한다. 이 관점에서 인간과 환경은 서로 분리된 것이 아니라 지속적으로 상호교류하는 하나의 체계로 본다. 따라서 생태체계관점에서는 인간과 환경이 서로 어떻게 영향을 주고받는지에 대한 준거틀을 제공해 주며(김동배·권중돈, 2005), 클라이언트 체계를 상황적·전체적 맥락에서 살펴봄으로써 사정과 계획단계에 매우 유용하다(양옥경·김정진·서미경·김미옥·김소희, 2018).

이러한 체계의 사정을 위해 사회적 관계망 분석, 가계도, 생태체계도 등이 활용된다. 통합적 방법론은 사회복지사가 클라이언트의 문제에 활용할 수 있는 여러 전문화된 방법들을 통합적으로 사용하여 개입하도록 하는 것을 의미한다. 이것은 현대 사회의 다양하고 복잡한 문제를 가진 클라이언트에게 효과적으로 대처할 수 있도록 한다. 의료사회복지사는 클라이언트와 협력적인 파트너십을 구축하기 위한 효과적인 의사소통의 방법, 대인관계기술, 문화적 민감성, 사회복지실천윤리와 가치에 대한 개념적 이해에서부터 사회복지실천 이론 및 모델을 적용할 수 있는 기술을 갖추어야 한다.

이론(theory)과 모델(model)은 사회복지실천에서 종종 혼용되기도 하지만 그 의미에는 차이가 있다. 이론은 현실을 구조화하고 객관화하는 과정 속에서 추상적 수준인 관점이 한 단계 구체적으로 된 것을 말한다. 즉, 이론은 특정 현상을 설명하기 위한 가설이나 개념, 의미의 집합체를 말한다. 의료사회복지실천이론은 의료사회복지 현장에서 인간과 환경 간의 관계를 설명하는 지식체계를 말하는 것으로, 개입에 대한 개괄적 지침과 이정표를 제공한다. 한편, 모델은 관점과 이론을 배경으로 기술적 과정을 도출한 것과 같이 일관된 실천활동의 원칙과 방식을 구조화시킨 것을 말한다. 따라서 실천모델은 이론을 바탕으로 만들어지며, 실천 과정에 직접적으로 필요한 기술적 적응 방법을 제시한다.

학자에 따라서는 이론과 모델을 구분하지 않고 혼용하는 경우도 있고, 사회복지실천영역 내에 이론은 존재하지 않고 모델만이 존재한다고 주장하는 경우도 있다. 특히 사회복지실천모델은 사회복지 개입의 실천과 관련된 일련의 개념과 원리, 개입 절차 등을 체계적으로 조직해 놓은 것으로, 어느 특정 이론에 매여 있기보다는 상황에 따라 다양한 관점들을 포함하고 있는 경우가 많다(엄명용·김성천·윤혜미, 2021).

이 장에서는 의료사회복지실천 과정에 직접적으로 적용할 수 있는 실천모델 위주로 살펴보고자 한다. 실천이론은 실천모델의 이해를 돕기 위해 필요시에만 추가하였다.

01 의료사회복지의 실천모델

의료사회복지의 실천모델은, ① 클라이언트의 욕구와 문제, 사회적 기능과 사회적 과업 사정, ② 실천이론 적용, ③ 목적 설정, ④ 구체적 목표 설정, ⑤ 변화의 전략 수립, ⑥ 수행해야 할 과제와 직무선정, ⑦ 문제해결을 위한 의료사회사업실천, ⑧ 실천

결과의 평가 등의 과정으로 요약할 수 있다([그림 5-1]).

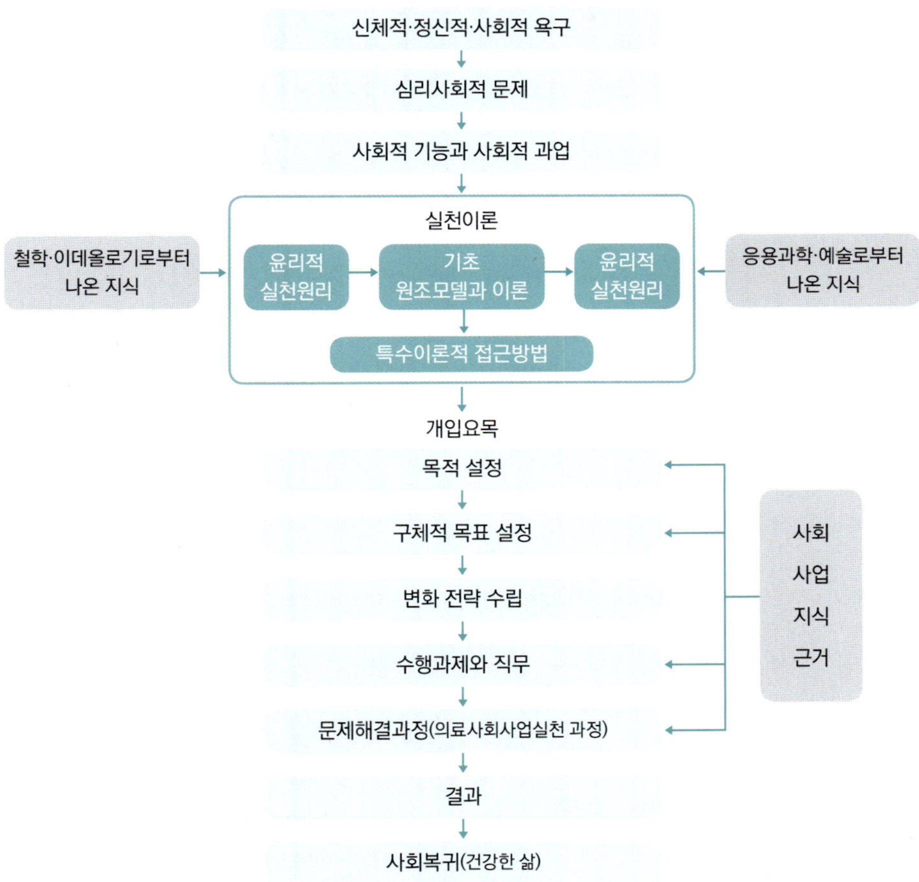

[그림 5-1] 의료사회복지의 실천모델

출처: 유수현·김창곤·김원철(2020)

의료사회복지의 실천모델에서 개입 요목을 구체적으로 설명하면 다음과 같다(유수현, 1978: 유수현 외, 2020 재인용).

1) 목적설정

의료사회복지영역의 실천대상인 환자와 가족들은 대부분 생명과 건강을 위협하는 상황에 직면해 있다. 그러므로 의료사회복지실천의 목적은 질병의 직접적인 결과를 취급하는 데 초점을 맞추어 환자 및 가족의 대처행동을 유지시키거나 문제해결능력을 강화시키는 것이다.

2) 구체적 목표의 설정

상기의 목적을 달성시키기 위해 즉시 도달할 수 있는 구체적인 목표를 설정한다. 여기에는 개인 가치의 의미 유지, 의미 있는 대인관계 형성, 최적의 신체기능 촉진, 개인적 생활환경(삶의 상황)을 최대한 안전하게 개발시키기 등이 포함된다.

3) 변화의 전략 수립

여기에서 말하는 전략이란 선택된 목표에 도달하도록 계획된 행동의 유형이다. 예를 들면, 병원자원의 획득 및 통합, 지역사회 자원의 획득과 통합, 타 부서로부터 요청된 심리사회적 상황을 사정하고 협의, 평가와 임상사회사업치료 등이 포함된다.

4) 수행하여야 할 과제와 직무

의료사회복지사의 과제로는, ① 위탁된 의료적 욕구와 경제적 욕구 및 사회적·정서적 욕구를 평가하고 조회하기, ② 의료전달체계와 의료사회사업의 실천체계 등을 해석, ③ 환자나 가족의 행동이 의료적 치료나 간호에 영향을 줄 때 이를 평가하고 해석, ④ 임상사회사업의 치료업무 등이 포함된다.

과제에 따른 직무를 보면, ① 행정 및 관리업무, ② 경제적 문제해결업무, ③ 심리사회적 및 정신적 해결업무, ④ 지역사회 자원과 연결업무, ⑤ 사회복귀 및 재활문제해결업무, ⑥ 교육 및 연구조사 업무, ⑦ 자원봉사자 관리지도와 환자와 가족의 대변자 역할 및 권익옹호와 관련된 업무 등이 해당된다.

5) 문제해결 과정

문제해결 과정이란 의료사회복지의 실천 과정을 말한다. 의료사회복지의 실천 과정은 4장을 참고하기 바란다.

6) 결과

결과는 과업완성을 이루는 목적달성의 척도로서 의료사회복지사와 환자에 의해 완성된 과제에 대한 주관적인 평가이다. 의료사회복지의 실천, 즉 문제해결 노력의 결과 대처행동이 현 상태로 유지되고 있는지, 아니면 향상되었거나 저하되었는지를 평가하여 향후 더 좋은 실천을 위한 자체훈련의 자료로도 활용된다.

02 의료사회복지현장에서 자주 사용되는 모델

의료사회복지현장에서 자주 사용되는 모델에는 심리사회모델, 인지행동모델, 과제중심모델, 단계적 변화모델, 위기개입모델, 임파워먼트모델 등이 있다.

1) 심리사회모델

(1) 심리사회모델의 기본 개념

심리사회모델은 인간의 심리사회적인 면을 둘 다 고려하는 관점으로, '상황 속의 인간'을 강조한다. 이 모델은 1930년대 후반 고든 해밀턴(Gorden Hamilton)에 의해 처음 '심리사회적 이론'으로 명명되었으며, 1960년대에 플로렌스 홀리스(Florence Hollis)에 의해 사회복지실천이론과 접근방법으로 구체화되었다(김연수·김경희·박지영·최명민, 2017).

심리사회모델에서는 다양한 생활 요인에 의해 인간의 성격이 형성된다고 생각하는 다원성의 개념을 중시한다. 다원성은 클라이언트의 성격에 영향을 미치는 다양한 요인을 의미하며, 건강, 유전적 자질, 인종, 출생순위, 성별, 가족관계나 구조, 또래집단, 사회경제적 여건을 들 수 있다.

또한 심리사회모델에서는 인간이 공통된 상황을 경험하더라도 개인에 따라 서로 다르게 반응한다고 생각하는 개별성의 개념을 중시한다. 클라이언트의 개별성을 이해하기 위해서는 지금-현재의 상황에서 클라이언트가 문제를 인지하는 방법과 이에 대처하는 행동들을 파악하는 것이 중요하다(Turner, 1986: 윤현숙·김연옥·황숙연, 2011 재인용). 이 모델에서는 개인의 고유한 성격과 대처방식을 그 사람의 과거경험뿐만 아니라 현재 사회적 상황 속에서 이해하기 위해 노력한다. 그러므로 이 모델에서는 클라이언트의 다양한 생활력을 다각적으로 사정하는 것을 중요하게 생각한다.

(2) 심리사회모델의 개입기법과 과정

심리사회모델에서 사용되는 개입은 크게 직접적 개입과 간접적 개입으로 구분된다. 직접적 개입에는 지지하기, 직접적 영향 주기, 탐색-기술-환기, 개인-환경에 대한 고찰, 유형-역동성 고찰, 발달적 고찰이 있으며, 간접적 개입에는 환경 조정하기가 있다. 심리사회모델의 구체적인 개입기법은 〈표 5-1〉과 같다.

〈표 5-1〉 심리사회모델의 개입기법

구분	개입 방법	목표	기법
직접적 개입	• 지지하기 감정과 행동 지지하기	클라이언트의 불안을 감소시키고 동기화를 촉진하여 원조관계 수립	재보증(안심), 격려, 그 외 선물 주기, 경청, 따뜻한 표정 등
	• 직접적 영향 주기(지시하기) 제안이나 조언 등을 통해 직접 영향 주기	사회복지사가 조언이나 지시 등을 함으로써 클라이언트의 행동을 향상시킴	제안·격려하고 강화하거나 장려하기, 현실적인 제안 설정하기, 직접적 조언하기 등

구분	개입 방법	목표	기법
	• 탐색-기술-환기 사실을 말하고 감정을 탐색하며 환기할 수 있게 하기	클라이언트에게 사실 및 사실과 관련된 감정을 표출하게 하여 긴장을 완화시킴	초점 잡아 주기, 부분화하기, 화제 전환하기 등
	• 개인-환경에 관한 고찰 '상황 속의 인간'의 관점에서 고려하기	현재에 대해 고찰하게 하여 현실적으로 파악하게 함	설명, 일반화, 변화, 명확화, 교육 등
	• 유형-역동성 고찰 성격과 행동, 심리 내적 역동 고찰하기	클라이언트 자신의 성격유형, 특징, 행동유형 등 심리 내적 역동에 대해 이해하도록 원조함	명확화, 해석, 통찰 등
	• 발달적 고찰 과거 경험이 현재 기능에 미치는 영향 고찰하기	유년기의 문제와 현재 행동의 인과관계를 클라이언트가 자각하게 함	명확화, 해석, 통찰, 설명, 일반화, 교육 등
간접적 개입	• 환경 조정하기	인적·물적 환경에 관계된 문제를 해결함	자원 발굴 및 제공, 옹호 등

출처: 대한의료사회복지협회(2019)

〈표 5-2〉 심리사회모델의 실천 과정

단계	실천 내용
초기 단계	• 사실 수집에 초점 • ct의 문제, 원인, 문제해결을 위해 시도한 방법, 문제상황에 기여한 요소들을 수집 • 초기발달과정 및 원가족에 대한 정보 수집 - 자신의 문제 인식, 다시 생각해 보는 기회 제공
사정 단계	• 수집된 정보에 대해 비판적으로 검토 • 개인과 환경을 통합한 틀 속에서 여러 체계들의 상호작용 양상 파악 • 사정의 내용 - 문제가 언제, 어떻게 발생하였나? - 문제상황의 상호작용 속에서 누가, 무엇이 변화를 위해 접근 가능한가? - 변화를 위해 관여되어야 할 사람과 자원은 무엇인가?
개입 단계	• 개입목표 - 클라이언트가 경험한 과거의 사건이나 경험들 혹은 현재의 경험들과 관련된 심리 내적인 갈등과 어려움을 클라이언트가 이해하고 통찰할 수 있게끔 도와주는 것 - 클라이언트 스스로가 자신과 환경을 변화시키려는 노력을 하는 과정에 최대한 돕고, 실질적 지원을 제공
종결 단계	• 문제 해결 및 개선으로서 개인, 가족의 기능이 회복되면 종결

출처: 대한의료사회복지협회(2019)

(3) 심리사회모델의 적용

보건현장에서 의료사회복지사가 환자를 만나 심리사회적인 평가를 진행하고 개입 계획을 수립하며, 지지와 조언을 제공하는 일련의 과정들은 모두 심리사회모델에 기초한 것이다. 만약 어떤 환자가 당뇨병 진단을 받은 후에 이로 인한 혼란과 걱정이 많은 상황을 겪고 있어, 의료사회복지사의 심리사회적 평가 및 개입이 진행된다면, 이 실천 과정에는 심리사회모델이 적용될 수 있다.

〈표 5-3〉은 당뇨병 진단을 받은 환자에 대한 심리사회적 개입과정 예시이다.

〈표 5-3〉 심리사회모델에 근거한 당뇨병 환자 개입과정

개입과정	개입 내용
탐색-기술-환기	• 당뇨 진단을 받게 된 상황과 자신의 어려움에 대한 탐색 • 변화와 적응이 필요한 상황과 어려움 및 강점에 대한 기술 • 이러한 상황에 대한 자신의 감정 표현
개인-환경에 관한 고찰	• 현재 혹은 최근 사건(예: 당뇨 진단과 입원치료, 그로 인해 휴직 중인 상황 등)에 관한 고찰 - 자기 성격과 생각, 감정 - 주변의 자원들, 상호관계 - 주변과의 상호작용에서 나타낸 반응행동 - 입원 및 외래 치료 과정에 대한 반응에 대한 이해
유형-역동성 고찰	• 환자의 성격과 행동에 대한 고찰 • 주로 사용하는 방어기제(퇴행, 합리화, 부인 등), 분리와 개별화 정도에 대한 고찰
발달적 고찰	• 이전의 생애경험(예: 어린 시절에 아파서 병원에 입원했던 경험이 있거나, 부모님 중 한 분이 당뇨합병증으로 고생하시다가 돌아가신 것) 현재 기능에 미치는 영향을 고찰
지지하기	• 사회복지사가 환자에게 언어적·비언어적 표현을 통해 환자의 상황을 있는 그대로 수용하고 문제해결능력에 대한 확신을 표현하여, 환자의 불안을 줄이고 대처능력을 강화해 나가도록 돕는 과정 - "책임감이 강한 분이므로 관리를 엄격하게 잘하실 것 같네요.", "당뇨는 관리만 잘하면 평균 수명 이상으로 사는 데 전혀 문제가 없는 질환입니다."
직접적 영향 주기	• 사회복지사가 환자의 문제 해결을 돕기 위해 직접적으로 의견을 제시하거나, 클라이언트가 이미 하고 있는 생각을 강조하는 것 - "아무리 바쁘셔도 환자 본인이 교육을 철저히 받는 것이 무엇보다 중요합니다. 또한 당뇨 관리에는 전 가족들의 도움이 필요하므로, 기본 교육은 가족들과 환자가 반드시 함께 받아야 합니다." - 단, 직접적 영향을 주는 것이 효과적이기 위해서는 환자의 입장을 충분히 고려해야 하고, 조언 이전에 지지를 통한 신뢰관계가 충분히 형성되어 있는 것이 중요함

출처: 김연수 외(2017)

2) 인지행동모델

인지행동모델(cognitive behavioral model)은 인간의 감정과 행동이 사고와 밀접하게 연결되고 있다는 점을 강조하는데, 이는 정보처리과정에서 주목하는 인지이론과 사회학습을 근간으로 하는 행동이론을 절충적으로 적용한 것이다. 인지행동모델에서는 인간을 외부 자극에 수동적으로 반응하거나 심리 내적인 힘에 의해 결정되는 존재로 보는 것이 아니라 개인과 환경 간의 상호작용 결과로 행동을 한다고 본다. 인지행동모델의 개입목적은 문제의 원인이 되는 비합리적 신념이나 왜곡된 사고를 확인 및 점검하고 재평가해서 수정할 수 있도록 원조하는 것이다(이효순 외, 2017).

인지행동모델은 구조화된 접근과 체계적인 개입과정으로 인해 클라이언트와 사회복지사 모두에게 쉽게 받아들여지는 모델로, '지금-여기'에 초점을 맞추고, 제한적이고 구체적인 목표를 정하여 단기적으로 개입하는 사례에 적용될 수 있다(권진숙·김정진·전석균·성준모, 2019; 장수미 외, 2010).

(1) 인지행동모델의 기본 개념

인지행동모델에서는 인간의 행동은 환경적인 사건에 영향을 받지만 동시에 인지도식의 측면에서 그 사건에 대한 신념, 인지적 평가들이 그 사건에 미치는 영향을 중재한다고 가정한다. 인지행동모델의 기본적인 가정은, 첫째, 인지활동은 행동에 영향을 미치고, 둘째, 인지활동은 모니터링되고 변경될 수 있으며, 셋째, 바람직한 행동변화는 인지 변화를 통한 영향을 받는다고 보는 것이다(김혜란·홍선미·공계순, 2006). 이러한 인지행동모델에는 인지치료, 합리정서치료, 문제해결치료 등의 여러 치료모델이 포함되어 있다.

(2) 인지행동모델의 개입기법과 과정

인지행동모델은 의료사회복지사뿐만 아니라 임상현장에서 일하는 사회복지사가 많이 활용하는 모델이다. 인지행동모델은 우울증, 가족폭력과 학대, 분노, 알코올과 약물을 포함한 다양한 행동적 문제를 위한 치료적 접근법으로 폭넓게 활용되고 있다(권진숙·김정진·전석규·성준모, 2019). 특히 병원에서는 암, 당뇨 등의 만성질환을 가진 환자들을 대상으로 적용되고 있으며 사회복지사, 정신과 의사, 임상심리사, 간호사 등 다양한 직군에 의해 실시될 수 있다. 대개의 경우 사회복지사는 정신건강의학과에서 인지행동모델을 기초로 한 자기주장훈련, 사회기술훈련, 분노조절훈련을 담당하는 경우가 많으며 내과, 소아과 등에서도 암이나 당뇨와 같이 만성질환을 가진 환자와 가족을 대상으로 인지적 재구성, 이완훈련, 문제해결기술훈련 등의 프로그램이 진행되고 있다(김연수 외, 2017).

① 개입목표

인지행동모델의 개입목적은 부정적 감정의 근원이 되는 비합리적 신념을 밝혀 내고 도전함으로써 재구조화하는 것이다. 다시 말해 개인이 가지고 있는 비합리적 신념이나 인지적 오류, 자기 패배적인 사고를 변화하게 함으로써 클라이언트의 감정이나 행동을 수정하게 하는 것이다(이효순 외, 2017).

② 개입기법

인지행동모델의 개입기법은 크게 인지적 기법, 정서적 기법, 행동적 기법의 세 가지 유형으로 구분된다(이효순 외, 2017).

가. 인지적 기법

- 질문하기: 문답식 방법의 사용으로 클라이언트의 사고를 변화시키는 데 가장 많이 사용하는 기법
- 구체적 상황 다루기: 인지적 문제가 발생하는 구체적 상황을 다루어서 문제의 원인을 알 수 있는 기법
- 인지 재구조화: 클라이언트가 자신의 기능에 부정적 영향을 미치는 역기능적 사고와 관념을 인식할 수 있도록 돕고, 이를 현실에 맞는 신념과 행동으로 대치하여 기능을 향상시킬 수 있도록 하는 기법
- 비합리적인 신념에 대해 논박하기: 클라이언트 자신의 비합리적인 신념이 약화

될 때까지 일정 시간 동안 대표적인 비합리적인 신념을 논박하도록 하는 기법

- 인지적 과제 부여: 클라이언트의 내면화된 자기 언어의 일부인 추상적인 '반드시 ~할 것이다(should)'나 '반드시 ~해야 한다(must)'를 제거하는 기법
- 새로운 진술문의 사용: 클라이언트가 절대적인 '해야 한다(should, must, ought)'를 절대적이 아닌 '하면 좋겠다(preferable)'로 대치함으로써 보다 합리적인 사고로 자신을 진술하는 법을 배울 수 있는 기법
- 독서 및 시청각 자료 기법: 책과 시청각 자료를 활용하여 올바른 정보의 획득과 객관적 인식의 변화를 가능하게 하는 기법

나. 정서적 기법

- 심상법(imagination): 현실적 혹은 이상적 사상을 마음속으로 영상화하는 기법으로, 불안이라는 증상이 일어났을 때 그와 반대되는 상황을 상상하는 등의 심상을 통하여 불안을 극복하는 방법
- 무조건적 수용: 클라이언트의 어떤 말이나 행동을 무조건적으로 수용하는 기법
- 수치심-대면 연습: 주위 사람들이 어떻게 생각할지에 대한 두려움 때문에 못하는 것을 실제로 행동해 보도록 하는 훈련기법
- 이완, 명상, 호흡: 불안한 클라이언트에게 점진적 이완, 명상, 심호흡 등을 활용하여 긴장된 근육을 이완시키고 산란한 마음과 불안한 정서를 안정시키고 통제력을 가질 수 있도록 하는 기법
- 유머: 클라이언트에게 혼란을 일으키는 어떤 생각을 줄이기 위해 치료자가 유머를 사용하는 기법

다. 행동적 기법

- 역할 연기: 클라이언트의 관심이 되는 특정 상황을 그가 있는 자리에서 재현하도록 요청하는 행동기법
- 행동 시연: 치료자가 시범을 보이고 클라이언트가 이를 모방하여 어떤 역할을 시험적으로 해 보도록 함으로써 인간관계의 형성과 유지에 필요한 태도나 행동

특징을 습득할 수 있도록 하는 행동수정기법

- 체계적 둔감화: 클라이언트에게 가장 덜 위협적인 상황까지 상황들을 순서대로 제시하면서, 불안자극과 불안반응 간의 연결이 없어질 때까지 불안을 일으키는 자극을 반복적으로 이완 상태와 짝짓는 기법
- 과제 부여: 과제 혹은 숙제는 클라이언트가 자신의 문제에 대한 인식을 향상시킬 뿐만 아니라 새로운 행동을 획득하거나 과거의 반응을 제거할 수 있도록 도움을 주는 기법으로, 클라이언트의 적극적 협조와 참여를 기반으로 함

③ 개입과정

인지행동모델의 개입기간은 일반적으로 3~6개월로, 단기치료모델에 해당한다. 인지행동치료에서는 교육적 방법을 사용하면서 과제를 주고 다음 세션으로 만날 때까지 일상에서 과제를 수행하고 그 결과를 가지고 와서 치료 세션 중에 그 내용을 다루고 다음 단계를 위한 새로운 과제를 부여하는 방식으로 이루어진다. 인지행동모델은 다음 〈표 5-4〉의 내용과 같이 다섯 단계로 진행된다.

〈표 5-4〉 인지행동모델의 개입과정

단계	세부 내용
1단계	• 인지행동치료의 기본 철학 및 논리를 클라이언트가 믿도록 설명하고 설득한다.
2단계	• 클라이언트의 자기 보고와 상담자의 관찰을 통해 비합리적인 신념을 발견하고 규명한다.
3단계	• 클라이언트의 비합리적인 신념을 합리적인 신념으로 바꾸기 위한 인지적 연습을 반복한다.
4단계	• 자신이 동의한 비합리적인 신념을 합리적인 신념으로 바꾸기 위한 인지적 연습을 반복한다.
5단계	• 합리적 사고와 행동반응을 개발하고 이를 일반화시켜 일상적으로 적용하기 위한 행동적 연습을 한다.

출처: 권진숙 외(2019)

④ 인지행동모델의 적용

인지행동모델이 실제적으로 적용된 사례를 살펴보기 위해 인지행동모델을 적용한 암 환자 대상 스트레스 관리 프로그램(김종흔 외, 2012: 김연수 외, 2017 재인용)을 소개하고자 한다. 프로그램 개요는 〈표 5-5〉와 같다. 이 프로그램은 유방암 환자가 치료과정에서 겪는 다양한 이슈들을 회기별 주제로 포함시킨 유방암 환자 맞춤형 프로그램으로서, 항암 치료나 방사선 치료 등 적극적인 암 치료 중인 환자들이 치료 과정 중에 겪는 다양한 스트레스에 슬기롭게 대처할 수 있도록 고안되었다. 즉, 이들이 항암치료과정 동안 겪는 불안과 우울을 야기하는 부정적이고 비합리적인 사고패턴을 확인하여 이를 현실적인 것으로 바꾸고 일상생활에 적용하게 함으로써 긍정적인 강화를 받도록 돕는다.

〈표 5-5〉 인지행동모델에 근거한 암 환자 스트레스 관리 프로그램 개요

참여대상	적극적인 암 치료 중인 암 환자
치료 목표	인지적 전략 및 행동적 전략을 훈련함으로써 암 환자들이 일상생활의 스트레스를 효율적으로 관리하도록 지원
이론적 배경	인지행동적 접근 및 문제해결적 접근
프로그램 형태	4~8명이 참여하는 집단 심리상담 프로그램 형태로, 교육을 통한 정보제공 및 정서적 지지, 심리상담, 대처기술 훈련 등이 함께 이루어지는 통합적인 형태
프로그램 회기 구성	총 10회기(환자의 상태에 따라 주 1회 10주 혹은, 주 2회 5주로 운영 가능)
회기별 소요시간	90~120분
프로그램 진행자	인지행동치료의 경험이 있는 정신보건전문가 1인과 보조치료자 1인

출처: 김종흔 외(2012): 김연수 외(2017) 재인용

프로그램의 회기별 내용은 〈표 5-6〉과 같다. 이 프로그램의 전반부에서는 스트레스에 대한 이해를 도모하고, 효과적인 대화기술, 스트레스에 대한 신체적 반응 다스리기, 자기 생각의 오류를 확인하고 합리적인 생각으로 바꾸기 등과 같이 일반적인 대처기술을 훈련한다. 후반부에는 전반부에 다룬 내용을 바탕으로 더욱 개인적이고 특징적인 문제들을 다룬다.

〈표 5-6〉 인지행동모델에 근거한 암 환자 스트레스 관리 프로그램의 회기별 내용

회기	내용	주된 치료 기법
1	프로그램 오리엔테이션 • 목표 설정 • 효과적인 의사소통 방법 익히기: 나 말하기	'나 말하기'로 표현하기, 역할 연기
2	암에 대해 이야기하기 • 표현적 글쓰기를 통한 감정의 정화 • 암을 수용하는 것의 진정한 의미 이해: 적극적 대처 • 긍정적 기분 고양시키기	사랑하는 사람의 답장과 즐거운 활동을 통한 긍정적 강화
3	신체증상에 대처하기 • 스트레스 교육: 스트레스와 신체증상의 관계 이해 • 감정, 생각, 행동 및 신체반응 구분하기 • 감정, 생각, 행동 및 신체반응의 상호작용 이해하기 • 복식호흡	복식호흡, 감정 자각 연습
4	스트레스를 일으키는 생각 찾기 • 자동적 사고 찾기 • 생각의 오류 이해하기 • 자동적 사고에서 인지적 오류 찾기	인지 재구조화: 인지적 오류 찾기, 복식호흡
5	스트레스를 만드는 생각 바꾸기 • 논박을 위한 질문 익히기 • 논박을 통해 타당한 생각으로 바꾸기	인지 재구조화: 타당한 생각으로 바꾸기, 복식호흡
6	대처기술 익히기 및 분노 조절하기 • 적절한 대처법 사용하기: 문제 중심적 대처, 정서 중심적 대처 • 분노 조절하는 방법 익히기	분노 조절 훈련, 역할 연기, 복식호흡, 인지 재구조화
7	외모와 신체 변화에 대처하기 • 신체 변화에 대한 생각의 오류 확인 • 점진적 노출의 원리 및 단계 이해 • 노출 순위 정하기, 상상이완훈련	인지 재구조화, 점진적 노출, 상상이완, 복식호흡, 역할 연기
8	가족 및 대인관계 변화에 대처하기 • 대인관계 변화에 대한 대처: 문제 중심적, 정서 중심적 • 경제적·실제적·정서적 지지자원 확인하기 • 대인관계 갈등 상황에 대한 역할 시연	인지 재구조화, 복식호흡, 역할 연기 또는 말하기 훈련
9	잠재적인 두려움에 대처하기 • 재발 및 전이에 대한 대처: 문제 중심적, 정서 중심적 • 재발 및 전이의 증상 및 관리법에 대한 교육 • 자기충족적 예언	인지 재구조화, 복식호흡

회기	내용	주된 치료 기법
10	변화 유지하기 • 프로그램 전체를 되돌아보기 • 생활 스케줄 관리: 삶의 우선순위 정하기	

출처: 김종흔 외(2012): 김연수 외(2017) 재인용

3) 과제중심모델

과제중심모델(task-centered model)은 1960년 단기치료운동과 함께 사회복지의 실천 효과성이 강조되던 시기에 개발되었다. 이 모델은 ① 시간 제한적인 단기 치료에 대한 관심의 고초, ② 보다 집중적이고 구조화된 개입 형태를 바라는 경향, ③ 전통적인 개별사회사업의 장기적 유형이 그 효과성을 입증하지 못한다는 비판, ④ 이론보다는 경험적 자료에서 치료 접근의 기초를 마련하려는 움직임의 영향으로 등장하였다.

(1) 과제중심모델의 기본 개념

과제중심모델은 클라이언트의 모든 문제에 개입하는 것이 아니라 클라이언트가 규정하고 해결하기를 희망하는 문제를 돕는다. 즉, 변화의 주체는 사회복지사가 아니라 클라이언트이며, 사회복지사는 클라이언트의 뜻과 의지가 변화되도록 도와야 한다.

과제중심모델은, ① 시간 제한적인 단기개입이며, ② 클라이언트와 사회복지사가 표면적으로 계약한 구체적 문제해결에 초점을 두고, ③ 클라이언트의 문제해결활동은 수행하기로 동의한 과제를 중심으로 구조화하며, 사회복지사는 클라이언트가 과제를 수행할 수 있게 원조한다. ④ 조사에 근거한 경험적 자료에 의존하여 직접적 치료기법을 제공해 주기보다는 클라이언트 스스로 실행 가능한 과제로 바꾸도록 하고 과제를 수행할 수 있도록 이끌어 낸다(엄명용·노충래·김용석, 2020).

과제중심모델에서 가장 중요한 개념은 표적문제와 과제이다. 먼저 표적문제는 클라이언트가 해결하기를 원하는 문제로서 개입의 초점이 되는 문제이다. 클라이언트는 다수의 문제를 가지고 있을 수 있는데 이들 문제 중에서 클라이언트가 변화를

원하고, 사회복지사의 전문적 판단에 의해 문제라고 인정이 되며, 개입의 초점으로 서로 동의한 문제라고 할 수 있다. 표적문제 선정 시 가장 중요한 고려사항은 클라이언트의 견해를 최대한 반영하는 것이다. 사회복지사와 클라이언트의 의견이 다를 경우에는 클라이언트의 관심사를 우선적으로 고려하면서 사회복지사의 판단이 반영되도록 한다. 다음으로 과제는 개입의 목표를 달성하기 위해서 클라이언트와 사회복지사가 면접 내부와 외부에서 행하는 문제해결활동이라 할 수 있다. 다시 말해 상담 도중에 과제수행이 이루어지기도 하고 상담이 끝난 후 집, 학교 또는 직장 등에서 과제를 수행하기도 한다.

(2) 과제중심모델의 개입기법과 과정

과제중심모델의 전체 개입과정은 크게 초기 단계와 중기 단계, 종결 단계의 3단계로 나눌 수 있다. 전체 개입기간은 4개월 이내의 6~12회의 개입으로 설계된다. 일반적으로 이 기간에는 클라이언트가 가장 중요하다고 생각하는 표적문제 중 두세 가지의 문제만을 선택하여 집중적인 노력을 기울인다.

① 초기 단계: 문제 확인과 계약

클라이언트에 의해 문제가 규명되고, 표적문제 우선순위를 결정한다. 이를 위해 사회복지사는 초기에 신속한 사정을 수행해야 한다.

가. 문제 확인 단계

이 단계에서는 표적문제의 규명에 주의를 집중해야 한다. 표적문제는 클라이언트와 사회복지사가 논의한 결과로서 클라이언트에 의해 진술되고 인식된 문제들에 주로 초점을 맞추어 클라이언트가 변화를 원하는 문제여야 한다. 개입해야 할 문제를 선정할 때에는, 첫째, 클라이언트가 인정하는 문제를 대상으로 하고, 둘째, 대상이 되는 문제는 클라이언트 자신의 노력을 통해서 해결될 수 있는 것이어야 하며, 셋째, 문제는 명료화되어야 한다.

문제의 탐색은 클라이언트의 과거사나 감정적 반응에 치중하기보다는 클라이언트를 의뢰한 기관의 목표나 클라이언트가 현재 처한 상황적 맥락에서 이루어져야 한다. 표적문제는 클라이언트가 해결하기를 희망하는 표적문제를 우선순위로 정하여 최대 3개까지 정하고, 클라이언트와 구두나 서면으로 계약을 맺는다.

나. 계약 단계

사회복지실천에서 계약은 문제해결 방향에 대한 클라이언트와 사회복지사의 공식적인 동의를 의미한다. 계약을 하는 이유는 개입에 대한 동의가 클라이언트의 자기결정에 의한 것임을 강조하기 위해서이다. 서면 계약을 하면 클라이언트가 개입의 내용이나 결과에 대해 잘못 이해하는 것을 예방할 수 있고, 클라이언트의 책임을 분명하게 할 수 있다. 계약서에는 표적문제의 우선순위(최대 3가지), 클라이언트의 구체적 목표, 클라이언트의 일반적 과제(클라이언트가 수행해야 할 활동), 사회복지사의 일반적 과제(사회복지사가 수행해야 할 활동), 개입계획, 상담 일정, 개입의 지속기간, 개입에 참여할 다른 사람들과 상담 장소 등이 포함되어야 한다.

초기 단계는 대개 클라이언트가 행해야 하는 초기의 과제를 결정하는 것으로 마무리된다.

② 중간 단계: 수행

선정된 표적문제를 해결하기 위해 과제를 선정하고, 이를 수행하는 단계이다. 과제는 실천 가능하고, 측정 가능하며, 현실적인 모든 상황을 고려하여야 한다. 과제 설정 시 클라이언트 수행과제뿐만 아니라 사회복지사의 수행과제도 수립해야 한다. 이때 과제가 잘 달성될 수 있도록 전략과 계획을 세워야 하는데, 역할극, 리허설 등을 통해 모의실험을 할 수 있으며, 클라이언트의 동기를 극대화하여야 한다. 또한 과제 수행 과정에서 나타나는 장애물이나 예기치 못한 상황에 따라 과정을 수정·보완하여야 한다. 클라이언트가 과제에 동의하면 과제를 이행해야 하고 사회복지사는 실제 상황에서 클라이언트가 과제를 실천하도록 돕는다.

점검도 중요한 과제 중 하나가 될 수 있다. 과제가 잘 수행되고 있는지, 문제의 현 상태는 변화의 조짐이 있는지, 새로운 문제가 나타나고 있는 것은 아닌지 등에 관하여 점검해야 한다. 클라이언트가 혼란에 빠져 있거나 당황스러운 상황에서 서비스를 요청한 경우에는 사회복지사가 클라이언트에게 지지를 보내거나 지시할 수 있으며, 중재자 또는 대변인으로서 활동할 수도 있다.

③ 종결 단계

계약에서 명시한 종결 시기에 따라 종결이 이루어진다. 종결 후에도 스스로 문제를 해결할 수 있도록 그동안 습득한 기술이나 방법을 강화해 주어야 한다.

과제중심모델을 적용한 개입의 실천 과정을 도식화하면, 다음의 [그림 5-2]와 같다.

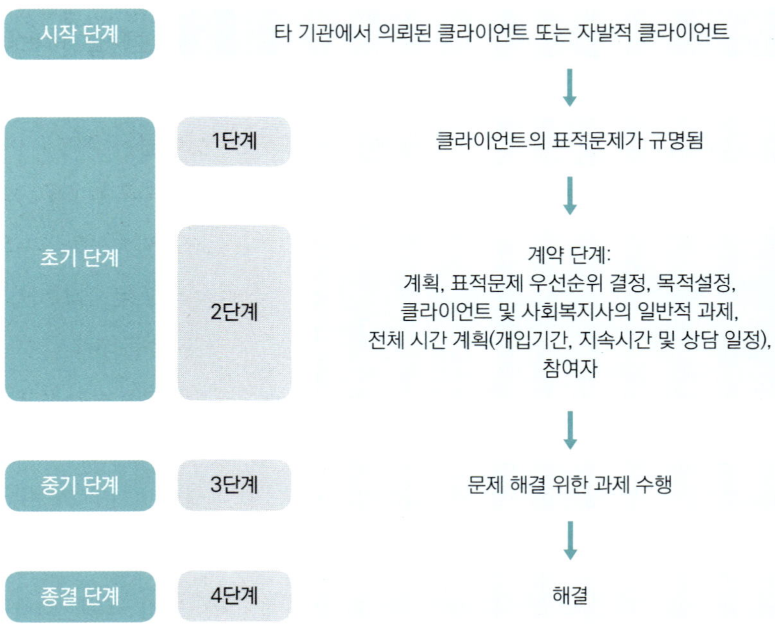

[그림 5-2] 과제중심모델의 개입 단계

출처: Epstein(1989): 대한의료사회복지사협회(2019) 재인용

4) 단계적 변화모델

단계적 변화모델(TTM: Transtheoretical Model)은 1983년 프로차스카(Prochaska)와 디클레멘테(DiClemente)에 의해 개발되었다. 단계적 변화모델은 클라이언트의 문제행동이 어떤 단계를 거쳐 변화하는지를 설명하는 통합적 모델이다. 단계적 변화모델은 행동의 변화를 단순히 성공 또는 실패와 같은 이분법적 범주로 보는 것이 아니라 일련의 체계적인 과정을 거쳐서 이루어진다는 것을 전제로 한다. 이 모델은 현재 건강행동 변화와 관련된 개입 프로그램에서 널리 사용되고 있으며, 특히 공공의료, 심리학, 사회복지학, 간호학 등에서 많이 활용되고 있다.

(1) 단계적 변화모델의 기본 개념과 원칙

단계적 변화모델은 행동 변화를 하게 만드는 과정뿐만 아니라, 개개인 스스로 혹은 다른 사람을 통한 행동 변화 과정을 이해하도록 하는 모델이다. 단계적 변화모델에서 행동 변화는 역동적인 것으로서 시간에 따라 나타난다는 대전제로부터 시작한다. 단계적 변화모델의 기본 전제는 다음과 같다(Prochaska & Velicer, 1997: 장수미 외, 2021 재인용).

- 단 하나의 이론으로는 행동 변화의 복잡성을 설명할 수 없다.
- 행동 변화는 단계적으로 시간에 따라 일어난다.
- 오래된 문제행동의 변화가 가능한 것과 같이, 행동 변화의 단계도 그와 같은 변화에 항상 열려 있다.
- 특정 개입이 없다면 클라이언트는 행동 변화의 초기 단계에 머무른 채 더 나아가지 못할 수도 있다. 이는 환자가 행동 변화를 하고 싶다는 본질적인 동기가 없기 때문이다.
- 위험집단에 있는 다수의 사람들은 행동할 준비가 되어 있지 않은 경우가 많다. 따라서 전통적인 방식에 근거한 건강예방프로그램은 효과를 보기 어렵다.
- 더 나은 단계로 나아가기 위해 특정 단계에 필요한 과정과 원칙은 적용되어야 한다.

- 오랫동안 지속되어 온 행동들은 종종 생물학적·사회적 원인이나 자기통제와 같은 몇 가지 사항의 조합을 통해 일어날 수 있다. 각각의 단계에 필요한 개입은 주로 자기통제를 증가시킴으로써 일어날 수 있다.

이 모델을 구성하는 주요 개념으로는 행동 변화를 이끄는 6가지 단계와 변화를 이끄는 10가지 인지행동적 활동 등이 있다. 따라서 이 모델은 6가지 변화단계와 활동을 통해 클라이언트가 어떻게 문제행동을 수정하고 어떤 방식의 긍정적인 행동을 하게 되는지를 설명한다.

(2) 6가지 변화 단계

① 숙고 전 단계(precontemplation stage)

숙고 전 단계는 클라이언트가 아직 자신의 행동을 변화시킬 필요성을 느끼지 못하는 단계이다. 숙고 전 단계에 속해 있는 사람들은 행동 변화를 방해하는 요소들에 대해 무관심하며, 현재 하고 있는 행동이 가져다주는 결과에 대한 이해와 지식이 부족하다. 또는 행동으로 인해 나타나는 결과를 인식하더라도 이를 자신과 관련시켜 생각하지 않는다. 이 단계를 '부정(denial)'의 단계라고 부르기도 한다.

② 숙고 단계(contemplation stage)

숙고 단계에서는 클라이언트가 행동 변화를 위한 첫 번째 단계를 거치게 된다. 이 단계에 있는 자신의 행동에 대한 문제를 인식하고 변화시킬 생각을 가지고 있다. 클라이언트는 행동 변화가 가지고 오는 이익과 손해에 대해 알고 있지만 아직까지는 단점이 장점보다 크게 느껴지는 상태이기 때문에 변화에 대한 준비는 이루어지지 않은 경우다. 숙고 단계는 6개월 이상 걸릴 수 있고, 상황에 따라 목표가 크거나 방대한 경우에는 이 단계에서 멈추게 될 수도 있다.

③ 준비 단계(preparation stage)

준비 단계에서는 클라이언트가 상대적으로 가까운 시간(한 달 정도) 안에 행동을 바꿀 준비를 하게 된다. 이 단계에 있는 클라이언트는 행동 변화에 따른 긍정적인 생각을 갖고 있어 변화에 대한 욕구가 강하다. 이들은 특정한 계획, 예를 들어 운동에 참여할 것인지, 금연 프로그램에 참여할 것인지, 의사나 상담가를 만날 것인지 등의 구체적인 계획을 세움으로써 다음 단계로 넘어갈 준비를 한다.

④ 행동 단계(action stage)

행동 단계는 클라이언트 자신들의 부정적 행동을 변화시키기 위한 계획에 참여하고 실제 변화된 행동을 실천하고 있는 단계이다. 예를 들면, 금연하기, 운동하기, 건강식 먹기, 단주하기 등이 있다. 이 단계에 속하는 클라이언트는 최근에 생긴 새로운 습관에서 과거의 좋지 않은 습관으로 되돌아가지 않도록 주의해야 한다.

⑤ 유지 단계(maintenance stage)

유지 단계는 현재 변화 행동을 규칙적으로 하고 있으며 변화 행동을 시작한 지 6개월이 지난 단계이다. 이 단계에 있는 클라이언트는 새로운 행동이 어느 정도 생활화되긴 했지만 지루함과 집중력 상실이 문제가 되기도 한다. 새로운 습관을 지속적으로 유지하기 위해서는 경계심을 늦추지 말아야 한다. 그러기 위해서는 행동 변화의 여러 단계를 거치면서 얻어진 혜택을 되새겨보고 예전의 행동으로 되돌아가지 않도록 노력하여야 한다. 이 단계는 왜 행동의 변화가 어려운지에 대한 통찰력을 제공해 준다.

⑥ 종결 단계(termination stage)

많은 클라이언트의 경우, 유지 단계가 지속된다. 예를 들어 흡연자의 경우, 담배를 피우지 않기 위해 스스로 계속해서 마음가짐을 다진다. 단계적 변화모델은 이와 같은 상황을 정상적인 것으로 받아들인다. 그러나 몇몇 클라이언트의 경우, 행동 변화가 완벽해서 '100% 자기 확신'이라는 단계에 도달할 수 있다. 이것은 어떤 상황에서도 변화된 행동을 유지할 수 있다는 확신을 가지게 되는 경우로, 이 경우에 도달하면 종결 단계에 이르게 된다. 이 과정은 매우 이상적인 단계이나 성공적인 행동 변화를 위한 필수 단계라고는 보지 않는다.

〈표 5-7〉 단계적 변화모형의 주요 단계 및 특징

단계	특징	예
숙고 전	• 변화하고자 하는 의도가 없음 • 문제나 위험에 대한 인식이 없음	"나는 지금 담배를 많이 피우고 있지만, 그것을 끊어야 한다고 생각지는 않아."
숙고	• 문제에 대한 인식을 하기 시작함 • 변화를 고려하지만 특정한 계획은 없음 • 양가감정	"담배를 끊는 것이 중요하다는 건 알지만, 지금 금연을 하면 일에 집중할 수가 없어."
준비	• 가까운 시간 내에 행동을 취하기 위한 계획을 세움 • 과거에 그와 같은 행동을 시도했을 가능성이 있음	"담배를 끊으려고 패치를 샀고, 아내에게 금연을 시도하겠다고 이야기했어."
행동	• 문제를 다루기 위한 구체적인 계획을 수행하지만 행동 변화는 아직 꾸준하지는 않음	"지금 난 담배를 피우지 않아. 자꾸 생각은 나지만 그렇게 나쁘지는 않은 것 같아. 그래도 계속 시도해 봐야 할 것 같아."
유지	• 전체적으로 문제행동이 없음 • 건강한 행동을 취하고 있음 • 다시 재발될 수도 있지만 현재는 일상생활의 한 부분으로 변화된 행동을 유지하기 위해 노력하고 있음	"나는 계속 금연을 하고 있어. 그것이 그렇게 아주 어렵지는 않지만, 그래도 계속 주변 사람들의 협조가 필요한 듯해."
종결	• 문제행동으로 다시 돌아갈 생각이 없음 • 어떤 상황에서도 행동 변화를 유지할 수 있다는 확신이 있음	"나는 어떤 상황에서도 담배 생각이 나지 않아."

출처: 장수미 외(2021)

(3) 행동 변화의 과정

행동 변화의 과정들은 한 단계에서 다음 단계로 이동하기 위해서 클라이언트가 현재 어느 행위 변화 단계에 해당하는지를 파악한 후 현재 단계에서 다음 단계로 나아가는 데 필요한 프로그램을 안내하는 지침이 된다. 행동 변화 단계에서 개인이 겪는 변화 과정은 5개의 인지적 변화 과정과 5개의 행동적 변화 과정으로 구성되는데, 다음의 〈표 5-8〉과 같다.

〈표 5-8〉 행동 변화의 과정

변화의 과정		세부내용	변화 단계
인지적 변화 과정	관심 증대 (consciousness rasing)	• 행동 변화가 필요하다는 사실을 발견하고 그 인식을 증가시키는 과정 • 책을 읽거나 TV를 보거나 친구 또는 의사와 이야기를 함으로써 새로운 사실을 알게 된다.	숙고 전
	극적인 사고전환 (dramatic relief)	• 자신의 문제행동을 통해 근심이나 공포 등의 부정적 경험을 하게 되는 과정 • 가족이나 친한 친구가 치명적인 병에 걸렸다는 소식은 숙고 전 단계로 움직이게 만들 수 있다. • 사용되는 기법에는 사이코드라마, 역할극 등이 있다.	숙고 전
	환경 재평가 (environmental re-evaluation)	• 자신의 문제행동이 사회적 환경에 미치는 영향력에 대해 사정하는 과정이다. • 예를 들어 자신의 흡연이 주변에 있는 아동이나 아내에게 미치는 영향력을 깨닫게 된다.	숙고 전
	자아 재평가 (self re-evaluation)	• 행동 변화가 자기정체성의 일부분이라는 것에 대한 깨달음을 얻게 되는 과정이다. • 이 과정에서는 자기 자신을 '금연가'로 봄으로써 자신에 대한 이미지를 인지적으로 재평가하게 된다.	숙고
	자아해방 (self liberation)	• 변화가 가능하다는 믿음과 함께 자신이 새롭게 선택한 행동을 수행하고 이에 대한 책임감을 갖게 되는 과정이다.	준비
행동적 변화 과정	사회적 해방 (social liberation)	• 행동 변화에 대한 사회적 지지를 인지하게 되는 과정이다. • 직장에서의 금연구역 확대가 대표적이다.	행동 · 유지
	반조건화 (counter-conditioning)	• 문제행동을 피하기 위해 자신이 목표한 행동에 더 근접한 것으로 바꾸는 과정이다. • 예를 들어 과거에는 좋아하는 음식을 먹는 것으로 스트레스를 풀었지만, 지금은 먹는 대신 심신완화기법을 통해 스트레스를 푸는 경우가 그 예이다.	
	자극 조절 (stimulus control)	• 자극을 피하는 과정이다. • 예를 들어 술자리를 피하거나 담배를 피우는 친구를 만나지 않거나, 후식이 나오는 파티를 가지 않는 것 등을 들 수 있다.	
	강화 관리 (contingency management)	• 긍정적인 행동 변화에 대한 보상을 증가시키는 반면, 건강하지 못한 행동에 대한 보상을 줄이는 과정이다. • 예를 들어 후식을 먹는 대신, 체중을 줄인 후에 새로운 옷을 사는 경우가 이에 해당한다.	
	지지적 조력 관계 (helping relationships)	• 가족, 친구, 동료 등으로부터 자신의 행동 변화에 대한 지지를 받고 이를 이용하는 과정이다.	

출처: 한인영 외(2017); 장수미 외(2021)에서 재구성함

5) 위기개입모델

위기 상황은 개인이 기존에 가지고 있는 대처방식으로는 당면한 문제를 해결할 수 없는 상태와 당황, 위험, 곤경, 자포자기, 무감각, 무력감, 절박감, 곤란 등을 경험하는 정신적 고통이다(Parad & Parad, 1990). 위기란 고통스러운 인생 경험에 대한 주관적 반응으로, 이것으로 인해 개인의 대처능력 및 일상생활기능에 심각한 손상을 가지는 상태이다(Bard & Ellison, 1974). 예를 들면, 관계의 어려움, 사랑하는 사람의 상실, 폭행, 학대, 건강문제, 계획되지 않은 임신, 직업문제, 자연재해 및 테러와 같은 위기가 포함된다(France, 2015). 모든 사람은 자신의 삶에서 어떤 시기에 대처할 수 없다고 느끼는 위기에 처할 수 있으며 위기를 잘 극복한 개인은 새로운 대처기술이나 문제해결기술을 배우기도 하지만 반대로 점차적으로 더 악화되거나 취약해지는 것과 같은 부적응을 경험하기도 한다(France, 2015). 그러므로 사회복지사는 위기에 처한 클라이언트의 자원을 발견하고 사용할 수 있도록 함으로써 그들이 취약해지는 것을 예방하고 성장할 수 있도록 도와야 한다.

(1) 위기개입모델의 기본 개념과 원칙

위기개입이란 위기로 인한 불균형 상태를 회복하기 위하여 일정한 원조 수단을 개인, 가족, 집단, 지역사회 등에 적용하는 과정이다(김기태, 2006). 의료사회복지 영역에서 환자와 가족에 대한 개입, 특히 응급상황이나 첫 발병 시의 상담은 대부분 위기개입으로 시작할 수 있다. 질병 또는 장해로 인한 갑작스러운 변화는 환자와 그 가족들로 하여금 선택의 여지를 거의 없게 만들어 문제를 악화시킨다. 따라서 의료영역의 사회복지사는 위기개입을 통하여 문제를 감소시키거나 해결하도록 노력해야 하며 다른 어떤 실천접근에서보다 적극적이고 직접적인 역할을 수행해야 한다.

위기개입은 위기에 처한 사람이 항상성 상태나 균형 상태를 회복할 수 있도록 한다는 점에서 단기치료와 비슷하지만, 위기상황에 대한 대처를 위해 스트레스 사건으로 인해 발생된 정서적·행동적·인지적 왜곡을 인식하고 교정하는 것을 시도하는 독특한 접근방식이라는 점이 구별된다.

위기개입의 기본 원칙은 다음과 같다(김기태, 2006; Puryer, 1979; Strickler & Bonnefil, 1974).

① 신속한 개입

위기에 처한 사람은 혼란 상태와 심한 고통 상태에 있으며, 위기 그 자체가 실제적인 위험이 될 수도 있다. 위기는 시간 제한적인 본질을 가지고 있으므로 즉각적인 개입이 필요하며, 위기 상태로 들어간 때부터 6주 이내에 해결해야 한다.

② 행동 지향성

위기개입의 기술은 감정이나 쟁점에 관하여 깊게 천천히 탐구하는 것이 아니라 어쩔 줄 모르는 클라이언트를 적극적으로 돕고 격려하며 면담을 이끌어 나가는 것이다. 위기에 처한 사람은 위기상황에 고착되기 쉬우며, 효과적이지 않은 행동을 하기 때문에 사회복지사의 역할은 실천 계획에 따라 클라이언트의 행동기술에 초점을 두어야 한다.

③ 제한된 목표

위기개입의 일차적 목표는 위급한 증상을 완화해, 파멸(예: 자살, 타살, 가족해체 등)을 예방하는 것이다. 즉, 위기개입의 목표는 평형 상태를 회복하는 것이고, 과거와 동일하거나 더 나은 기능 수준을 획득하게 하는 데 있다.

④ 희망과 기대

위기에 처하여 절망하는 클라이언트에게 위기를 극복할 수 있다는 희망을 고취해 주어야 한다. 사회복지사는 클라이언트의 위기가 어떤 방식으로든 해결될 것이라고 기대하며, 클라이언트가 기능을 잘할 것이라고 기대해야 한다. 이러한 전문가의 기대는 클라이언트에게 희망을 주고, 자존심을 개선하며, 자아상을 변화시키는 데 도움이 된다.

⑤ 지지

위기에 처한 클라이언트에게 실용적인 정보를 제공하고, 정서적으로 지지하며, 클라이언트의 사회적 지지체계를 개발하고 형성하도록 돕는 것이다. 사회복지사는 이 과정에서 언제든지 이용할 수 있는 사회복지기관이나 병원 및 다른 위기센터의 전화번호도 알려 주어야 한다. 사회복지사는 초기에는 필요한 만큼 클라이언트에게 많은 지지를 해 주던 것을 빠른 시일 내에 감소시키지 말아야 하며, 지지로 인해 지나치게 또는 장기적으로 의존하지 않도록 해야 한다.

⑥ 초점적 문제해결

가능한 한 신속하게 위기 상황을 유발한 '문제'를 파악하면서 클라이언트가 현실에 직면하도록 돕는다. 다시 말해 표적문제를 정의한 후 그것을 해결하는 데 지속적으로 초점을 유지한다.

⑦ 건전한 자아상(self-image)의 확립

위기에 처한 대부분의 클라이언트는 자신을 실패자로 인식하는 경향이 있다. 그러므로 클라이언트와 신뢰관계를 조성하여 클라이언트가 건전한 자아상을 확립하도록 원조한다.

⑧ 자립

위기에 처한 클라이언트를 계속 의존 상태에 두거나 퇴행하도록 하지 않아야 한다. 사회복지사는 클라이언트의 자신감 회복을 위해 효과적으로 대처할 수 있도록 지원한다. 사소한 것이라도 클라이언트가 위기 상황 속에서도 스스로 할 수 있는 것을 찾아서 하도록 격려해야 하며, 스스로 할 수 있는 일은 전문가가 대신해 주어서는 안 된다. 클라이언트의 자립성을 촉진시키는 가장 기본적인 방법은 클라이언트가 할 수 있는 일은 스스로 하도록 지지해 주는 것이다.

(2) 위기개입모델의 개입과정

위기개입의 과정을 설명하는 다양한 구분이 있지만 기릴랜드와 제임스(Gililand & James, 1998)는 위기개입을 6단계로 구분하여 구체적이고 직접적인 전략을 제시하였다(엄태완, 2019 재인용).

① 1단계: 문제의 확인

클라이언트의 관점에서 문제를 검토해야 한다. 위기개입이 시간 제한적이라고 해서 문제를 이해하기 위한 충분한 시간을 가지지 말라는 것은 아니다. 위기의 본질을 이해하는 것은 무엇보다도 중요하다. 1단계에서의 세부적 지침은 다음과 같다.

- 클라이언트의 행동이 부적절하더라도 이들은 현재 자신의 상황에서 최선을 다하고 있다는 사실을 알아야 하며 적극적 관심을 통해 클라이언트 자신이 돌봄을 받고 있다는 것을 느끼도록 해야 한다.
- 위기에 처한 클라이언트는 희망감을 상실하고 냉담한 반응 또는 분노를 표출할 수도 있으나 사회복지사는 지속적인 관여와 접촉을 시도해야 한다.
- 클라이언트가 위기 사건에 어떤 의미를 부여하는지를 이해하는 것이 중요하다. 사회복지사는 위기 전 클라이언트의 상황이 어떻게 변했는지를 질문하고 확인해야 한다.

② 2단계: 클라이언트의 안전 확보

클라이언트에게서 나타날 수 있는 신체적·심리적 안전에 대한 심각성과 치명성을 사정해야 한다. 의료현장의 사회복지사는 위기개입과정에서 클라이언트의 안전 확보의 문제를 종결까지 중요하게 생각해야 한다. 2단계에서의 세부적 지침은 다음과 같다.

- 위기개입을 위해서 직접적 질문을 사용한다. 특히 자살 위험이 큰 클라이언트에게는 '자살하려는 계획을 가지고 있는가?'와 같은 직접적인 질문을 할 수 있다. 이는 클라이언트로 하여금 자살 충동을 일으키기보다는 전문가가 더욱 민감하게 자신을 이해하고 있다는 믿음을 준다.

- 사회복지사는 클라이언트가 처한 상황 및 행동에 대한 치명성을 판단해야 한다. 클라이언트가 치명적 행동을 계획할수록 계획에서의 방법, 동기, 기회, 수단은 구체적이고 명확하다.
- 다른 부적응적 행동이 있더라도 클라이언트의 안전은 최우선으로 두어야 한다.

③ 3단계: 사회적 지지의 확보

클라이언트에게 사회복지사는 지지적인 사람임을 인식하게 해야 한다. 이를 위해 사회복지사는 클라이언트를 수용하고 긍정적이며 비심판적으로 대해야 한다. 3단계의 주요 지침은 다음과 같다.

- 위기에 처한 클라이언트는 자아존중감이 낮기 때문에 가치 있는 사람이라는 사실을 강조해야 한다.
- 클라이언트의 적응적이고 적절한 규범적 행동은 아무리 사소하더라도 지속적으로 강화하여 긍정적 변화를 도모해야 한다.
- 위기에 처한 개인들은 자신을 지지하거나 원조할 사람들이 없다고 생각할 수 있으므로 클라이언트 주변 및 지역사회 내의 지지자를 확보하는 것이 중요하다.

④ 4단계: 대안의 탐색

클라이언트가 활용할 수 있는 개인적 및 사회적 대처 자원들을 함께 찾아야 한다. 위기상황에 있는 개인은 사회적으로 연결되어 있다고 느끼면 보다 안정되며 적응적 행동을 위한 동기부여가 된다. 4단계의 구체적 지침은 다음과 같다.

- 상황에 맞는 지지자원을 개발하고 활용한다. 위기상황의 클라이언트는 심리적 안정과 항상성을 유지하기 위해 새로운 자원을 찾기가 어렵다. 따라서 이들은 과거부터 알고 있는 사람이나 장소, 물건을 통해 안정을 취할 수 있다.
- 위기에 있는 클라이언트는 충격과 당혹감으로 인해 이전의 위기 상황에서 성공적으로 대처했던 기제들을 활용할 수 없으므로 이를 인식시켜서 활용해야 한다.
- 외부자원을 활용한다. 구체적으로 클라이언트가 소속되어 있는 지지체계와 사회서비스, 의료보장제도, 지역사회의 응급지원센터 등을 활용해야 한다.

- 클라이언트가 긍정적으로 인지하고 행동할 수 있도록 한다. 클라이언트의 비합리적 사고에 대해 적절한 반응을 하며, 긍정적 변화를 위해 직접적이고 구체적인 행동을 제시해야 한다.

⑤ 5단계: 계획의 수립

클라이언트의 내·외부적 자원들을 체계화하고 이를 근거로 현실적인 단기계획을 세워야 한다. 계획은 클라이언트가 원하고 실제로 적용할 수 있는 것이어야 한다. 계획수립을 위한 구체적 지침은 다음과 같다.

- 위기개입에서의 목표는 단기목표이며 즉각적인 위기를 해결하는 데 초점을 두고 장기적인 목표는 연기하도록 해야 한다.
- 목표에 따른 계획은 '무엇을, 언제, 어떻게'라는 차원으로 구체화시켜야 한다.

⑥ 6단계: 클라이언트의 참여

위기를 극복하는 과정에 클라이언트를 참여시켜야 한다. 이를 위해서는 현실적인 목표와 분명한 지침이 필요하며 클라이언트가 참여할 수 있는 범위 내에서 참여하도록 해야 한다. 클라이언트의 참여를 위한 구체적 지침은 다음과 같다.

- 계획은 재검토되어야 하며 클라이언트의 관점에서 문제를 해석하고 수정해야 한다.
- 클라이언트에게 책임감을 부여한다. 위기에 처한 클라이언트라고 하더라도 동의한 내용에 대해서는 책임을 가지고 지킬 것을 강조해야 한다.

(3) 위기개입모델의 적용

의료사회복지실천 영역에서 사회복지사가 위기개입을 하는 일반적인 경우는 만성질환자보다는 배우자폭력, 아동폭력 등의 가정폭력과 성폭력 및 강간의 경우, 약물중독, 자살 시도와 같은 상황이며, 과도한 스트레스로 인하여 삶의 균형 상태가 훼손된 경우에 위기개입이 이루어진다(강흥구, 2019).

다음은 절단 수술을 앞둔 암 환자에 대한 위기개입 사례이다.

절단 수술을 앞둔 암 환자에 대한 위기개입 사례

개입상황

환자는 상피세포암 환자(49세 남자)로 여러 차례 종양 제거 수술과 무릎 절단 수술을 받았다. 최근 다시 재발하여 절단 수술이 필요한 상황이나 본인이 거절하고 퇴원하고 집에 있다가 응급실에 방문하게 되었다.

의료사회복지사의 개입과정

환자는 암으로 인한 통증이 매우 심했으나 참거나, 약국에서 일반 진통제를 사 먹는 등 적절히 대처하지 못하였다. 또한 절단 수술을 다시 앞두고 경제적인 부담감이 매우 높았다. 사회복지사는 환자의 현재 문제와 상황을 고려하여 다음과 같은 심리사회적인 위기 해결에 관심을 두고 개입하였다.

- 환자와 가족의 불안
- 통증 문제
- 입원에 따른 치료비 문제
- 저렴한 입원 병실 배치
- 간병인 문제

① 환자 및 가족에게 심리적 지지 제공

환자는 또 수술을 해야 하나, 절단에 대한 두려움을 갖고 있었고, 계속되는 심한 통증을 호소하고 있었다. 사회복지사는 참기 힘든 점을 지지해 주면서, 수술하게 되면 통증이 많이 없어질 것이라고 알려 주면서 조금만 더 참고 견딜 수 있도록 격려하였다. 또한 부인이 경제활동을 하면서도 환자에 대한 간병, 자녀양육 등 매우 많은 부담을 지고 있으므로 심리적 지지를 제공하였다.

② 정보의 제공

환자는 통증에 관한 정보의 부재로 적절히 대처하지 못하고 있기에 사회복지사는 통증 조절에 관한 정보를 알려 주었다. 암으로 인한 통증은 일반 진통제로는 조절이 어려워 마약성 진통제를 사용해야 하며, 마약성 진통제는 법적으로 규제가 되어 있어서 일반 약국에서 구매할 수 없다는 점을 알려 주었다. 또한 심한 통증이라도 조절이 가능하기 때문에 참지 말고, 바로 의사를 만나는 것이 좋은 방법임을 설명해 주었다. 이 밖에도 마약성 진통제는 법으로 2주 이상 처방할 수 없기 때문에 약이 떨어지기 전에 미리 와서 타는 것이 좋음을 알려 주었다.

③ 치료비 문제

가장인 환자의 수입 단절과 여러 차례의 입원으로 경제적인 어려움이 많은 상황이었다. 따라서 수술을 대비하여 병원 후원회의 경제적 지원 가능성을 알아봐 주기로 하였으며 이에 대해 환자는 매우 반가운 표정을 지었다.

④ **병실 배치**

병원 내 6인실 병실이 부족하여 입원할 경우 2인실 배치가 빈번하므로 입원을 대비하여 6인실 병실 배치의 협조를 간호사실에 부탁하였다.

⑤ **간병인 문제**

환자는 혼자 지내기 어렵고 보호자가 필요한 상황이었다. 부인이 오후에 환자를 간병해 줄 수 있으나 오전에는 일 때문에 간병해 줄 수 없는 상황이었다. 사회복지사는 환자와 의논하여 서울에 사는 형수에게 오전 간병을 요청해 보기로 하였다. 그 결과 형수가 오전에 환자를 돌봐주기로 하였으며, 환자가 자원봉사자의 도움을 요청하여 자원봉사자가 정기적으로 환자를 방문하도록 자원이 연결되었다.

⑥ **의료진과의 정보교환**

응급실 의료진에게 환자에 대한 정보를 제공해 주고, 병실로 옮겨진 후 담당 간호사와 의사에게 환자에 관한 심리사회적인 정보를 제공하였다.

평가

사정 결과, 환자는 오랫동안 암으로 투병하면서 신체적·심리사회적·경제적 고통이 많았으며, 가족 모두 매우 지치고 어려운 상황에 있었다. 응급실로 왔을 당시 환자는 무릎을 절단한 지 얼마 안 되어서 허벅지까지 절단해야 하는 상황과 죽을지도 모른다는 두려움, 수술비용에 따른 걱정으로 심각한 심리사회적인 위기를 겪고 있었다. 이에 사회복지사는 환자에게 심리적 지지를 제공하고 치료비 문제를 해결할 수 있도록 가능한 자원을 연결하였으며, 통증 조절에 관한 정보를 알려 주었다. 환자는 다음 날 정형외과로 입원하였으며, 이틀 후 수술을 하였고, 의료사회복지사에게 의뢰되어 계속 서비스를 받기로 하였다.

심리사회적 문제		의료사회복지사의 개입		문제해결 정도
불안	→	심리적 지지	→	불안의 완화
통증 문제	→	대처 정보의 제공	→	대처능력 향상
치료비 문제	→	후원회 동원	→	치료비 일부 지원
저렴한 병실 배치	→	간호사실 협조 의뢰	→	협조됨
간병인 문제	→	자원 탐색	→	가족자원 및 자원봉사 연결

개입과정 도식화

출처: 이영숙(1998)에서 재구성함

6) 임파워먼트모델

(1) 임파워먼트모델의 기본 개념

임파워먼트모델은 1970년대 이후 사회복지실천에서 강점관점과 함께 그 중요성이 대두된 주요 실천모델로서, 권한 부여, 역량강화 등으로 부르기도 한다. 임파워먼트모델을 적용하기 위해서는 강점관점, 권한 부여 과정, 역량 강화에 대한 충분한 이해가 있어야 하며 이들은 서로 분리된 것이 아니라 연속적인 일련의 과정으로 보아야 한다.

임파워먼트모델은 클라이언트를 문제 중심으로 보는 것이 아니라 강점 중심으로 봄으로써 클라이언트의 잠재역량 및 자원을 인정하고 클라이언트 내외에 회복력이 있음을 전제하여 클라이언트가 삶을 결정할 수 있도록 권한 혹은 힘을 부여하는 것이다. 따라서 임파워먼트 접근에서는 문제에 대한 진단보다 강점을 강조하며, 취약성보다는 임파워먼트를 기반으로 한 회복탄력성을 높이며, 문제 제거보다는 해결방안을 찾는 데 주안점을 둔다(김미옥·김연수·김희성, 2009).

의료환경에서는 의료모델의 영향력이 매우 크다고 할 수 있다. 임파워먼트모델과 의료모델은 도움을 제공하는 전문가와 클라이언트의 힘, 관계, 문제해결과정에서의 역할에 대한 생각이 매우 다르다. 이에 대해 좀 더 구체적으로 설명하면 〈표 5-9〉와 같다.

〈표 5-9〉 임파워먼트모델과 의료모델

구분	임파워먼트모델	의료모델
문제와 개입 측면	• 문제의 근원: 사회적·경제적·문화적 구조 • 인간의 문제, 병리, 결핍은 사회적·경제적·문화적 구조의 압박으로 인해 초래된 것 • 따라서 취약한 집단에 속하는 것은 자원 한계가 많으므로 집단 차원의 임파워먼트를 이루는 것이 중요함(Gutierrez, 1998)	• 문제의 근원: 개인 병리, 취약성 • 개인 병리, 역기능, 질환, 장애 등 문제와 결핍에 초점 • 클라이언트를 문제에 대한 최선의 해결책과 문제관리 능력이 부족한 존재로 인식하게 함(Weick, Rapp, Sullivan, & Kisthardt, 1989)

구분	임파워먼트모델	의료모델
서비스와 변화 주체 측면	• 변화 주체: 클라이언트 • 클라이언트는 성장과 환경 적응을 통해 압박과 스트레스에 대응하고 자신의 삶을 구현할 수 있는 잠재력과 강점이 있는 존재로 인식 • 전문가(사회복지사)는 클라이언트와 소통하고, 문제해결 대안과 자원의 기회를 만들어감 • 이 과정에서 클라이언트는 주도적이고 전문가와 대등한 관계를 유지(Freire, 1970; 2002)	• 변화 주체: 전문가 • 전문가가 적절한 치료법, 옳게 변화하는 방법에 대해 가장 잘 알고 있다는 것을 전제 • 전문가의 처방을 통해 문제해결이나 바람직한 변화를 이끌어 내고자 함 • 클라이언트의 역할은 전문가 개입을 수용하고 순응하는 것 • 클라이언트에게 필요한 외적 개입은 간과됨
사회복지사와 클라이언트 관계 측면	전문가와 클라이언트 관계: 평등한 동반자 관계	전문가와 클라이언트의 관계: 가부장적 전문가와 무지한 클라이언트 관계

출처: 김연수 외(2017); 박선영(2012)

사회복지사는 클라이언트의 임파워먼트를 위해 사회구조에 따른 체계, 즉 개인과 다양한 사회구조, 체계를 이해함으로써 이러한 구조를 잘 조정하고 그 체계 간에 자원, 힘과 같은 파워를 적절하게 분배할 수 있어야 한다(Miley, O'Melia, & DuBois, 1995: 김연수 외, 2017 재인용).

(2) 임파워먼트모델의 개입과정

의료사회복지의 주요 기능은 질병과 질병으로 인해 취약해진 환자의 생심리사회적인 문제에 대해 환자가 자신의 잠재력, 가능성 등을 극대화함으로써 이러한 문제들을 극복하고 환경체계를 활용할 수 있는 능력을 함양하는 것이다. 이러한 개인과 환경의 최적 기능을 위해 사회복지사는 환자를 중심으로 환자를 둘러싼 여러 환경체계, 즉 가족, 직장 등 여러 사회적 관계가 질병이나 장애로 인해 손상되지 않고, 상호 간에 잘 적응하고 대처해 나갈 수 있도록 효율적인 개입을 수행해야 한다.

마일리 등(Miley et al., 1995)은 임파워먼트에 기반하여 실천하는 전문가는 클라이언트의 전문성을 인식하고 이들의 적극적인 참여를 독려하도록 명심할 것을 강조하였다. 임파워먼트의 실천을 위해 알아야 할 내용에는 개인적 임파워먼트(personal empowerment), 상호 간 임파워먼트(interpersonal empowerment), 구조적 특성(structural dimensions)이 있다(권진숙·박지영, 2015). 첫째, 개인적 임파워먼트는 클라이언트가 어떤 변화에 영향을 미칠 수 있는 자신의 능력을 인식하고, 더불어 자신감, 예전엔 인식하지 못했던 강점을 인지하고 수용하게 되는 것이다. 둘째, 상호 간 임파워먼트는 다른 사람에게 영향을 미치는 개인의 능력을 의미하는데, 사실 개인적 임파워먼트의 특성인 자신감이나 강점은 누구도 혼자 고립되어서는 획득될 수 없는 것이다. 사람은 다른 사람과의 상호작용, 즉 누군가에게 영향을 받고 동시에 영향을 미치면서 이러한 느낌들을 발전시켜 나갈 수 있는데, 상호 간 임파워먼트는 이러한 일련의 과정에 기반이 되는 것이다. 마지막으로 임파워먼트는 구조적 특성을 반영하고 있는데, 그 이유는 우리가 맺고 있는 많은 관계는 사회구조와 관련되어 있기 때문이다. 구조적 변화는 기존에 자원 접근성이 취약했던 클라이언트에게 자원접근에 대한 가능성과 형평성을 높이며, 자원망을 확대할 수 있는 새로운 기회를 가져다준다. 따라서 임파워먼트에 기반하여 실천하는 의료사회복지사는 환자로 하여금 개인적, 혹은 환자와 주변 관계의 상호 간 그리고 사회 구조적으로 자원에의 접근성을 높인다. 〈표 5-10〉은 임파워먼트모델의 실천 과정이다.

〈표 5-10〉 임파워먼트모델의 실천 과정

단계	활동	전략	과업들
대화 (dialogue)	공유하기 (sharing)	클라이언트가 기존에 가지고 있는 것으로, 알고 있는 역량 및 자원 구체화하기	1. 상호협력적인 관계 확립하기 2. 기존지식 명확화하기(이미 명백한) - 클라이언트의 인지(도전과 강점) - 사회복지사의 인지(이러한 클라이언트체계에서의 역할) 3. 당신이 가지고 있다고 아는 것 다루기 4. 초기방향 정하기 5. 관계를 위한 계약하기 및 사정에 동의하기

단계	활동	전략	과업들
발견 (discovery)	찾기 (searching)	클라이언트가 그들이 가지고 있다는 것을 모르는 자원 탐색하기	1. 쉽게 드러나지 않는 당신이 가지고 있는 것 확인하기 2. 부가적인 정보와 사실에 대한 경험과 사고 연결하기 3. 감정을 사정·확인·표현하기 4. 대인 상호적인 정보 연결하기 5. 자원체계 탐색하기 6. 그 밖에 클라이언트체계의 욕구 결정하기 (목표 설정) 7. 해결으로 이끌어 주는 계획 개발하기 8. 변화를 위한 계약하기
발달 (development)	강화하기 (strengthening)	클라이언트체계가 아직 활용하지 않은 부가적인 자원 혹은 역량 사정 및 확립하기	1. 클라이언트 욕구 구체화하기 2. 클라이언트가 사용하지 않으나 존재하는 자원 사정하기 - 개인적 - 대인 상호관계적 - 조직적 - 지역사회/사회적 3. 새로운 자원과 기회 만들기 4. 결론을 위한 계약으로 이끌어 가기

출처: 대한의료사회복지사협회(2019); Miley et al.(1995)에서 재구성

생각해 봅시다

- 의료사회복지실천을 하는 과정에서 이론과 모델을 기반으로 하는 실천을 해야 하는 이유가 무엇인지 생각해 봅시다.
- 4장에서 학습한 다양한 의료사회복지실천모델들을 적용하여 개입할 수 있는 실천사례들에 대해 생각해 봅시다.

Chapter 06

의료사회복지에서의 상담기술

학습 목표

- 사회복지상담의 종류와 상담의 조건, 의료사회복지상담의 기술을 이해한다.
- 정신과적 면담의 과정을 이해한다.
- 동기강화상담의 기본 원리와 과정을 이해한다.
- 온라인상담의 특징과 방법들을 이해한다.

사회복지사의 상담이 타 분야의 상담 전문가와 구분되는 중요한 특징은 환경이라는 맥락 속에서 개인을 이해하고 개인과 환경 사이의 상호작용에 집중한다는 것이다. 따라서 사회복지사는 개인의 변화, 관계의 변화, 환경의 변화를 함께 고려하여 클라이언트의 최적의 삶의 질을 보장하여야 한다. 이와 같은 변화를 위해서는 치료적 면담의 기술이 우선되어야 한다.

상담의 원리와 목적은 다양한 이론적 입장에 따라 강조하는 부분이 다를 수 있다. 사회복지사는 한 가지 이론적 입장이나 원리만을 고집하지 않고 여러 이론 및 모델(제5장)과 원리들을 종합적으로 구현할 수 있게 노력해야 한다.

이 장에서는 의료사회복지실천 분야에서 주로 사용되는 상담의 기술에 대해 먼저 살펴보고, 클라이언트의 변화를 이끌어 내기 위한 치료적 상담에 해당하는 정신과적 상담과 동기강화상담을 소개한다. 다음으로 최근 많이 이루어지고 있는 온라인상담에 대해 알아보고자 한다.

01 의료사회복지실천의 상담

도움이 필요한 모든 클라이언트는 상담가가 전문가답게 상담을 진행해 줄 것이라는 정당한 기대를 가지고 전문가를 찾는다. 사회복지사는 특정 질문 또는 행동방식을 통해 전문성을 드러낸다. 상담은 사회복지사가 클라이언트를 직접 만나 대화를 통해 클라이언트와 가족의 심리적·사회적·경제적 어려움을 이해하고 욕구를 파악하여 자신의 지식과 기술 및 경험을 이용하여 도움을 전달하는 기본 수단이다.

콤튼과 갤러웨이(Compton & Galaway, 1994)는 사회복지상담의 특성을 다음의 네 가지로 보았다. 첫째, 맥락이나 세팅을 가지고 있다. 클라이언트에게 서비스를 제공하는 특정한 기관이 있고 상담의 내용은 특정 상황에 한정되어 있기에 관련되지 않은 요인들은 제거된다는 것이다. 둘째, 목적과 방향이 있다. 상담은 우연히 만나 정보를 교환하는 것이 아니라 구체적인 목표를 달성하기 위해 수행되는 과정이라는 것이다. 셋째, 계약에 의한다. 상담은 클라이언트와 사회복지사가 목적달성을 위한 일련의 과정을 상호 합의한 상태에서 진행함을 의미한다. 마지막으로, 상담에서는 관련자들 간의 특정한 역할관계가 규정된다. 따라서 사회복지실천에서의 상담은 사회복지사와 클라이언트가 서비스를 제공하는 과정에서 특정 목적을 가지고 계약에 의해 행하는 의사소통이라고 정의할 수 있다(양옥경·김정진·서미경·김미옥·김소희, 2018).

1) 사회복지상담의 종류

사회복지상담은 크게 정보수집(사회조사)을 위한 상담, 욕구사정을 위한 상담, 변화를 위한 치료적 상담으로 구분할 수 있다(Kadushin & Kadushin, 1997; Zastrow, 1995).

(1) 정보수집을 위한 상담

정보수집을 목적으로 하는 상담은 다른 말로 사회조사(social study)라고도 한다. 여기서는 클라이언트의 개인적·사회적 문제와 관련된 인구사회학적 배경과 개인 성장 발달사에 관한 정보를 수집한다. 이렇게 정보를 수집하는 이유는 클라이언트에 관한 모든 것을 하나도 빠짐없이 알기 위해서가 아니라 클라이언트의 배경을 앎으로써 문제를 좀 더 잘 이해하기 위해서이다(양옥경 외, 2018). 이러한 정보의 출처로는 클라이언트 자신이 가장 큰 비중을 차지하고, 그 외 친구, 가족, 이웃, 학교나 직장, 이전에 도움을 받았던 관련 기관 등이 포함된다(엄명용·김성천·윤혜미, 2021).

(2) 욕구사정을 위한 상담

사정을 위한 상담은 구체적인 서비스에 대한 의사결정을 하기 위한 것으로, 앞서 말한 정보수집을 위한 상담보다 훨씬 더 목적 지향적이다. 이렇게 수집한 자료를 해석하고 의미를 부여하며 가능한 서비스와 지원을 매칭하는 등, 실천 방향을 결정하게 된다. 클라이언트의 현재 문제 상황, 그 문제해결의 목표, 목표 달성을 위한 개입 방법의 결정 등이 사정상담을 통해 이루어진다.

(3) 치료적 상담

치료적 상담의 목적은 어려움을 겪는 클라이언트의 변화를 이끌어 내기 위해 직접적인 개입을 시행하거나 클라이언트의 보다 나은 사회적 기능 수행을 위해 간접적으로 변화를 시도하는 것이 있다. 우선 클라이언트의 변화를 위한 치료적 상담은 주로 클라이언트의 자신감과 자기 효율성 강화, 필요한 기술훈련, 문제해결 능력 향상 등을 목적으로 한다(양옥경 외, 2018).

환경변화를 목적으로 하는 상담은 클라이언트가 보여 주는 어려움의 근원이 주위 사람들이나 지역사회일 때 실시한다. 이것은 클라이언트와 관련된 중요한 사람들과 이루어지기도 하고 클라이언트의 권리와 이익을 옹호·대변하기 위하여 사회복지기관, 지역사회, 관련 공무원들과 이루어지기도 한다(양옥경 외, 2018).

2) 효과적인 상담의 조건

(1) 물리적 조건

상담의 물리적 조건은 내담자의 태도, 감정, 반응 등에 중요한 영향을 미친다고 할 수 있다. 따라서 상담실은 조용하면서도 프라이버시가 보장되고, 사회복지사가 온전히 클라이언트에게 집중할 수 있는 환경이어야 한다. 따라서 상담 시 방해를 받지 않으려면 전화 소리, 소음 등을 최소화해야 한다. 사회복지실천의 상담은 상담실이라는 독립된 공간에서 이루어지기도 하지만, 전화를 통해서 또는 클라이언트의 가정방문을 통해서 상담을 진행해야 할 때도 있다. 전화상담은 대면에서 오는 긴장감이 적기 때문에 클라이언트가 편안하게 느낄 수 있다는 장점이 있지만, 언어적인 정보 외에 상대방의 신체적 특징, 안색과 표정, 옷차림 등에서 습득할 수 있는 비언어적인 정보를 얻기는 어렵다는 한계가 있다(엄명용 외, 2021). 혹은 클라이언트가 특수한 사정이 있거나 가족의 생활환경을 파악하는 것이 중요한 경우에는 가정방문을 통해 상담을 진행하기도 한다. 가정방문 상담 시 가족들의 상호작용과 클라이언트의 생활환경을 있는 그대로 관찰할 수 있다는 장점이 있다. 반면, 클라이언트가 사생활 공개를 불편하게 생각하거나 다른 사람들의 들락거림, 소음 등 일상생활의 다양한 방해 요인이 존재할 수도 있다.

상담 시간도 중요한데, 상담의 목적에 따라 차이가 있다. 1회당 상담 시간은 일반적으로 50분 정도가 적당하지만, 클라이언트의 주의집중능력 및 의사소통능력에 따라 조정되어야 한다. 상담은 시간 약속에 따라 예정대로 진행되어야 하며, 상담 중인 사회복지사는 상담 전에 전화나 다른 사람과의 접촉을 차단하여 상담하는 동안에는 클라이언트에게 몰두해 주는 것이 좋다.

(2) 라포 형성

사회복지실천 과정에서의 라포르(rapport)는 클라이언트와 사회복지사 사이의 상호이해와 작업 관계 수립을 가능하게 하는 조화, 공감, 화합의 상태이다(양옥경 외,

2018). 라포 형성은 상담 초기에 형성되어 상담이 진행되는 동안 유지되어야 한다. 대부분 클라이언트는 도움을 요청하는 것 자체가 자신의 약점이나 실패 등을 입증하는 것으로 생각하며, 개인적인 문제를 이야기하는 것을 수치스럽게 여기는 경향이 있다. 이러한 경우 사회복지사는 다음과 같은 노력을 할 수 있다(양옥경 외, 2018).

첫째, 클라이언트의 개인적 문제로 들어가기 전 가벼운 대화로 준비기간(warm-up period)을 갖는 것이다. 이러한 준비기간은 진행 속도를 조절하고 사회복지사에 대한 편안한 감정을 갖게 할 수 있다.

둘째, 클라이언트에 대한 존중을 표현하는 것 역시 라포 형성에 매우 중요하다. 존중을 표현하는 방법에는 약속 시간을 지키거나 클라이언트의 이름을 기억하는 등 기본적인 예의를 갖추는 사회복지사의 태도에서 기인한다.

셋째, 클라이언트의 감정을 충분히 이해하고 있다는 것을 언어적·비언어적 메시지로 전달함으로써 라포 형성을 촉진할 수 있다. 이것은 공감적 반응을 충분히 전달하는 것과 같다.

넷째, 사회복지사가 보이는 진정성(authenticity)과 진실성(genuineness)은 라포 형성을 촉진하는 중요한 매개체이다. 즉, 사회복지사가 권위적이지 않고 먼저 자신을 개방하는 태도를 보이면 클라이언트 역시 방어 없이 효과적으로 자신을 드러낸다. 사회복지사의 자기 노출 수준은 적절히 조절되어야 하며, 항상 클라이언트에게서 초점이 벗어나지 않도록 해야 한다.

3) 사회복지상담의 기술

사회복지실천에서 사용되는 상담의 기술에는 분위기 조성 기술, 관찰 기술, 경청 기술, 질문 기술, 표현 촉진 기술, 초점 제공 기술, 해석 기술, 직면 기술 등이 있다(Johnson, 1989: 양옥경 외, 2018 재인용).

분위기 조성 기술은 상담을 위해 심리적으로 편안한 분위기를 만드는 기술이다. 상담은 클라이언트와의 상호작용이 특징적이므로 서로에 대한 이해와 개방성을 촉진하는 방향으로 분위기가 형성되어야 한다. 이러한 분위기 형성을 위해서는 공감(empathy), 진실성, 온화함(warmth)이 중요시된다(Johnson, 1989: 양옥경 외, 2018 재인용).

관찰기술은 클라이언트가 말하고 행동하는 것에 주의를 기울여 그를 이해하는 것이며, 사회복지사는 상담 중 클라이언트의 언어적 표현뿐만 아니라 비언어적 표현(예: 표정, 손놀림, 눈 맞춤, 얼굴 붉힘 등)에도 민감해야 한다.

경청기술은 클라이언트의 어려움에 공감하고 그에게 필요한 반응을 하면서 적극적으로 잘 듣는 것이며, 상담에서 가장 중요한 기술이다. 이때 경청은 단지 클라이언트의 말만 듣는 것이 아니라 그가 지금 무엇을 표현하고 있는지, 그의 감정과 사고는 어떤 것인지 이해하고 파악해 가면서 듣는 것을 말한다.

질문기술은 클라이언트로부터 필요한 정보를 이끌어 내기 위해 가장 많이 사용하는 기술로, 질문에는 개방적 질문과 폐쇄적 질문이 있다. 사회복지사는 질문을 하여 대답을 유도함으로써 상호작용을 돕고 클라이언트에 대한 이해와 문제해결이 필요한 정보를 효과적으로 얻어 낼 수 있다.

표현촉진기술은 사회복지사가 클라이언트의 정보 노출을 촉진하기 위해 계속 말을 하도록 반응을 보이거나 클라이언트가 말한 것을 간단히 반복 혹은 새로운 단어로 바꾸어 재진술하는 것처럼 정보를 이끌어 내기 위해 클라이언트의 표현을 촉진하는 기술을 말한다. 종종 클라이언트가 다양하게 해석될 수 있는 단어를 사용하거나 추상적으로 상황을 설명할 때는 오해나 실수를 최소화하기 위해 좀 더 구체적으로 표현해 줄 것을 요구해야 한다.

초점제공기술은 제한된 시간에 최대의 효과를 봐야 하는 전문적 관계에서 불필요한 방황과 시간 낭비를 막아 주는 효과적인 기법이다. 사회복지사는 클라이언트의 산만한 사고와 감정을 정리하여 중심이 되는 문제를 좀 더 깊이 탐색하고 원하는 변화를 이끌어 낼 수 있도록 도와주어야 한다. 또한 한 주제에서 다른 주제로 넘어갈 때 그동안 논의된 바를 요약하여 장황한 클라이언트의 말을 정리하는 요약기술 또한 초점을 제공하는 목적으로 활용될 수 있다.

해석은 클라이언트의 표현과 행동 상황 저변의 단서를 발견하고 그 결정적 요인들을 이해하여 그것을 클라이언트가 깨달을 수 있도록 도와주는 방법이다. 그러나 특정 상황에 대한 해석이 다양할 수 있으므로 항상 조심스럽게 사용해야 하며, 클라이언트가 받아들일 수 있는 형태로 제공되어야 한다. 해석이 노련하게 되지 않으면 클라이언트에게 상처를 주거나 신뢰 관계를 크게 손상시킬 수 있으므로 조심스럽게 사용해야 한다.

마지막으로 직면기술은 문제를 지속시키는 클라이언트의 감정, 행동, 사고의 모순적인 면을 직접 지적하여 주는 것이다. 직면은 해석과 마찬가지로 클라이언트의 자기 인식을 증진시키고 변화를 촉진하기 위한 기술이며, 사회복지사의 지적을 클라이언트가 비판이나 거부로 받아들일 수 있으므로 조심스럽게 사용되어야 한다.

의료사회복지사의 상담기술과 사례를 살펴보면 다음의 〈표 6-1〉과 같다.

〈표 6-1〉 의료사회복지에서 사용되는 상담기술 및 의사소통 사례

기술	설명 및 사례
지지요법 (격려, 안심)	• 지지요법은 환자의 불안이나 저항감을 해소시키기 위해 정서적인 지지와 격려, 불안요인에 대한 정보의 제공 등 - 예 1: 환자는 처음에 의료사회복지사를 보고 불안해했으나, 담당 사회복지사가 사회복지사의 업무에 관해 설명하면서 자신을 소개하자 안심하였다. - 예 2: 환자가 치료로 인해 매우 피곤한 상태여서 필요한 정보수집에 한계가 있었으므로 우선은 정서적으로 지지해 주고 감정을 환기시키는 데 초점을 두며 짧은 시간 동안 면담을 진행하였다. - 예 3: 환자 가족에게 퇴원한 화상 환자에게서 나타날 수 있는 일반적 특징과 가족의 어려움에 관해 이야기하고, 모든 가족이 지지적이고 위생적 환경과 적절한 영양공급이 꼭 필요함을 환자의 두 딸에게 교육하고, 외래 치료가 원활히 이루어지기 위해 보호자인 남편이 책임감을 가지고 수행하도록 격려하였다.
경청	• 경청은 환자가 하는 말을 주의 깊게 듣는 것뿐만 아니라 환자의 비언어적 의사소통을 관찰하고 자유로이 표현할 수 있도록 격려하며 사회복지사와 환자 간의 대화를 기억하는 것 - 관심과 열린 마음을 갖고 대상자의 말을 잘 듣고 있다는 것을 표정이나 눈빛, 고개를 끄덕이는 등의 몸짓으로 표현
반영 (피드백)	• 환자가 나타낸 느낌이나 경험, 내용을 사회복지사가 다른 용어로 표현하여 다시 환자에게 전달해 주는 행위 - 환자: "이제껏 남편과 자식들만을 위해 열심히 살았는데, 힘든 시절 다 보내고 이제 좀 편하게 살만해지니까 이런 병이 찾아왔네요." 사회복지사: "그래서 많이 억울하시고 속상한 기분이 드신다는 말씀이지요?"

기술	설명 및 사례
공감적 피드백	• 들은 내용을 명료화하면서 다시 말하고 그것에 대한 자신의 내적 경험을 함께 나누는 행위 – 예 1: "환자분의 말씀으로는 최근에 식사를 못 하게 되시고 통증도 늘어나면서 점점 마음이 불안해지신다는 말씀이군요. 그 말씀을 들으니 저도 역시 염려가 되네요." – 예 2: 소아암 환아의 부모들은 보통 병에 관해 얘기하는 것이 자신들을 우울하게 만들 것이라고 느낀다. 의료사회복지사는 그런 걱정이 당연하다고 인정함과 동시에 그런 감정들을 잘 극복하기 위해 서로 도울 수 있음을 이야기하였다.
명료화	• 환자가 표현을 분명하게 할 수 있도록 격려함과 동시에 환자가 말한 내용을 사회복지사가 잘 이해하고 있는가를 확인하기 위한 질문 – 예 1: "제가 확실히 이해를 못했는데 조금 더 구체적으로 설명해 주시겠습니까?"
초점 맞추기	• 환자가 여러 가지 복합적인 이야기를 산만하게 하여 대화의 주제가 모호해질 때, 초점이 명확해지도록 하는 질문 – "지금까지 환자분께서 여러 가지 어려움에 대해 말씀해 주셨는데 그중 가장 큰 어려움이 무엇이라고 생각하십니까?"
요약하기	• 환자의 문제 상황을 더욱 초점화하고 구체적으로 탐색하게끔 돕기 위해 사용 – 환자분께서는 지금까지 투병 과정에 대해 자세하게 말씀해 주셨습니다. 그리고 앞으로의 상황이 점점 더 나빠질 거라는 예상도 하고 계시고요. 그렇다면 앞으로의 시간 동안 어떻게 지내시길 바라시나요?
환기법	• 환자의 억눌린 감정을 털어놓을 수 있도록 도와 카타르시스를 경험하게 하는 행위 – 예 1: 환자가 격한 감정을 억누르고 있어 필요한 정보를 수집하는 데 한계가 있었으므로 먼저 정서적으로 지지해 준 후 감정을 표현하도록 환기시키는 데 초점을 두며 짧은 시간 동안 면담을 진행하였다. – 예 2: 환자의 여동생은 이러한 사회복지사의 태도에 한동안 어깨를 들썩이며 울었다. 사회복지사는 이때 환자 여동생의 한 손을 꼭 잡아 주었다.
대결/직면	– 환자 남편이 퇴원에 대해 수용하고 병원에 입원해 있는 것이 환자나 가족 모두에게 결코 이익이 되지 않는다는 것을 구체적으로 설명하였다. 또 주치의와 환자 남편의 상담을 주선하여 환자의 상태와 예후에 관해 설명을 듣도록 하여 환자 남편 스스로가 퇴원에 대해 이성적으로 생각해 보도록 하였다.
옹호/대변	• 환자에게 합리적인 변호를 제공하는 데 사용되며, 교육, 정보제공, 제언, 충고, 환자의 지식과 이해의 강화와 같은 형태를 취한다. – 환자 남편의 거부감을 감소시키고 의료사회복지사는 도움을 줄 수 있는 사람이라는 것을 인식시키기 위해 환자가 의료보험 적용일수에 관계없이 일 년 내내 보험적용을 받을 수 있는 방법과 장애인 등록을 함으로써 받을 수 있는 혜택 등에 대한 정보를 제공하였다. 이를 위해 일급 장애 판정을 받을 수 있도록 주치의와 연결해 주고 장애인 등록이 빨리 될 수 있도록 관련 주민센터 담당자와 연계 활동을 하는 등 환자 남편에게 도움을 주었다.
조정 및 자원연결	– 퇴원 일자가 정해지자 의료사회복지사는 이를 타 의료진에게 알려 환자 퇴원에 도움을 주도록 하고 의료 분야별로 퇴원계획을 수립하도록 하였다. 환자는 식물인간 상태이고 퇴원 후 의료적 사후서비스를 받아야 하나 병원 측에서는 아직 가정간호를 실시하지 않고 있었으므로 사후서비스가 문제가 되었다. 이 문제를 해결하기 위해 환자 동네 보건소 및 지역병원과 접촉해 보았으나 그곳 역시 인력 부족과 가정간호 활동 미시행으로 불가능하다는 답변을 들었다. 이 문제에 대해 의료사회복지사가 주도하에 간호사, 주치의와 회의를 한 결과, 현 환자 담당 간호사가 출장형식으로 월 1회 방문하여 환자의 소변줄, 기관지절제 부분, 급식 튜브를 소독·교체하여 주기로 하여 안전한 퇴원이 가능하게 되었다.

출처: 유수현 외(2020)

02 정신과적 면담

정신과적 면담은 크게 통찰치료와 지지치료로 구분된다. 통찰치료는 정신분석이나 단기 역동 정신치료와 같이 내담자의 무의식 세계를 의식화하는 방식으로, 내담자의 어려움에 대한 통찰을 발달시키고 자아의 능력을 향상시킴으로써 근본적이고 장기적인 변화를 획득하기 위한 목적으로 사용되는 방식이다. 지지정신치료는 치료적 관계 형성을 토대로 하여 자아를 강화해 현실 생활에 잘 견디게 하는 것이 목표이다. 여기에서는 지지정신치료에 기반한 정신과적 면담의 과정을 소개한다(Novalis, Rojcewicz, & Peele, 2006).

1) 면담 시작 단계

시작 단계의 목표는 라포 및 신뢰감 형성, 상담 계약 또는 동의, 상담목표 및 참여자의 역할 설정이다.

① 구조를 명확히 한다.

치료에 관해 결정하기 전에 면담 시간 및 횟수, 비용, 스케줄의 융통성, 지침에 대한 유용성을 고려한다. 예비 면담의 마지막에 치료자와 환자는 면담 또는 치료에 대한 구체적인 계획을 세운다. 마지막으로 면담 또는 치료 계약서를 제시하고 계약한다.

② 환자의 이야기를 경청한다.

전문적인 경청은 환자의 말에 구조와 범주를 적용하는 것으로, 향후 개입을 위한 기반이 되고 일련의 친밀한 집단보다 더 나은 지지치료를 가능하게 한다.

③ 자신의 인상을 개발한다.

치료자는 진단과 기록과 같은 공식에 묶이는 것을 피하고 진실로 환자에게 듣기를 원한다.

④ 환자의 의사소통 방식에 반응하고 적응한다.

치료자가 환자에게 반응하기 시작함에 따라 치료자는 환자가 잘 받아들일 수 있는 방식을 개발해야 한다. 환자는 치료자를 주시하고 치료자의 아주 미묘한 억양을 듣게 된다. 안면 표정, 제스처, 신체 언어를 포함한 치료자의 비언어적 행동은 종종 환자를 힘들게 한다.

⑤ 공감을 일으키고 전달한다.

환자의 경험을 치료자가 감정적, 인지적으로 함께 경험하는 공감이 치료자에게 일어나야 하고 환자에게 전달되어야 한다.

⑥ 표면적인 문제를 조사한다.

첫 만남에서의 탐색은 대부분 환자 지향적이고 표면적이어야 한다. 치료자는 사실상 공감적인 방식으로 표면적인 문제를 조사하기 시작하며 환자의 표현에 대해 요약이 이루어진다.

⑦ 목표를 개발하고 개별화한다.

이러한 초기 탐색으로부터 약물치료에 대한 순응과 가족 스트레스 감소와 같은 치료에 대한 환자 특유의 문제가 나타나게 된다. 환자의 목표는 직업을 얻는 것, 친구를 찾는 것, 기꺼이 입원하기, 비자발적인 약물치료에 대한 순응, 성격적 결함, 교육적·직업적 배제와 같은 내적 장애물 등으로 설정된다. 치료자는 추후 덜 중요한 목표가 될 수 있는 몇몇 목표들까지도 기꺼이 수용해야 한다. 처음에는 단지 목적달성을 위한 수단으로서의 치료자와의 관계가 결국에는 신뢰롭고 수용적인 치료자로 발달해 간다.

⑧ 초기 문제들을 교정한다.

환자의 탈락률은 모든 형태의 치료에서 높게 나타난다. 긍정적 치료 동맹은 치료 성공을 위한 기대적 가치를 줄 수 있기 때문에 그 동맹 상태를 조기에 평가하는 것이 중요하다.

⑨ 현실적인 이익에 대한 기대를 일으킨다.

정신치료는 성공에 대한 기대를 발생시키기 때문에 효과적일 수 있다. 면담 과정에서 긍정적 기대는 촉진되어야 하고 부정적 기대는 최소화되어야 한다.

2) 면담의 중간 단계

지지정신치료에서 치료의 중간 과정은 일관된 형태가 없다. 이 단계에서 흔한 질문은 "우리가 전진하고 있는가?"이다. 지지정신치료에서의 호전은 환자의 말에 의해 측정될 수 있으며, 주관적으로 덜 고통스러워졌는지, 행동이 덜 혼란되고 있는지 등을 질문한다. 종종 환자의 저항으로 인해 면담 과정이 자유롭지 않을 수 있다. 이때 치료자는 환자와 보다 무조건적 신뢰를 발달시키기 위하여 노력하는 것이 필요하다. 반복은 환자의 삶을 조정하도록 도울 수 있으며, 새로운 강화물(즉, 수입, 직업 만족, 대인 간 보상, 자기 인정의 내재화)이 과거의 것(즉, 물질 남용으로부터의 만족, 망상적 환상 혹은 투사로부터의 자존심 보충)을 대치하게 되고, 힘든 상황에서 점점 능력을 얻게 한다. 성공적인 중간 단계에서는 관계가 더욱 발달되고 강화되어, 내담자가 자신의 사고와 감정과 행동을 변화시켜 나갈 용기와 힘을 얻을 새로운 모험을 감행하게 한다.

3) 종결과 향후 면담으로의 이행

치료는 환자 또는 치료자에 의해 일방적으로, 또는 서로의 동의에 의해 종결될 수 있다. 성공적인 종결은 서로의 합의에 의해서 종결되는 것이다. 그러나 환자의 해결되지 않은 의존이나 치료자의 계속되는 돌봄 소망으로 인해 치료가 연장될 수도 있다. 만약 문제가 환자의 것이라면, 치료가 실질적으로 아직 성공적이지 않다는 신호로 간주하고 면담 시간이나 횟수를 서서히 줄이는 것이 바람직하다. 종결은 교착된 치료를 다시 촉진할 수 있는 새로운 치료자로의 연계로 이어질 수 있다. 그 전환은 새로운 치료자의 관점에서 접근되어야 한다. 종결에 대해 알릴 때는 치료를 시작할 때 환자에게 만날 수 있는 최소한의 기간을 고지하고 그 날짜가 다가오면 치료는 종결될 것이라고 통고해야 한다.

03 동기강화상담

1) 동기강화상담의 기본 원리

밀러와 롤닉(Miller & Rollnick, 2013)은 동기강화상담의 기본 원리를 다섯 가지로 설명하였다.

(1) 공감 표현하기

동기강화상담 전문가는 내담자에게 진정한 존중과 관심을 전달해야 한다. 전문가와 내담자 간의 우월, 열등 관계가 내포된 의사소통은 피해야 하며, 내담자 스스로가 선택하고 목표를 설정할 수 있는 권리와 능력이 있다는 것을 전제로 클라이언트의 자유가 존중되어야 한다. 전문가는 지지적인 동반자이자 전문적 지식을 가진 상의자이다. 동기강화상담 전문가는 내담자의 감정을 손상시키는 말보다 칭찬하는 말을 해야 하고, 내담자를 깎아내리듯이 평가절하 하는 방법보다 오히려 세워 주는 말을 해야 한다. 설득할 때는 행동 변화의 의지와 결정이 내담자에게 있다는 전제하에 항상 공손하고 섬세하게 한다.

(2) 불일치감 만들기

양가감정은 지금까지 살아온 대로 사는 것과 새롭게 변화를 시도하는 것 사이에서 논쟁하도록 양쪽에서 끌어당기는 상황과 같다. 변화 동기는 내담자가 현재 처해 있는 상황과 앞으로 희망하는 상황 간의 불일치감을 알아차릴 때 일어난다. 어떤 사례에서는 내담자가 현재 가지고 있는 잘못된 삶의 패턴(예: 알코올중독자의 음주, 당뇨병 환자의 잘못된 생활습관 등)이 가져오는 부작용들에 대한 인식 정도를 증진함으로써 불일치감을 만들 수 있다. 결과적으로 내담자는 자신이 지각한 불일치감을 감소시키고 정서적인 균형 상태를 되찾고자, 더욱 기꺼이 변화 대안들을 솔직하게 상의하게 된다.

(3) 논쟁 피하기

양가감정과 불일치감을 제대로 다루지 못한 경우, 내담자의 불편감을 해소할 수 있는 효과적이지 못한 방어적 대처전략을 세우게 될 수도 있다. 내담자의 관점에서 볼 때 그들의 문제행동(예: 약물 사용 등)에 대해 비현실적으로 공격을 받는다면, 방어와 저항을 드러내거나 전문가가 상황에 대해 진정으로 이해하고 있지 않는다고 생각할 수 있다.

동기강화상담에서는 직접적인 논쟁을 피해야 한다. 논쟁은 저항을 유발하는 경향이 있으며 내담자로 하여금 진단명을 받아들이거나 인정하지 않게 만든다. 전문가는 논쟁을 통해 무언가를 증명하거나 확인시키려 하는 대신 여러 가지 전략들을 사용하여 내담자로 하여금 문제행동의 결과를 정확하게 볼 수 있도록 도와주며 동시에 문제행동이 가지고 있는 긍정적으로 지각된 측면의 가치들을 낮추도록 조력한다. 알코올중독자의 음주 행동은 여러 가지 부정적 결과를 가지고 오지만 알코올중독자에게는 스트레스 해소, 사회적 관계 유지, 불면증의 해결 방법 등의 긍정적 요소들로 인식될 수 있다. 동기강화상담을 적절하게 실행하면 변화하겠다는 진술을 전문가가 아닌 내담자가 목소리로 표현하게 된다.

(4) 저항과 함께 구르기

전문가는 내담자의 저항을 바로 직면하지 않고, 대신 그 저항의 순간과 함께 구름으로써 변화과정에서 내담자가 지각하는 방향을 다른 곳으로 옮기는 데 목표를 둔다. 양가감정은 정상적인 것이지 병리적인 것이 아님을 보여 주어야 하며 개방적으로 탐색하도록 한다. 문제에 대해 생각해 보는 새로운 방법들을 이끌어 내거나 강제하지도 않는다. 문제 해결책들은 전문가에 의해서 제시되기보다는 내담자로부터 대부분 유발된다.

(5) 자기효능감 지지하기

심각한 문제가 있다고 설득된 사람이라 할지라도 성공에 대한 희망이 있지 않는 한 여전히 변화하려 하지 않는다. 자기효능감은 '어떤 특정한 행동을 수행할 수 있다.'라든지, '어떤 특정 과제를 달성할 수 있다.'라는 신념이다. 일상적인 표현으로 자기효능감은 희망, 낙관적 태도라고 할 수 있다. 그러나 전반적으로 모든 것이 잘될 수 있다는 막연하고 모호한 긍정적 태도와는 구별되며 '문제행동을 변화시킬 수 있다.'라는 내담자의 구체적인 신념이 자기효능감이다. 자기효능감이 있지 않은 한, 불일치감을 느끼는 결정적인 순간에서 행동 변화를 하지 않고 자신의 불편감을 해소하고자 방어적 대처(예: 합리화, 부인)를 하기 쉽다. 이것은 자연스럽고도 이해가 되는 자기방어적 과정이다. 상황이 변할 수 있다는 희망이 없다면, 문제를 들여다볼 이유도 없어진다.

(6) 의사소통 스타일(OARS)

① 열린 질문(open questions)

열린 질문은 내담자로 하여금 자신의 이야기를 상세하게 말하도록 돕는 질문[2]이다. 열린 질문은 내담자로 하여금 여러 가능성을 탐색하게 하고 그들 스스로 다양한 관점에서 상상해 보게 한다. 질문을 할 경우 가능하면 열린 질문으로 하는 것이 내담자로 하여금 많은 이야기를 할 수 있도록 이끌어 주기 때문에 이러한 전략이 필요하며, 가능하다면 열린 질문과 닫힌 질문의 비율을 7 대 3으로 하도록 독려한다.

② 인정하기(affirmation)

인정하기는 내담자 안의 긍정적인 에너지와 기분을 고양하는 데 활용된다. 내담

2 '어떻게', '어떤 이유로', '어떤 면에서', '어떤 점에서', '어떤 방법으로', '어떤 일들이', '어떤 느낌이', '어떤 생각이', '어떤 기억이', '무슨 일이', '무엇 때문에', '무엇이', '무슨 이유로' 등이 포함된 질문이나 "좀 더 상세히 말씀해 주세요.", "조금 더 구체적으로 설명해 주세요.", "어떤 생각이 드시는지 말씀해 주세요." 등의 질문

자에게서 인상 깊은 점을 발견하거나 혹은 내담자가 성공이나 목적을 이루기 위해 기울인 노력에 주목하는 것을 말한다. 내담자가 현재 바람직한 변화를 하고 있거나 변화 동기가 높아지는 경우, 또는 과거에 성취했던 일에 대해 말하고 있을 때 전문가는 인정해 주어야 한다. 내담자의 변화가 보이거나 내담자가 성취한 것이라면 아무리 사소한 것이더라도 인정해 주어야 한다. 결국 인간으로서 내담자가 누구인지, 그들의 특별함이 무엇인지를 발견해야 한다. 구체적으로 그들의 강점, 변화하려는 투지, 목적을 향해 기꺼이 노력하는 마음, 자녀를 잘 양육하는 것이 얼마나 그들에게 중요한지, 다른 사람에게 좋은 사람이 되는 것, 자신의 관점을 정직하게 나누는 것 등을 찾아야 한다(Wagner & Ingersoll, 2016).

③ 반영하기(reflections)

반영하기는 내담자가 전달한 바를 부분적이든 혹은 전체든 거울처럼 비추어 주는 것이다(Wagner & Ingersoll, 2016). 내담자가 표현한 것을 다시 진술한다면 단순 반영이 되고 표현하지 않은 생각이나 느낌을 읽어 준다면 확대 반영이 된다. 이를 통해 내담자는 상담자가 그들의 말을 경청하고 있다는 것을 알게 될 뿐만 아니라 얼마나 그들을 이해하고 있는지 가늠할 수 있게 된다. 또한 외부의 누군가로부터 자신의 생각을 다시 들어 볼 기회를 얻음으로써 보다 깊은 탐색을 가능하게 한다(Wagner & Ingersoll, 2016).

내담자가 한 가지 이슈에 대해 두 가지 상반된 느낌이나 생각을 가지고 있는 것을 양가감정이라고 부른다. 상담자가 내담자의 이러한 양가감정을 읽어 주는 반영을 양면반영이라고 부르는데, 이때 분석이라고 느끼면 내담자는 저항을 할 수 있으므로 분석하지 않도록 유의해야 한다.

④ 요약하기(summaries)

요약하기는 내담자가 언급한 말들을 요약·정리해서 다시 말해 주는 것으로, 앞에서 나눴던 대화를 반영하기도 하고 주제에 맞게 이야기를 다시 제시하는 것이다. 요약하기는 내담자가 보인 다양한 패턴과 가능성을 생각하며 그들이 말한 관심과 걱정을 한데 모아 보여 주는 것으로 내담자가 한 걸음 물러서 큰 그림을 볼 수 있도록 돕는다. 또한 요약하기는 내용을 선별해서 정리하기 때문에 마치 부케를 만드는 느낌을 주기도 한다. 예를 들면, 내담자의 말 중에서 변화 동기를 이끌어 내는 데 필요하다고 보는 말들을 선별적으로 모아 전달해 주는 것이다. 일반적으로 요약하기를 하고 난 후에는 내담자가 요약을 전해 들으면서 느낀 점과 생각이 무엇인지 말할 수 있도록 바로 "어떻게 생각하세요?"라고 하는 열린 질문을 추가하는 것이 매우 중요하다.

2) 동기강화상담의 과정

동기강화상담의 과정은 크게 관계 형성하기, 초점 맞추기, 유발하기, 계획하기라는 네 단계의 치료 과정으로 설명할 수 있다(Miller & Rollnick, 2013).

(1) 관계 형성하기(engaging)

치료적 관계를 맺는 것은 상담 내내 적용되는 과정이며 동기강화상담에서는 필수적인 접근으로, 내담자의 적극적인 참여 여하에 달려 있다. 내담자들은 상담 초반에 자신들이 행한 것으로 인해 창피해 할 수도 있고 상담가에게 말할 수밖에 없는 처지에 있는 자신을 비난할 수도 있으며, 자신의 삶을 더 보람되고 생산적으로 관리할 만큼 자기통제를 할 능력이 되는지 확신을 가지지 못해 두려워할 수도 있다. 이러한 염려는 상담의 진행을 방해한다. 관계 형성하기는 공감적이고 지지하는 분위기와 신뢰의 관계를 토대로 이러한 혼란을 줄이고 변화를 고려해 볼 믿음과 긍정적 에너지를 증가시킨다.

관계 형성하기에서 가장 중요한 것은 내담자가 자신의 이야기와 가치, 느낌을 공유할 수 있도록 돕는 것이다. 이는 앞서 말한 열린 질문하기와 내담자의 관점과 경험에 대한 공감적 이해가 들어간 반영하기를 통해 달성할 수 있다.

새로운 관계를 시작하면서 신뢰가 형성되기도 전에 아주 민감한 문제나 취약한 부분을 심도 있게 탐색하려고 하거나(조급하게 초점 맞추기로 진행), 전문가 입장을 취하는 것은 관계 형성을 방해한다. 전문가 입장을 취한다는 것은 은연중에 내담자는 질문에 대답하고 정보를 주며 문제를 보여 주는 역할을 하고 사회복지사는 전문가로서 분류하고 해결을 제시하며 충고하는 식으로 대화가 흘러가는 것을 말한다.

내담자와 관계를 형성하는 것은 '초점 맞추기 단계' 이전에 구축되어야 하지만 완수되는 것은 아니다. 과정 내내 유대관계를 재건할 필요가 있을 때, 즉 내담자의 초점을 흐리거나 안녕감을 위협하는 정신적 잡념에 빠질 때와 같은 상황에서 다시 관계 형성하기에 역점을 두는 것도 도움이 된다. 관계 형성하기는 매 회기를 시작할 때, 새로운 안건이나 취약한 문제를 다루게 될 때, 내담자가 주지화를 하거나 어찌할 바를 모를 때, 방어적이고 거리를 두는 등 여러 가지 경우에 다시 집중적으로 할 수 있다.

(2) 초점 맞추기(focusing)

일단 내담자가 치료적 대화에 동참할 준비가 충분히 되면 이제 초점은 내담자의 변화로 좁혀진다. 동기강화상담은 내담자의 지나간 이야기나 문제에 치중하기보다는 앞으로의 삶에 일어나길 바라는 것이 무엇인지에 초점을 둔다. 무엇에 초점을 둘 것인지는 내담자와 협력적으로 만들어 간다. 내담자가 걱정이나 관심사를 분명히 드러내면 그것에 대한 이해를 명확히 하는 데 초점을 맞추고 그런 후 변화의 가능성을 유발하고 목표를 세우는 쪽으로 진행한다.

상담에 들어서는 내담자들은 종종 달라지기를 바라면서도 여전히 그대로 머물기를 바라는 양가감정을 지니고 오기 마련이며, 이러한 것들로부터 벗어나 나아갈 방향과 목표, 바라는 결과로 초점을 옮기고 한 걸음씩 내딛는 데는 상당한 노력이 필요하다. 동기강화상담은 내담자가 자신에게 가장 유익하고 생산적인 것에 주의를 기울일 수 있도록 여러 가지 초점 맞추기 전략을 활용한다. 목표는 내담자가 지금 어디에 있든지 그곳에서 합류하여 바로 그 지점에서부터 대화를 시작하는 것이다.

어디에 초점을 맞출 것인지 정하기 위해서는 의제 설정하기 접근을 통해 내담자가 우선 고려해 보고 싶은 목록을 기록하고 명확하지 않은 것은 더 구체화하여 그것들이 어떻게 서로 들어맞는지 조감해서 본다. 그런 후 나아갈 방향을 정하기 위한 계획을 시작할 수 있다.

초점을 둔 것에 대하여 내담자가 상담가와는 다른 생각을 하는 경우가 있다. 동기강화상담에서는 상담이 잘 되어 가고 있지 않은 것을 바로잡고 싶은 실무자의 마음을 교정 반사라고 부른다. 이때 상담가는 초점을 내담자가 바라보는 방향으로 맞추는 것이 아니라 자신이 원하는 방향으로 끌어오려 하게 된다. 이러한 경우 한 걸음 물러나서 연결지점을 찾기 위해 초점을 넓힐 필요가 있다. 이끌어 내기-제공하기-이끌어 내기 전략으로 정보를 제공하는 것도 가능하다.

동기강화상담은 때에 따라서 조언하기를 포함하기도 하나 이는 내담자의 허락하에서만 가능하다. 상담가는 직접적으로 허락을 구할 수도 있고(거절한다면 조언하지 않음), 간접적으로 몇 가지 제안을 한 뒤 그것들 중 내담자에게 해당될 만한 것이 있는지 고려해 보라고 요청할 수 있다.

(3) 유발하기

동기강화상담의 세 번째 단계는 변화에 대한 내담자의 관점과 아이디어를 유발해 내는 과정이다. 사람들은 변화를 위해 자신을 스스로 동기화한다. 따라서 내담자의 변화를 이끌어 내는 효과적인 방법은 내담자가 자신들의 변화 이유와 열망, 필요를 말하고 자신의 고유의 목표를 설정할 수 있도록 대화를 구조화하는 것이며, 이것이 동기강화상담의 핵심이다.

유발하기에 있어 중요한 것은 변화 대화를 이끌어 내고 그에 반응하여 긍정적 변화로의 기세를 만들어 가는 것, 유지 대화를 받아들이고 그에 응답하여 저항이나 되돌아가고 싶은 관성을 방지하는 것, 성공할 희망을 고취하고 내담자의 현재 행동과 가치나 목적 간에 어떤 불일치가 있는지 탐색하는 것이다.

유발하기의 첫 번째 기술은 내담자가 변화 대화를 말했을 때 그것이 변화 대화인지 알아차리는 것이다. 변화 대화가 관계 형성하기나 초점 맞추기와 같은 상담 초반에 나올 수도 있지만 언제 일어났느냐와 상관없이 변화 대화를 듣고 그에 관해 더 생각하도록 유발함으로써 대화의 방향을 안내한다. 이때 내담자가 저항할 때는 뒤로 물러선다. 유발하기의 전략은 특히 변화 중요성, 변화 자신감, 변화 준비와 같은 측면을 중점적으로 다룬다.

변화 중요성을 유발하는 전략은 다음과 같다.

① 습관이나 지금의 처지에 대해 논의하고 그와 관련해서 좋은 점과 그다지 좋지 않은 점을 이야기하도록 하는 것, 즉 양가감정을 탐색하는 것이다.

② "어떤 점이 달라지길 바라나요?"(열망), "도박을 줄인다고 한다면, 어떤 점이 나아질까요?"(이유), "더 나빠지는 것을 막기 위해서 당신이 할 수 있는 것 중 가장 중요한 것은 무엇인가요?"(필요)와 같이 변화 대화를 응용하여 유발 질문을 만드는 것이다.

③ 중요도 척도 질문을 활용하여 변화가 내담자에게 얼마나 중요한지를 파악하고 변화 대화를 이끌어 내는 전략이다. 중요도 척도는 0~10의 수치를 주고 내담자에게 변화하는 것이 얼마나 중요한지 점수를 매기게 한 다음, 다른 낮은 점수의 행동에 비해 높은 점수를 줄 만큼 그것이 중요한지를 묻고 변화 대화를 유발한다. 마지막으로 점수를 높이려면 무엇이 필요한지 묻는다.

④ 과거 회상하기 또는 미래 예상해 보기를 실행한다. 과거 회상하기는 지금의 문제가 커지기 전에는 어떠했는지 물어봄으로써 거기서부터 현재까지 거슬러 올라오며 내담자가 전체적으로 보고 더 명확하게 볼 수 있도록 돕는다. 미래 그려 보기는 앞으로의 더 나은 삶을 상상하고 어떻게 보이는지, 무엇이 다른지, 어떤 느낌이 드는지를 묻고 그려 보게 하는 것이다.

⑤ 내담자의 가치나 목적과 그들이 선택하는 행동 간 불일치가 있을 때는 가치 탐색하기 전략을 활용한다.

내담자가 구체적인 변화에 관심을 기울이기 시작하면 상담가는 변화가 성공할 수 있도록 여세를 몰아간다. "지금 시도해 볼 만하다고 자신 있게 말할 수 있는 것은 무엇인가요?", "무엇이 시작하는 데 자신감을 더 불어넣어 줄까요?"와 같은 유발 질문을 통해 변화 대화에 속하는 그들의 관점을 탐색하고 반영한다. 과거 성공 경험

돌아보기 전략으로 이전의 성취나 자신이 사용했던 전략, 어려움이 닥쳤을 때 어떻게 극복했는지 묻고 말하는 것도 변화 자신감을 유발하는 데 효과적인 전략이다. 강점이나 사소한 성취는 내담자의 대응능력과 가치감을 키우는 데 유익하며 어려운 변화를 이루어 가는 데 도움이 된다. 마지막으로 가상의 변화를 염두에 둔 브레인스토밍을 활용할 수도 있다.

(4) 계획하기

어느 시점에 이르게 되면, 초점을 변화할 것인지 말 것인지, 왜 변화해야 하는지에 대한 문제에서 어떻게 변화할 것인지의 문제로 옮겨 가게 된다. 이때는 내담자가 변화 계획을 세우고 행동으로 옮길 수 있도록 도와야 한다.

양가감정이 거의 해결되고 나면 계획하기 전략으로 변화를 준비하고 시작할 수 있도록 돕는다. 내담자가 말한 변화에 대한 자신감과 변화의 중요성 내용을 중점적으로 되풀이해서 요약한 뒤, "자, 이제는 어떻게 할까요?"와 같이, 구체적인 계획에 대한 결심을 요구하지 않고 무엇에든 개방되어 있다는 식의 질문을 한다. 다음으로 변화의 목표를 명확히 한 뒤 여러 가지 변화의 선택사항들을 찾아본다. 어떤 선택들이 있을 수 있는지, 그중에 어떤 것이 시도해 볼 만한지 혹은 더 성공할 가능성이 높은지 탐색한다.

장기 목표보다는 중간행동 목표를 세우는 것이 더 효과적이다. 건강식 하기나 운동하기는 중간행동 목표가 되고 몸매 만들기나 체중 감량하기는 결과목표가 된다. 새로운 습관을 길들이는 것이야말로 장기 변화의 핵심이 된다.

내담자가 고려하고 있는 아주 구체적인 계획이 있다면 그에 대한 자신감을 파악하고 변화에 착수하도록 결심 공약을 유발한다. 내담자가 행동으로 옮길 때 지원과 안내를 지속해서 제공하고 자신의 진보를 스스로 점검하도록 돕거나 서로 간 점검해 줄 수 있는 환경을 찾아보도록 한다.

04 온라인에서의 상담

온라인 매체가 가지고 있는 공간과 시간 이동의 자율성으로 인해 지리적으로 고립된 지역의 내담자와도 인터넷이나 스마트폰 등을 활용한 상담이 가능한 시대가 열림에 따라 상담 욕구 충족의 기회가 증가하고 있다(김현아 외, 2013). 더불어 사회관계망서비스(SNS)의 활용도가 점차 높아지면서 젊은 층 내담자를 대상으로 이러한 매체를 활용하는 상담에 관한 관심 역시 높아지는 추세이다. 의료사회복지 분야에서도 이러한 분위기와 더불어 코로나-19 이후 의료팀 또는 클라이언트와의 대면 제한이 생기면서 전화상담, SNS 사용, 화상상담의 비율이 기존에 비해 두드러지게 증가한 것으로 나타났다(이인정·이영선·장수미·임정원·최경애, 2021).

온라인상담은 즉각적으로 제공되며 인터넷이 가능한 곳이면 언제든지 활용할 수 있어 면대면 상담에 대한 거부감이 있거나 즉각적 도움을 필요로 하는 내담자에게 유용하다. 이때 온라인상담의 비밀보장 이슈나 인터넷 통신, 기록유지 및 관련 한계를 통보해 주어야 한다. 기본적으로 내담자의 인적 사항이나 상담 내용이 유출되지 않도록 사전에 대비하고 내담자의 요청이 있을 경우 상담 내용을 삭제해 주되, 교대근무로 인해 다른 상담가가 상담 내용을 볼 수 있다는 점, 기관방침이 있는 경우 일정 기간 상담 내용이 저장되는 점, 웹사이트의 불안정으로 비밀보장에 한계가 있을 수 있는 점 등을 미리 설명하고 공지하는 등의 절차가 필요하다(김현아 외, 2015).

1) 온라인상담의 특징(이재식, 2009)

온라인상담은 컴퓨터를 매개로 하여 의사소통을 한다는 특징을 지니며, 시간적·공간적 제약을 극복할 수 있어서 경제성을 가진다. 최근에는 화상채팅을 활용하기도 하지만 아직까지 문자 중심의 의사소통이 많이 이루어지는 현실이다. 이러한 문자 중심의 온라인상담은 주로 단회기성에 그치며, 익명성을 전제로 하는 경우가 다수이다. 내담자와 상담가가 수평적 관계를 지닌다는 점도 온라인상담의 특징 중 하나이다.

온라인상담의 장단점은 다음의 〈표 6-2〉와 같다.

〈표 6-2〉 온라인상담의 장점과 단점

<table>
<tr><th>구분</th><th>장점</th><th>단점</th></tr>
<tr><td>내담자 측면</td><td>• 대면 상담보다 시공간적 제약이 적다.
• 시간과 경비가 절약된다(교통, 장소).
• 대면 상담보다 더 개방적인 반응을 할 수 있다(성, 가정, 부도덕한 내용).
• 자기치료 효과가 있다(문제 명료화, 감정 정화).
• 신분 노출이 적어 상담에 대한 내담자의 심적 부담이 적다.
• 다른 사람의 사례를 보고 내담자가 참고할 수 있다.</td><td rowspan="2">• 내담자의 문제에 대한 깊이 있는 접근이 어렵다.
• 상담의 연속성이 떨어진다.
• 내담자의 반응에 즉각적인 대처가 불가능하다.
• 상담 관계에 대한 책임성과 신뢰성이 떨어진다.
• 비언어적 메시지를 감지하기 어렵다.
• 응급 상황 시 개입에 한계가 있다.
• 중요한 메시지 중심으로 진행되므로 세세한 정보를 놓칠 가능성이 있다.</td></tr>
<tr><td>상담가 측면</td><td>• 상담가는 문제에 대해 미리 분석하고 체계적으로 답변을 할 시간이 있다.
• 상담 중에도 필요한 정보를 탐색하여 제공할 수 있다.
• 사무실 집기가 간단하다.
• 여러 상담가가 협력하여 상담하거나 슈퍼비전 병행 상담이 쉽다.
• 내담자의 자발적 참여 정도가 높다.
• 상담 관계가 신속하게 형성된다.</td></tr>
</table>

2) 온라인상담의 방법

온라인상담의 방법은 영상 또는 문자를 활용한 상담, 이메일 상담, 게시판 상담, 데이터베이스를 이용한 상담, 멀티미디어를 사용한 상담 등이 있다. 여기에서는 게시판을 활용한 상담 위주로 살펴보고자 한다.

(1) 게시판을 활용한 상담 절차(이재식, 2009)

① 내담자 호소 문제 파악

내담자의 이야기에 답변하려면 먼저 내담자가 호소하는 문제와 상담가에게 요구하는 것이 무엇인지 파악해야 한다. 상담이 내담자의 어려움을 도와주는 것이 그 목적이라면 내담자가 무엇을 호소하는지 파악하는 것은 가장 기본적으로 해야 할 일이다. 각 내담자가 호소하는 문제와 요구하는 바는 구체적으로 저마다 다르지만,

그 유형을 몇 가지로 분류할 수는 있다. 이렇게 호소 문제 유형을 염두에 두고 구체적인 내담자의 요구를 파악하면 좀 더 편안하고 명료하게 할 수 있다.

호소 문제 유형에는 지지 호소형, 문제해결 호소형, 정보 및 조언 요구형, 복합형이 있다. 지지 호소형의 사례는 상담가가 자신의 처지와 마음을 이해해 주고 수용·지지해 주기를 바란다. 이에 대해 상담가는 공감·지지·존중하는 태도가 필요하다. 문제해결 호소형 사례는 특정한 상황에 대한 갈등을 해결하기 위한 방법을 얻고자 한다. 이에 대해 상담가는 합리적이고 효율적인 결정을 내리도록 돕는다. 정보 및 조언 요구형 사례는 내담자 자신의 관심사에 대해 사실적인 지식을 제공해 주기를 바란다. 상담가는 정확하고 풍부한 정보를 제공하여 정보에 대한 욕구를 충족시키고 그 정보를 효율적으로 활용하도록 돕는다. 많은 사례는 두 가지 이상의 요구가 중복되어 있다. 이러한 복합형 사례에는 기본적으로 그 각각의 요구에 맞춰 답변한다. 그러나 그 요구 중에서도 중심이 되는 요구를 찾아 그것을 중심으로 답변을 하는 것이 중요하다. 호소 문제 유형에 따른 답변 요령은 다음의 〈표 6-3〉을 통해 살펴볼 수 있다.

〈표 6-3〉 온라인상담에서의 호소 문제 유형과 답변 요령

호소 문제 유형	글의 특징	답변 방법
지지 호소형 사례	•대체로 글 내용이 장황하고 구체적으로 무엇을 원하는지가 명확하지 않다. •내담자 자신의 감정을 표현하는 단서나 문구가 많다. •극단적인 표현이 많다.	•내담자의 감정 표현 내용에 대해 공감과 지지를 표시한다. •상담가의 경험이 있다는 노출을 한다. •내담자의 상황에 대하여 통찰하게 하여 새로운 시각을 갖도록 돕는다.
문제해결 호소형 사례	•갈등 상황을 내용으로 다루고 있다. •나름대로 몇 가지 해결책을 놓고 갈등하는 경우가 많다. •타인의 문제를 이야기하는 경우가 있다.	•내담자가 생각하고 있는 해결책 중 더 나은 방법을 선택하도록 돕는다. •갈등을 해결하는 방법이 여러 가지가 있음을 인식하게 하고, 그 방법들을 합리적으로 검토하도록 돕는다. •타인과 타인의 문제에 대한 내담자의 감정을 다룸과 동시에 내담자 자신이 할 수 있는 일을 제시한다.
정보 및 조언 요구형 사례	•전체 글 내용이 간결하고 짧다. •필요로 하는 정보를 비교적 구체적으로 제시한다. •감춰진 의도가 있을 수 있다.	•상담가가 알고 있는 정보를 제공한다. •전문 기관이나 해당 정보가 있는 곳을 알선한다. •기타 자료가 있으면 제공한다. •감춰진 의도가 있으면 내담자가 개방할 수 있도록 돕는다.

② 내담자의 문제 파악

내담자가 말하는 것이 모두 객관적인 사실은 아니다. 내담자가 말하는 것은 단지 내담자가 그렇게 인식하고 있고 말하고 있다는 것을 나타낼 뿐이다. 내담자는 자기 스스로 자신과 주변 상황에 대해 올바로 인식하고 있지 못하거나, 아니면 어떤 이유로 일부러 환경과 자신에 대해 왜곡해서 표현하는 수가 많다. 그러므로 상담가는 내담자가 직접적으로 말하는 것과 그것들 사이의 행간을 살펴서 진정으로 내담자가 어려워하고 있는 것이 무엇인지 찾아야 한다. 또 내담자가 현재의 어려움에 빠질 수밖에 없는 환경적 요인을 찾아내어 도와주어야 한다.

③ 내담자의 강점 및 자원 파악

누구든지 자신을 유능한 존재로 자각할 때 힘든 현실을 극복할 힘을 얻을 수 있다. 상담가는 내담자의 작은 강점과 장점이라도 찾아서 지지해 줌으로써 이를 문제해결의 도구로 사용할 수 있다. 내담자는 자신이 현재의 문제를 개선하기 위해 아무것도 할 수 없다고 생각하고 있다. 상담가는 내담자가 자신의 문제를 개선할 능력과 가능성이 있다는 것을 알려 주는 것이 필요하다. 그러기 위해서는 내담자가 발견하지 못한 내담자의 강점과 자원을 찾아줌으로써 내담자가 용기와 희망을 갖고 문제해결의 도구로 쓸 수 있도록 도와야 한다.

④ 상담 전략 수립

내담자가 말하고 있는 호소 문제와 상담가가 파악한 내담자의 문제, 내담자의 강점 및 자원을 바탕으로 그에 어울리는 상담 전략을 수립하여 투입해야 한다. 지지가 필요한 내담자에게는 공감과 지지를, 정보가 필요한 내담자에게는 정보를, 문제해결이 필요한 내담자에게는 해결책을 찾을 수 있도록 안내를 제공해야 한다.

⑤ 답변 작성

내담자의 호소 문제, 내담자의 문제, 내담자의 강점 및 자원, 상담 전략을 유관하게 연결하여 답변을 작성한다. 상담 관계 형성, 공감, 격려 등은 대면 상담과 마찬가지로 상담의 성패를 좌우하는 기본적이면서도 중요한 요소이다. 답변을 작성할 때는 성실하고도 친절하게 내담자 복지에 우선을 두고 답변을 작성해야 한다.

(2) 게시판 상담 답변의 요소(이재식, 2009)

① 제목 붙이기

제목은 상담의 내용을 집약적으로 보여 주는 제목을 붙이는 것이 좋다. 내담자가 붙인 제목을 그대로 사용하는 것은 무성의하게 보일 가능성이 있다. 상담가가 핵심적으로 부각시키고 싶은 내용을 집약해서 제목으로 보여 줌으로써 내담자가 상담가 말의 핵심을 파악하고 자신의 생각을 정리하는 데 도움을 줄 수 있다.

② 간단한 인사와 상담가 소개

간단한 인사와 상담가 소개를 한다. 이는 상담 관계를 형성하는 기본 과정이다. 상담가 소개는 실명으로 하는 것이 내담자에게 신뢰감을 줄 수 있어서 좋다. 실명을 사용하지 않는 경우 통일된 공식 직함을 쓰는 것이 내담자의 혼란을 방지하고 신뢰감을 높일 수 있다.

③ 호소 문제의 요약정리(재진술)

내담자가 제시한 호소 문제나 내담자의 요구를 요약·정리하여 제시한다. 이렇게 함으로써 내담자로 하여금 자신의 문제에 대한 명료화와 통찰을 불러올 수 있다. 대면 상담의 적극적 경청, 요약의 효과를 낼 수 있다.

④ 공감 및 지지

내담자에 대한 공감은 상담 관계 형성과 상담 효과에 중요한 영향을 미친다. 지지 호소형의 경우는 당연히 공감이나 지지가 상담의 핵심이 되고 문제해결 요구형의 경우 역시 매우 중요하게 다루어야겠지만 정보나 조언 요구형의 경우는 공감 및 지지를 가볍게 하는 것이 더 효과적인 경우가 있다.

⑤ 내담자의 강점과 장점 지지

내담자의 강점과 장점을 찾아서 지지함으로써 내담자가 자신의 문제를 스스로 해결할 힘과 용기를 갖게 한다. 이때 상담가가 파악한 강점과 장점의 근거를 제시해야 설득력이 있다.

⑥ 내담자의 요구와 문제 다루기

게시판 상담은 많은 경우 단회상담으로 이루어지므로 어떤 식으로든 단회에 내담자의 욕구를 만족시켜 주어야 한다. 그러므로 내담자의 요구에 초점을 맞추어 답변하는 것이 필요하다. 이와 더불어 상담가가 파악한 내담자 문제를 다루는 것이 진정으로 내담자에게 필요한 도움을 줄 수 있다. 이러한 경우에 내담자의 요구를 충분히 고려하고 내담자를 충분히 준비시켜 가며 상담을 제공하는 것이 필요하다.

⑦ 격려하기

게시판 상담의 끝부분에서 내담자의 문제해결 의지를 고무할 수 있는 격려를 하는 것이 좋다. 이때 내담자의 강점을 다시 한번 확인하거나 문제해결 시의 희망적인 상황을 제시하는 것이 도움이 된다.

⑧ 추후 상담의 가능성 열어놓기

내담자의 충분한 자기 통찰이나 정리가 이루어진 다음에 다음 단계로 나가야만 할 때는 추후 상담을 적극적으로 유도하거나 요구하는 것이 필요하다. 단회상담으로서도 충분히 문제해결이 일단락될 수 있는 사례도 추후 상담의 가능성을 제시하여 내담자가 차후에 편안한 마음으로 다시 상담을 청할 수 있도록 하는 것이 좋다.

생각해 봅시다

- 사회복지사의 상담이 타 분야의 의료전문가(예: 의사, 간호사, 임상심리사 등)와 어떻게 다른지 생각해 봅시다.
- 동기강화상담의 기본 원리에 대해 이해한 후, 의사소통 스타일(OARS)을 연습해 봅시다.
- 온라인상담 이외의 비대면 상담의 방법과 그 효과에 관해 토론해 봅시다.

Chapter 07

집단 대상 의료사회복지실천

학습 목표

- 집단의 유형, 기본 요소, 집단의 치료적 요인에 대해 이해하고 설명할 수 있다.
- 집단치료의 개념과 실행방법에 대해 이해한다.
- 집단 동기강화상담의 기본 원리와 과정을 이해한다.

의료사회복지사는 환자와 가족에게 정서적 지지를 제공하거나 환자의 사회적 기능의 증진, 직면한 문제해결을 위한 도움을 제공하기 위해 집단을 활용할 수 있다. 의료현장에서 일하는 사회복지사는 동일한 질병이나 문제를 가진 환자와 가족원을 집단구성원으로 모집하고 집단의 목적과 내용을 구성하여 실행하는 집단지도자로서의 역할을 수행한다. 의료현장에서 실시되는 집단의 종류는 지지집단, 치료집단, 교육집단, 활동 및 사회작용집단 등이 있다. 예를 들면, 퇴원을 앞둔 화상 환자, 장기이식인, 유방암 환자 등을 위한 지지집단이나 자조모임, 알코올중독 환자를 위한 치료집단, 우울증 환자를 위한 치료집단, 치매환자를 위한 음악 및 미술치료 등 다양한 활동 치료집단, 정신장애인의 사회적 기능 증진을 위한 사회기술훈련 집단, 소아암 환자 및 뇌졸중 환자 가족 지지집단, 조현병 및 치매환자 가족을 위한 교육집단 등의 다양한 형태가 있다(김연수·김경희·박지영·최명민, 2017).

의료사회복지사는 집단을 운영하는 리더로서의 역할을 수행하기 위한 집단실천의 지식과 기술을 갖추고 있어야 한다. 이 장에서는 먼저 집단실천의 기본적인 사항에 대해 살펴보고, 집단 대상 의료사회복지실천의 방식 중 집단치료와 집단 동기강화상담에 대해 소개한다.

01 집단에 대한 이해

1) 집단역동에 대한 이해

(1) 집단의 유형

집단은 크기, 목적, 구성방법 등에 따라 다양하게 분류할 수 있다. 집단을 구분할 때 집단이 추구하는 목적에 따라 치유집단(treatment group)과 과업집단(task group)으로 나뉠 수 있다(Toseland & Rivas, 1995). 치유집단은 집단성원의 교육, 성장, 행동 변화 또는 사회화에 대한 욕구를 충족시키기 위해 구성된 집단으로, 지지집단, 교육집단, 치료집단, 사회집단이 포함된다. 과업집단은 의무사항의 이행, 조직 또는 집단의 과업성취를 위해 구성된 집단으로, 위원회, 행정집단, 협의회, 치료회의, 사회행동집단 등이 있다(양옥경 외, 2018; Toseland & Rivas, 1995). 병원과 같은 세팅에서 집단을 대상으로 한 사회복지실천은 주로 치료집단(treatment group)실천이며, 집단치료(group therapy)와 집단요법 또는 집단활동(group activity)이 주를 이룬다(최희철·천덕희, 2019). 여기에는 상담 및 치료집단, 지지집단, 교육집단, 사회화집단, 자조집단 등이 해당된다. 집단의 유형에 따른 목적, 사회복지사의 역할, 구성원의 특징은 〈표 7-1〉과 같다.

〈표 7-1〉 집단의 유형

집단	목적	사회복지사의 역할	구성원의 특징
지지집단	스트레스 생활사건에 잘 대처하고 효과적으로 적응	대처기술 향상 동기화와 희망 촉진	유사한 문제, 경험 빠른 유대 형성, 높은 자기 표출 정도
교육집단	지식, 정보, 기술 향상	지식, 기술, 경험을 고려한 최상의 학습효과	강의 중심의 구조화된 프로그램, 낮은 자기 표출, 공통의 관심사
성장집단	심리사회적 건강 향상	잠재력 발휘를 격려	성장 기회로 활용, 이질성 또는 동질성, 높은 자기 표출
치료집단	행동 변화, 개인적 문제 개선, 상실된 기능 회복	집단성원 사정 전문가, 변화 매개인, 집단 공동 및 개별 목적 수립 및 달성	공통 문제, 높은 자기 표출(문제에 따라 상이)

집단	목적	사회복지사의 역할	구성원의 특징
사회화 집단	사회기술 학습, 사회적으로 수용되는 행동 습득	레크리에이션, 인간관계훈련, 사회기술훈련 등 특정 프로그램 구성 및 운영	공통적인 사항 사회기술훈련, 자치집단, 여가집단 등

출처: 대한의료사회복지사협회(2019)

이 밖에도 자조집단(self-help group)은 유사한 어려움이나 관심사를 가진 성원들이 자발적으로 집단을 만들어 동료끼리 경험을 나누어 개인적으로 바람직한 변화를 가져오도록 노력하는 상호원조 집단이다. 이 집단은 대부분 비전문가인 리더들에 의해 운영되는데, 집단의 리더는 집단구성원 중 한 명에게 권한을 부여하는 방식으로 집단을 촉진한다(Maguire, 2002).

사회복지사는 자조집단에 있어 간접적인 역할을 수행하기도 한다. 자조집단과 일하는 사회복지사의 역할은 다음과 같다(Toseland & Hacker, 1982).

- 물질적 지지의 제공으로 자조집단의 운영자금 마련을 돕고 행정적 지원을 하며 사회복지기관을 장소로 활용할 수 있도록 해 준다.
- 다른 체계와의 연결기능으로, 지역 내의 다른 기관이나 단체와의 연결과 상호의뢰를 도와주고 지역을 벗어나 전국적인 체계와의 연결을 도와준다.
- 집단에 정보와 전문적 지식, 특정 문제에 대한 이해와 개입방법, 문제를 감소시킬 수 있는 자원 등을 알려 주는 자문역할을 한다.

또한 사회복지사는 자조모임지도활동을 하기도 하는데, 자조모임 지도의 목적은 퇴원을 준비 중이거나 퇴원을 하여 지역 내에 거주하고 있는 클라이언트 또는 가족이 지역사회 내에서 스스로 모임을 구성하여 상호 간에 정보교환, 정서적 지지, 제반 문제해결, 자원 이용을 도울 수 있도록 하는 데 있다. 사회복지사는 클라이언트 개인을 현재 존재하는 자조모임에 참여하도록 할 수도 있고, 기관의 이용자들을 중심으로 하여 새롭게 자조모임을 만들거나 운영 과정에 개입할 수 있다.

(2) 집단을 위한 기본 요소(Maguire, 2012)

① 장소

집단이 모임을 갖는 장소나 공간은 정돈되어 있고, 청결하고, 조명이 적절하고, 환기가 잘되며 편안해야 한다. 만약 모임 공간이 체육관이나 강당처럼 너무 크다면, 구성원들은 보호받지 못한다는 느낌을 가지거나 자신들이 너무 작고, 별로 중요하지 않다고 느낄 수 있다. 이러한 장소에서는 대부분 서둘러 구석으로 가서 자리를 잡는 경우가 많다. 이와 마찬가지로 너무 좁은 공간도 바람직하지 않다. 이 경우 구성원들은 불편하고 통제받는 느낌, 관계 형성에 대한 압박감 같은 것을 느낄 수도 있는데, 이것이 오히려 역효과를 불러오기도 한다. 장소는 조용하고 닫힌 공간으로, 주의가 산만하지 않아야 한다.

② 방해

집단 회기가 구성원이나 사회복지사를 찾는 전화, 가족의 방문(입원환자의 경우), 집단활동 또는 다른 활동들 또는 심지어 통증으로 인해 방해를 받아서는 안 된다. 사회복지기관이나 거주 및 입원치료 기관 중에는 정기적인 방해요소를 부주의하게 방치함으로써, 집단의 막대한 치료적 효과를 손상시키는 곳들이 있다. 이러한 기관에서는 구성원들이 개인적 스케줄이 있을 때는 언제나 집단을 빠지는 것을 요구하거나 허용하기도 한다. 이것은 집단은 전혀 중요하지 않다는 분명하면서도 반치료적인 메시지를 전달하는 셈이 된다.

③ 비밀보장

비밀보장은 핵심 요소이다. 집단구성원이 아니라면 외부의 그 누구도 집단 안에서 토의된 내용을 알 수 없을 것이라는 단순하지만 분명한 메시지가 전달되어야 한다. 그러나 치료자들 간 임상기록에 대한 토의가 필요한 경우, 슈퍼비전 또는 자·타해의 위험과 같은 응급상황에는 분명히 예외가 있다는 것도 언급될 필요가 있다. 중요한 것은 사회복지사는 집단 내에서 구성원들이 이야기한 내용이 중요하므로 이는 민감하게 다뤄질 뿐만 아니라 최대한 비밀보장을 받게 된다는 메시지를 분명히 전달하는 것이다.

④ 빈도 및 기간

문제의 속성과 심각성, 구성원의 욕구와 동기, 이용자원 및 서비스까지 실질적인 이슈들에 따라 집단 회기의 빈도와 기간이 정해진다. 표준적인 외래환자 치료집단은 매주 90분 동안 진행된다. 개별 상담에 비해 집단에는 사람들이 더 많이 포함되고, 그들의 역동이 좀 더 복잡하고 어렵기 때문에 집단이 실제적인 이슈들을 토의하게 되기까지는 어느 정도의 시간이 걸리는 것이 일반적이다. 그렇다고 해서 2시간을 넘는 세션은 구성원들을 지치게 만들 수도 있다. 지지집단과 자조 및 상호부조 집단들은 월 단위로 모여서 한 번에 1~2시간 정도의 시간을 보내기도 하지만, 입원환자 집단은 입원 기간 동안 최대한의 효과를 보기 위하여 하루에 두 번도 모일 수 있다.

⑤ 집단구성 요소

집단구성원을 선택하기 위해서는 어떤 사람이 적절하지 않을지에 대해 결정을 내려야 한다. 개별면담 시에 침착하고, 객관적이며, 조리 있게 보였던 사람도 집단에서의 첫 회기에서는 불안해 보이거나 말을 못할 수도 있다. 매우 우울하고 무기력했던 사람도 사회적으로나 신체적으로 매력적인 동료 구성원 앞에서는 평소 성격과는 달리 말이 많아질 수도 있다.

그럼에도 불구하고 집단구성에 대해 일반적으로 합의된 두 가지 규칙이 존재한다. 첫째, 집단구성원들이 자아의 힘이나 기능 수준에서 유사해야 한다는 것이다. 자아의 힘이 비슷하다는 것은 의사소통을 이해하고 진행시키는 능력이 유사하다는 것을 말한다. 문자 그대로 행동과 의사소통 능력 및 토론내용을 이해하는 능력이 집단규범에서 크게 벗어나거나 인지 및 지능적인 면에서 다른 구성원들과 너무 다른 경우에는 집단구성원에 포함시키지 않아야 한다. 둘째, 혼합된 또는 이질적인 집단의 경우에 어떤 사람은 집단에 포함되어서는 안 된다. 이러한 사람들은 혼합된 집단에서 수행할 수 있는 것이 거의 없기 때문에 집단보다는 개인 수준의 개입이 필요하다. 그러나 이들 중 어떤 사람들은 개별적인 작업을 통해 일정 수준에 도달하면 집단에 합류할 수도 있으며, 특정 관심사나 질병을 구체적으로 다룰 수 있는 동질적인 집단에서 잘 기능할 수도 있다. 동질적인 집단을 필요로 하는 전형적인 유형은 알코올 및 기타 중독(alcoholic or addicted)의 문제가 있는 사람들이다. 약물 및 알코올중독은 동질적인 집단에서 동료 중독자들과 같이 치료해야 할 문제이며, 다른 치료적 문제를 가진 사람들과 섞인 상태에서 접근하지 않아야 한다. 이들이 상이한 문제를 가진 사람들과 같이하게 되면 자신의 문제를 회피 또는 축소하거나 부인하는 성향으로 인해 중독문제에 직면하기 어려울 수도 있다.

2) 집단의 치료적 요인

집단의 치료적 요인을 다음의 11가지로 제시하면 다음의 〈표 7-2〉와 같다.

〈표 7-2〉 집단의 치료적 요인

치료적 요인	내용
희망의 고취	희망의 고취는 집단치료 과정에서 자신과 비슷한 문제를 가진 집단구성원의 긍정적 변화를 보고 들으면서 격려와 지지를 받는 것을 말한다. 구성원들은 집단치료 과정에서 나도 실제로 변할 수 있다는 희망을 가지게 된다. 희망은 구성원들이 계속해서 치료를 받도록 함으로써 다른 치료적 요인들이 효과를 낼 수 있게 한다.
보편성	집단구성원들은 치료집단에서 서로의 경험을 나누며 그들의 고통스러운 문제와 느낌이 자신만의 독특한 것이 아니며 홀로 동떨어져 있지 않다는 인식이 갖게 되면서 큰 안도감을 경험한다.
정보의 전달	정보의 전달은 치료자가 구성원들에게 정신기능이나 신체기능에 대한 정보를 제공하거나 치료자나 다른 집단구성원들이 인생의 문제에 대해서 충고나 지침을 제공하는 것을 의미한다.
이타주의	집단치료 내에서 집단구성원들은 비슷한 문제를 공유하면서 서로 지지하고 어떤 제안을 하며 통찰을 제공한다. 이 과정에서 집단구성원은 서로가 다른 사람에게 매우 큰 도움을 주게 된다. 이러한 이타주의적 행동은 자존감을 높여 줄 뿐만 아니라 병적으로 자기 자신에게 몰입하여 정신적 힘을 소모하는 사람에게 마음을 분산시키도록 한다.

치료적 요인	내용
사회화 기술의 발달	집단구성원들은 집단 내 상호작용을 통해 다른 구성원과의 관계를 맺는 새로운 방식을 시도하면서 동료나 치료자로부터 오는 광범위한 피드백을 받아들일 기회를 가진다. 이를 통해 자신의 부적응적인 사회적 행동들을 확인하고 적응적인 사회적 기술을 습득할 수 있다.
모방행동	치료자의 자기개방이나 지지와 같은 행동들이 본보기가 됨으로써 집단의 의사소통 양식에 큰 영향을 미친다. 또한 집단구성원들은 자신과 비슷한 문제를 가지고 있는 다른 구성원들을 관찰하여 대리학습을 할 수 있다. 구성원들은 '나는 타인을 관찰하여 배울 수 있다.'라는 인식을 바탕으로 구성원들 간의 상호작용을 통해 행동과 사고방식을 모방하게 된다.
감정정화	감정정화 또는 감정환기를 통해 집단구성원은 긍정적·부정적 감정을 숨김없이 표출할 기회를 가진다. 집단 안에서 구성원들은 자신의 강한 정서적 표현이 다른 사람에 의해 충분히 수용되었다는 경험을 갖게 된다. 이러한 감정정화는 본질적으로 응집력과 관련이 있다.
일차 가족집단의 교정적 반복	집단치료는 원가족으로부터 생산된 문제들에 대한 새로운 감정, 신념 및 행동들을 재학습하도록 만든다. 집단 내에서 구성원들은 과거에 부모, 형제들 간에 상호작용했던 것처럼 치료자 혹은 다른 구성원들과 상호작용하기 시작한다. 치료자는 집단에서 이루어지는 최초 가족집단의 고정된 역할들을 탐색하고 도전하며, 새로운 교정적 행동을 시험하는 장으로서 집단이 나아가도록 해야 한다.
집단 응집력	집단 응집력은 집단구성원이 집단 전체와 다른 구성원들에게 가진 끌어당기는 힘이라고 할 수 있다. 이는 개인치료에서 치료자와 클라이언트 사이의 관계 그 자체가 치료를 가능하게 하는 것과 비슷하다. 높은 응집력을 보이는 집단들은 더 좋은 출석과 더 적은 탈락을 보이는데, 이처럼 안정된 집단은 자기개방, 위험감수, 집단 내의 갈등에 대한 건설적인 표현을 가능하게 한다.
대인관계 학습	집단구성원들은 집단 밖의 사람들과 상호작용하는 것과 동일한 방식으로 다른 구성원들과 상호작용한다. 집단치료의 과정에서는 구성원들이 서로 관찰하고 반응을 공유하여 각자의 대인관계적 왜곡을 발견하고 교정할 수 있는 기회를 갖게 된다.
실존적 요인	집단치료에서 실존적 접근은 삶의 목적, 책임감, 의지, 가치, 용기, 영혼 등에 대해 생각할 수 있도록 한다. 이를 통해 치료 과정에서 집단구성원들은 다른 사람으로부터 받을 수 있는 지지의 한계에 대해 실감하게 된다. 이는 결국 자기 삶의 책임은 자신에게 있다는 사실을 알게 하며, 인간이기 때문에 근본적으로 피할 수 없는 사실을 받아들이면서 부딪치게 되는 어려움에 대해 솔직해지고 용기를 가지고 대응하도록 만든다.

출처: Yalom(1995)

02 집단 대상 의료사회복지실천의 실제

집단 대상 사회복지실천을 실행할 때 기본적으로 지켜야 할 원칙으로는, 첫째, 참여자로 하여금 치료적 활동의 목적을 인식하고 스스로 자신의 행동을 조정하여 문제를 해결할 수 있도록 동기화시키는 것이다. 둘째, 참여자들의 기능과 능력에 따라 집단을 나누거나, 비슷한 문제, 나이, 교육 정도에 따라 집단을 구성하는 것이 바람직하다. 셋째, 집단활동을 통해 사회생활에 흥미를 갖도록 단조롭지 않게 계획해야 한다. 넷째, 참여자들의 대인관계를 활성화시키고 집단의 목적을 달성할 수 있도록 진행자의 적극성이 필요하다(이영호·심경순·김태준, 2020).

집단이 집단으로서의 기능을 잘 하기 위해서는 집단을 진행하는 전문가(사회복지사)가 적절한 시기에 효과적인 방법으로 개입하는 기술을 가지고 있어야 한다. 개방성과 직접성, 존중, 서로에 대한 배려와 같은 대인관계의 규범을 만들 수 있는 집단 내 분위기를 조성해야 하며, 진행자의 대인관계 기술과 진정성, 공감능력, 따뜻한 마음은 집단에서 성공적인 분위기를 조성하는 데 있어 중요한 변수이다. 집단 진행자는 이러한 개인적 특성뿐만 아니라 집단 작업에 대한 지식과 일련의 전문적 기술을 습득해야 하며, 이 기술을 섬세하고 시기적절한 방법으로 사용할 수 있어야 한다.

다음은 집단 진행자의 리더십 기술에 대한 자기평가 문항이다.

집단 리더십 기술에 대한 자기평가

이 자기평가목록은 집단치료자로서 본인의 강점 영역과 약점 영역을 확인하는 데 도움이 될 것이다. 각각의 기술에 대한 짧은 설명을 읽은 후 각 차원에서 스스로를 평가하고, 각각의 기술 아래 나열된 질문에 대해 생각해 보라. 이 질문들은 당신이 현재 기술 수준을 평가하고, 각 기술을 향상시킬 수 있는 구체적인 방법을 확인하는 데 도움이 되도록 고안되었다.
집단 회기를 전후하여 이 점검 목록을 검토해 봄으로써 도움을 받을 수 있다. 공동 진행자와 함께 작업하는 경우 그 사람은 당신에게 별도의 평가를 제공할 수도 있다. 또한 이 질문은 동료와 슈퍼바이저 등과 함께 자신의 기술 발달 수준을 탐색할 수 있는 기틀을 마련한다.

다음 사항이 어느 정도 나타나고 있는가? 각각의 기술에 3점 척도로 스스로를 평가해 보라.

나는 비교적 낮은 수준의 역량을 발휘하여 때때로 이렇게 한다.
나는 적당한 수준의 역량을 발휘하여 집단활동(집단치료 등) 시간 동안 종종 이렇게 한다.
나는 상당한 수준의 역량을 발휘하여 대부분의 집단활동(집단치료 등) 시간 동안 이렇게 한다.

1. 적극적 경청: 미묘하거나 직접적인 메시지를 모두 듣고 이해하며 자신이 이렇게 하고 있다는 것을 전하는 것
   ① 나는 직접적 메시지, 미묘한 메시지를 모두 들을 수 있는가?
   ② 나는 집단원에게 잘 듣고 응답하는 방법을 가르치는가?

2. 반영하기: 듣거나 느낀 것의 심층적 의미를 포착하고, 기계적이지 않게 이것을 표현하는 것
   ① 나의 재진술이 집단원이 한 말에 의미를 더하는가?
   ② 나는 생각과 감정 모두를 반영할 수 있는가?

3. 명료화: 이면에 있는 쟁점에 초점을 맞추고, 사람들이 자신이 생각하고 느끼는 것에 대한 더 선명한 그림을 얻을 수 있도록 돕는 것
   ① 나의 명료화 발언은 남들이 갈등을 일으키는 감정을 찾아내도록 돕는가?
   ② 나의 명료화는 집단원의 자기 탐색 수준을 더 심화시키는가?

4. 요약하기: 핵심 요소와 공통 주제를 확인하고, 집단 회기가 나아가는 방향에 대한 그림을 제공하는 것
   ① 나는 집단 회기에서의 주제를 몇 개로 함께 묶을 수 있는가?
   ② 나는 각 회기가 끝날 때 적절하게 요약해 주는가?

5. 촉진하기: 집단원이 집단에서 자신을 분명하게 표현하고 행동하도록 돕는 것
   ① 나는 집단원이 의사소통의 장애를 극복하도록 도울 수 있는가?
   ② 나는 집단원이 자신에게 집중하도록 가르치는 데 성공하고 있는가?

6. 공감하기: 집단원의 말에 담김 내적 틀을 수용하는 것
   ① 나는 집단원에게 공감하면서 동시에 독립된 정체성을 유지할 수 있는가?
   ② 나는 집단원 간의 공감 표현을 증진하고 있는가?

7. 해석하기: 행동 양식의 의미를 이론적 틀로 설명하는 것
   ① 나는 직감에 따라 해석하는가?
   ② 나는 집단원이 자신의 행동에 대해 스스로 의미를 부여하도록 격려하는가?

8. 질문하기: 생각과 행동을 활성화하는 질문을 사용하지만, 상담자와 집단원 간의 묻고 답하는 형태의 상호작용을 피하는 것
   ① 나는 '왜'라는 질문 대신 '무엇을', '어떻게'라고 묻는가?
   ② 나는 질문을 하는 동안 내 의도를 계속 숨기고 있는가?

9. 연결 짓기: 집단원 간의 상호작용을 증진하고, 공통 주제를 탐색하도록 집단을 촉진하는 것
   ① 나의 개입이 집단원 간의 상호작용을 증진하는가?
   ② 나는 집단원 간 또는 상담자와 집단원 간의 상호작용 규범을 만드는가?

10. 직면시키기: 집단원들이 자신의 행동을 어느 측면으로 바라보도록 독려하는 것
    ① 나는 애정과 존중의 태도로 직면시키는 모범을 보이는가?
    ② 나는 판단하지 않고 특정한 행동을 직면시킬 수 있는가?

11. 지지하기: 촉진적인 효과가 나타나는 방식으로 적절한 때에 긍정적인 강화를 제공하는 것
    ① 나는 독려와 지지를 균형적으로 사용하는가?
    ② 나의 지지가 때때로 집단원들의 작업을 방해하는가?

12. 저지하기: 집단 내의 비생산적 행동을 막고 집단원들을 보호하기 위해 개입하는 것
    ① 나는 집단원을 공격하지 않으면서 필요할 때 개입할 수 있는가?
    ② 나는 집단에 방해가 되는 집단원들의 행동을 저지하는가?

13. 사정하기: 꼬리표를 달지 않고 집단원들을 분명하게 감지하는 것
    ① 나는 집단원들이 자신의 문제 행동을 스스로 평가할 수 있도록 돕는가?
    ② 나는 나의 사정방법에 적합한 개입을 만들어 낼 수 있는가?

14. 모범 보이기: 집단원에게 집단 회기 동안과 회기 사이에 실제로 해 볼 수 있는 바람직한 행동을 보여 주는 것
    ① 나는 효과적인 자기개방의 모범을 보일 수 있는가?
    ② 나는 애정 어린 직면하기의 모범을 보일 수 있는가?

15. 제안하기: 독립적으로 의사결정을 할 때 집단원이 사용할 수 있는 정보나 가능한 행동을 제공하는 것
    ① 나의 제안은 집단원이 주도적으로 행동하도록 격려하는가?
    ② 나는 제안할 때와 하지 말아야 할 때를 어떻게 결정하는가?

16. 개입하기: 적절한 시기에 집단에 개입하는 데 적극적인 입장을 보이는 것
   ① 나는 집단이 비생산적으로 허우적거리는 것을 막기 위해 적극적인 행동을 취하는가?
   ② 나는 집단원이 집단 회기 동안 스스로 작업을 하는 방법을 가르치는가?

17. 평가하기: 진행되고 있는 집단 과정과 개인 및 집단 역동을 평가하는 것
   ① 나는 집단의 진행 과정을 평가하기 위해 어떤 기준을 사용하는가?
   ② 나는 집단원이 집단에 기여하는 것뿐만 아니라 자신이 획득한 것을 평가하도록 돕기 위해 어떤 종류의 질문을 하는가?

18. 종결하기: 집단원이 집단 회기 후에도 작업을 계속하도록 격려하는 분위기를 조성하는 것
   ① 나는 집단원에게 집단 종결을 준비시키는가?
   ② 나는 집단원이 집단에서 배운 것을 일상생활에 적용하도록 돕는가?

일단 이 자기평가목록을 완성하면 가장 개선이 필요한 항목('1'이나 '2'로 점수를 매긴 항목)에 동그라미를 하라. 주의할 필요가 있는 질문뿐만 아니라 당신에게 가장 의미 있는 질문에도 동그라미를 하라. 스스로 생각하기에 가장 한계가 있는 기술에 노력을 기울이도록 고안할 수 있는 특정 전략에 대해 생각해 보라. 이 검사는 과정을 시작할 때 한 번, 과정을 끝낸 후에 다시 한 번 하는 식으로 최소한 두 번 실시하는 것이 좋다.

출처: Corey, Corey, & Corey(2019)

집단 대상 의료사회복지실천은 집단교육, 집단상담, 집단프로그램, 집단치료, 자조모임 지도와 같은 형태로 이루어질 수 있다. 집단 대상 의료사회복지실천의 예시는 다음의 〈표 7-3〉과 같다.

〈표 7-3〉 집단 대상 의료사회복지실천의 예

실천 형태	질환/대상	목표/내용	이론/기술
집단교육	• 당뇨교실 • 암 환자 및 가족교육 • 투석환자 교육 • 뇌졸중 환자 가족교육 • 비만 아동 부모교육	• 심리적 적응 • 생활습관변화 • 스트레스 관리 • 가족의 역할 • 사회복지 정보	• 교육 내용의 근거 이론 및 기술
집단상담	• 말기 암 환자 집단상담 • 사별가족 집단상담 • 뇌성마비 환아 부모 집단상담 • 가정폭력 피해여성 집단 • 당뇨병성 성기능 환자 부부 집단	• 심리적 문제 • 환자와 가족 간 의사소통 문제 • 공감 및 지지	• 다양한 상담이론 • 가족치료 이론
집단 프로그램	• 당뇨병 환자 임파워먼트 프로그램 • 척수 손상 환자 자존감 향상 프로그램 • 조현병 환자 사회기술훈련 • 암 환자 스트레스 관리 훈련	• 사회성 증진 • 문제해결능력 • 스트레스 대처능력 • 자존감 향상	• 임파워먼트 • 사회기술훈련 • 인간관계훈련 • 레크리에이션
집단치료	• 집단정신치료 • 사회불안장애 환자 인지행동치료 • 사이코드라마	• 증상 완화 • 자아 기능 강화	• 집단정신치료 • 인지행동치료 • 사이코드라마
자조모임 지도	• 청년당뇨모임 • 근육병 환자 환우회 • 유방암 환자 환우회	• 공감 및 지지 • 정보교류	• 집단상담 및 운용 기술

출처: 대한의료사회복지사협회(2019)

1) 집단치료

(1) 집단치료의 개념과 목적

집단치료는 집단정신치료(group psychotherapy)를 일컬으며 정신치료의 한 형태로서, 집단의 개인들이 상호작용을 통해 정서적 문제나 장애, 사회적 부적응을 자발적으로 치료하도록 하는 것이다. 이는 집단이라는 개입단위에 정신치료적인 기술을 응용하는 것이다. 집단 장면에서 일어나는 집단성원과 치료자 간의 상호작용과 집단성원들 간의 상호작용 모두가 각 집단구성원의 부적응적 행동 변화를 위해 사용되며, 훈련된 치료자에 의한 전문적인 기술과 치료적 개입뿐만 아니라 집단 자체가 변화를 위한 도구로써 제공된다. 이러한 양상은 집단치료에 독특한 치료적 잠재력을 제공하게 된다. 또한 집단치료는 집단과정을 통해 대인관계와 심리적인 발달을 촉진하고 교정하며 집단 내부의 결속력을 경험하는 기회를 제공한다.

집단구성원 개인은 자신의 문제를 집단의 다른 성원들과 공유하며 문제를 해결하는 방법을 논의하고 문제해결을 위한 자원 및 기술에 대한 견해와 정보를 상호교환한다. 이러한 과정들은 전문가의 조정하에서 이루어지며 그들의 정서적 경험과 어려움이 집단 내에서 공유되고 지속적으로 훈습되게 한다.

집단치료의 목적은 증상의 완화 또는 제거, 성격의 변화, 기능의 회복으로 요약할 수 있다. 집단치료의 목적을 달성하기 위해서는 각 집단만의 특수한 목표를 설정해야 하는데, 집단의 목표는 임상적 상황에 적절해야 하며 유용한 시간적 제약 내에서 도달 가능한 것이어야 하고 집단구성원의 역량에 맞는 것이어야 한다(최희철·천덕희, 2019).

(2) 집단치료의 단계

집단과정이 효과적으로 진행되기 위해서는 먼저 집단진행자가 이러한 과정에 익숙해야 하고 현재 진행되고 있는 집단의 단계를 정확하게 파악하고 있어야 한다. 진행자는 집단의 단계를 심층적으로 이해함으로써, 집단과정을 관찰하고 집단이 목표를 향해서 움직이는 데 필요한 기술과 행동을 지시할 수 있다(최희철·천덕희, 2020).

① 오리엔테이션 및 구조화

진행자는 집단구성원들이 무엇을, 왜, 어떻게 해야 할지 모르기 때문에 집단의 성격과 목적에 대하여 설명해 주어야 한다. 집단의 구조화는 집단과정을 이해하거나 집단에서의 역할을 파악하여 집단의 역동과 분위기를 자연스럽게 받아들이게 한다. 구조화가 잘 형성되지 않으면 참여자들이 불안감을 느끼게 되어 이들의 자발적인 행동을 억누르는 결과를 초래할 수 있다. 반면, 구조화가 너무 많이 된다면 참여자들은 의존적인 태도나 행동을 보이며 진행자가 무언가를 해 주기를 기대할지도 모른다. 따라서 집단진행자의 역할, 집단의 진행절차, 기본적인 행동규칙 등에 대하여 적절히 설명해 줌으로써 참여자들로 하여금 성공적인 집단경험을 위한 준비를 하게 하는 것이 바람직하다(최희철·천덕희, 2020).

② 준비 연습(warm-up)

집단의 서먹서먹한 분위기를 풀기 위해 준비 연습을 진행한다. 위협이 되지 않는 가벼운 상호작용을 짧게 진행하는 것이 좋다.

③ 구조화된 연습

자기노출은 개인의 답답한 심정이나 부정적 감정을 상대방에게 그저 표현하는 것만으로도 카타르시스를 가져온다. 단, 단점보다는 강점과 관심사를 노출하게 하며, 노출 정도에 대한 한계를 미리 설정해 준다. 자기노출 연습과 구성원의 상호작용 증대라는 초점집단의 목표를 결합시켜서 연습한다.

공감은 진행자가 참여자의 주관적인 세계를 감지하고 이를 효과적으로 표현해 주는 기술이다. 이를 통해 집단원들이 다른 삶의 감정을 느끼고 표현할 수 있도록 도와준다.

진행자의 기본 원칙은 현재 집단모임이 지금 여기 치료실에서 일어나는 것에 집중하는 것이다. 직접적으로 지금 여기에 집중함으로써 진행자는 모든 집단구성원의 적극적인 참여를 유도하고 집단의 힘과 효율을 극대화시킨다.

진행자는 짧게 지침이 되는 토론을 제공하거나 강의를 하여, 다른 사람들도 유사한 문제로 고통을 받고 어려움을 겪고 있다는 것을 구성원들이 알도록 한다. 나아가 효과적인 대응방법도 찾을 수 있도록 한다.

④ 회기에 대한 검토

매시간 집단이 끝나기 전에 참여자들은 진행자의 도움으로 집단과정 전체를 검토한다. 이때 진행자는 집단과정 전체를 순서대로 회상할 수 있도록 돕고 집단구성원들이 모임 중에 상호 간 관찰한 바를 논의하게 한다. 이 작업은 참여자들이 과거나 미래가 아닌 현재에 사는 법을 더 많이 배우게 한다(최희철·천덕희, 2020).

2) 집단 동기강화상담

동기강화상담(MI: Motivational Interviewing)은 내담자 중심이면서 목표 지향적인 개인치료접근법이다. 동기강화상담은 전문가 입장에서 문제를 바라보지 않고 내담자의 관점이 어떠한지에 집중한다. 상담자는 내담자가 저항감을 일으킬 수 있는 어떤 해결책을 제시하지 않는 대신, 관계 형성하기, 초점 맞추기, 유발하기, 계획하기의 진행단계를 통해 변화에 대한 내담자의 관심을 유발하고 구체적 행동에 대한 결심이 들어간 대화를 이끌어 내어 변화목표로 향하게 한다(Miller & Rollnick, 2013).

집단 동기강화상담(GMI: Group Motivational Interviewing)은 집단치료의 상황에서 동기강화상담의 정신과 과정, 기술을 사용하여 변화 동기를 강화하고, 변화를 촉진하기 위해 진행자와 집단구성원들 간에 건강한 상호작용을 형성하며, 같은 공간에서 한 명 이상의 진행자와 두 명 이상의 집단구성원들을 포함하는 것을 의미한다(Wagner & Ingersoll, 2016).

(1) 집단 동기강화상담의 원칙(Wagner & Ingersoll, 2016)

① 긍정적 반응에 초점 맞추기

GMI는 정신병리적인 문제를 해결하거나 과거의 트라우마를 극복한다기보다는 긍정적인 성장에 더 초점을 둔다. 긍정적 반응에 초점을 맞추는 것은 성공적인 GMI의 핵심이며 무엇을 강조해야 하고 무엇을 건너뛰어야 하는지에 대한 가이드라인을 제시해 준다. 집단 맥락 안에서 구성원들이 불만족과 부정적 감정에 초점을 맞추게 되면, 다른 구성원들은 지지하지 않을 뿐만 아니라 조언이나 비평도 하지 않게 된다.

또한 GMI에서는 엄한 사랑(tough love)이나 다른 형태의 직면을 사용하면서 부정적인 감정의 카타르시스를 경험하게 하는 방법은 사용하지 않는다. 그 대신, GMI에서는 변화에 대한 구성원들의 에너지와 자신감을 높이는 것에 초점을 맞춘다. 집단 세팅에서 변화를 향한 가속도를 높이는 것은 긍정적인 반응 요소(그들의 가치와 목표에 부합하는 중요성의 의미, 구성원 상호 간의 지지와 결속력, 자신의 삶을 만족스럽게 변화시키고 의미 있는 방향으로 변화시킬 수 있다고 믿는 자신감)에 초점을 맞춤으로써 보다 용이해진다. 그러한 이유로 GMI의 진행자들은 불만족보다 희망을 이끌어 내야 하고, 문제에 대한 해결책을 탐색하는 것보다 과정에 중심을 두어야 한다.

② 집단구성원들을 그 순간에 참여시키기

내담자들은 부끄러울 수 있는 내용을 노출하기를 꺼리거나 그것에 대한 수치심을 느끼고, 자신들이 평가를 받거나 어린아이처럼 보호를 받는다고 느끼면 불편해한다. 그리고 낯선 집단구성원들로 가득 찬 방에 들어오면서 두려움과 걱정은 증폭된다. 따라서 집단을 지금 여기로 끌어들여, 현재의 생각과 느낌에 맞추어 공감적으로 의사소통하는 것이 유용하다. 상담자는 구성원들에게 집단이 의도하는 것, 다른 사람을 돕는 것, 서로 소개하는 것에 대해 약간 언급하는 정도로 소개할 수 있다.

③ 관점 탐색하기와 현재에 초점 맞추기

일단 집단 안에서 연결된 구성원들은 자신의 삶의 관점, 가치, 상황과 경험을 탐색하기 시작한다. 이러한 과정을 통해서 집단구성원들은 점차적으로 과거 일을 설명하려는 데서 벗어나게 되고 현재 삶의 경험에 대해서 이야기할 수 있게 된다. 일반적으로 GMI는 주로 미래에 초점을 맞춘다. 하지만 대부분의 사람들은 미래에 초점을 맞추지 않고 현재에서 시작하기 때문에 동기강화상담에서 선호하는 토론 방법에 익숙해질 수 있도록 구성원들을 도와야 한다. 이것을 통해 진행자는 구성원들을 인정해 주는 시간을 갖게 되며, 다양한 구성원들이 보여 주는 노력과 관점에 대해 숙고하고 긍정적인 요소들을 강조하게 된다.

이렇게 초점을 맞추는 것은 구성원들의 경험을 듣고 좀 더 알아가는 과정을 통해 서로 지지해 줌으로써 내담자의 방어를 낮출 수 있도록 도와줌과 동시에 집단 응집력도 강해지도록 한다. 이러한 모든 요소들(이해받고 수용되는 느낌, 방어적 태도를 취하지 않아도 되는 집단 내 환경, 집단 내에서 다른 구성원들과의 친밀감 경험)은 구성원들이 앞으로 나아가는 것을 가로막는 어려움과 도전에 맞서 대항할 수 있도록 돕는다.

④ 불만사항을 경청하되 불평을 이끌어 내지 않기

구성원들이 탐색 과정의 일환으로 좌절감, 불평, 불만의 넋두리를 공유할 가능성이 있다. 이것을 수용하는 좋은 방법은 무시와 거절로 대하는 것도 아니며 받아들여 확대시키는 것이 아니라 그것들과 함께 구르는 것(rolling)이다. 방어를 수용하고 그것과 함께 구르는 것은 집단 내에서 도전이 될 수 있다. 진행자는 구성원들의 상황, 사회, 치료 체계를 둘러싼 방어뿐만 아니라, 집단 내에서 인지된 구성원들의 역할 경쟁 형태의 방어까지도 함께 굴러야만 한다. 또한 집단의 외적 형태와 내적 내용에 관한 도전이나, 심지어는 집단을 이끌고 있는 진행자의 능력에 대한 도전에 대해서도 함께 굴러야 한다. 진행자는 부정적인 견해들을 수용하려고 노력하는 동시에 그러한 부정적 견해 속에서 초점을 맞추어 볼 수 있는 긍정적인 요소들을 찾을 수 있어야 한다. 중요한 것은 비판에 직면했을 때 비방어적인 태도를 유지하는 것이다.

⑤ 관점 확대하기와 미래에 초점 맞추기

구성원들의 현재 삶에 대해 아주 상세히 조사할 필요는 없지만 구성원들이 자신의 현재 상황에 대해 한 번쯤 서로 공유하고 자신을 한계 짓는 것처럼 보이는 것들에 대해 자유롭게 이야기하도록 해야 한다. 진행자는 집단구성원의 과거 성공 경험과 현재의 관심 사항을 탐색하기도 하지만, 대부분 집단에서 미래에 집중해야 할 것에 초점을 맞추어야 한다. 구성원들의 관점을 확대하도록 도와주는 목적은 선택의 폭을 넓혀 주고 보다 만족스러운 미래를 향해 나아가도록 구성원들을 지지해 주기 위해서이다.

⑥ 열망, 욕구, 계획 그리고 자신에 대한 긍정적 초점을 반영하고 탐색하기

변화대화를 반영해 주는 방법은 여러 가지가 있다. 집단구성원들의 변화에 대한 동기를 증가시키도록 돕는 것보다 현재 상태를 유지함으로써 발생하는 손실과 피해를 볼 수 있도록 도와주어야 한다. 지속적인 불안, 반추, 자기 비하가 때로는 동기를 감소시키기보다 오히려 증가시키기도 하지만, 그런 감정적인 순간에 다른 구성원과의 상호반응(예: 동의, 판단, 일반화, 조언 등)에서 역효과가 날 수도 있고 자기비난이나

비관적인 생각에 깊게 빠져들 수도 있다.

따라서 고통스러운 자아 발견이나 다른 사람에 대한 진실된 인정과 같은 순간을 두려워할 필요는 없지만, 집단이 긍정적인 변화를 향해 나아가도록 초점을 맞추어야 한다. 변화준비언어의 종류(열망, 욕구, 이유, 능력) 가운데 변화 열망에 대해 경청하거나(그들의 삶이 어떻게 나아졌는지), 변화의 이유와 욕구의 측면에서 긍정적인 방향으로 조정해야 한다. 변화의 필요성에 대해 표현하면서("내가 지금 같은 생활을 지속한다면, 나는 모든 것을 잃을 거야. 그렇게 되지 않을 지점이 많이 있었어.") 현실을 깨닫게 되면 가능성을 향해 몰두하게 된다("그런 일들이 무서워지기 시작하고, 가치 있는 것을 잡으려고 노력하는군요. 당신의 인생에서 다시 붙잡고 싶은 것이나 다시 돌아가고 싶은 때는 언제인가요?").

이와 유사하게, 구성원들이 그들의 선택에 있어서 어려운 순간에 직면하면, 현실적 어려움을 인정하고 그들의 계획이 실현 가능하도록 하는 자원 쪽으로 초점을 이동시켜야 한다("이건 정말 도전적으로 들리는데…. 성공 기회를 늘리기 위해 당신은 무엇을 할 수 있지요? 나머지는 우리가 어떻게 도울까요?").

⑦ 자기효능감 지지하기

자기효능감은 스스로 세운 목표를 성취해 나갈 수 있다는 믿음으로, 집단의 구성원들은 그것을 함께 겪어 나간다는 동질감으로 서로 지지해 줄 수 있고 자신감을 높이는 데 도움을 줄 수도 있다. 그들은 서로의 경험과 모범이 되는 것을 공유할 수도 있고, 새로운 방법이나 행동을 시도해 볼 수도 있다. 구성원들은 새로운 변화를 시도할 때 어려움에 처한 상대방을 위로해 주고 다시 시작할 수 있도록 도와준다.

⑧ 회기가 종료되기 전에 부정적 반응에 대응하기

GMI는 성공적인 갈등해결 방안을 모색하도록 하기 위해 문제를 펼쳐 놓고 의도적으로 갈등을 유발시키지는 않지만, 그럼에도 불구하고 갈등이 발생할 수 있다. 그런 경우 긍정적인 해결방안을 찾는 것은 중요하다. 진행자가 구성원들이 합의점을 찾거나 반대의견에 동의하도록 도울 수 있든 그렇지 않든, 구성원들의 수치심, 공격성, 굴욕감, 위협, 다른 집단구성원으로부터의 고립감, 다른 사람을 향한 분노를 가진 채 상담 회기가 종료되지 않도록 노력해야 한다. 진행자는 구성원들의 비평적 행동을 조절해야 하지만, 집단의 경험이 온정적이고 지지적인 구성원들뿐만 아니라 그렇지 못한 사람들에게도 치료적 경험이 되도록 해야 한다.

(2) 집단 동기강화상담의 과정

GMI는 집단구성원들이 각자 자신들의 삶에서 긍정적인 변화를 이루어 내기 위하여 하나의 집단으로 모여 함께 작업하는 것을 의미한다. 밀러와 롤릭(Miller & Rollnick, 2013)은 GMI를 관계 형성하기, 관점 탐색하기, 관점 확대하기, 행동으로 옮기기의 네 단계로 설명하였다.

① 관계 형성하기(engaging)

GMI에서는 한 개인의 상황을 깊이 탐색할 시간이 부족하다. 한 개인의 상황을 깊이 있게 탐색하는 것이 개인상담에서는 관계를 형성하는 데 도움이 될 수 있지만 집단을 약화시킬 수 있다.

집단의 힘의 대부분은 집단구성원들의 상호작용과 공동 작업으로부터 생성되므로, 경험의 유사성, 당면한 문제 혹은 변화에 대한 태도 등을 토대로 구성원들을 서로 연결시켜 주는 것이 중요하다. 집단구성원들은 서로 간의 연관성을 내면화함에 따라, 진행자가 존재하는 공간에 별개의 개인으로서 공존하고 있는 것이 아니라 작업 집단으로서의 상호작용을 시작하게 된다.

응집력 있는 집단은 함께하는 작업을 더 잘할 뿐만 아니라 개별적인 구성원들이 각자의 관심사나 어려움, 또는 변화 동기에 대해 모든 세부사항들을 일일이 이야기해야 할 필요를 덜어 준다. 집단에 온전히 참여하는 구성원들은 서로를 통해서 대리효과를 얻는다. 한 사람이 자신의 양가감정을 탐색하여 변화하기로 결정하고, 그것을 어떻게 이룰 것인지에 대해 숙고하기 시작하면 참여한 다른 집단구성원들은 그 과정에 같이 참여해 오기 때문에 자신들의 자세한 이야기나 탐색과정, 의사결정 과정 없이 자신의 문제에서 핵심적인 사안을 집단과 함께 탐색하는 것만으로도 충분할 수 있다. 일단 집단의 참여가 활성화되고 서로 간의 연결이 잘 이루어지면, 진행자는 개별적인 탐색을 집단 상호작용과 연관 지음으로써 집단의 참여도를 유지하면서도 개별 구성원을 위해 훨씬 더 지속적인 시간을 사용할 수 있게 된다.

참가자들은 다양한 정도의 변화에 대한 준비, 참여에 대한 흥미, 치료집단에 대한 지식을 가지고 집단을 시작할 것이다. 초기의 목표는 구성원들이 어떤 수준에 있든지 참여시키는 것이므로, 집단이 편안하고 부담스럽지 않은 속도로 서로에게 드러나도록 하면서 구성원들이 조금씩 관여하도록 기회를 살펴야 한다.

회기가 시작되기 전의 비공식적인 상호작용과 같은 사전집단의 친목시간, 웜업(warm-up) 활동, 모임 중간휴식 또는 다과를 갖는 등의 전략을 통해 관계 형성을 촉진할 수 있다. 회기를 마무리하는 상황에서는 구성원들에게 회기에서 그들이 경험한 핵심들, 생각이나 변화들을 요약하거나 회기 사이에 변화목표로 나아갈 수 있는 것을 공유함으로써 종결한다.

② 관점 탐색하기

관점 탐색하기의 목표는 집단구성원들이 그들의 상황, 생활양식, 습관, 양가감정, 핵심 가치들을 탐색하는 과정을 통해서 스트레스 요인을 그들의 삶의 더 넓은 맥락 안에 둘 수 있도록 돕는 것이다. 지금까지는 집단 과정에 집단구성원들을 참여시키고 기본적인 집단 응집력을 형성하는 데 주력해 왔다면, 이제부터는 집단구성원들이 자신의 상황을 바라보는 관점에 초점을 두도록 해야 한다. 집단구성원들은 집단 형성에서 삶에 대한 탐색으로의 미묘한 전략적 이동으로 인하여 다른 사람들의 상황들과 관점들을 배우고 어쩌면 그들이 오랫동안 고수해 왔던 가정들에 의문을 던지기 시작할 수도 있다. 집단구성원들의 관점 탐색하기 활동은 〈표 7-4〉와 같은 원칙을 따른다.

〈표 7-4〉 관점 탐색하기 활동을 위한 안내 원리

내담자 중심의 관점을 갖기	집단구성원들의 삶, 관점, 가치를 심도 있게 이해할 수 있도록 노력하고 이러한 관점에 공감을 표현한다.
긍정적인 것들에 초점 맞추기	집단구성원들에게 이 집단에 속해 있는 긍정적인 이유와 자신들이 고심하고 있는 긍정적인 선택에 대해 말하도록 한다. 또한 그들이 지금 겪고 있는 변화를 이루어 내는 데 도움이 될 만한 기술과 이전의 경험을 묻고 이끌어 내며 탐색한다.
집단이 그 순간에 집중하도록 하기	구성원들을 환영하고 그들의 초점을 집단 회기에 집중시키는 것으로 어느 정도 이루어질 수 있다(예: "오늘 기분이 어때요?", "오늘 오후에는 좀 편안해 보이는 것 같은데요?", "오늘 아침에는 어떤 걸 이루고 싶으세요?").
현재에 초점 맞추기	"여러분 모두가 집단에 오기 전에 오랜 과거사가 있겠지만, 우리는 일반적으로 과거에 일어났던 일들의 세부사항들보다는 현재와 앞으로 나아가는 것에 집중하도록 노력할 것입니다. 현재의 삶에서 서로 무언가를 배울 수도 있지만, 매주 여러분의 삶에 일어난 일보다는 여러분 각자의 고유한 삶의 여정과 상황을 보다 나아지게 할 수 있는 가능성들에 더 초점을 맞추는 데 주력하고자 합니다."
고통을 인정하되 슬픔을 유발하지 않기	집단구성원들의 삶의 고통과 문제는 구성원들이 풍부한 관점을 갖도록 도와줄 수 있는 반면, 집중이나 진행의 흐름을 따를 수도 있다. 따라서 고통을 분석하거나 원인, 또는 부정적인 경험의 세부적인 것에 상당한 시간을 쏟는 대신 이러한 경험에도 불구하고 앞으로 나아가겠다는 개인의 결심을 반추하도록 한다.

출처: Wagner & Ingersoll(2016)

③ 관점 확대하기

GMI는 구성원들의 문제에 대한 관점과 이를 다루는 방법을 가르치려고 하기보다는 내담자가 지닌 관점으로부터 접근한다. 그러나 집단구성원이 이미 가지고 있는 관점이나 생각은 집단의 도움을 제한할 수 있기 때문에 기존의 관점에서만 작업하지는 않는다. 집단구성원들의 관점은 구성원들을 종종 도전에 대해 자기 제한적인 믿음에 갇히게 하고 그들의 생산적인 접근에 대한 부족한 인식은 구성원들을 상황 속에 고착되게 한다. 따라서 진행자는, 첫째, 집단구성원들에게 다르게 보고 다르게 행동하라고 설득시키기 위해 노력하는 위험을 피하고, 둘째, 그들이 직면하고 있는 문제들에 대한 확대된 관점을 발달시키도록 도움으로써 그들이 살아가는 데 더 생산적인 방법을 발견하거나 발달시키도록 한다.

관점 확대하기 과정에서는 집단구성원들이 그들 자신과 그들이 가진 선택안에 대한 좁은 시각을 넘어서 자기의 삶, 기회, 우선순위, 강점을 바라보는 방법을 확장시켜 준다. 진행자는 그 과정에서 집단의 힘과 연결시켜 주고 유의한 변화를 만들 수 있도록 촉진한다. 관점 확대하기 활동은 〈표 7-5〉와 같은 원칙을 따른다.

〈표 7-5〉 관점 확대하기 활동을 위한 안내 원리

긍정성에 초점 맞추기	긍정적인 집단 환경은 구성원들이 부정성의 하향적 소용돌이로부터 탈출하도록 직업적으로 도울 뿐만 아니라 더 창의적인 장기 해결책을 계획하도록 돕고, 더 큰 집단의 지혜와 자원에 연결시켜 준다. 이는 구성원들의 상향적 발달을 고무하면서, 지각된 가능성의 범주를 확대시키고 변화에 대한 자신감에 기여한다.
미래에 초점 맞추기	수많은 미래의 가능성을 함께 상상해 보도록 하면서 집단구성원들이 그곳에 도달하게 하는 잠재적인 경로들을 상상해 볼 수 있도록 돕는다.
불일치감 발달시키기	불일치감을 발달시킨다는 것은 현재의 행동과 내담자의 가치 간의 차이, 그들이 선호하는 미래와 희망, 목표와는 달리 이러한 것들로 이어지게 할 수 없는 현재 행동과의 간극을 탐색하게 하는 것을 말한다.
방어성 수용하기	집단에서 불화는 갑자기 불거져 나올 수 있기 때문에 방어성을 수용하는 기술은 언제든 필요하다. 부정적 감정이 표출될 때는 최대한 편안한 상태를 유지하려고 하는 것이 그 감정을 해결할 수 있는 방법이다. 사람들은 문제에 대한 해결책을 생각하고 삶에서 중대한 변화를 실행하려 애쓸 때, 어느 정도의 못마땅한 감정을 흔하게 경험한다.

출처: Wagner & Ingersoll(2016)

관점 확대하기 과정에서는 집단구성원들의 좋은 관점을 통해 자신의 문제는 생각했던 것보다 작게 느껴지고, 해결할 수 있는 것으로 보이게 된다. 또한 집단구성원들은 미래를 위한 더 많은 기회를 지각하고, 과거의 선택들과 그것의 결과들로 인해 제약되어 있다는 느낌을 이전보다 덜 갖게 된다.

④ 행동으로 옮기기

집단구성원들은 상황과 가능성에 대한 더 넓은 관점들을 발달시킨 뒤에, 이제 초점을 좁히고 변화를 만들기 위한 계획들을 정교하게 조율한다. 그들은 갈수록 성취를 향한 목표를 따라 행동하고, 경험들에 대응하여 목표와 접근을 조정하며, 스스로 변화를 이루는 데 있어서 다른 사람들의 생각과 경험으로부터 도움을 얻는다.

이 단계의 끝에 이르기 전까지 집단구성원들은 명확한 행동 계획을 실행하기를 혹은 이전에 그들을 붙잡아 두었던 양가감정을 초월하고 그것의 억제력이 상실된 정도까지 정체성이나 관점에서의 깊은 변화를 이루어 내는 것이 이 단계에서 기대되는 바이다. 집단구성원들이 성공적인 변화를 만들어 감에 따라 그들은 집단의 종결과 집단의 지속적인 지지가 없는 삶으로의 전환을 준비한다. 행동으로 옮기는 작업을 위한 원리에 대한 구체적인 설명은 다음의 〈표 7-6〉과 같다.

〈표 7-6〉 행동으로 옮기는 작업을 위한 안내 원리

행동에 주목하기	진행자는 작은 변화일지라도 행동에 초점을 맞춤으로써, 집단이 변화를 향해 나아가는 데 집중할 수 있게 한다.
집단구성원들이 스스로에게 필요한 것을 요청하도록 안내하기	이 시점에서 집단구성원들은 진행자, 집단 전체, 서로와 밀접한 관계를 형성하고 있지만 여전히 일부는 집단으로부터 그들이 무엇을 필요로 하는지를 알아차리거나 함께 나누는 것을 어려워할 수 있다. 이러한 일이 발생하면 집단이 곧 종료된다는 것을 마음에 간직하고, 집단구성원들이 자신에게 필요한 것을 요청하도록 지도한다.
집단 과정에 집중할 것을 격려하기	지속하여 집단 과정에 집중하도록 집단을 격려해야 한다. 더 많은 구성원들이 긍정적인 변화들을 이루어 감에 따라 집단 전체에 걸쳐 추진력이 형성되고 기상이 높아진다. 이러한 시간들은 재미있고 활기찬 집단 또는 평화롭거나 자신감 있는 집단을 형성한다.
즉각적인 미래에 주목하기	집단의 종결 전 몇 주 동안 그들이 이루고 있는 변화들을 향해 계속해서 나아가도록 집단구성원들이 즉각적인 미래에 초점을 맞추도록 안내한다. 이는 그들이 집단을 끝내고 싶은지에 대한 논의와 집단 종결이 되고 바로 잇따르는 몇 주일에 어떻게 스스로를 계속 변화의 궤도에 둘 것인지에 대한 논의를 포함한다.
자기효능감 지지하기	최종적으로 이 단계 동안에 집단구성원들이 스스로 계획했던 변화들을 이루기 위한 행동을 이행하고 실질적으로 노력함에 따라 자기효능감을 지지하도록 신경을 쓴다. 집단구성원들은 새로운 것을 시도함에 따라 장애물이나 좌절을 맞닥뜨릴 수 있는데, 집단구성원들이 이러한 것들을 일시적으로 해결할 수 있는 것으로 바라보는 것이 중요하다.

출처: Wagner & Ingersoll(2016)

(3) 만성질환자를 위한 집단 동기강화상담

만성질환은 보통 장기적인 건강행동 습관과 선택들로 인해 발병한다. 만성질환은 예방이 치료보다 중요하다는 시각이 많으며, 일단 심장질환과 폐기종과 같은 질환들이 발병되면 그 상태를 잘 유지할 수는 있지만 치료가 되지는 않는다. 건강한 생활습관은 병의 진행과 심각성을 줄이며, 기능제한들을 감소시킬 수 있다.

많은 사람들은 만성질환이 진행되었을 때 생활습관이나 건강습관을 변화시키려고 하지 않는다. 건강행동으로의 변화는 진단에 대한 충격, 질환으로 인한 도전, 역할 변화, 결심공약 이행과 함께 환자가 직면하는 많은 도전 중 하나이며, 직장에 복귀하게 되는 것 또한 주요 관심사이다.

① 집단 관계 형성하기

건강 관련 GMI는 행동 변화뿐만 아니라 신체적 증상, 부작용, 질병, 투약이나 의료기구에 대한 지식, 응급상황 시 해야 할 행동, 운동, 임상병리검사, 질병을 이해하는 것에 초점을 둔다. 진행자는 회기마다 지난 회기 이후 집단구성원들의 목표를 향한 진행과 긍정적인 경험과 도전에 대한 경험을 나눈다. 이 과정에는 계획된 피드백을 포함하며, 함께 나누고 싶은 건강 문제들을 이끌어 낸다. 주제들은 생활습관 개선, 정서적 측면, 증상, 병의 진행에 대한 걱정, 지난 한 주 동안의 긍정적 또는 부정적인 경험들을 포함할 수 있다.

② 관점 탐색하기

집단구성원들끼리 개입이 지속되는 동안, 진행자는 집단구성원들이 건강행동을 변화시키는 것에 대해 어떻게 느끼는지 탐색하기 시작한다.

다음은 관점 탐색하기에서 사용되는 전략과 진행 예시이다(Wagner & Ingersoll, 2016 재구성).

가. 생활습관을 탐색하고 과거를 돌아보기

지금까지 건강하지 않은 습관들을 고집해 온 집단구성원들은 흔히 변화에 관심을 가지고 있지 않다. 특히 만성질환을 가진 사람들에게 생활습관을 탐색하는 것은 변화에 대한 감정을 정상화시키기 위해 다루어야 하는 중요한 부분이다. 이는 집단구성원의 자율성을 존중하고, 집단구성원들과 좋은 관계 형성을 이루도록 돕는다.

예시 1

"우리는 당신의 상태에서 위험을 주는 요소들에 대해 논의해 보았습니다. 여러분 중 대부분은 앞으로 생길 수 있는 문제 중에서 자신이 조절할 수 있는 생활습관 변화를 인식하고 있는 게 분명합니다. 자신이 느끼기에 중요하게 생각하는 위험 요소에는 어느 부분이 있을지 이야기해 보시겠습니까?" (집단구성원 관계 형성하기, 중요성에 대한 평가 끌어내기, 변화 주제에 초점 맞추기)

예시 2

"당신은 제가 당신에게 비록 삶의 모든 즐거움을 빼앗긴다고 해도 이 모든 것(흡연이나 음주 등의 건강을 방해하는 생활습관)을 그만둬야 한다고 말할 거라 생각하시는군요. 하지만 사실, 그것은 당신에게 달려 있으며, 아마도 한순간에 많은 변화를 하는 것은 상당히 어려울 겁니다. 당신이 생각하기에 당신이 할 수 있는 것은 무엇일까요?"

(수용과 연민 표현하기, 자신감과 실행활성화를 강화하는 반응 이끌어 내기)

나. 양가감정 탐색하기

동기강화상담에서 양가감정을 탐색하는 것은 중요한 목표 중 하나이다. 진행자는 집단구성원들의 자율성을 존중하고, 집단 내 관점의 다양성을 존중하는 시범 역할을 한다. 진행자는 집단구성원들이 양가감정을 다른 여러 방법으로 표현하는 것을 격려해 준다. 진행자는 집단구성원들을 이해하고 있음을 표현하고, 열린 질문과 반영하기 진술을 통해 집단구성원들이 양가감정을 탐색하도록 돕는다.

예시 1

자, 우리는 여기 심장 관련(또는 신장, 혈당 등) 문제로 모여 있습니다. 그리고 여러분 중 몇 분은 우리가 무엇을 변화해야 할지에 대해 들었습니다. 이 집단에서 당신에게 변화하라고 강요하지는 않습니다. 변화하고자 하는 결정도 당신에게 달려 있습니다. 우리의 역할은 당신이 할 수 있는 가능한 변화들이 무엇인지 확인하는 탐색 작업을 돕는 것입니다. (자율성 지지하기)

예시 2

변화에 대해 양가감정을 느끼는 것은 아주 자연스러운 것입니다. 사실, 여러분이 오늘 여기에 있는 것 자체에 대해서도 복잡한 생각이 들 거예요. 반면에 또 여러분은 변화하려고 하는 긍정적인 생각을 할 수도 있습니다. 하지만 다른 한편으로는 그것을 일정하게 유지한다는 것이 어렵게 느껴질 수 있습니다. 저는 여러분이 건강을 위해 무엇을 변화할 수 있는지 찾아보는 일을 어떻게 느끼시는지 궁금합니다. (양가감정을 정상화하기와 초점 맞추기)

다. 가치 탐색하기

많은 경우, 사람들에게는 건강행동의 변화보다 중요하게 여기는 것들이 있다. 다음의 예를 보면, 진행자는 집단구성원들의 다른 관심들에 대해 좀 더 적절한 활동이 어떤 것인지 탐색하기 위한 가치활동을 사용한다. 이것은 변화에 대한 양가감정을 조사하기에 유용한 방법이며, 변화대화를 이끌어 내고 반영하기 위한 기회를 제공한다.

진행자	우리는 오늘 몇 가지 운동에 대해 자세하게 논의했습니다. 어느 정도의 운동이 자신에게 적절하다고 생각하시나요? (열린 질문을 사용하여 변화대화 이끌어 내기)
구성원 1	저는 항상 운동을 좋아하고 어릴 때부터 축구를 많이 했는데요. 하지만 저는 최근에 한 것보다는 조금 더 많이, 조금 더 규칙적으로 하는 것이 필요해요.
진행자	네, 운동은 항상 당신의 삶에서 중요한 부분이었네요. (변화대화 반영하기)
	중략
진행자	건강을 회복하기 위해 당신이 할 수 있는 것이 무엇일까요? (변화대화 이끌어 내기)
구성원 2	저는 약물치료를 지속해야 한다는 것과 그것이 쉬운 방법이라는 것도 알아요. 하지만, 저는 아이들을 위해 정말로 건강한 생활습관으로 살아가고 싶어요. 그러기 위해서는 어떻게든 시간을 내야만 해요.
진행자	그래서 당신이 운동을 중요하다고는 생각하는군요. 하지만 아이들을 돌보면서 할 수 있는 운동을 찾는다는 것이 당신에게 어렵다는 말씀이시네요. (수용을 표현하기 위한 양면반영)

③ 관점 확대하기

가. 중요성과 자신감 탐색하기

GMI는 집단구성원들이 달라진 건강행동에 대해 어떻게 느끼는지 탐색하도록 하며, 집단 내에서 다른 집단구성원들과 느낌을 나눌 수 있도록 한다. 이것은 집단구성원들에게 그들이 변화하려고 생각한 것을 어떻게 준비하는지 탐색하고, 변화대화를 유발하는 또 다른 기회를 제공한다.

예시 1

당신에게 운동하는 것(또는 혈당 점검 등)이 얼마나 중요한지 0~10점 사이에 점수를 준다면 몇 점을 주시겠습니까? (중요성 유발하기)

예시 2

우리는 그것이 얼마나 어려운지와 그것이 얼마나 중요한지를 구분하는 것이 필요합니다. 어려움에 대해 고려하는 것을 제외한다면, 당신에게 그것은 얼마나 중요한가요? (명료화하기, 유발하기)

나. 강점 탐색하기

피드백은 집단 내에서 강점을 탐색할 기회와 다른 집단구성원들이 과정에 참여할 기회를 제공한다. 이것은 집단구성원으로부터 변화대화를 유발하고 자기효능감을 지지할 수 있다.

구성원	음식에 관해 말하자면, 저는 건강에 좋지 않은 음식도 다 좋아합니다. 저는 의지력이 없어요.
진행자	그래서 건강한 식습관이 당신에게 어렵다는 거군요. (도전 타당화하기, 관계 형성 유지하기)
구성원	특별한 것은, 저는 심장마비를 경험한 이후 담배를 확실히 끊었다는 것입니다.
진행자	금연한 것에 관해 당신은 어떻게 생각하십니까? (유발하기)
구성원	저는 30년 이상 흡연해 왔기에 무척 힘들었습니다!
진행자	분명히, 많은 사람이 힘들어하는 것을 알 수 있습니다. 이곳에 계신 분들이 당신이 금연을 유지하는 방법에 관심을 갖고 있다는 확신이 드네요. (타당화, 변화대화 유발하기)

다. 변화 성공 사례

변화 성공 사례는 작은 변화라도 칭찬하는 것이 유용하다. 이것은 특히, 좌절감을 느끼고 목표에 도달하지 못해 동기가 감소된 집단구성원들에게 도움이 된다. 집단구성원들이 변화 성공 사례를 나누도록 격려하는 것은 변화를 위한 희망을 줄 수 있다.

라. 정보교환

진행자는 단순히 집단에게 정보를 수동적으로 제공하기보다 이끌어 내기-제공하기-이끌어 내기 체계를 사용하여 집단에서 정보를 교환하도록 할 수 있다. 이것은 진행자가 중요한 정보를 얻고, 집단구성원들의 이해 정도를 점검해서, 그들이 의미 있는 방식으로 정보를 얻도록 한다.

예시 1

여러분들 모두 알코올이 심장과 어떠한 관련이 있는지 알고 계신지 궁금합니다.

(이끌어 내기, 협동정신 보여 주기, 개입하기와 초점 유지하기)

예시 2

이 방에는 이 영역에 대한 많은 전문가가 있네요. 여러분은 알코올에 대해서 많은 것을 알고 있군요. 아직까지 일부 내용에 대해서는 조금씩 혼동이 있습니다. 술에 대해 좀 더 이야기를 해 보면 어떨까요? (인정하기, 공유를 위한 허락 구하기)

④ 행동으로 옮기기

가. 행동 시작하기

집단에서 이 시점은 변화준비언어 이끌어 내기(중요성과 자신감)에서 변화실행언어로 옮겨 가도록(행동으로 옮기기) 전환해야 할 시기이다.

예시 1

지금까지 우리는 여러분이 변화하고 싶은 몇 가지 사안에 대해서 이야기를 나누었습니다. 그렇다면 여러분이 실천할 수 있는 작은 변화에는 어떤 것들이 있겠습니까?

(개인의 변화에 초점 맞추기, 변화대화 유발하기)

예시 2

각자 잠시 시간을 갖고 자신이 바꿔야 할 가장 중요한 것이 무엇인지 생각해 보도록 합시다. 자, 여러분 각자가 변화해야만 할 가장 큰 이유 세 가지로 어떤 것을 꼽을 수 있겠습니까?

(초점 맞추기, 변화대화 유발하기)

나. 도전과 방해물 다루기

집단구성원들은 행동을 변화시키기 원하지만 어려움을 느낄 때가 있다. 진행자는 이미 달성한 것과 실행에 옮길 수 있었던 경험을 이끌어 내도록 하는 것에 초점을 맞추어 방애물에 대해 설명한다. 집단은 서로의 생각을 공유하고 집단구성원들이 성공한 변화들을 이야기함으로써 집단구성원들을 독려한다.

구성원 1	절망적이었어요. 저는 저 자신한테 비가 그치면 나갈 거라고 말했는데 밖이 어두워졌지 뭐예요. 그리고 다음 날 급한 일이 생겨서 바빴고 손주들도 돌봐야 해서 걷지 못했어요. 그리고는 그 다음 날 또 비가 왔어요. 그래서 저는 그냥 뭐… 원점으로 돌아왔어요.
진행자	그래서 그 일에 대해서 어떻게 생각하십니까? (유발하기)
구성원 1	정말 비참했어요. 난 좀 더 잘하고 싶었는데 의지를 잃어버렸어요.
진행자	그래도 이번 주에 3일 동안이나 밖으로 나가서 걸으려고 노력했으니 의지가 있었던 거네요. (인정하기, 변화대화 반영하기)
구성원 1	맞아요.
구성원 2	어떤 사람들은 노력조차도 안 하거든요. 그렇죠? 우리가 언제나 모든 것을 해낼 수는 없잖아요.
구성원 3	당신만이 아니라 저도 비 오는 걸 엄청 싫어해요. 저는 당신이 그렇게 자책할 필요가 없다고 생각해요. 당신은 계획한 대로 조금이라도 걸었으니까요. 비가 오면, 저는 그냥 다른 일들을 해요.
구성원 1	어떤 활동들을 하시나요?

생각해 봅시다

- 만성질환을 가진 개인을 대상으로 하는 집단프로그램에서 어떠한 치료적 요인들이 적용되는지 생각해 봅시다.
- 집단의 진행자로서 스스로가 어떤 강점을 지니고 있는지 생각해 봅시다.
- 동기강화상담의 전략들에 대해 이야기 나누고 연습해 봅시다.

Chapter 08

의료사회복지 기록과 평가

학습 목표

- 의료사회복지에서의 기록과 평가의 개념 및 특성을 이해하고 설명할 수 있다.
- 의료사회복지 기록의 유형의 특징을 살펴보고 현장에 맞는 기록을 작성할 수 있다.
- 의료사회복지에서의 평가의 개념, 목적, 기능을 이해하고 평가 유형별 특징을 구분하여 설명할 수 있다.

사회복지실천에서 기록과 평가는 매우 중요한 과정이다. 기록은 클라이언트의 상황을 확인·기술·사정하고, 서비스의 목적과 활동을 비롯한 서비스 전달과정을 나타내며 클라이언트에 대한 개입의 효과를 평가하는 것까지 포함한다(김혜란·홍선미·공계순, 2005). 그뿐만 아니라 기록은 서비스대상자, 조직, 전문직에 대한 책무성에 초점을 두며, 행정적 기능도 가진다(Kagle & Kopels, 1997). 그러나 기록은 그 중요성에도 불구하고 학생들이나 실무자들 모두에게 부담이 된다. 그 이유는 단지 기록을 싫어하기 때문일 수도 있고, 업무에 대한 부담이나 기록 방법에 대한 기술의 부족, 기록에 대한 구체적 지침의 부족 때문일 수도 있다.

이러한 부담에도 불구하고 기록은 효과적인 실천을 위한 중요한 요소라는 것은 재론의 여지가 없다. 효과적인 면담과 기록을 통해 더 나은 서비스가 제공될 수 있으며, 이때 기록은 사회복지사와 클라이언트 모두를 성장시킬 수 있다. 특히 의료사회복지실천현장에서 기록은 단지 의료사회복지사들의 개입에 대한 기계적 기술이 아니라 의무기록(medical record)으로서 환자의 생명을 다룬다는 차원에서 매우 중요시된다. 또한 클라이언트에 대한 윤리적·법적 책무성을 기반으로 서비스 수급 자격의 증빙이나 타 전문직과의 정보공유를 위한 수단이나 다양한 평가와 질 관리의 도구로서도 활용될 수 있도록 체계적으로 구성되어야 하며, 전문적인 용어로 기술되어야 한다. 또한 정보화 또는 전산체계 등과 연계되어 효율적으로 기록되어야 한다.

이 장에서는 의료사회복지실천의 중요한 활동인 기록과 평가의 개념 및 특성, 유형을 이해하고 의료사회복지에서의 기록과 평가의 실제적 활용에 대해 살펴보고자 한다.

01 의료사회복지 기록

1) 의료사회복지 기록의 개념과 목적

(1) 의료사회복지 기록의 개념

의료사회복지 기록은 의료기관에서 의료사회복지사가 환자의 진단과 치료, 회복, 사회복귀, 재활, 삶의 질 유지와 향상 등과 관련하여 전문적 자격과 권한으로 실시한 의료사회복지 임상 실천행위를 관계 법령과 직업윤리에 따라 기록한 모든 문서를 의미한다(대한의료사회복지사협회, 2019). 의료사회복지 기록은 전자의무기록시스템(EHR[3] : Electronic Health Records) 속의 의료사회복지 상담기록이나 환자 관련 행정 서류, 외부 후원신청서 등의 형태로 작성된다. 의료사회복지 기록은 병원 내 보관·보존되거나 병원 외부로 전달·배포될 수도 있으며, 때로 의무기록이나 병원 행정기록에 포함될 수도 있다.

일반적으로 의료사회복지현장에서 작성되는 대부분의 기록인 의무기록은 환자의 의료적 상태에 대한 정확한 이해와 정보 획득으로 환자 및 가족과의 상담 과정을 원활히 하고자 작성되고 차트의 검토가 이루어진다. 이때 의무기록은 객관성과 과학성이 요구되며, 규정화된 비밀보장의 원칙에 따라 엄격하게 법적 통제를 받는 기록이

3 기존에는 EMR(Electronic Medical Records)을 사용하였음

라는 것을 명심해야 한다. 사회복지사는 의무기록을 통하여 환자와 가족의 정보를 확인할 수 있는데, 이때 입원기록지, 경과기록지, 간호기록지, 기타 기록지 등을 반드시 확인하여야 한다. 각 의무기록의 세부 내용은 다음과 같다.

- 입원기록지: 입원일, 입원 사유, 주요 호소내용, 입원 경로, 현재 신체 상태 및 의료적 상태, 적용 의료보험, 가족관계
- 경과기록지: 과거력, 치료계획, 예후, 수술 여부
- 간호기록지: 병실 생활 정도, 기타 재원 중 문제점 등
- 기타 기록지

한편, 의료사회복지 기록의 종류는 크게 내부기록과 외부기록으로 구분된다. 내부기록의 대표적인 유형은 사회사업팀 상담기록, 협진에 따른 회신서가 있으며, 외부기록에는 추천서, 평가서 등이 있다. 기록의 종류에 따른 목적과 특성은 〈표 8-1〉과 같다.

〈표 8-1〉 기록의 종류에 따른 특성

구분	내부 기록	외부 기록
대표적 유형	• 사회사업팀 상담기록 • 협진에 따른 회신서	• 추천서 및 평가서
목적	• 사례의 지속성 • 사례에 대한 평가 • 의사소통	• 지원신청
특성	• 동일한 전문직종이 보는 기록 • 타 전문직종이 보는 기록	• 진료적 상황을 이해하지 못한다는 가정하에 자세히 기록 • 사례를 직접 보지 못하지만 생생하게 전달할 필요

출처: 대한의료사회복지사협회(2019)

(2) 의료사회복지 기록의 목적

사회복지실천 기록의 일차 목적은 책무성(accountability)에 대한 기대를 충족시키는 것이다. 사회복지실천 활동을 수행하는 사회복지사는 사회복지기관, 클라이언트, 지역사회에 대해 자신의 실천 활동을 기록하고 평가하는 윤리적·법적 책무성을 가지고 있다. 이러한 목적을 가진 기록은 사회복지실천 활동의 문서화, 클라이언트의

욕구 파악 및 개입의 기초자료 마련, 그 외 사례의 지속성 유지, 전문가 간 원활한 의사소통 및 협조체계, 슈퍼비전 활성화 등의 용도로 활용된다.

케이글(Kagle, 1997)과 아메스(Ames, 1999)는 기록의 중요성과 목적을 다음과 같이 제시하고 있다(김혜란·홍선미·공계순, 2005; 한인영·최현미·장수미, 2006).

- 환자의 사회복지서비스 욕구 확인과 개입의 기초자료 습득
- 해당 기관의 서비스 수급 자격의 입증문서 구비(보험 청구 등의 증빙자료)
- 서비스 내용의 보고
- 타 전문직과의 의사소통 및 정보공유
- 사례의 지속성 유지(사회복지사의 교체에 대비)
- 사회복지사의 사고 구조화
- 교육훈련의 자료(지도·감독, 자문, 동료 검토의 원활화)
- 서비스 과정과 효과에 대한 모니터링(효과적인 서비스 제공과 질적인 서비스의 증거)
- 교육훈련의 자료(학생과 다른 전문가들에 대한 교육)
- 연구조사 및 통계를 위한 근거자료 활용
- 행정적 과업을 위한 자료 제공
- 행정적 과업을 위한 자료 제공(서비스의 유형, 직무관리, 직원의 직무 수행, 자원의 배분을 위한 정보 제공)
- 사회복지사의 책무성 확인(사회복지실천에 대한 전문성 평가 및 법적 근거 마련)
- 클라이언트와 기록 공유

2) 의료사회복지 기록의 구성요소

사회복지 기록의 내용은 사회복지사의 실제 업무만큼 다양하다. 의료사회복지 기록은 정보가 어떻게 선택되고 보관되며 어떤 방식으로 독자에게 제시되는가에 따라 달라진다. 즉, 기록은 어떻게 활용될 것인가와 누가 그 기록의 내용을 볼 수 있느냐에 따라 기록의 형태가 달라진다고 할 수 있다. 그러나 기록의 본질적인 기능이 클

라이언트에게 서비스를 제공하는 과정에서 취해진 전문적 의사결정과 행동의 근거, 현재 상태, 결과를 기록하는 것에 있다는 것은 같다.

의료사회복지 기록의 구체적인 내용은 다음과 같이 구성된다(강흥구, 2019).

의료사회복지 기록의 내용

(1) 의뢰 경위 및 의뢰자

① 의뢰 경위(의뢰자) ② 의뢰한 기관 ③ 의뢰 사유
④ 면담 목적 ⑤ 사례 개시일

(2) 일반적 정보

① 병력: 의료적 상태 및 정보 ② 이름 ③ 나이
④ 직업 ⑤ 결혼 상태 ⑥ 종교
⑦ 의료보장

(3) 사회환경 조사

① 개인력: 개인의 발달단계 및 단계별 발달과업(학업, 직업/결혼 등)에 관련한 현재 상황, 성격
② 가족력: 가족의 구성, 가계도, 가족의 역동성 등
③ 심리 상태: 스트레스 대응능력, 발병 전·후의 심리 상태의 변화
④ 경제력: 가계의 주요 수입원, 진료비 발생 정도 등

(4) 문제 사정

① 의료적 문제: 진단명, 예후, 치료 과정
② 심리사회적 문제: 의료진, 환자와 가족, 의료사회복지사가 전문적으로 사정한 문제
③ 강점, 질병에 대한 수용 단계 파악(부정, 우울, 분노, 죄책감, 수용)

(5) 개입목표 및 개입계획

① 개입목표 ② 개입계획

(6) 상담 과정 및 개입 활동

① 환자와 가족과의 상담 내용: 병실 방문, 전화접촉 등 사회복지사가 활동한 제반 내용
② 의료진 및 지역사회기관과의 팀워크 내용
③ 의무기록(medical chart) 검토 내용
④ 병실 방문, 전화접촉 등 사회복지사가 활동한 제반 내용

(7) 종결기록(closing summary)

활동한 내용의 요약

(8) 사후지도(follow-up) 내용

① 외래진료 과정에서의 사후지도 ② 서신, 전화, 가정방문을 통한 사후지도
③ 외부기관 의뢰 기록

의료사회복지 기록 내용의 요소는 [그림 8-1]과 같다.

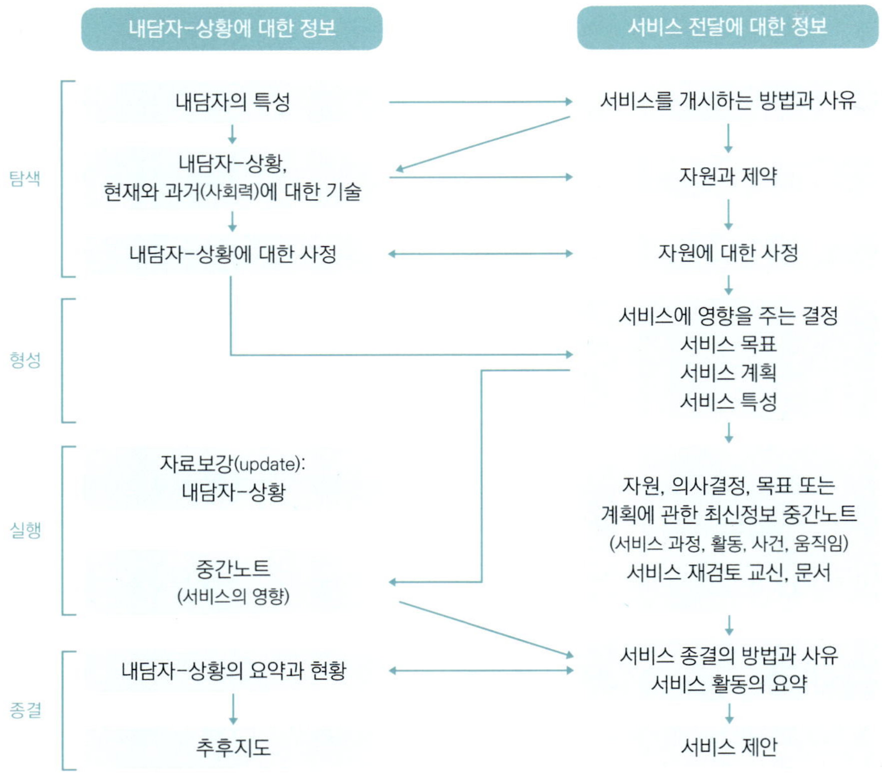

[그림 8-1] 의료사회복지 기록 내용의 요소

출처: Kagle & Kopels(1997)

3) 의료사회복지 기록의 유형

사회복지 기록은 문제중심기록, 이야기체 요약기록, 과정기록으로 나뉜다. 구체적인 내용은 다음과 같다.

(1) 문제중심기록

문제중심기록(problem oriented medical recording)은 1950년대 말 Weed가 고안하였다. 사회복지사뿐만 아니라 정신보건 전문가들이 많이 사용하며, 기록의 주요 목적이 문서화뿐만 아니라 전문직 간의 정보교환에 있으므로 다른 전문직과 협업하는 현장에서 효과적이다. 문제중심기록은 컴퓨터 데이터베이스에서 변환이 쉽고 간결하며 초점이 분명한 것이 특징이다(김인숙·우국희, 2002). 현재 제시되고 있는 문제를 중심으로 문제영역을 규정하고 사정하여 목록화해서 문제에 대한 계획과 진행상황을 기록한다.

문제중심기록은 기본적으로 네 가지 내용을 포함하여야 한다(한인영 외, 2006). 첫째는 클라이언트의 인적 사항과 관련된 정보를 포함하는 기본 자료이다. 연령, 성별, 부부관계, 기능적 한계, 참여하는 사람(가족 또는 전문가), 경제적 상황, 다른 검사 결과들이 포함된다. 둘째는 문제목록으로 초기의 문제와 관련된 전문가의 평가내용을 포함한다. 셋째는 각각의 확인된 문제에 대한 계획과 목표이다. 넷째는 사후지도 노트로 취해진 행동과 결과를 간략히 기록한다. 이때, 문제목록의 각 문제들에 대해 무엇을 할 것인지 계획하고 그 진행사항을 기록하는 진행기록은 보통 SOAP 방식을 따른다.

SOAP 방식의 기록은 다음과 같이 구성되어 있다.

- S(Subjective information: 주관적 정보): 클라이언트 및 가족의 주요 호소 내용
- O(Objective information: 객관적 정보): 의료진의 각종 검사 소견 및 임상 관찰로 결정하는 사실들
- A(Assessment: 사정): 주관적·객관적 정보를 토대로 한 의료진의 판단, 진단 혹은 예후에 대한 전망

- P(Plan: 계획): 치료계획, 지침, 교육 및 추후 관리 계획

여기에 T(Treatment: 실행한 내용)나 I(Intervention: 중재/sw: 간호)를 더해 SOAPT 방식이나 SOAPI 방식으로 기록하기도 한다.

이러한 문제중심기록은 여러 전문직 간의 의사소통 촉진을 통해 서로의 공조를 원활하게 하고, 목록화된 문제에 초점을 맞추어 책무성을 향상시킨다. 또한 간결하고 통일된 형식으로 의사전달이 쉽고 질 높은 기록 검토를 할 수 있다는 장점을 가진다.

문제중심기록의 단점으로는 클라이언트 욕구, 자원, 강점보다는 문제를 강조함으로써 사회복지실천의 관심 폭을 제한시키고, 개인과 환경의 상호작용보다는 개인을 강조함으로써 관련 현상의 복잡성을 단순화시킬 우려가 있다. 또한 부분화를 강조함으로써 통합적인 서비스 전달의 복잡성을 간과하게 된다.

〈표 8-2〉 문제목록의 예시

번호	문제	일자	해결된 문제	해결 일자
1	우울한 모습으로 침대에만 누워 지냄	5월 3일	항우울제 증량	5월 4일
2	아버지와는 면회를 거부함	5월 7일	주치의 입회하에 면회 조정	5월 7일
3	식욕 저하된 모습, 반찬에 대한 불만 호소	5월 9일	영양사와 상의하여 식단 조정함	5월 13일

〈표 8-3〉 문제중심기록 예시-1

S	환자가 취업한 지 한 달도 되지 않아 수입 전혀 없다고 함 (또는 "아직 취업한 지 한 달도 안 되어 수입이 전혀 없어요.")
O	환자와 상담 실시함. 환자는 중국 억양이 상당히 강한 우리말을 구사함
A	환자가 현재 정식 취업된 상태가 아니기 때문에 건강보험 적용 등에 있어 제한이 있을 것으로 사료됨
P	고용주와 통화 시도하여 건강보험 적용을 위한 절차를 진행할 예정임

출처: 대한의료사회복지사협회(2015)

〈표 8-4〉 문제중심기록 예시-2

등록번호	3855****	이름: 김○미	성별/나이	여/14세

• 진단명: 양극성 기분장애
• 의뢰 사유: 부녀간 갈등, 갑자기 들떴다가 가라앉는 등의 기분 변화, 폭력 행동을 하는 친구와 어울리며 등교하지 않는 문제

S	"외박을 다녀왔는데, 절반은 성공이고 절반은 실패인 것 같다." "동생에 대해 이전보다 잘 배려한 것은 성공이고, 어울리던 친구와 다시 전화 통화를 한 것은 실패이다. 동생에 대한 부분에 있어서는 성격이 많이 변한 것 같다고 부모님이 얘기하였다. 친구에게 전화한 것은 내가 참아야 하는데 조절을 잘 못했다." "오랜만에 집에 가서 그런지 흥분이 되어 밤에 잠이 잘 오지 않았다. 흥분해서 그런 부분이 있다고 아버지께 얘기하고 싶었는데 하지는 못했다. 대신 어머니가 이야기해 주셨다."
O	치료자와 시선 접촉이 잘 되고 차분한 태도임
A	아버지와의 관계에서 아직까지 자기 의사를 효율적으로 전달하지 못하고 있음
P	• 가족치료적 접근 필요 • 사회기술훈련 시 의사표현 부분 강화 필요

출처: 한인영 외(2006)

(2) 이야기체 요약기록

이야기체 요약기록(narrative summary recording)은 일반적으로 사회복지기관에서 가장 많이 사용하는 기록 형태로 시간순에 따라 변화된 상황, 개입 활동, 주요 정보 등을 요약하여 기록하는 방법이다. 클라이언트 및 그 상황이나 서비스에 대해 이야기를 풀어가듯이 서술체로 기록하며, 면담의 내용을 요약하여 서술하거나 중요한 핵심사항만을 골라내어 간략히 기록한다.

이야기체 요약기록은 사회복지 실무에서 가장 보편적인 기록 형태로 활용되고 있으며, 클라이언트의 상황과 서비스 교류의 본질을 반영하는 방법으로 중요하다고 간주되는 모든 것을 기록할 수 있는 융통성이 있다(강흥구, 2008; 김혜란 외, 2005). 그러나 이야기체 요약기록 방식에는 모든 사항을 다 기록하는 것이 아니다. 관련 없는 세부사항은 제외되며, 관련 사항을 다 기록하지 않고 중요한 정보만을 기록한다. 따라서 효과적 이야기체 요약기록이 작성되기 위해서는 얼마나 정보를 적절히 선택하고 명확하게 조직하는가에 달려 있다. 주제별 혹은 시간의 흐름별로 기록해야 할 중요한 내용을 선택하여 기록해야 한다(윤현숙 외, 2001).

이야기체 요약기록의 장점은 간결하고 초점이 분명하여 쉽게 활용되며, 중요한 정보를 일목요연하게 요약할 수 있다. 또 사회력이나 사정과 같은 특정 내용 요소를 문서화하는 데 효과적이며, 장기간 접촉하거나 사회복지사가 바뀐 경우에도 사례의 일관성 및 지속성을 유지할 수 있다.

하지만 이야기체 요약기록은 사회복지사와 클라이언트의 상호작용의 질을 파악하기 어렵고, 중요한 정보의 양이나 질이 사회복지사의 문장력이나 기록에 투자한 시간 등에 따라 좌우될 수 있다. 기록의 양이 많기 때문에 원하는 정보를 쉽게 찾을 수 없어 정보의 적절한 선택과 구조화하는 능력이 필요하다. 꼼꼼히 기록하려면 시간이 오래 걸리고 구조화되어 있지 않은 경우에는 지나치게 길며 초점이 모호해지는 단점이 있으므로 이를 극복하기 위해 구조화된 양식을 개발하여 병용해야 한다. 따라서 단기적인 서비스나 일상적이고 규형적인 서비스는 구조화된 양식이나 체크리스트를 활용하고, 복합적이고 개별화된 서비스에 대해서만 사용하는 경우도 있다(윤현숙 외, 2001).

이야기체 요약기록의 예시-1

- 환자는 미혼이며 현재 국내에 거주하고 있는 가족으로는 삼촌(천안 인근 화훼농장 종업원)과 누나(기혼, 35세, 암사동 거주)가 있음.
- 2012년 5월 1일(3주 전)부터 파주에 있는 가구공장에 다녔고, 방문비자로 입국하였음. 사업주가 노동능력 파악 후 정식 채용하겠다고 하여 아직 직장보험 등에 가입되지 않은 상태임.
- 환자 공장 인근의 공동숙소에서 숙식을 해결하며 지냈고, 아직 첫 급여를 받지 못했음.

출처: 대한의료사회복지사협회(2015)

이야기체 요약기록의 예시-2

- 2005년 3월 1일 소아정신과 주치의에 의해 입원 중인 김OO 환자에 대한 사회복지서비스(대인관계 기술 향상과 가족 문제에 대한 개입)가 의뢰되었다.
- 사회복지사는 환자와 부모를 만나 현재의 기능 상태를 평가했고, 부녀간 갈등적인 의사소통 양상을 확인하였다.
- 사회복지사는 병동 사회기술훈련을 통해 환자의 문제를 계속 다루어 나갈 계획이며, 가족치료 세션을 진행하기로 하였다.

출처: 한인영 외(2006)

(3) 과정기록

과정기록(process recording)은 원조 과정이나 클라이언트와 사회복지사의 상호작용을 있는 그대로 세밀하게 기록하는 방법이다(강흥구, 2008; 김혜란 외, 2001). 클라이언트와 그 사회상황에 대해 클라이언트가 상담하면서 이야기한 내용, 클라이언트의 행동, 사회복지사의 관찰과 판단, 사회복지사와의 상호작용을 구체적으로 기록하는 방법(김나리·박재영·임종린, 2021)이다. 사회복지실천에서 가장 오랜 역사를 가진 기록 방법으로 초창기에 사회조사를 위해서 가능한 한 자세히 기록하는 것을 목적으로 사용되었다. 하지만 점차 사회복지실천의 초점이 클라이언트의 상황 자체보다는 서비스 교류로 확대되었고 효율성을 중시하여 정보를 간결히 하고 있기 때문에 최근에는 일상적인 사회복지실천보다는 주로 동료나 슈퍼바이저로부터 자문 시 기초자료로 활용하는 등 교육의 목적으로 사용되고 있다. 또한 경험이 많은 사회복지사라 할지라도 어려운 사례를 다룰 때 동료나 슈퍼바이저로부터 자문을 받기 위한 기초자료로 활용할 수 있다(윤현숙 외, 2001). 주로 면접을 녹화한 비디오테이프를 듣고 관찰한 모든 것을 기록하는 방식의 '사회복지사와 클라이언트가 말하는 형태'로 직접적 인용(verbatim)을 사용한다.

과정기록의 유용성은 순서에 따라 일어난 일을 정확하게 회상하고, 기본적인 감정과 의미를 알기 위해 객관적인 태도로 사실을 바라볼 수 있는 사회복지사의 능력에 의해 상당한 영향을 받게 된다. 따라서 간접적이고 불완전하며 왜곡된 정보를 제공할 수 있고, 시간이 많이 소모되기 때문에 기관에서 사용하기에는 비효율적인 면이 있다(김혜란 외, 2005). 따라서 실천현장에서 과정기록을 사용하고자 할 때는 클라이언트의 비밀을 철저히 보장할 수 있도록 고려하여야 한다. 모든 기록은 안전한 장소에 보관되어야 하며 직접적으로 연관되었거나 사회복지사가 지도·감독하는 사람들만 보아야 한다. 만약 기록이 사례연습과 같은 다른 목적으로 사용되어야 한다면, 클라이언트의 개인정보가 노출되지 않도록 인적 사항과 관련된 내용을 변조하거나 삭제해야 한다. 또한 과정기록은 사회복지사가 상황을 이해하기 위한 목적으로 사용하는 것이므로 사용 후에는 영구적인 기록으로 남지 않도록 폐기해야 한다.

과정기록의 장점은 사회복지사와 클라이언트체계 사이에 일어나는 활동을 개념화하고 조직화할 수 있고, 슈퍼바이저가 슈퍼바이지의 기본적 기술 학습 및 진단적 사고를 돕기 위한 교육용 도구로서 광범위하게 사용할 수 있다. 또한 초보 사회복지사나 학생의 자기 인식 및 자아 활동을 향상시키고, 상담 개입의 목적을 명료화하고 개입기술 능력을 향상시킨다. 하지만 기록에 시간이 너무 많이 걸려 비효율적이고, 상담 세션에서 일어난 일을 완벽히 재현하기 어려워 왜곡된 정보를 제공할 수 있으며, 비밀보장이 철저히 이루어지지 않으면 클라이언트의 사적 권리를 침해할 수 있다는 단점을 가진다.

과정록의 예시

w'er 환자분, 혹시 결혼은 하셨나요?
Ct 아니요, 아직.

w'er 가족은 어떻게 되시는지요?
Ct 가족들은 다 중국에 있고 여기는 외가 쪽 삼촌 한 분이랑 누나가 있어요.

w'er 삼촌과 누나는 어디서 어떤 일을 하고 계신가요?
Ct 삼촌은 천안인가 거기 근처에서 꽃 기르는 농장에서 먹고 자면서 일하고 있고, 누나는 여기서 결혼해서 암사동인가 하는 데 산다고 하는데….

w'er 누나는 연세가 어떻게 되세요?
Ct 저보다 3살 많으니까 35살이네요.

출처: 대한의료사회복지사협회(2019: 134)

(4) 가계도 및 생태도

① 가계도

가계도(genogram)는 1970년대 보웬(M. Bowen, 1970)에 의해 개발된 것으로, 3세대 이상에 걸친 클라이언트 가족의 역사와 주된 사건을 한눈에 볼 수 있게 하는 사정도구이다. 3세대에 걸친 가족 구조를 도식화하고, 가족 구성원에 관한 정보를 기록하여 가족 구성원 간의 역동성을 이해할 수 있도록 한다(최세영, 2021).

가계도는 가족관계에 관한 정보를 제공하며 사회복지사와 클라이언트가 현재 당면한 문제의 근원을 도표로 제시한다. 약속된 상징으로 가족에 대한 정보를 표기하므로 복잡한 가족 유형을 쉽게 알아볼 수 있게 하며, 가족 구성원의 세대 간의 정서적 행동상의 문제를 검토하는 데 유용하게 활용된다. 또한 가족의 문제에 기여하는 중요 요인과 가족 패턴을 알 수 있게 한다. 가계도는 종이와 필기도구를 사용하여 상징적인 기호로 구성하는 평가도구로서 가족에 관한 정보는 짧게 기술되는 것이 기본이다. 사회복지사는 가계도를 작성하고 해석하기 위해 이러한 기호를 익숙하게 활용하고 해석하는 기술이 있어야 한다. 가계도는 정해진 상징체계로 표기하여야 하며, 공통적으로 사용하는 기호들은 [그림 8-2]와 같다.

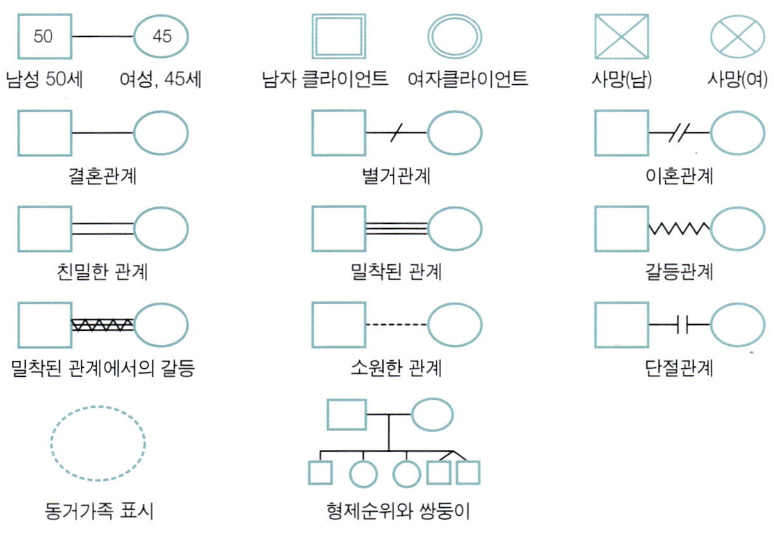

[그림 8-2] 가계도의 주요 기호들

출처: 최세영(2021: 276)

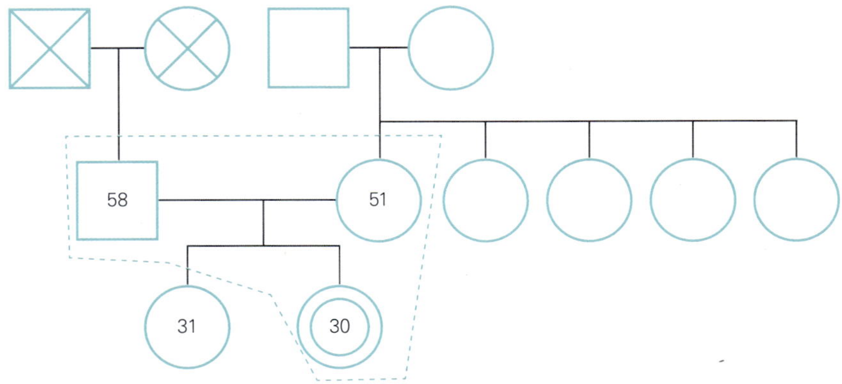

[그림 8-3] 가계도의 예시

출처: 이솔지·김진영·김나리·조선영·권혜민(2022: 197)

의료사회복지사는 사정 과정에서 가계도를 통해 다음과 같은 내용을 분석할 수 있다(최세영, 2021).

- 가족의 구성과 구조: 결혼 상태(이혼, 재혼 등), 형제 순위, 자녀에 대한 부모의 기대와 태도
- 가족의 생애 주기: 가족의 생애 주기에 따른 변화에의 적응
- 세대 간 유형의 반복
  - 적응적 유형: 적응 유연성, 강점, 창조성 등
  - 부적응적 유형: 가정폭력, 알코올 남용, 자살 등
  - 상호작용: 친밀감, 소원감, 단절, 갈등, 삼각관계의 세대 간 반복
- 가족 구성원들의 역할과 기능의 균형
  - 부부간, 형제자매간 혹은 능력이나 부모의 편애, 가족 가치 등에서의 차이가 있는 가족 구성원 간의 힘의 균형
  - 힘의 불균형 가족의 문제 해결 방법과 변화

② 생태도

생태도(ecomap)는 앤 하트먼(Ann Hartman, 1978)에 의해 개발된 것으로, 개인이나 가족의 내·외부 간 자원의 상호작용을 나타낸다. 환경 속의 인간이라는 생태학적 관점에서 현재의 클라이언트의 상황을 통합적으로 이해할 수 있게 하는 사정 도구이며, 특정 문제에 대한 개입계획을 수립하는 데 유용하게 활용된다. 생태도를 통해 가족의 적응과 대처 능력 향상에 도움이 되는 외부자원과 조정되어야 할 갈등 요소를 확인할 수 있다.

생태도는 가계도처럼 클라이언트와의 면담을 통해 얻은 정보를 바탕으로 사회복지사가 해석하고 판단한 결과를 그림으로 표현한 것으로, 사정 결과를 수록한 생태도를 보고 클라이언트가 외부체계와 어떠한 관계가 있는지를 해석할 수 있다. 생태도에 사용되는 주요 기호와 이를 사용한 생태도의 예시는 [그림 8-4]와 같다.

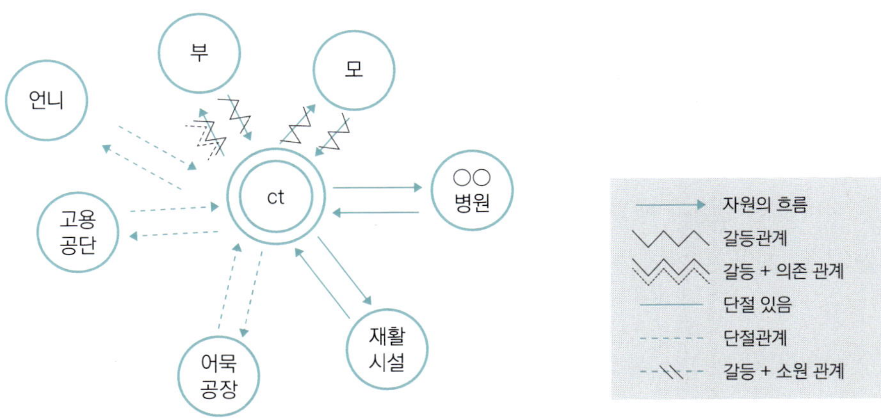

[그림 8-4] 생태도의 주요 기호와 생태도

출처: 이솔지 외(2022: 199)

4) 좋은 기록 작성 방법

(1) 좋은 기록의 정의

좋은 기록은 정확한 기록, 빠짐없는 기록, 전문적인 기록을 의미한다.

① 정확한 기록: 객관적이고 논리적인 기록을 의미하며, 단정이나 추리에 의존하지 않고 사실에 근거한 기록을 말한다. 간결하고 구체적이며, 명확하고 타당하게 기록한다.
② 빠짐없는 기록: 필요한 내용이 누락되지 않게 모두 기록한 것을 의미한다. 이때, 불필요한 내용이 포함되지 않도록 한다.
③ 전문적인 기록: 정확한 용어를 사용하고 전문적인 표현을 사용하는 기록을 말한다. 다만 타 전문직과의 의사소통을 위하여 사회복지사만 아는 표현의 사용은 자제한다.

(2) 좋은 기록의 특징

좋은 기록은 다음과 같은 특징을 가진다(강흥구, 2008).

① 서비스의 결정과 행동에 초점을 두어 작성되었다.
② 사정, 개입, 평가의 기초가 되는 클라이언트와 상황에 대한 정보가 포함되어 있다.
③ 실천의 각 과정에 목적, 목표, 계획, 과정과 진행에 대한 내용이 들어 있다.
④ 사실과 견해가 명확히 분리되어 있다. 사회복지사가 관찰한 사실적 사항과 사회복지사의 견해 및 해석을 구분할 수 있다.
⑤ 기록이 구조화되어 있어 정보를 효과적으로 문서화할 수 있고 쉽게 찾아볼 수 있다.
⑥ 서비스 전달에 대한 내용이 잘 묘사되어 있고 모든 문서가 정확하다.
⑦ 작성된 문체는 간결하고 구체적이며, 내용은 타당하고 명확하다. 또한 논리적

으로 작성되어 있으며, 시기적절하고 의미 있는 내용으로 구성되어 있다.

⑧ 기록의 방법과 과정, 결과 등 기록 전반에 걸쳐 전문가적 윤리를 준수하였다.

⑨ 전문가의 견해를 포함하면서도 클라이언트의 관점을 배제하지 않았다.

(3) 좋지 않은 기록의 특징

비효율이고 좋지 않은 기록은 다음과 같은 특징을 가진다(한인영 외, 2006).

① 정보가 너무 많아서 무엇이 중요한 내용인지 구분하기 어렵다.

② 기록이 조직화 및 구조화되지 않아서 필요한 내용을 찾기 쉽지 않다.

③ 내용을 너무 단순화하여 내용 파악이 어렵고, 결론을 내린 과정에 대해 충분한 자료가 없어서 타당성이 부족하다.

④ 내용의 초점이 불분명하고 기록자의 편견이 들어 있다.

⑤ 사실에 근거하지 않고 추측에 근거하여 작성하였다.

⑥ 맞춤법이 틀리고 문법적 오류가 많다.

⑦ 표현을 반복하여 장황하고 틀에 박힌 용어를 사용하였다.

⑧ 표현한 내용이 의미가 없고 비판적이며 과장되어 있다.

⑨ 클라이언트를 비판하거나 낙인 찍는 내용이 있다.

⑩ 주어가 명확하지 않아서 행동의 주체가 제대로 파악되지 않는다.

(4) 기록 시 유의사항

① 비밀 보장

- 개인정보를 보호한다.
  - 치료와 관련 없는 매우 사적인 정보, 민감한 정보는 자세히 기록하지 않고 일반적 용어로 서술한다.
  - 기록을 책상 위에 방치하거나 화면에 띄운 채로 자리를 비우지 않도록 하고, 클라이언트의 정보를 적은 메모를 분실하지 않도록 한다.

- 외부기관이나 환자의 지인이 정보를 요구하는 경우, 반드시 환자의 동의를 얻는다. 가족이 없는 환자가 의식이 없는 상태일 경우에도 특별히 허가된 매우 예외적인 상황을 제외하고는 비밀을 보장한다.

• 환자가 비밀보장을 요구하는 경우

② 사회복지사의 가치관으로 환자를 판단하지 않도록 주의한다.

③ 자신만 아는 표현을 지양하고 용어 사용에 주의한다.

예) 바람직하지 않은 기록: "정서적 지지 제공함", "수입에서 일부 신복위에 납부", "서공모에 의료비 지원 신청"

④ 기록을 채워야 한다는 강박관념으로 미처 얻지 못한 정보를 추리하여 기록하지 않도록 한다.

⑤ 정확히 알지 못하는 용어는 확인하여 기록한다.

⑥ 가능한 시간 순서대로 기록한다.

(5) 효과적인 기록 작성 방법

① 사전 준비: chart review

사회복지 상담을 시작하기 전에 환자의 진료 기록(medical chart)을 확인할 수 있다면 의료 기록, 간호 기록, 심리검사 결과 등 관련된 자료를 점검하면서 면담의 목적과 질문내용에 대해 충분히 생각할 시간을 갖는 것이 좋다. 초보자로서 자신이 없다면 면담 시 질문할 것을 간략히 적거나, 미리 알고 있는 가계도 등을 그린 후 상담 내용을 삽입하는 것도 도움이 된다.

② 중요한 사건, 날짜, 상황에 대한 짧은 메모

어떤 실천가는 면담 중의 기록은 클라이언트와의 관계를 깨뜨릴 수 있으므로 절대로 하지 말아야 한다고 주장하기도 한다. 물론 클라이언트와의 상담 내용이 상당한 윤리적 이슈를 포함하고 있거나 클라이언트가 면담에 비협조적인 경우는 신뢰 관계 구축이 우선이므로 면담이 끝난 후 기억에 의존하여 기록할 수도 있다. 하지만 대부분의 경우는 면담을 진행하면서 간단한 메모를 병행하는 것이 도움이 된다. 면담하면서 모든 내용을 다 기록할 수는 없고 그렇게 메모에 몰두하는 것도 바람직하지 않다. 만약 상담자가 내담자와 눈을 맞추지 않고 기록에만 몰두하거나 기록지를 완전히 펼쳐놓고 적는 내용이 모두 드러나게 한다면 상담의 흐름이 끊기거나 상담자에 대한 내담자의 신뢰를 떨어뜨릴 수 있으므로 주의해야 한다. 따라서 면담 중에는 중요한 사건이나 날짜, 상황 등에 대해 단어 중심으로 간단히 메모하는 것이 좋다.

③ 면담 직후 개괄적인 기록 작성

면담이 끝난 직후에 주제별, 시간대별 면담내용을 재구성하여 간략하게 정리하는 것이 좋다. 면담 후 시간이 많이 지나면 적어 놓은 내용이 무엇인지 잘 생각나지 않을 수도 있으므로 가능한 한 빨리 정리하도록 한다. 병원에서 이루어지는 상담은 주로 의료진이 의뢰하여 실시하고 정해진 회신 양식이 있으므로 이 양식에 따르면 된다. 일반적으로 회신은 의뢰 후 2~3일 내로 하는 것이 원칙이다.

④ 기록에 대한 점검

- 맞춤법이 틀린 곳은 없는지 세심하게 점검한다.
- 문장이 너무 장황하다면 주어-목적어-서술어 순으로 간략히 정리한다.
- 표현이 반복되고 있다면 반복된 부분을 생략하고 한 주제 밑에 내용을 체계적으로 정리한다.
- 클라이언트의 행동과 사회복지사의 관찰과 견해가 잘 구분되었는가를 살펴본다.
- 지나치게 단순화하지 않았는지 살펴본다. 즉, 내담자의 복잡한 상황, 서비스 전달과 관련된 문제, 관련 당사자들의 상반된 관점을 서술하지 않고 기록에서 내담자를 특정 틀에 끼워 맞추려는 오류를 범하지는 않았는지 객관적으로 검토해 본다.

〈표 8-5〉 좋은 기록과 좋지 않은 기록의 예시

구분	좋은 기록	좋지 않은 기록
기록 내용	• 그녀는 어머니가 돌아가신 후 식욕이 없어지고 모든 일에 흥미가 없어졌다고 하였다(subject). • 또한 면접 중 계속 눈물을 보였고 가슴을 여러 번 쳤다(object). • 따라서 상당한 우울감이 시사되며 정확한 정신과적 평가가 필요하다고 평가된다(assessment).	• 내담자는 우울하다. • 내담자는 면접 중 계속 눈물을 보였고, 가슴을 여러 번 쳤다. 그녀는 "어머니가 돌아가신 후 식욕이 없어지고 모든 일에 흥미가 없어졌다."고 하였다.
분석	• 정확한 기록을 위해서는 내용 묘사 중 진단적 용어를 배제하고 내용 묘사, 관찰, 분석을 분류하여 기재하였는지 확인하는 것이 중요하다.	• 과잉 단순화나 내용 묘사에 그치는 것은 전문직의 기록으로서 미흡하다. • 내용 묘사와 뒷받침이 되는 관찰과 평가가 함께 있어야 객관적인 근거에 따른 전문적 평가임을 명확하게 할 수 있다.

출처: 한인영 외(2006: 157)

⑤ 기록에 대한 수정: peer review, supervision

슈퍼바이저(supervisor)나 동료에게 슈퍼비전(supervision)이나 피드백을 받은 후 기록을 다시 고쳐 본다.

좋은 기록을 위한 방법

- 평이하고 직설적으로 쓰라.
- 수동태를 쓰지 마라.
- 번역체를 피하라.
- 가능한 부사, 형용사의 사용은 피하라.
- 문단 단위로 구조적으로 쓰라.
- 단문으로 쓰라.

(6) 기록의 실제

〈표 8-6〉 초기 면접기록 예시

사회사업 초기 면접기록

9012567
티**나 여/25
DLVR: 01:08

<table>
<tr><td rowspan="7">기본 정보
(general information)</td><td>Case No.</td><td>4145</td><td>구분</td><td>입원</td><td></td><td></td></tr>
<tr><td>의뢰일</td><td>2003-02-28</td><td>의뢰사유</td><td>C05</td><td>회신일자</td><td>2003-02-28</td></tr>
<tr><td>진료과</td><td>산부인과</td><td>주치의</td><td>산부인과 1</td><td>입원일</td><td>2003-02-27</td></tr>
<tr><td>진단명</td><td colspan="3">pre-existing complicating pregnancy</td><td>의료보장</td><td>일반</td></tr>
<tr><td>주소</td><td colspan="3">수원시 권선구 입북동</td><td>전화번호</td><td>000-9999-9999</td></tr>
<tr><td>결혼</td><td>기혼</td><td>종교</td><td>천주교</td><td></td><td></td></tr>
<tr><td>학력</td><td></td><td>직업</td><td>단순기능직 사출공장 직원</td><td></td><td></td></tr>
<tr><td>의료 정보
(medical information)</td><td colspan="6">pre-existing essential hypertension complication pregnancy, childbirth & the pureperium</td></tr>
<tr><td>가족 정보
(family information)</td><td colspan="6">1. 환자: 필리핀 국적, 2000년 10월 필리핀에서 결혼한 뒤 2년 전 남편을 따라 한국에 들어왔음. 남편은 수원의 사출공장에서 일하고 있음
2. 남편: 필리핀 국적, 37세, 필리핀에서 엔진기술자였으며, 2년 7개월 전 한국에 들어와 사출공장 공원으로 일하고 있음
3. 원가족: 필리핀에 시댁, 친정 부모님들이 계시며 농사를 짓고 계신다고 함</td></tr>
<tr><td>정서 상태
(emotional status)</td><td colspan="6">1. 남편: 조용하고 내성적인 편으로 환자와 아이의 건강에 anxious 하며 경제적 부담감을 보이고 있음</td></tr>
<tr><td>사회력
(social history)</td><td colspan="6">1. 천주교 성당: 환자 부부가 천주교 신자로 필리핀 친구들을 중심으로 성당에서 모금을 진행하고 있음</td></tr>
<tr><td>경제상황 평가
(financial evaluation)</td><td colspan="6">1. Housing: 월세 12만 원(공장 부근 자취)
2. Income & Occupation: 부부가 같은 사출공장에서 일하고 있음. 남편은 월 95만 원, 환자는 월 80만 원의 수입이 있음
3. 저축액: 50만 원 있었으나, 진료비로 모두 소진하였음. 수입 일부를 필리핀의 부모님께 보내드리고 있어 저축액이 적다고 함
4. Supportive System: 천주교 성당, 필리핀 친구들</td></tr>
<tr><td>사정(assessment)</td><td colspan="6"></td></tr>
<tr><td>주요 문제
(target problem)</td><td colspan="6">#1 경제적 곤란으로 인한 진료비 문제
필리핀 국적 외국인으로 의료 공제 혜택 가능하여도 경제력 취약하여 진료비 납부에 어려움이 예상됨
#2 심각한 장애를 가진 신생아, 아동의 문제
아기가 저체중으로 장기간의 인큐베이터 치료가 필요한 상황임
#3 입원 전 사회기능의 수행 문제</td></tr>
<tr><td>개입목표
(social work goals)</td><td colspan="6">1. 적절한 의료적 서비스 제공
2. 사회경제적 자원 연결</td></tr>
<tr><td>개입계획
(intervention plans)</td><td colspan="6">1. 사회경제력 평가
2. 가용자원 조사 및 연결
3. 성당 모금 활동 지원 및 외부 후원단체 연결 고려</td></tr>
<tr><td>상담등록일</td><td colspan="4">2003-02-28 담당</td><td colspan="2">담당 복지사2</td></tr>
</table>

○○대학병원 JO1SS001-1 사회사업 초기면접기록(전산)

〈표 8-7〉 의료사회사업상담 경과기록 예시

9012567
티**나
사례번호 4145

의료사회사업상담 경과기록

상담일	상담 내용	담당
2013-02-28 1 내담자 상담 목적 상담 내용 Plan Comment	〈case open〉 의료진 기타 1. 산부인과에서 consult 의뢰됨 • 의뢰 사유: 외국인 환자로 사회경제적 지원	복지사2
2013-03-03 2 내담자 상담 목적 상담 내용 Plan Comment	〈chart review〉 기타 기타 1. 환자(분만실), 아기(신생아 중환자실) chart review • 3/3 8:05 아기 출산하였음 • 초기면담기록지 참조	복지사2
2013-03-03 3 내담자 상담 목적 상담 내용 Plan Comment	〈ward visit〉 환자 남편, 아기 기타 1. 환자 분만실에서 회복 중이며, 남편은 침상 옆에 있음 • 인사 나누고 w'er 소개함 • 엠마하우스에서 공제카드 발급해 주었으며, 오늘도 방문할 예정이라고 함 • 남편이 재차 같은 내용으로 면담하는 것을 피하기 위해 w'er가 엠마하우스와 협의하기로 함 • 엠마하우스 방문 시, w'er가 만나 협의할 수 있도록 연락처 남김 2. 아기 • 1,250g으로 호흡기 착용 없음 • 반사반응이 '약'으로 특별한 신체적 이상은 발견되진 않은 상태임 • 남편이 소아과 주치의(박○성 Dr.)와 면담하였다고 함 1. 엠마하우스 contact	복지사2
2013-03-03 4 내담자 상담 목적 상담 내용 Plan Comment	〈family counselling〉 가족 남편, 엠마하우스 사회자원 상담 1. 엠마하우스에서 다녀가며 w'er에게 연락하기로 하였다고 하나 연락사항이 없음 • 연락처: 010-1234-5678(○○○) • 전화 받지 않아 연락 부탁 메시지 남김 2. 남편: 아기 보고, 주치의와 면담하였다고 하며, 2~3개월 인큐베이터 치료 필요하다고 들었다고 함 3. 환자: 오랜 진통으로 힘들어하고 있다고 함 4. 주변 자원: 주변이 친구들이 많이 있다고 함 1. 엠마하우스 연락	복지사2

○○대학병원

〈표 8-8〉 사회사업 상담 종결기록 예시

9012567
티**나 여/25
사례번호 4145

사회사업 상담 종결기록

진단명	pre-existing complicating pregnancy			
진료과	산부인과	구분	입원	분류
의뢰	C05	입원일	2003-02-27	
등록일	2003-02-28			
제1문제	경제적 곤란으로 인한 진료비 문제 필리핀 국적 외국인으로 의료공제 혜택 가능하여도 경제력 취약하여 진료비 납부에 어려움이 예상됨.			
제2문제	심각한 장애를 가진 신생아, 아동의 문제 아기가 저체중으로 장기간의 인큐베이터 치료가 필요한 상황임.			
제3문제	입원 전 사회기능의 수행 문제			
개입 목표	1. 적절한 의료적 서비스 제공 2. 사회경제적 자원 연결			
계획	1. 사회경제력 평가 2. 가용자원 조사 및 연결 3. 성당 모금 활동 지원 및 외부 후원단체 연결 고려			
종결일	2003-08-05 종결 사유: 문제 해결			
comment	필리핀 국적의 이주 노동자로 초산 및 조산 합병증으로 중환자실 치료 받음. 사회경제적 상황 열악한 것으로 판단되어 평화신문, 이랜드복지재단, 본원 직원 성금 등을 통하여 입원 및 수술치료비 지원하였으며, 환자 입원기간 동안 아이 양육 문제, 치료진 간의 의사소통 문제 등 원조함. 환자 정상 퇴원함에 따라 사례 종결함			

상담 목적별 상담 통계		상담대상별 상담 통계	
심리상담	15	환자	18
경제적 지원	47	가족	15
퇴원계획	10	기타	11
사회자원상담	30	미확인	
재활상담	1		
기타	6	총 상담 횟수	109

진료비 지원 총 지원금

Social Worker 복지사2

○○대학병원 JO1SS001-1 사회사업 상담 종결기록(전산)

02 의료사회복지 평가

1) 의료사회복지 평가의 개념 및 의의

사회복지실천 평가는 사회복지실천의 목적과 목표가 달성되었는지 점검하고 실행에 효과적이었던 방법과 전략들을 밝혀내는 활동이다. 구체적으로는 사회복지실천 활동이 효과적이었는지 판단하고 사회복지실천 과정에 어떤 일이 발생했으며 그러한 일들이 결과에 미친 영향을 조사하는 활동을 의미한다.

의료계에서는 의학교육의 질적 개선을 지적한 1910년 플렉스너 보고서 이후, 1917년 미국 외과학회를 중심으로 실시된 병원표준화사업을 통하여 의료의 질을 개선하여 왔다. 이러한 의료계의 노력에 비하여 의료사회사업 분야에서 질이 강조된 것은 그리 오래된 일은 아니다. 미국의 경우, 1972년 「사회보장법」 개정에 의한 PSRO(Professional Standards Review Organization)의 출범으로 의료사회사업 서비스의 질 보장과 책임성이 강조되었고, 이때부터 기록에 대한 동료검토(peer review) 결과에 대한 평가와 문서화된 표준(standards), 규정(norms), 기준(criteria)을 통한 질 평가가 이루어졌으며(Germain, 1984), 조인트 커미티(JCAHO: Joint Committee on Accreditation of Healthcare Organization)[4] 활동을 통하여 질 보장(quality assurance) 또는 지속적인 질 향상(continuous quality improvement)을 도모해 왔다(Shahar, Auslander, & Cohen, 1995).

우리나라의 경우, 1981년 도입된 병원표준화심사제도(QA)와 1995년부터 시행된 병원의 서비스 평가제도가 의료사회사업서비스의 질에 대한 관심을 증진하는 데 기여하였다. 그러나 이 두 제도는 매우 낮은 점수 비중, 형식적인 심사, 평가 항목의 부적절성 등으로 인하여 사회사업 분야에 필요한 적정 수준의 질을 보장하지 못하고 있다(강흥구, 1999). 좋은 의료사회복지서비스는 엄격한 질의 평가로부터 시작되기 때문에 평가의 기준과 지표가 중요하다(National Association of Social Workers, 1989; Crox-

4 22,000개 이상의 미국 의료기관 및 프로그램을 인증하는 미국에 기반을 둔 비영리단체

ton, Jayaratne, & Mattison, 1995). 그러나 우리나라의 경우 미국사회복지사협회(NASW)나 병원합동심의위원회(JCAHO)의 의료사회사업 부문 심사기준과 같은 뚜렷한 기준이나 원칙 없이 의료사회사업서비스를 제공해 오고 있다.

2) 의료사회복지 평가의 목적과 기능

(1) 의료사회복지 평가의 필요성과 목적

의료사회복지실천에 대한 평가는 의료의 질을 향상시키기 위해 필수적이라고 할 수 있으며, 이를 위해서는 체계적이고 효과적인 질 관리 프로그램 또는 평가도구를 개발해야 한다.

하지만 의료사회복지서비스의 대상이 도덕적 가치를 지닌 인간이고, 인간의 가변성에 반해 지식은 단편적이고 불완전하여 측정을 위한 명확한 지식과 기술이 존재하기가 어렵다는 이유로 의료사회복지실천을 평가하는 것은 쉽지 않다. 또한 의료사회복지실천의 효과성을 신뢰할 수 있고 타당하게 측정할 척도가 부족하다는 것도 의료사회복지를 평가하기 어려운 이유에 해당한다.

그럼에도 불구하고 의료사회복지 평가가 중요한 이유는 다음과 같다(강흥구, 2019).

- 의료사회복지서비스에 대한 수요와 기대 증가
- 할당된 자원이 효과적으로 사용되고 있는지에 대한 신뢰성 검증이 요구됨
- 다른 전문직과 효율적인 팀 협력을 위해 필요
- 의료사회복지의 전문성 확보
- 클라이언트에게 질 높은 서비스를 제공
- 의료사회복지의 개입 정당성을 확보

의료사회복지서비스의 질을 평가하는 것은 기본적으로 다음 4가지 질문의 답을 찾기 위한 목적으로 행해진다.

- 자격 있는 사회복지사에 의해 서비스가 제공되는지?

- 좋은 결과와 실천이 되기 위하여 수용 가능한 과정에 의하여 서비스가 제공되는지?
- 제공한 서비스는 환자가 원하는 결과를 가져왔는지?
- 실제적으로 서비스를 받아야 할 대상자는 누구인지?

이러한 질문에 답하기 위해 다양한 평가 방법이 연구되고 있는데, 이것은 일반적으로 구조, 과정, 결과, 서비스의 전달체계로 압축하여 분석할 수 있다(Compton & Galaway, 1979, Coulton, 1982, Donabedian, 1980 : 강흥구, 2002 재인용).

(2) 의료사회복지 평가의 기능

의료사회복지 평가의 기능은 다음과 같다.

- 개입의 목표가 달성되었는지 여부를 객관적으로 결정할 수 있다.
- 의료사회복지실천의 효과성을 입증할 수 있다.
- 자원의 사용에 대한 책임성을 입증한다.
- 평가와 관련된 사람들에게 정보를 제공한다.
- 의료사회복지실천의 과정을 모니터한다.
- 의료사회복지사의 능력 향상 및 의료사회복지실천의 과정 개선에 기여한다.

3) 의료사회복지 평가의 중요성

의료사회복지실천에서 평가가 중요한 이유는 다음과 같다(강흥구, 2008).

① 의료사회복지서비스에 대한 수요증가와 기대가 증가하고 있기 때문이다.

사회복지서비스의 양적 팽창은 사회복지사업에 할당된 자원이 효과적으로 사용되고 있는가에 대한 신뢰성의 검증을 요구하고 있다. 건강보험의 확대와 실시로 인한 의료 이용 인구의 증가, 의료시설뿐만 아니라 지역사회를 총괄하는 개입범위의 확대, 만성질환자의 증가로 인한 새로운 욕구의 출현은 책임 있는 서비스를 요구하게 되었고, 이러한 책임감을 완수하기 위해 평가가 필요하게 된 것이다.

② 다른 전문직과 효율적인 팀 협력을 위해 필요하기 때문이다.

총체적으로 환자에게 접근하기 위해서는 의사, 간호사, 영양사, 심리상담가, 물리치료사 등 관련된 타 전문직 간의 효율적인 팀 접근이 관건인데, 이를 위해서는 역할 분담 외에 다른 전문직과 개입의 결과와 평가를 함께 논할 수 있어야 한다.

③ 의료사회복지의 전문성 확보를 위해 중요하다.

의사가 환자의 질병에 대하여 과학적이고 기술적인 검사와 진단 과정을 거쳐 그에 따른 처방을 하고 그 결과로 실증적으로 건강을 회복하게 한다면, 사회복지사는 환자의 심리사회적 문제에 대하여 그 욕구와 문제를 사정하고 그에 맞는 적절한 개입으로 삶의 질을 회복하게 하는 것이 주 업무이다. 그러나 사회복지사의 문제와 욕구사정 도구는 완전한 객관성을 확보하기 어렵고, 개입의 결과에 대한 실증적인 결과를 얻기 힘들기 때문에 사회복지사들이 이러한 한계를 극복하고 전문성을 인정받으려면 서비스 이용자의 실증적 경험을 통해 사회복지사의 개입의 효과성을 인정받아야 한다. 또한 체계적인 사정이 이루어져야 하고, 사정된 문제에 따라 프로그램이 진행되는 것에 대한 명백한 증거를 제시하여야 한다.

④ 클라이언트에게 질 높은 서비스를 제공하기 위해 중요하다.

조사와 평가과정을 거쳐 환자와 가족에게 도움이 되는 개입 방법과 서비스가 무엇인지 밝혀냄으로써 클라이언트에게 양질의 의료서비스를 지속적으로 제공하는 데 평가자료와 결과를 활용할 수 있다.

⑤ 의료사회복지의 개입 정당성을 확보하기 위해서이다.

평가과정을 거쳐 의료사회복지사는 자신이 실천한 방법과 기술의 효과성을 증명할 수 있어야 한다. 이렇게 될 때 의료사회복지실천의 개입 정당성이 확보되고, 이를 통해 공공 부문의 제도가 강화되며, 민간기관에서도 사회복지사의 채용과 활용이 증가할 것이다.

4) 의료사회복지 평가의 유형

평가의 유형을 구분하는 기준은 다양한데 일반적으로 평가 내용이나 평가 차원에 따라 과정평가와 결과평가로 구분하고, 평가의 목적에 따라 총괄평가와 형성평가, 통합평가로 구분한다. 또한 평가 주체에 따라 자체평가, 내부평가, 외부평가로 구분한다.

(1) 평가 내용이나 평가 차원에 따른 구분

① 과정평가

과정평가는 의료사회복지실천의 과정을 평가하는 것으로, 계획대로 서비스가 전달되었는가, 프로그램이 진행되고 있는가, 그 과정에서 어떤 일이 일어나고 있는가를 평가한다. 과정평가의 초점은 개입의 성공 여부에 대한 판단이 아니라 개입과정에서 무엇이, 왜 일어났는지에 있다. 의료사회복지사와 환자가 개입 중간중간에 주기적으로 평가한다.

② 결과평가

결과평가는 의료사회복지실천이 종결되었을 때 개입의 목표 달성에 대해 평가하는 것이다. 실천의 효과성과 효율성을 평가하는 것으로 평가 결과에 근거하여 프로그램의 재시작 혹은 폐지 등을 결정하게 된다. 일반적으로 효과성은 실험적 조사설계를 활용하여 인과관계를 파악하여 평가하며, 사전-사후 비교 방법과 실험집단-통제집단 평가 방법이 있다.

(2) 평가의 목적에 따른 구분

① 총괄평가

총괄평가는 프로그램의 종료 후 실시하며, 특정한 목표와 목적이 달성되었는지를 결론 짓기 위해 총괄적인 판단을 하는 평가유형이다. 프로그램의 지속, 중단, 확대

등에 대한 의사결정을 포함한다. 일반적으로 양적 연구 방법을 사용한다.

② 형성평가

형성평가는 프로그램의 개발 중 혹은 실행 초기 단계에서 프로그램을 개선하고 조정하기 위한 방안을 모색하려는 목적으로 시행하는 평가이다. 즉, 프로그램 진행 중이나 서비스 전달의 문제점을 발견하여 서비스 전달체계의 향상 및 서비스의 효율성 증진을 도모한다. 형성평가의 초점은 프로그램을 계획하거나 도움이 될 만한 정보를 얻는 데 맞추어 진행한다. 일반적으로 양적 연구 방법과 질적 연구 방법을 모두 사용한다.

③ 통합평가

통합평가는 형성평가와 총괄평가를 합한 유형으로, 총괄평가적 접근으로 평가한 후 과정평가적 접근을 통해 평가한다.

(3) 평가 주체에 따른 구분

① 자체평가

자체평가는 프로그램 담당자가 스스로 시행하는 평가로, 많은 정보를 얻을 수 있고 비용이 절감되는 장점을 가진다. 반면 공정성을 확보하는 데에는 문제가 있을 수 있다.

② 내부평가

내부평가는 프로그램을 직접 담당하지 않는 기관 내부자에 의해 이루어지는 평가이다.

③ 외부평가

외부평가는 프로그램을 담당하는 기관의 외부자에 의해 이루어지는 평가이다.

(4) 기타 평가 유형

① 클라이언트 만족도 평가

클라이언트 만족도 평가는 클라이언트가 받은 서비스 혹은 프로그램에 대한 클라이언트의 의견을 구함으로써 프로그램 혹은 개입에 대한 만족도를 조사하는 평가이다. 결과평가와 과정평가 등이 개입의 직접적인 결과와 과정을 평가하는 것이라면, 클라이언트 만족도 평가는 개입을 실천한 의료사회복지사 및 의료기관 혹은 서비스나 프로그램에 대해 평가하는 것이다.

② 동료평가

의료사회복지사의 개입 활동에 대해 동료가 평가하는 것으로 동료검토를 통한 평가는 개입의 결과보다는 과정에 초점을 둔다. 의료사회복지사 자신이 좋은 실천 활동에 대한 기준과 원칙을 논의하면서 그 내용을 평가에 반영하기도 한다. 동료평가는 평가를 받는 의료사회복지사의 개입기술 향상에 도움이 되기도 하지만, 평가하는 동료 자신의 실천 활동에 대한 점검과 인식 제고에도 기여한다.

5) 의료사회복지 평가의 방법

평가의 방법으로는 집단설계와 단일 사례 설계, 과업성취척도, 목적달성척도, 동료검토, 클라이언트의 만족도 설문방법 등이 있다(강흥구, 2008).

(1) 집단설계

집단설계는 개입 기법과 프로그램의 효과를 평가하는 데 적합한 방법으로, 실험집단 설계와 유사 실험집단 설계가 주로 사용된다(윤현숙 외, 2001). 그러나 이러한 집단설계는 개별적 문제를 평균화함으로써 개인차를 무시하고 통계적 의미를 중시함으로써 임상적 의미가 약화될 가능성이 있다. 의료사회복지실천현장에서 많은 수의 클라이언트를 확보하기 어렵고, 실험연구를 수행하는 데 있어 다양한 윤리적 문제점 등이 발생할 가능성이 높아 선택 시 주의가 필요하다.

① 실험집단 설계(experimental group design)

무작위 할당과 독립변수 조작, 종속변수의 비교를 특징으로 하는 실험설계 방식으로, 순수 실험조사설계(true experimental design)라고도 한다. 즉, 집단을 무작위로 표집한 후 실험집단에 의도적인 개입을 하고 통제집단에는 개입을 하지 않은 방식으로, 두 집단 간의 차이를 비교함으로써 개입 방법의 성과를 파악하는 것이다.

이 평가방식은 연구에 적합한 사례를 확보하는 데 어려움이 있으며, 통제집단에 개입하지 않는 것이 윤리적인 문제를 야기하기 때문에 사회복지실천에서 유용하게 사용하는 데 어려움이 있다.

실험집단	R	O_1	X	O_2
통제집단	R	O_3		O_4 (R: 무작위 표집, O: 조사 대상, X: 개입)

② 유사 실험집단 설계(quai-experimental group design)

준실험 조사설계라고도 하며, 실험집단과 통제집단의 무작위 할당이 없고, 엄격한 통제집단이 활용되지 않는 집단설계를 말한다. 평가의 대상이 무작위 표집이 아닌 의도적 표집을 통해 구해짐으로써 실험집단 설계보다 사회복지실천에 활용이 쉽다.

실험집단	O_1	X	O_2
통제집단	O_3		O_4 (O: 조사 대상, X: 개입)

③ 솔로몬 4집단 설계

솔로몬 4집단 설계는 2개의 실험집단과 2개의 비교집단을 갖는다. 사전검사는 하나의 실험집단과 비교집단에만 시행된다. 하나의 실험집단과 비교집단에만 사전검사를 시행하기 때문에 시험효과(test effect)를 통제하는 장점이 있다. 그러나 많은 실험 참가자를 필요로 하고 실험을 두 번 해야 하는 단점이 있다(이익섭·이윤로, 2004).

무작위 할당

실험집단	O_1	X	O_2
통제집단	O_1		O_2
실험집단		X	O_1
통제집단			O_1 (O: 조사 대상, X: 개입)

(2) 단일 사례 설계

단일 사례 설계(single case design)는 한 사람의 개인, 하나의 집단, 하나의 기관을 집중적으로 평가하는 방법이다. 기초선(baseline)을 설정하고 개입의 효과를 분석하기 위해 시계열적 관찰을 통해 개입 전-후를 비교하는 방법이다.

① 단일 사례 설계의 과정

- 목표의 설정과 측정 도구의 선택: 달성하고자 하는 목표는 측정이 가능하도록 구체화되어야 하고 신뢰할 수 있는 측정 도구가 선택되어야 한다. 측정 도구는 양적 결과를 측정함으로써 변화 여부와 변화의 수준을 알 수 있어야 한다.
- 관찰 방법의 선택: 측정 도구와 관련하여 측정의 방법을 선택해야 한다. 이때, 측정은 직접 관찰, 자기 보고식 평정척도의 활용, 표준화된 측정 등에서 결정하면 된다.
- 기초선 측정: 개입 전-후를 비교하기 위해 기초선을 측정한다. 자료가 안정된 유형을 보일 때까지 기초선 설정을 계속해야 한다.
- 개입의 실행과 점검: 기초선이 설정되면 개입 실행과 지속적인 점검을 해야 한다. 개입 기술은 다른 사람들도 사용할 수 있어야 하고, 타인이 개입하여도 유사한 결과를 얻을 수 있도록 분명하고 자세하게 기술되어야 한다.
- 변화의 사정: 통계적, 임상적으로 유의미한 변화가 있었는지를 사정한다. 변화의 경향성을 일목요연하게 제시하고 단계별로 클라이언트의 결과 변화를 알 수 있도록 변화의 사정은 시각적 분석을 통하여 이루어져야 한다.

- 개입 효과성 추론: 클라이언트의 변화가 사회복지사의 개입으로 이루어진 것임을 논리적, 경험적으로 증명한다. 이때, 내적 타당도와 외적 타당도를 고려한다.

② 단일 사례 설계의 유형

단일 사례 설계의 유형에는 AB(기초선-개입), ABA, ABAB 설계 등이 있다.

- AB 설계: 여기서 A는 기초선, B는 개입을 나타낸다. AB는 기초선을 설정한 후 개입이 일어난 것을 의미하며, 만약 기초선과 다른 변화가 있다면 개입의 영향이라고 평가할 수 있다. 개입 전과 후를 비교하는 기본적인 연구설계로, 연구의 타당성을 위협하는 많은 요인을 통제하기 어렵기 때문에 개입의 효과성이나 인과관계를 추정하기가 어렵다.
- ABA 설계: 개입이 효과가 있었나를 검증하기 위해 일정 기간 개입을 실시한 후 중단한다. 중단 후 기초선으로 다시 돌아간다면 그동안의 변화가 개입의 효과로 나타난 것이고 만일 변화가 없다면 변화를 개입에 의한 것이 아니라 클라이언트를 둘러싼 다른 요인들 때문이라고 해석될 수 있다.
- ABAB 설계: ABA 설계에서 다시 개입을 시작한 설계 방법이다. 두 번째 개입이 실시된 후 변화가 일어난다면 이것은 개입 때문이라 것이 확실히 증명되는 것이다.

ABA 설계와 ABAB 설계는 철회(withdrawal)설계로, 일정 개입이 이루어진 후 개입 철회를 반복하는 설계를 말한다. 역사, 성숙, 통계적 회귀 등에서 발생하는 위협 요인을 통제하는 데 유용한 설계 방법이다. 기초선의 측정 없이 바로 개입할 때 사용하는 설계방식으로 위기 상황이어서 바로 개입해야 할 경우 사용된다.

③ 기타의 방법

- 과업성취척도: 과제중심모델에서 주로 사용하는 평가 방법으로, 주로 과제 달성 정도를 평가한다. 평가의 내용과 달성 수준에 따라 5점 척도 혹은 4점 척도를 사용할 수 있다.
- 목적달성척도: 주로 목표 달성 지침(Goal Attainment Follow-up Guide) 양식에 따

라 기록하는데, 여러 목적의 달성 여부와 목적이 쉽게 측정되지 않는 경우 사용하면 효과적이다.

- 동료검토: 동료검토는 의료사회복지사의 수행 정도를 동료 사회복지사나 동료가 평가하는 방법이다. 사회복지사의 사례 개입을 그의 동료들이 검토하는 일종의 품질관리(quality control) 활동이라고 할 수 있다. 개입의 결과보다는 과정에 초점을 두는 평가 방법으로, 사회복지사 자신들이 좋은 실천이란 어떤 것인지에 대한 기준과 원칙을 논의하면서 발달시키는 것이다.
- 클라이언트의 만족도 설문: 개입기간 동안 클라이언트가 받은 서비스에 대해 클라이언트의 의견을 구하는 방법이다. 개입의 최종 당사자가 클라이언트이고 사회복지사나 기관의 궁극적인 목적이 클라이언트의 만족도 제고라는 점을 고려할 때 개입에 대한 클라이언트의 인식을 알 수 있다는 측면에서 고려되어야 한다. 다만 클라이언트의 인식이 반드시 현실을 정확하게 반영하지는 않는다는 점과 개입에 적극적으로 참여했거나 좋은 인상을 받은 클라이언트의 응답률이 높다는 것이 한계로 지적된다. 즉, 서비스에 만족하지 못했거나 소극적인 클라이언트는 반응하지 않을 가능성이 크기 때문에 결과가 긍정적인 방향으로 치우쳐서 나타나기 쉽다는 것이다.

환자 만족도 측정 시 이용할 수 있는 항목

① 접근성 및 편리성
② 자원의 활용 가능성
③ 진료의 지속성
④ 의료의 효과 및 결과
⑤ 재정
⑥ 인간적인 태도
⑦ 정보의 수집 및 제공
⑧ 주변의 쾌적함
⑨ 의료의 질

6) 의료사회복지 평가 기준

개입에 대한 평가 기준은 다양하지만, 일반적으로 노력성(effort), 효율성(efficiency), 효과성(effectiveness), 영향(impact), 품질(quality), 과정(process), 형평성(equity)을 들 수 있다(문수열·김병·이창희·정정란·정창훈, 2013). 프로그램의 평가 기준 항목은 〈표 8-9〉와 같다.

〈표 8-9〉 평가 기준

기준	정의	평가 요소의 예
노력성	프로그램 활동의 양	•프로그램 투입 요소와 전환 과정 - 단위 활동 및 이용자 수 - 전문지식과 기술의 보유와 활용 정도 - 예산 및 자원 - 기간 및 하위 활동의 단위 기간 - 개입 활동에 대한 전문인력의 투입 기간 등
효율성	산출 대비 비용 정도	•서비스 단위 산출당 소요 비용 - 개입 노력에 대한 비용 - 결과에 대한 비용 등
효과성	목표의 달성 정도	•목표의 달성과 서비스 노력의 인과관계 - 이용자의 인지적·감정적 변화 - 이용자의 행동상 변화
영향	사회문제나 이용자 욕구 변화에 미친 영향	•개입 노력과 사회적 지표 간의 관계 - 위기집단과 표적집단 내에서의 변화 정도 - 사회지표상의 변화에 대한 실증적 기대 정도 등
품질	개입의 전문성	•서비스 제공자의 전문성 - 서비스 인력의 전문자격 보유 여부와 정도 - 개입 활동에 활용된 전문지식과 기술의 발전 등
과정	개입 결과의 경로	•서비스 운영상의 매개체 - 세부 목표들의 달성 정도와 연계성 - 세부 목표와 개입 결과 사이의 영향 정도의 차이 등
형평성	개입 배분의 공평성	- 대상집단에게 동일한 접근 기회가 부여되었는지의 여부와 그 정도 - 개입 활동이 지역 내에 균등하게 배분되는 정도 등

출처: 문수열 외(2013: 114) 재구성

7) 의료사회복지서비스의 질 보장

급격한 의료비 상승과 전 국민건강보험에 따른 의료수요의 증가, 의료서비스에 대한 기대 변화, 소비자보호운동의 확산과 같은 사회 변화는 의료소비자들의 알 권리와 의료비의 효율성에 대한 관심을 증가시키면서 의료의 질이 중요한 과제로 부상되었다. 의료의 질적 문제와 관련하여 경영학에 쓰이는 품질관리의 개념이 도입되었고, 의료는 일정한 규격의 제품이 아니라 개별 환자에 대한 서비스를 제공하는 것이므로 확실한 양질의 의료가 되도록 관리한다는 의미에서 질 관리(QA: Quality Assurance) 프로그램들이 개발되어 왔다(송인자, 1996; 한인영·최현미·장수미, 2005).

의료사회복지실천에 대한 질 관리(QA) 활동도 의료사회복지서비스를 평가하여 질 향상을 도모하는 관점에서 볼 때, 기관 내부 및 외부에서 실시하는 의료사회복지 QA 프로그램 개발이 필요할 것이다.

(1) 질 관리(QA)의 개념과 영역

대표적인 서비스 조직이라 할 수 있는 병원은 서비스의 질이 고객만족도에 크게 미치지 못하는 곳이라고 할 수 있다. 이러한 인식하에 병원은 질 관리를 위해 지속적으로 노력해 오고 있다. 특히 병원 간 경쟁이 더 심화되고 의료서비스에 대한 수요자들의 욕구가 다양화되면서 모든 것이 고객 중심의 시각에서 이루어지고 있는 상황이다(박재산, 2004). 이러한 환경에서 병원 질 관리의 중요성에 대한 관심이 더욱 커지고 있다.

질 관리(QA)는 병원의 산물과 서비스를 측정하고 이것이 기준에 부합하는가를 결정하는 과정(윤현숙 외, 2001)으로서 이미 주어진 의료를 감시하는 수동적 의미가 강하다. 그러므로 의료의 질을 적극적으로 향상시키기 위한 노력 및 질 향상의 과정에 초점을 둔 지속적인 질 향상(CQI: Continuous Quality Improvement) 개념이 더욱 확대될 필요가 있다.

의료사회복지서비스에서 질 관리(QA)는 구조, 과정, 결과의 영역에서 이루어진다

(윤현숙 외, 2001, Auslander & Cohen, 1992: 강흥구, 2002 재인용).

첫째, 구조 부문에서는 의료사회복지부서의 구조가 효과적으로 의료사회복지 활동을 수행할 수 있도록 되어 있는가, 의료사회복지서비스를 제공하기에 충분한 사회복지사가 있는가, 기관 내 직무교육프로그램이 있는가, 병원 내외의 사람들 간에 의사소통의 통로와 장치가 마련되어 있는가에 대해 알아보는 것이다. 예를 들어, 병원에서 주로 팀 접근을 중심으로 임상 업무를 담당하는 사회복지사가 진료부서가 아닌 총무과 혹은 원무과 등에 편재되어 있다면 팀 구성원 간의 원활한 의사소통이 이루어지지 않을 것이다.

둘째, 과정 부문은 클라이언트에게 제공된 서비스의 과정과 실천내용이 전문적인 기준과 지식에 부합되었는지에 초점을 둔다. 의료사회복지사가 고위험 환자를 발견하여 적절히 개입하였는가, 클라이언트에 대한 사정을 충분히 수행하였는가, 클라이언트의 문제에 적절하게 다양한 개입 방법을 동원하였는가 등이 과정을 평가하는 질문이 될 것이다. 이와 관련하여 최근 국내외에서 질환별로 개발·적용되고 있는 표준진료지침(Critical Model, Critical Pathway)이 의료사회복지서비스에서도 개발되어야 한다.

셋째, 결과에 대한 질 관리는 의료사회복지서비스의 결과가 사회복지서비스에 대한 병원의 필요성을 효과적으로 충족시켰는지에 대한 답을 찾는 활동이다. 이에는 결과평가의 주체와 평가의 객관성 확보, 평가 기준의 적절성 등에 대한 논쟁이 남겨져 있다.

표준 진료 지침

- 단계별로 미리 계획된 문제를 해결하는 특정 방식 혹은 절차, 과정을 안내하는 프로토콜 (Cowles, 2003)
- 환자의 진료목표를 설정하고 목표를 효율적으로 달성하기 위해 의료진이 취해야 하는 행동의 순서와 시점을 제시한 환자 관리 계획(이상일, 1999)

(2) 병원 의료의 질 관리의 과정

미국 JCAHO는 의료의 질 관리 활동에 적용될 수 있는 업무수행의 10단계 모형을 다음과 같이 제시하고 있다.

① 책임 부여
② 진료/서비스 범위 명시
③ 진료/서비스의 주요 특징 확인
④ 평가지표의 선정
⑤ 평가를 위한 역치 설정
⑥ 자료 수집 및 정리
⑦ 진료/서비스 평가
⑧ 진료/서비스 개선 활동
⑨ 개선 활동의 평가 및 기록
⑩ 관련된 개인과 집단에 결과 홍보

(3) 병원표준화 QA 프로그램

① 병원표준화심사

병원에서 실시하는 의료사회복지서비스의 질 보장 관련 프로그램으로 대표적인 것은 1982년부터 실시하고 있는 병원표준화심사이다. 병원표준화심사는 대한병원협회가 1963년부터 시행하고 있는 수련병원 지정을 위한 심사를 확대·발전시킨 것으로, 매년 전국의 수련병원을 대상으로 실시하는 병원 신임제도의 일종이다(성희자, 2000).

한국의 경우 병원표준화심사는 1977년 의료보험제도 실시로 인해 급격히 늘어난 의료 수용에 맞추어 병원들이 증설되면서 의료서비스의 질 관리와 전공의에 대한 정원 배정 등을 목적으로 1981년 100개 병원에 대하여 제1차 병원표준화심사가 실시되었다. 의료사회복지 또한 병원표준화 평가 항목 부문 중의 하나로 처음 실시부터 평가되어 왔다. 2000년의 병원표준화심사 개정은 평가 항목에서 13개에서 21개로 대폭 증가되었고, 병원과 지역사회를 대상으로 수행하는 의료사회복지 활동 영역에 대한 평가 항목이 새롭게 추가되었다. 전체적으로 의료사회복지 활동 그 자체보다 구조 부문에 치중되었던 이전의 심사요강에 비해 결과 부문이 대폭 늘어나 전체 21개 중 14개를 차지하였다. 구조 부문은 직원 현황, 편제, 책임자, 사생활 보장, 업무 규정에 관한 문항으로 구성되었으며, 과정 부문은 기록 보전 방법과 내용으로 구성되었다. 결과 부분에는 상담실적, 상담 방법, 외부자원 연결, 자원봉사활동, QA의 시행 여부와 절차, QA 사업 등에 관한 문항이 포함되었다(윤현숙 외, 2001; 한미영·최현미·장수미, 2006).

의료복지사업의 QA 프로그램은 클라이언트의 욕구에 충실한지, 의료사회복지서비스가 적절한지, 효과적으로 제공되었는지를 평가하여 서비스의 개선을 도모하는 활동이다. QA 프로그램의 기본 요소는 평가대상이 되는 의료사회복지사의 실천 활동, 평가 주체, 평가 기준으로 구성되어 있다. 정확한 QA 평가를 위해 사례기록은 매우 중요하므로 의료사회복지사들이 환자와 가족에게 제공된 서비스에 대해 정확하고 완전한 기록을 남기는 것을 거듭 강조하였다. 평가가 병원 내 타 전문가를 포함한 팀에 의해 이루어질 경우 정확한 기록은 전문성을 드러내는 하나의 척도가 되므로 의료사회복지사업의 대외적 이미지 제고를 위해서도 사례기록의 중요성이 강조되었다(문계숙, 2002).

② 의료기관 서비스 평가

정부에서는 양질의 의료에 대한 국민의 욕구 충족과 의료서비스에 대한 국민의 불만, 불편요인을 해소하고자 1995년부터 종합병원의 인력 및 시설 배치, 환자의 편의도 등을 종합적으로 평가하고 그 결과를 공표함으로써 병원 서비스를 향상시키고자 의료기관 서비스 평가 제도 도입을 발표하였다. 이에 앞서 1994년 개최된 '의료보장 개혁과제의 정책방향'을 주제로 한 의료보장개혁위원회 공청회에서 대한병원협회를 비롯한 대한의사협회, 분과학회 및 간호협회는 공동으로 병원표준화사업을 주관한 대한병원협회를 통해 제도의 수정을 보완하는 것이 타당하다는 의견을 제시하였다. 또한, 대한병원협회는 평가 결과가 서열화되어 병원에 피해가 가지 않도록 신중한 진행을 전제로 서비스 평가의 자율적 시행에 대하여 동의하였다.

이후 정부에서는 한국보건산업진흥원의 전신인 의료관리연구원을 통하여 의료기관 서비스 평가를 1995~2001년까지 병원 규모와 기능에 적합한 평가 기준 및 조사 방법을 개발·보완하고 조사의 전문성을 제고하기 위한 시범 평가를 실시한 바 있다. 다만 이 과정에서 평가 문항이 서비스영역에 집중하여 의료계 관점에서의 '질'을 반영하지 못한 한계점을 드러내어 의료계의 호응을 얻는 데 실패하였다(이혜란, 2012).

③ 의료기관 평가

국내에서 처음 실시한 의료기관 평가는 1963년 당시 보건사회부가 시행한 '수련병원 지정 심사'였다. 심사를 위해 각 병원의 실태를 조사하기 때문에 자연스럽게 병원 수준을 평가하는 계기가 됐다. 정부 주도로 시작됐지만 예산이 확보되지 않아 2년 만인 1965년 평가 주체가 대한병원협회로 바뀌었다(박운제, 2015).

본격적인 의료기관평가제도는 2002년 「의료법」 제47조제2항의 신설에 따라 보건복지부가 전국 대학병원 42개와 500병상 이상 종합병원 36개소를 대상으로 2004년 8~11월 병원별 서비스 수준을 처음으로 평가하고 발표하였다.

1995년부터 정부에서는 보건의료서비스의 향상을 도모하고자 의료기관별 제공서비스의 질적 수준을 평가·공표하여 국민에게 서비스 선택기회를 제고하고 의료기관 간 서비스의 개선을 유도하기 위해 '의료기관인증제(구: 의료기관평가제)'를 실시하고 있다. 2010년 「의료법」 개정을 통해 의료기관인증제 시행의 법적 근거를 마련하고, 이에 따라 의료기관 인증전담기관인 의료기관평가인증원을 설립하여 2011년부터 병원급 이상의 의료기관을 대상으로 의료기관의 자율신청에 의한 의료기관인증제도를 시행하였다. 단, 요양병원과 정신병원은 의료서비스의 특성 및 환자의 권익보호 등을 고려하여 2013년부터 의무적으로 인증신청을 하도록 되어 있다(의료기관평가인증원 홈페이지 www.koiha.or.kr). 의료기관평가인증원 홈페이지에는 [그림 8-5]와 같이 인증기준과 주요 내용, 기준틀, 기준의 구성 항목이 제시되어 있다.

[그림 8-5] 의료기관 인증기준의 기본 틀(급성기병동 인증기준)

출처: 보건복지부·의료기관평가인증원(2021)

④ 기타 프로그램

병원 외부기관이 아닌 사회복지과의 주도로 다양한 QA 프로그램이 개발되고 있다. 윤현숙 등(2001)은 QA 프로그램의 구체적 형태는 정보의 정확한 수집, 분석, 기록을 위한 면접자의 구조화가 표준화 작업이라고 하였다. 그 예로 한강성심병원에서 개발한 구조화된 초기면접지를 제시하였다. 이외에도 삼성서울병원 사회사업실을 이용하는 환자 만족도 조사, 사회사업 사례회의 동료검토서(홍영수, 2000), 강남성모병원의 직할 병원 전체 사례회의 및 워크숍(이정훈, 2000) 등도 원내 및 직할 병원 내 사회복지과 주도로 이루어진 QA 활동이다.

생각해 봅시다

- 의료사회복지에서 기록의 중요성을 알아보고 여러분이 생각하는 좋은 기록의 구성요소에 대해 생각해 봅시다.
- 의료사회복지현장의 기록에 있어서 클라이언트의 비밀보장 외에 고려해야 할 사항에 대해 토론해 봅시다.
- 의료사회복지서비스의 질 보장을 위한 평가 활동의 현장 사례를 찾아보고 특징과 활용에 있어서 장·단점을 토론해 봅시다.

Part 3

의료사회복지의 영역별 실천

의료사회복지론
Social Work In Health Care

Chapter 09

일반의료와 사회복지

학습 목표

- 일반의료 영역 가운데 장기이식, 암, 화상, 당뇨, 뇌졸중, 척수 손상에 대한 의료적인 기본 지식을 습득한다.
- 장기이식, 암, 화상, 당뇨, 뇌졸중, 척수 손상 환자와 가족들이 해당 질병으로 인해 경험하는 심리사회적인 어려움에 대해 이해한다.
- 장기이식, 암, 화상, 당뇨, 뇌졸중, 척수 손상 환자와 가족들에 개입하는 의료사회복지사의 업무와 역할에 대해 이해한다.

사람들은 갑작스러운 질병의 진단을 받으면 급성적인 스트레스를 경험하게 된다. 의료사회복지사들은 주로 질병과 장애의 문제를 가진 클라이언트를 전문적 서비스의 대상으로 일하는 경우가 대부분이다. 이에 질병과 장애에 대한 바른 이해를 필요로 한다. 이 장에서는 의료사회복지사가 만나는 주요 환자군과 가족에 대한 이해를 돕고 해당 영역에서의 의료사회복지사의 주요 역할과 수행하는 활동은 어떤 것들이 있는지 다루고자 한다.

01 장기이식 개입 의료사회복지

1) 장기기증과 이식에 대한 이해

(1) 장기기증과 장기이식

장기(organ)는 "사람의 내장, 그 밖에 손실되거나 정지된 기능회복을 위하여 이식이 필요한 조직"으로써 '신장, 간장, 췌장, 심장, 폐, 소장, 췌도, 안구, 골수, 말초혈, 손·팔, 발·다리 등'이 해당되며, 장기이식은 "환자의 장기가 망가져 더 이상 제 기능을 하지 못해 기존의 치료법으로 회복이 어려워 생명을 잃을 수도 있는 상황에 놓인 각종 말기질환자의 장기를 건강한 다른 사람의 장기로 대체·이식하여 그 기능을 회복시키는 의료행위로써 새 생명을 얻게 하는 치료법"이라고 말할 수 있다. 이때, 장기기증(organ donation)이란 "다른 사람의 장기 등의 기능회복을 위하여 대가 없이 자신의 특정한 장기 등을 제공하는 행위"를 말하며 뇌사기증, 사후기증, 살아 있는 자 간 기증으로 구분된다.

- 뇌사기증: 뇌혈관질환, 교통사고 등으로 인한 뇌사자의 장기를 가족 또는 유족의 신청에 의하여 기증하는 경우
- 사후기증: 사망한 후 안구(안구) 및 인체조직 기증
- 살아 있는 자 간 기증: 부부·직계존비속·형제자매·4촌 이내의 친족 간 타인 간의 살아 있는 자 간 장기기증

(2) 뇌사기증

뇌사기증(brain death donor)은 뇌사추정자가 있는 병원의 의사 및 간호사, 의료사회복지사 등 의료진의 상담을 거쳐 가족 또는 유족이 서면으로 기증동의서(선 순위자 1명)를 작성하면 기증할 수 있다. 이 경우 「장기등 이식에 관한 법률」에 의하여 국가에서 소정의 진료비와 장제비를 지원받을 수 있다. 뇌사자의 기증 가능한 장기에는 신장(kidney), 간장(liver), 심장(heart), 폐(lung), 췌장(pancreas), 췌도(langerhans),

소장(small intestine), 안구(cornea), 손·팔(hand·arm), 발·다리(foot·leg) 등이 있다.

뇌사기증에 대한 이해를 높이기 위해 '뇌사자'와 '식물인간'의 개념을 이해할 필요가 있다. 뇌사자란 뇌질환이나 교통사고 등으로 뇌간을 포함한 전체 뇌 기능이 완전히 정지되어 회복이 불가능한 상태를 말하는데, 스스로의 호흡이 정지되었지만 인공호흡기로 호흡을 유지시켜 심장이 뛰고 있는 상태를 말한다(국립장기조직혈액관리원 홈페이지). 뇌사의 주요 원인에는 교통사고, 낙상, 총기사고 등으로 인한 뇌손상, 동맥류, 뇌졸중, 뇌종양 등으로 인한 뇌질환 및 질식, 익사, 심장마비와 같은 산소 미공급에 의한 뇌사가 있다. 반면, 식물인간은 사고나 질병에 의해 대뇌피질에 손상을 입어 아무런 움직임과 의식이 없는 상태로 뇌간에 의해 호흡이나 소화기능 등 생명 유지에 필수적인 기능만 가능하나 증상이 심하지 않는 경우 깨어나 정상생활로 돌아가기도 한다.

뇌사자의 장기 배분 절차 및 방법은 우선 환자가 진료를 받고 있는 병원의 의사 및 간호사 등 의료진과 의료사회복지사의 상담을 거쳐 뇌사자 장기이식을 받을 수 있도록 이식대기자로 등록신청을 하면 이로써 국립장기조직혈액관리원(KONOS)의 전산프로그램인 장기이식정보시스템(K-net)에 등록(candidate waiting list)된다.

※ 환자 등록신청 → 이식의료기관(코디네이터) → K-net 프로그램에 입력

발생의료기관에서 뇌사기증자(donor)가 발생하면 장기구득기관(IOPO)이나 뇌사판정대상자관리전문기관(HOPO)에서 뇌사자를 관리할 수 있는 의료기관으로 이송하여 '혈액형 및 HLA검사를 포함한 신체검사 결과, 뇌사조사, 뇌사판정 등' 일련의 절차를 국립장기조직혈액관리원(KONOS)의 장기이식정보시템(K-net)에 입력하게 된다. 이후 국립장기조직혈액관리원(24시간 뇌사자관리팀)의 이식선정기준에 의해 이식대상자가 선정·확정되고, 뇌사자관리 의료기관에서 수술실 제공, 이식의료기관에서 정해진 시간에 출장, 장기를 적출·이송해 가서 수술실에서 이식을 대기하고 있는 환자에게 신속하게 이식하면 장기이식이 완료된다. 이때, 환자의 가족 또는 유족의 신

속한 협조가 필요하다. 뇌사자의 장기기증 절차와 뇌사자 장기기증 및 이식의 처리 과정을 그림으로 살펴보면 [그림 9-1]과 [그림 9-2]와 같다.

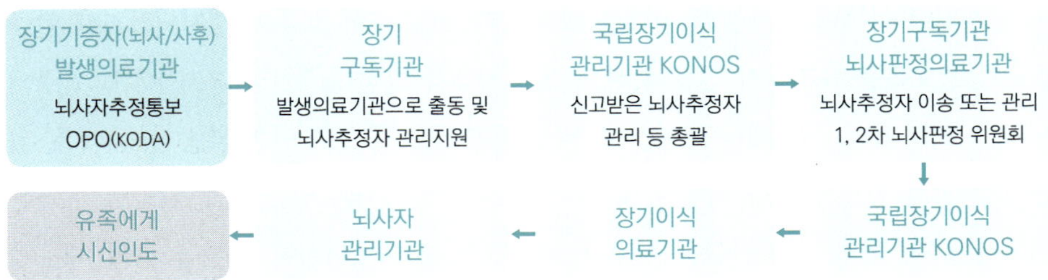

[그림 9-1] 뇌사자의 장기기증 절차

출처: 보건복지부 국립장기조직혈액관리원(www.konos.go.kr)

[그림 9-2] 뇌사자 장기기증 및 이식의 처리 과정

출처: 보건복지부 국립장기조직혈액관리원(www.konos.go.kr)

(3) 사후기증

사후기증에서 심장사 이후 안구 혹은 인체조직 기증은 다음 [그림 9-3]과 같은 절차로 이루어진다.

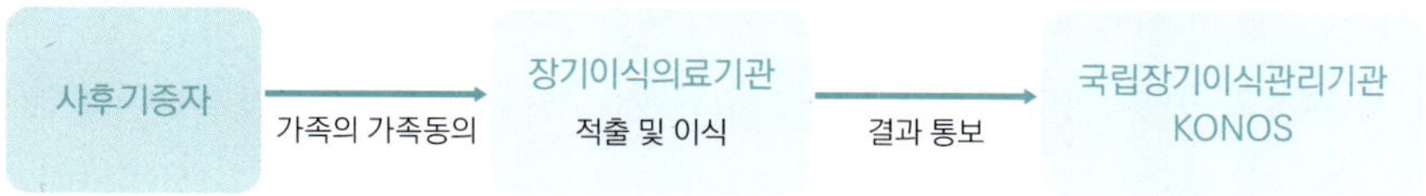

[그림 9-3] 심장사 이후 안구 및 인체조직 기증

출처: 보건복지부 국립장기조직혈액관리원(www.konos.go.kr)

「장기등 이식에 관한 법률」 제4조제1호에 의하면 안구이식이란 손상되거나 정지된 기능회복을 위하여 필요한 조직인 안구을 이식하는 것을 말한다. 안구기증의 절차와 이식에 대해 구체적으로 살펴보면, 안구이식은 다른 장기와 같이 이식대기자가 이식의료기관에 등록한 후 뇌사자 또는 사망한 자로부터 안구기증이 있을 경우 이식의료기관에서 의료진이 그 발생장소에 출장하여 안구를 적출, 이송하여 해당 이식의료기관에서 이식대상자를 선정하여 그 안구을 이식한다. 이때, 이식의료기관은 그 선정사유와 선정결과를 국립장기조직혈액관리원(KONOS)에 통보하고, 아울러 등록기관, 기증자 및 이식대상자와 그 가족이나 유족에게 선정결과를 통보해야 한다. 다른 고형장기와 비교하여 안구이식의 특징은 안구는 사후 6시간 이내에 채취가 가능하고 혈액검사 결과 안전성이 확보될 경우 누구에게나 이식이 가능하며, 다른 장기와 달리 최대한 2주까지 보관이 가능하다는 특징이 있다. 또한 안구는 혈관 및 신경 등이 포함된 하나의 장기로서 안구뿐만 아니라 공막이식 및 녹내장 수술 등 광범위하게 사용이 가능하다.

(4) 살아 있는 자 간 기증

살아 있는 자 간 기증이란 살아 있는 사람으로서 19세 이상인 장기기증자(living

donor)가 부부·직계존비속·형제자매·4촌 이내의 친족 간, 타인 간을 이식대상자로 선정하여 장기기증을 하는 경우를 말한다. 이 경우 미리 국립장기조직혈액관리원(KONOS)으로부터 이식대상자 선정승인을 받아야 한다. 자신이 장기이식 대상자 선정승인을 받고자 할 경우, 이식대상자 선정승인 신청서에 이식대상자 선정사유서와 기증자 자신과 이식대상자와의 관계를 확인할 수 있는 서류를 첨부하여 이식의료기관에 제출하고, 동 이식의료기관에서는 의료사회복지사의 상담 내용과 의료진의 의견서 등을 첨부하여 국립장기조직혈액관리원(KONOS)에 제출하여 이식대상자 승인을 받은 경우에만 장기적출이나 이식이 가능하다. 이때, 승인은 2개월 연장이 가능하며, 1회에 한하여 재연장이 가능하다. 국립장기조직혈액관리원(KONOS)에서는 동 서류를 허위로 작성한 경우나 기증자와 이식대상자 간의 관계가 명확하게 확인되지 못하여 장기매매의 우려가 있다고 판단되는 경우에는 승인을 하지 않는다. 살아 있는 자의 간 기증의 종류에는 신장, 간장, 췌장, 췌도, 소장, 폐, 골수(marrow), 말초혈(peripheral blood)이 있다. 살아 있는 자 간 기증 절차는 다음 [그림 9-4]와 같다.

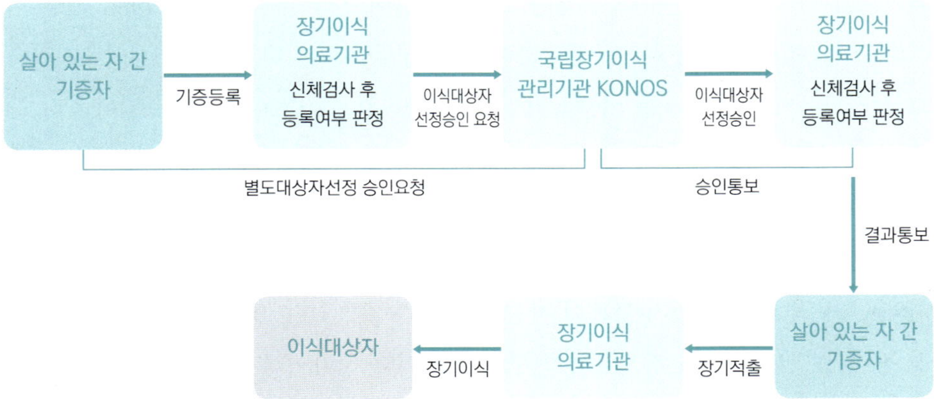

[그림 9-4] 살아 있는 자 간 기증 절차

출처: 보건복지부 국립장기조직혈액관리원(www.konos.go.kr)

살아 있는 자 간 장기기증의 종류에는 친족 간 기증과 타인 간 기증, 살아 있는 자 간 기증이 있다. 친족간 기증은 해당 이식의료기관을 통하여 주민등록등초본 및 호적등초본 등 친족을 확인할 수 있는 서류를 국립장기조직혈액관리원(KONOS)에 제출하여 대가 없이 장기를 기증하는 경우만 선정승인이 가능하다. 살아 있는 자 간 이식에 있어서 친족의 범위는 다음과 같다.

- 「민법」상 친족의 범위: 8촌 이내의 혈족, 4촌 이내의 인척, 배우자
- 인척의 범위: 혈족의 배우자, 배우자의 혈족, 배우자의 혈족의 배우자

타인 간 기증은 해당 이식의료기관을 통하여 친족의 범위를 넘어서 타인을 이식대상자로 지정하여 기증한 경우로 장기매매가 아닌 순수성을 증명하는 객관적이고 타당한 서류를 국립장기조직혈액관리원(KONOS)에 제출하여 관계 확인에 대한 구체적인 심사를 거쳐 적합할 경우에만 승인이 가능하다.

살아 있는 자 간 순수 기증은 기증자가 이식대상자를 선정하지 않고 순수하게 기증하는 경우를 말하며, 가족이 명시적으로 반대하지 않아야만 기증이 가능하다. 살아 있는 자 간 순수 기증의 절차와 방법은 우선 본인이 원하는 이식의료기관에 가서 상담을 받은 후 순수 기증을 위한 신체검사를 받아야 한다. 신체적, 정신적으로 건강하고 수술 후 스스로 자신의 건강관리 능력이 있다고 판단되면 기증에 따른 정밀검사를 진행하게 된다. 수술 전 검사 결과가 의학적, 사회적으로 기증에 적합한 상태로 판단되면 이식의료기관에서 국립장기조직혈액관리원(KONOS)에 그 결과를 제출한다. 국립장기조직혈액관리원(KONOS)에서는 제출된 서류의 적격 여부를 심사 후 적합할 경우 해당 이식의료기관에 등록된 환자를 대상으로 K-net 프로그램에 의해 공정하게 이식대상자를 선정하여 통보한다. 이때, 순수기증자는 이식의료기관과 장기 적출일자 등에 대하여 조율한 후 장기를 기증하면 된다. 여기서 살아 있는 자 간 교환이식이란 이식의료기관에서 이식대기자로 등록된 사람들 간에 대가성 없이 순수하게 부부간·직계존비속 간 등 교환하는 형태로, 장기를 상호간 이식하는 경우를 말한다.

미성년자의 살아 있는 자 간 기증은 좀 더 주의를 요하는데, 미성년자의 경우 살아 있는 자 간 기증은 천부적인 일신 전속권에 속하여 본인의 동의가 없이는 절대 적출이 불가능하다. 즉, 미성년자의 경우는 원칙적으로 장기 적출이 불가능하다. 다만, 16세 이상 19세 미만의 미성년자의 경우와 16세 미만인 미성년자의 골수를 적출하고자 하는 경우는 부모의 동의를 받아 국립장기조직혈액관리원(KONOS)의 장기기증 및 이식대상자 선정 승인이 되었을 때에만 가능하다. 살아 있는 자 간 장기기증·이식의 추진체계 및 업무처리 절차는 다음 [그림 9-5]와 같다.

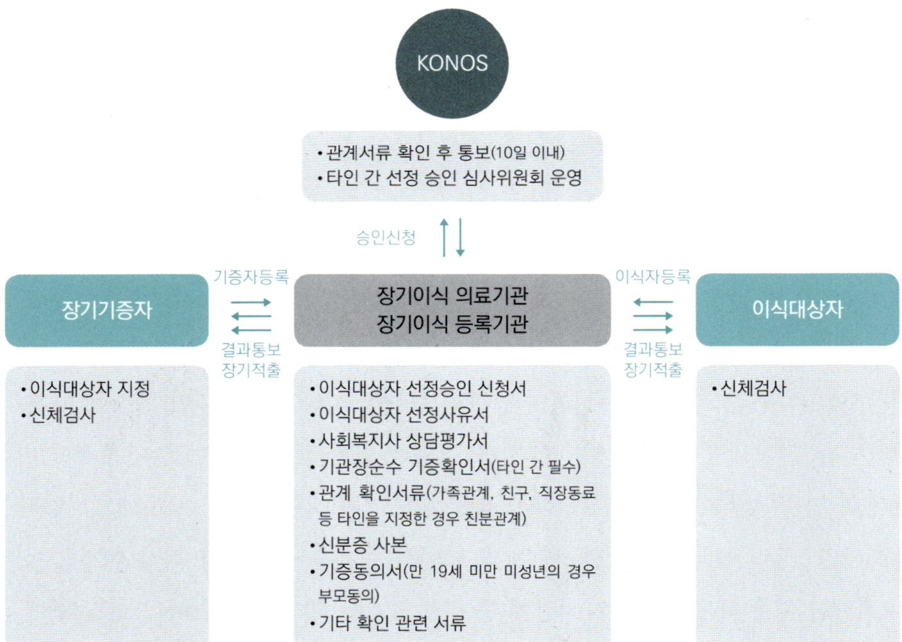

[그림 9-5] 살아 있는 자 간 장기기증·이식의 추진체계 및 업무처리 절차

출처: 국립장기조직혈액관리원(https://www.konos.go.kr/konosis/common/bizlogic.jsp)

(5) 장기기증 동의

장기기증에 관한 동의는 기증희망자 본인이 하는 경우와 가족 또는 유족이 하는 경우가 있으며 구체적으로는 다음과 같다.

① 본인이 서명한 문서에 의한 동의는 문서에 의하여야 하고, 자필로 서명을 하여야 한다. 문서의 형식은 일정하지 않아도 되나 장기를 기증한다는 내용이 포함되어야 한다.

② 「민법」의 유언에 관한 규정에 의한 동의는 자필증서에 의한 방식, 녹음에 의한 방식, 공정증서에 의한 방식, 비밀증서에 의한 방식, 구수증서(口授證書)[5]에 의한 방식 등이 있다.

기증 동의의 순위는 먼저 가족 또는 유족 동의의 경우, 가족 또는 유족의 순위에 의한 선순위자 1인의 서면에 의한 동의를 말한다. 가족 또는 유족이라 함은 살아 있는 자, 뇌사자 또는 사망한 자의 다음에 해당하는 자를 말하는데 다만, 14세 미만인 자는 제외된다. 가족 또는 유족의 순위(「장기등 이식에 관한 법률」 제4조제6호)는 다음과 같다.

- 배우자
- 직계비속(자식)
- 직계존속(부모)
- 형제자매
- 4촌 이내의 친족(앞의 4가지 가족 또는 유족이 없는 경우)

선순위자 1인이 모두 미성년자(만 19세 미만인 자)인 경우에는 당해 미성년자의 동의를 받는 것 외에 미성년자가 아닌 차순위의 가족 또는 유족 1인의 동의가 추가로 필요하다.

5 유언자가 2인 이상의 증인의 참여로 그 1인에게 유언의 취지를 구수하고 그 구수를 받은 자가 이를 필히 낭독하여 유언자와 증인이 그 정확함을 승인한 후 각자 서명 또는 기명날인

(6) 이식대기자 등록 및 이식대상자 선정기준

뇌사자나 살아 있는 사람으로부터의 이식대기자 등록 방법은 다음과 같다. 뇌사자의 장기기증 절차와 방법은 우선 환자가 진료를 받고 있는 병원(이식의료기관)의 의사 및 간호사 등 의료진과 의료사회복지사의 상담을 거쳐 뇌사자 또는 살아 있는 사람 간 장기이식을 받을 수 있도록 이식대기자로 등록신청을 하면 국립장기조직혈액관리원(KONOS)의 전산프로그램인 장기이식정보시스템(K-net)에 등록(candidate waiting list)되게 된다.

※ 환자 등록신청 → 이식의료기관(코디네이터) → K-net 프로그램에 입력

이식대상자(recipient)의 선정은 「장기등 이식에 관한 법률」 제26조 및 동법 시행령 제26조 [별표 5] '이식대상자 선정기준'에 따라 각 이식의료기관에서 등록된 '의학적 응급도(간장·심장)와 그 판별기준(성인과 소아의 경우로 구분), 항목별 점수[6](나이, 대기기간,[7] 본인의 과거에 장기기증 한 사실 여부와 배우자·직계존비속·형제자매, 4촌 이내의 친족 등 과거에 뇌사자 장기기증 한 사실이 있는지 여부, 혈액형 동일여부,[8] 지리적 접근도[9] 등)'를 고려하여, 전산프로그램인 장기이식정보시스템(K-net)에 의해 객관적이고 체계적이며 공정한 선정기준에 의해 이식대상자가 선정된다.

---

6 과거에 장기 등을 기증한 사실이 있는 경우(골수 포함), 배우자, 직계존비속 중 뇌사자로 장기기증을 한 경우 4점
형제자매 중 뇌사자로 장기기증을 한 경우 3점
4촌 이내 친족 중 뇌사자로 장기기증을 한 경우 2점
혈액형이 동일한 경우 10점
수혈 가능한 경우 5점

7 대기기간은 이식등록기관에서 이식대기자의 수술 전 관리를 국립장기조직혈액관리원(KONOS)의 K-net 전산프로그램에 등록한 일자를 기준으로 산정하게 된다.

8 동일 혈액형이거나 수혈 가능한 혈액형이라 함은 ABO혈액형(A, B, AB, O)을 말한다. 즉, A→A, AB형에, B→B, AB형에, O→A, B, AB, O형에, AB→AB형에게 수혈이 가능하다.

9 지리적 접근도는 이식대기자가 등록한 이식의료기관이 소재한 권역(제1권역: 서울, 강원, 제주지역, 제2권역: 대전, 광주, 충청, 호남지역, 제3권역: 부산, 대구, 울산, 경상지역)을 기준으로 한다.

(7) 장기적출

장기적출의 요건은 다음과 같다. 먼저 살아 있는 사람의 장기 등을 적출할 때에는 본인이 동의한 경우에 한하여 이를 적출할 수 있다. 다만, 다음에 해당하는 경우에는 본인의 동의 이외에 그 부모의 동의까지 얻어야 한다.

- 16세 이상 19세 미만의 미성년자의 장기를 적출하고자 하는 경우
- 16세 미만인 미성년자의 골수를 적출하고자 하는 경우(이 경우 부모가 없고 형제자매에게 골수를 이식하기 위하여 적출하고자 하는 때에는 법정대리인의 동의가 필요)

또한 뇌사자와 사망한 자의 장기 등은 본인이 뇌사 또는 사망 전에 장기 등의 적출에 동의한 경우에 이를 적출할 수 있다. 다만, 본인의 동의가 있다 하더라도 그 가족 또는 유족이 장기 등의 적출을 명시적으로 거부하는 경우에는 이를 적출할 수 없다. 즉, 본인이 뇌사 또는 사망 전에 장기 등의 적출에 동의 또는 반대하였다는 사실이 확인되지 아니한 경우로써 그 가족 또는 유족이 장기 등의 적출에 동의한 경우에 이를 적출할 수 있다.

장기 등 적출 동의 철회허용에 대해 살펴보면, 살아 있는 사람이 장기 등의 적출에 동의한 경우이거나 뇌사자 또는 사망자의 가족 또는 유족이 장기 등의 적출에 동의한 경우라 하더라도 장기 등의 적출을 위한 수술이 시작되기 전까지는 언제든지 장기 등의 적출에 관한 동의의 의사표시를 철회할 수 있다.

또한 적출이 금지되는 경우는 의학적으로 이식이 부적합한 장기에 대한 적출과 이식대상자가 선정되기 전에는 장기[10] 등의 적출이 금지된다.

10 이식대상자가 정하여지지 아니한 경우에는 장기 등을 적출하여서는 안 되며 다만, 상당한 기간이 지난 후에도 이식이 가능한 뇌사자와 사망한 자의 안구 및 신장은 적출할 수 있다.

2) 조혈모세포 기증과 이식

(1) 조혈모세포

조혈모세포(hemopoietic stem cell)는 정상인의 혈액 중 약 1% 정도에 해당되며 모든 혈액세포를 만들어 내는 능력을 가진 원조가 되는 어머니 세포를 말한다. 조혈모세포는 온몸에서 발견되지만 골수에서 대량 생산되고 있으며, 혈액을 구성하는 적혈구, 백혈구, 혈소판으로 분화된다. 기증자의 골수나 말초혈 조혈모세포는 기증 후 2~3주 이내에는 기증 전 상태로 원상회복이 가능하므로 기증자의 혈액세포 생성능력에 전혀 지장을 받지 않는다. 조혈모세포 이식은 백혈병이나 암 환자에 적절한 시기에 이식을 하여 새 생명을 얻게 하는 치료행위를 말한다. 조혈모세포 이식은 환자와 기증자의 조직적합성 항원형(HLA type)이 일치하여야 하는데, 환자와 기증자 간 HLA형이 일치할 확률은 부모와 자식 간 5% 이내, 형제자매간 25% 이내, 타인 간 일치할 확률은 수천에서 수만 명 중 1명에 불과할 정도로 확률이 매우 낮다. 이에 따라, 조혈모세포 기증희망자 등록은 가능한 한 많은 사람이 등록하여야 환자가 이식받을 확률이 높아진다. 조혈모세포 관리의 법적 근거는 「장기등 이식에 관한 법률」, 「암관리법」, 「생명윤리 및 안전에 관한 법률」에 의한다.

(2) 조혈모세포 기증과 이식 절차

조혈모세포 기증과 이식 절차는 먼저 조혈모세포 기증희망자 등록으로부터 시작된다. 만 18세 이상 40세 미만의 건강한 사람이면 누구나 조혈모세포 기증 등록이 가능하다. 현재 5개의 모집기관(등록기관)을 통해 조혈모세포 기증희망자를 모집하고 있으며 모집기관(등록기관)은 다음과 같다.

- 대한적십자사
- 한마음한몸운동본부
- 생명나눔실천본부
- 한국조혈모세포은행협회

• 가톨릭조혈모세포은행

조혈모세포 기증 절차는 조혈모세포 기증희망 등록을 한 후 기증대상자가 나타나면 다음 [그림 9-6]의 절차로 조혈모세포(골수, 말초혈)를 기증하게 된다.

1. 조혈모세포 기증희망자는 등록기관(모집기관)에서 상담을 한 후 조혈모세포 기증희망자 등록신청서를 작성한 후 조직적합성(HLA) 검사를 위한 3~5cc 혈액을 채취합니다.

↓

2. 국립장기이식관리센터에 조혈모세포 기증희망자로 등록됨

↓

3. 조직적합성 항원형이 일치하는 환자가 나타나면 상담을 거쳐 최종 기증 의사를 확인

↓

4. 기증 전 기증자의 건강상태를 확인하기 위한 건강검진을 시행

↓

5-① 골수기증
- 자가수혈을 위한 혈액 채취
- 전신마취 후 골반(엉덩이)뼈에서 채취
- 입원기간: 3~4일
- 소요시간: 3~4시간

5-② 말초혈조혈모세포 기증
- 기증 전: 3~4일간 과립구 집락촉진인자 피하주사
- 성분헌혈과 같은 방식으로 채취
- 입원기간: 3~4일
- 소요시간: 3~4시간

※ 제대혈은 기증 제대혈 은행에서 보관하고 있는 재대혈을 해당 이식의료 기관에 이송·제공하여 이식하게 됩니다.

↓

6. 퇴원 후 일상생활이 가능하며 조혈모세포는 기증 후 2~3주 이내에 회복됩니다.

[그림 9-6] 조혈모세포 기증 절차

출처: 보건복지부 국립장기조직혈액관리원(www.konos.go.kr)

3) 이식환자와 가족의 심리사회적인 특성

장기이식과 관련해서 환자들이 경험하는 상황들과 그 과정을 평가 단계, 수술 단계, 퇴원 단계, 수술 후 1년, 이후 최소 5년, 5단계로 구분하여 설명할 수 있다(이효순 외, 2019). 이에 각 단계별 기간 중에 드러나는 건강 문제와 건강상의 변화와 관련된 이슈들을 살펴보면 다음과 같다.

(1) 평가 단계

평가 단계는 말기 장기질환을 앓고 있는 환자 자신이 잠재적인 이식대상자로 적합한지에 대해 평가를 받는 단계이다. 이 단계는 적합한 기증자의 장기를 기다리는 단계에 속한다. 이 시기에 경험하는 건강 문제와 건강상의 변화 이슈는 지속적인 장기 기능 약화, 심각한 건강상의 위험, 말기 질환에 대한 치료, 가정 변화, 경제적 변화, 삶의 질 변화 등을 경험하게 된다는 것이다. 이 시기의 환자는 이식 기회가 적고 기증자가 선정되기까지 상당한 시간이 소요되기도 하므로 자신이 이식을 받을 수 있을지, 받기까지 얼마나 버틸 수 있을지 등의 걱정과 함께 불안함을 경험할 수 있다. 또한 장기의 기능 쇠퇴와 상실로 인한 무력감이나 상실감 등을 느끼기도 하고 무엇보다 장기 투병환자들의 경우 장기간 사용되는 치료비 및 이식 준비과정에서 발생하는 비용 등으로 경제적인 부담을 느끼기도 한다.

이 과정에서 환자의 가족 또한 불안, 우울, 때로는 환자에 대한 적개심, 무력감 등 비슷한 정서적 경험을 하게 되기도 하고 때로는 환자의 투병으로 인한 역할 변동에서 오는 갈등, 무엇보다 가족 내 장기 기증자를 찾아야 할 경우 의견 차이 등에서 올 수 있는 죄책감이나 적개심 등 다양한 심리사회적 어려움을 경험하게 되며 이는 가족들의 지지체계를 약화시키는 원인이 되기도 한다.

(2) 수술 단계

수술 단계는 수술 후 퇴원 전 회복 기간까지를 의미한다. 이 시기에 경험하는 건강문제와 건강상의 변화에는 장기기능 회복, 수술 후유증, 기능적 상태 등이 있다. 이 시기에 환자는 양가감정을 경험하게 되는데, 환자는 이식을 받을 수 있어 기쁘고 장기 기능을 회복할 수 있을 것이라는 희망을 갖기도 한다. 그러나 한편으로는 이식이라는 수술을 앞두고 수술의 성공여부 및 수술 후 예후에 대한 걱정과 두려움 등 또한 갖게 된다. 이처럼 환자들은 이식 후 발생할 수 있는 응급 상황이나 자신의 미래에 대한 불확실성 등으로 인해 불안을 느낄 수 있다. 특히 심장이식 환자들의 경우에는 심장이식 후 거부 반응으로 인해 심장이 소실될 경우 대안이 없다는 점에서 죽음에 대한 공포감을 크게 느낄 수 있다.

이 단계에서 가족들 또한 환자가 경험하는 심리정서적인 갈등을 유사하게 경험할 수 있으며, 무엇보다 환자가 이식 전부터 질병으로 인해 경제활동을 하지 못하였을 경우 치료비의 누적, 고액의 이식 수술비용 등으로 인한 경제적인 어려움을 느낄 수 있다.

(3) 퇴원 단계

퇴원 단계는 이식 후 초기에 해당하는 단계로, 이 시기에 경험하는 건강 문제와 건강상의 변화에는 이식 장기의 거부, 재입원, 신체적 극복, 가정 변화, 경제적 변화, 삶의 질 변화 등을 경험할 수 있다. 이식 후에는 체내에서 이식된 타인의 장기를 거부하는 반응을 억제하기 위해 면역억제제를 복용하게 되는데, 면역억제제의 복용은 다양한 부작용[11]이 생길 수 있어 정기적인 진료와 검사, 식이요법 등의 건강관리와 생활 조절이 요구되므로 이식환자와 가족은 퇴원 전 주기적인 운동과 함께 평생 복용해야 하는 면역억제제의 감염위험성을 체크하기 위해 매일 체온, 맥박, 혈압, 체중 측정 습관을 가져야 하므로 이에 대한 교육을 받은 후 퇴원을 준비하게 된다.

(4) 수술 후 1년 경과 단계

수술 후 1년 경과 단계는 이식 수술 퇴원 후 초기 회복 단계로, 수술 후 1년 정도 경과한 시기까지를 말한다. 이 기간 중에 환자는 수술 이후에도 지속적으로 치료를 받으며 감염, 이식장기의 거부, 재입원, 새로운 건강문제, 가정변화, 경제적 변화, 삶의 질 변화 등을 경험할 수 있다. 이 시기에 환자는 이식 장기의 거부 반응으로 응급치료를 받기도 하고 면역억제제 복용으로 인한 감염 우려로 최소한의 외출, 직장 복귀의 어려움 등으로 사회적인 생활을 유지하고 경제활동을 하는 데 있어 어려움을 경험하기도 한다. 만약 이식 후 건강 상태가 기대한 만큼 좋아지지 않을 경우에는 실

11 면역억제제를 장기간 복용하면 신기능장애, 고혈압, 당뇨병, 위장장애, 감염, 치육비후(잇몸이 붓는 증상), 다모증, 멍이 잘 듦, 외모변화 등의 부작용이 생길 수 있다.

망감과 불안을 경험하기도 하고 뇌사자 기증이나 사후 기증 등으로 장기를 이식한 환자들 중에는 기증자의 죽음에 대해 죄의식을 느끼는 경우도 있어 회복에 어려움을 겪기도 한다. 이와 같은 환자의 심리정서적·경제적 어려움이 가족에게 이환될 경우 가족들 또한 부담이 될 수 있어 가족 갈등의 원인이 되기도 한다.

(5) 수술 후 5년 경과 단계

수술 후 5년 경과 단계는 이식 수술 후 5년을 경과한 시기로, 이 시기에는 만성적인 거부 반응, 추가적인 건강 문제에 대한 부담, 이식 실패, 이식 실패에 대한 조치, 가정 변화, 경제적 변화, 삶의 질 변화 등을 경험할 수 있다. 또한 이 시기는 수술 후 장기 적응 단계로 장기간 복용 중인 면역억제제로 인한 감염 위험성과 부작용에 대한 모니터링을 지속적으로 유지해 가며 신체변화를 감지하는 것 또한 꾸준히 해야 한다. 즉, 이식 수술 후 지속적으로 이어지는 면역억제제의 장기 복용으로 고혈압, 당뇨, 위장장애, 감염, 다모증, 신기능장애 등의 어려움들이 발생할 가능성이 여전히 존재하므로 정기적인 검사가 필요하고 식이요법 등의 건강관리와 생활조절을 지속적으로 해야 한다. 무엇보다 이때, 비만, 피부색의 침착, 많은 양의 발모 등의 신체적 변화들이 겉으로 보이는 변화이기도 해서 이로 인해 환자들은 외모 스트레스를 크게 경험하기도 한다. 이 과정에서 장기간 복용해야 하는 면역억제제를 복용하는 데서 오는 약제비용의 증가, 정기적인 외래검사와 응급입원이나 잦은 입원을 하게 되면 발생하는 의료비의 증가, 직장으로의 복귀가 어려울 경우 경제적인 부담 또한 더 커질 수 있다. 경제적 부담의 경우 환자의 투병이 장기화됨에 따라 환자의 가족 또한 어려움을 경험할 수 있다. 특히 장기 적응 단계에서의 가족은 이식 후 환자의 건강회복과 사회적 역할 수행에 대한 부적절한 수준의 기대를 가질 수 있다. 이러한 기대감은 지속적으로 돌봄과 관리가 필요하며 사회적 기능을 수행하는 데 어려움을 겪는 환자에게는 부담으로 작용될 수 있다. 이와 같은 갈등은 특히 이식 후 환자의 기능 수준과 건강관리에 대한 가족들의 이해가 부족할 경우 더 심화될 수 있다.

4) 의료사회복지사의 개입

장기이식 업무에 대한 의료사회복지사 활동은 크게 장기기증이나 이식에 대한 상담평가, 이식환자 및 가족에 대한 개인, 집단, 지역사회 자원 연결 등을 통한 심리사회적 개입이라 할 수 있다. 상담평가, 환자 및 가족에 대한 심리사회적 개입, 장기이식과 관련해서 환자들이 경험하는 단계별 상황들과 과정들을 중심으로 장기이식 파트에서 일하는 의료사회복지사의 역할에 대해 살펴보면 다음과 같다.

(1) 상담평가

「장기등 이식에 관한 법률」 제26조, 시행령 제25조에서의 인력기준, 시행규칙 제23조 장기기증 상담평가 관련 고시를 통해 '뇌사판정 의료기관의 기준'에 사회복지사 1명의 인력을 반드시 갖추어야 하며, 살아 있는 자의 장기이식 대상자 승인 신청 시에는 반드시 사회복지사의 상담평가를 거친 뒤, 상담평가서와 함께 상담 결과를 증명할 서류도 첨부되어야 한다고 명시하고 있으며, 순수기증자에 대한 상담 및 평가에 대한 법적 비급여로 상담료를 인정하고 있다. 상담평가는 상담평가 전 단계, 상담 계약 및 필요서류 안내, 상담평가 단계, 상담평가 후 단계로 구분할 수 있으며 각 단계에서의 의료사회복지사의 역할에 대한 구체적인 설명은 다음과 같다.

① 상담평가 전 단계

가. 최초 contact 및 상담평가 안내

- 의료적 정보와 일반 정보를 확인 후 유선을 통해 contact
- 상담평가에 대한 안내
- 상담 계약

나. 상담 계약 및 필요서류 안내

- 기증자, 대상자의 진료 및 검사 일정을 확인
- 계획된 수술 일정과 승인 소요 기간 등을 감안하여 상담평가 일정 확정

- 타인 관계의 경우 KONOS 승인 결정 사항에 따른 대비 기간 등을 감안
- 친족은 필수서류 안내, 타인은 기본적 서류 안내

② 상담평가 단계

가. 장기기증 상담평가

장기기증 상담평가는 신청서[12] 작성, 기증의 자발성 및 보호자[13] 동의 여부 확인, 환자의 기증자 신분증을 통한 본인 여부 확인(구비서류 점검), 사회복지사 상담평가서 작성, KONOS에 승인요청, 수술 전후 사례관리 순으로 이루어지며, 구체적인 내용은 다음과 같다.

- 별도의 독립된 상담 공간에서 대상자와 기증자 각각 교차상담
- 상담-진료/검사-수술 간에 기증자의 교체를 막는 방안이 필요: 진료공간 방문 상담, 장기이식 코디네이터와 인수인계, 지문인식기, 사진 촬영 등
- 환자, 가족, 경제상황, 기증자에 대한 평가

여기서 환자, 가족, 경제상황, 기증자에 대한 평가 내용은 다음 〈표 9-1〉과 같다.

〈표 9-1〉 환자, 가족, 경제상황, 기증자에 대한 평가 내용

구분	평가 내용
환자에 대한 평가	•발병 시기, 치료 과정, 현 증상, 예후 등과 같은 환자의 병력 파악 •환자의 성장 과정 •질병 발생 후 심리사회적 문제와 대처방안 •심리적 불안, 우울, 성격 변화, 자살 동기 등 특별한 행동과 태도의 변화 •질병으로 인한 환자의 대인관계 유형의 변화 여부와 그 변화에 따른 적응 여부 •가족들이 공유할 수 있는 적절한 스트레스 관리 방법 •질병에 대한 수용 정도 •이식 후 자기 관리 정도 •일상적인 사회역할과 변화한 역할에 대한 인식 •이식 수술에 대한 결정(자의적인가, 타의적인가) •이식 수술에 대한 기대(현실적인가, 비현실적인가)

12 장기 등 이식대상자 신청서, 장기 등 이식대상자 선정사유서

13 배우자 → 직계비속 → 직계존속 → 형제자매 순

구분	평가 내용
가족에 대한 평가	•질병에 대한 가족의 반응 •환자의 주요 돌봄 제공자 •가족 성원의 이식 수술에 대한 이해 정도 •가족 상호 간의 의사소통 방식 •환자 돌봄을 담당하는 가족(특히 주요 돌봄 제공자)의 스트레스 관리 여부 •이식 후 환자의 사후 관리 지원 여부 •이식에 수반되는 비용 부담 정도
경제적 상황에 대한 평가	•현재 사회보장 형태 •이식 비용과 사후관리 비용 지불 가능성 •친척들의 경제적 원조 정도와 자원 연계 가능성
기증자에 대한 상담평가	•기증자의 발달력 •기증자의 가족(보호자) 파악 •기증의 자발성 여부 •나의 기증 외 환자의 다른 치료 옵션에 대한 인지 여부(고지된 동의/사전동의 관련) •기증에 대한 보호자의 동의여부 •신체적·정신적 건강 상태: 기증자가 정신질환이나 지적 장애가 있는 경우, 지역사회와 해당병원 정신건강의학과 전문의의 평가 및 확인 필요 •기증 철회에 대한 의료진의 존중 의무 및 기증자 클리닉 등 기증자의 의료적 지원체계에 대한 고지 •국가에서 운영하는 차별신고센터에 대한 정보제공 동의

출처: 조성상 외(2019); 이효순 외(2019)에서 재구성

나. 신분 및 관계 확인

가) 친족관계일 경우

- 친족관계를 확인할 수 있는 서류로서 주민등록번호 반드시 기재
- 부부관계인 경우는 혼인 관계의 진정성 파악을 위하여 혼인관계증명서 제출
- 불가피한 경우 국내의 유전자 감별 검사 결과로 대체 가능
- 관계가 먼(4촌 초과) 친인척: 가까운 친족이 기증 불가능한 정황에 대한 상담평가 기록을 요구

나) 타인관계일 경우

타인관계에서의 장기기증 관련 승인기준 및 불승인 사유와 각 경우에 해당되는 확인 서류는 다음 〈표 9-2〉와 같다.

〈표 9-2〉 타인관계에서의 승인기준 및 불승인 사유와 확인 서류

승인기준	불승인 사유
(1) 기증자의 자발성 및 기증 동기 검토 • 당사자의 직접적인 친밀한 관계, 진정성 등을 중심으로 검토 • 이식대상자의 배우자와 직계가족의 기증 가능 여부를 확인하여야 하며 기증이 부적합할 경우 그 사유는 의학적 사유 등의 명확한 사유 제출을 요구받음 (2) 당사자 간 친분이 없는 경우 • 당사자 간이 아닌 제3자의 권유, 알선으로 기증할 경우 불승인 원칙 • 이식대상자의 배우자와 직계가족이 장기기증을 할 수 없는 확실한 근거가 있으며, 배우자 또는 직계가족과 오랜 기간 동안의 확실한 친분 관계가 증명되는 지인이 기증하고자 할 때에는 승인 평가 시 고려함 (3) 군 미필자의 경우 • 병역기피의 목적이 보이지 않고 이식대상자와의 친분 관계가 명확하게 증명된다면 승인	• 관계증빙 관련: 친분관계 확인 안 됨, 보완서류 미제출(신분확인 등 허위 서류 제출) • 평가 관련: 장기기증 상담평가 재평가 필요할 경우 • 법률 위반 관련: 「장기등 이식에 관한 법률」 제10조 제3항(정신지체, 정신질환), 미성년자 기증, 20세 미만 부모 동의 없을 경우 • 매매 및 기증의 진정성 관련: 군 문제로 기증 결정, 통장에 입금 사실 확인 • 기타: 이식대상자 선정 공정성 결여
# 본인신분확인서류	**# 타인관계 기본증빙서류**
(담당자명, 전화번호, 발급일자, 발급기관명, 직인이 찍혀 있어야 하며, 승인 신청 접수일로부터 3개월 이내에 발급된 서류, 외국 발급 서류일 경우에도 동일한 기준, 주민등록증의 주민등록번호와 동일) • 주민등록증: 주민등록증의 사진과 실제 인물을 비교한 후 주민등록증 앞뒤 사본을 첨부 • 주민등록증 발급 신청 확인서: 주민등록증을 분실하였거나 손상되어 본인확인이 어려운 경우 첨부 가능, 유효기간 확인하여 제출, 추후 주민등록증 사본 제출받아 보관 • 여권: 외국 거주, 주민등록 말소된 자는 말소자 초본 등으로 이민 사실을 확인 후 여권으로 신분 확인 후 사본 첨부, 기증자가 청소년일 경우도 신분 확인 가능 • 청소년증, 청소년확인증: 기증자가 만 16세 이상, 17세 미만의 미성년자로서 주민등록증이 발급되지 않은 상황인 경우 첨부(해당 동 주민센터 발급) • 군부대확인서: 기증자가 군복무 중인 경우에는 계급에 따라 각각 국방부 장관, 참모총장 또는 부대장의 승인을 받은 후 '장기제공 승인서'를 제출	(타인 간 생체 이식 승인과정에서 단순 관계증빙과 서류뿐만 아니라 객관적 서류를 통해 증빙에 더하여 객관적·공식적 친분관계 이상의 주관적·개인적·직접적 친분관계 증빙이 주요한 부분) • 공통: 주민등록초본, 등기부등본, 직업증빙서류, 재산 증빙서류, 경조비 장부 등 • 동창/선후배: 졸업증명서, 제적증명서, 학적부, 졸업앨범, 결혼식 참석 사진 • 이웃: 친목계원 명부, 출입국 증명서 • 사실혼: 혼인/이혼관계 증명서(이혼부부), 결혼식(참석), 보험 가입 등 • 직장동료: 재직증명서, 급여명세서, 원천징수영수증, 회사단합대회 사진 등 • 교우/목사/성도: 주보, 교회수첩, 교적부, 교인카드, 당회록, 헌금 내역서 등 • 스님과 신도: 기부금내역서 • 사제: 재직증명서, 졸업증명서, 근로 장학생 추천서 • 사회친구: 카드내역서(1명이 가계를 운영하는 경우), 같은 클럽 회원 수첩 등

출처: 대한의료사회복지사협회(2019)

다) 외국인일 경우

외국인의 장기기증 관련 승인기준 및 국가별 특이 사항은 다음 〈표 9-3〉과 같다.

〈표 9-3〉 외국인의 장기기증 승인기준 및 국가별 특이 사항

승인기준	국가별 특이 사항
• 외국인에 대하여도 친족 간인 경우 「장기등 이식에 관한 법률」을 적용(단, 타인은 불가) • 해당 국가에서 발급받은 가족관계 확인서류와 신분 확인 서류를 한국어로 번역(공증) • 현지의 대한민국 대사관 내지 영사관 혹은 대한민국 내 해당 국가의 대사관 내지 영사관을 통해 공증/제출 • 외국인 관계증명서류 중 Apostille(아포스티유)를 발급받아 제출하는 경우도 허용 • 장기이식이 해당 국가에 위법 행위가 되는지에 대한 확인 • 외국인은 국가의 특성에 따라 과정이 복잡하고 시일이 장기간 소요되는 경우 많음 • 서류 및 신분증에 대해 번역공증과 대사관 공증 과정을 거치는 점 이외에 다른 절차는 내국인과 동일	• 국적 상실 재외국 교포: 여권 사본 혹은 해당 국가 신분증과 함께 주민등록초본(국적 상실 증빙)을 제출 • 중국: 친가족인 경우 번역공증 거친 '호구부' 대체 가능, 부부관계는 별도 증빙 필요(이혼 여부 파악 불가) • 러시아: 출생증명서, 사망증명서, 혼인/이혼증명서 존재, 대상자가 고령(구소련 시기 출생자인 경우는 부재함, 유전자 검사 필요) • 아랍에미리트: 관계증명서류 발급 절차 까다롭고 시일이 장기간 소요 • 아부다비보건청을 통해 기관-병원 간 직접 서류 송부 가능 • 필리핀: 국가통계청에서 모든 서류 발급, 주한필리핀 대사관에서 국가통계청 발급 후 외교부 공증 거친 서류에 한해서만 공증함 • 말레이시아: 유산상속 순위 관련 서류 통해 친가족 확인 가능

출처: 대한의료사회복지사협회(2019)

다. 동의 확인

- 보호자(14세 미만은 제외)의 동의 확인: 배우자 → 직계비속 → 직계존속 → 형제자매 → 4촌 이내의 친족
- 법적 1순위 보호자가 미성년자: 미성년자가 아닌 다음 순서의 성인 가족 1명의 동의 필요
- 친족관계: 보호자가 직접 내방하여 대면상담(사회복지사 혹은 코디네이터)을 거친 후 동의서를 작성하는 것이 원칙, 상황에 따라 동의서 작성 후 제출
- 만 16세 이상 미성년: 배우자, 직계존비속, 형제자매 또는 4촌 이내의 친족에게

만 기능이 가능, 기증자 본인과 그 부모 2인의 동의를 반드시 함께 받아 제출(정신질환, 지적장애, 고령 등 건강상의 사유인 경우는 차순위자 대체)

- 부부관계: 기증자와 대상자가 직접적인 이해 당사자인 관계로 원칙적으로는 부부 이외의 차순위자 가족의 동의를 받는 것이 원칙이나 사회적 인정상 쌍방 간의 동의로 대체가 가능
- 타인관계: 친족관계의 원칙을 따르되 최소한 1명 이상의 보호자가 직접 방문하여 대면 상담을 통해 동의를 받는 것을 권고, 기증의 자발성, 순수성 확인 차원에서도 동의 절차는 강화될 필요성

③ 상담평가 후 단계

가. 상담평가서 작성 시 유의 사항

- 상담평가서는 실제 사회복지사의 상담기록과는 별개로 간단하게 기록함을 원칙으로 한다.
- 평가 기록에 있어서 KONOS 승인과 무관한 내용은 기록하지 않는 것을 원칙으로 한다.
- 모든 항목은 공란이 없도록 하며 기록내용이 없을 경우라 하더라도 '특이 사항 없음', '해당 없음' 등으로 기록하도록 하는 것을 원칙으로 한다.
- 사회복지사의 의견은 단언적 평가는 지양하고 객관적 상황에 대한 진술을 기록함을 원칙으로 한다.
- 타인관계의 경우는 기증 관계에 따른 상세한 기록과 함께 의견란을 작성할 수 있다.
- 의무기록으로서 상담평가 수가 청구에 대한 근거를 위해 의뢰기록 및 회신기록 근거를 확보할 필요가 있다.

나. 상담평가 수가 청구 관련

- 장기기증 상담평가의 수가는 2001년 KONOS 공문을 근거로 법정 비급여 형태로 청구

- 당시 공문 내용을 근거로 상담평가 건당 3만 원 이상 청구가 가능
- 기증 후보자가 다수인 경우 기증자 초점에서의 상담 건수와 동일하게 청구하는 것을 원칙
- 청구에 대한 근거 기록을 위해 치료진으로부터 각각의 기증자별로 consult를 받는 것을 원칙

(2) 환자와 가족을 위한 기타 심리사회적인 개입

의료사회복지사는 상담평가와 더불어 이식환자와 가족에 대한 다양한 심리사회적 개입을 하게 되는데 대표적인 심리사회적 개입으로 경제적 지원, 교육, 장기이식인 멘토링 등이 있다.

① 경제적 지원

장기이식 파트에서 환자와 가족을 위한 경제적 영역에서의 개입은 주로 비용 마련에 대한 어려움 파악 후 관련 후원 기관 연계로 이루어지며, 재난적 의료비 지원사업, 긴급지원 등을 통한 개입이 많다. 관련 후원 기관별 장기이식 주요 지원사업 내용을 소개하면 다음 〈표 9-4〉와 같다.

〈표 9-4〉 장기이식 후원기관 및 주요 지원사업

재단명	주요 지원사업	구분
한국심장재단	심장이식, 심장이식의료비, 이식 전 검사비	-
인터알리아공익재단	신장이식, 이식 전 검사비	-
밀알복지재단	의료비 지원사업(신장이식)	-
사회복지공동모금회	의료비	라디오 방송
새생명지원센터	만 18세 미만 이식환아, 희귀난치성질환 이식환자	-
생명보험사회공헌재단	희귀난치성질환 이식환자	-
한마음한몸운동본부	뇌사자 이식 의료비	뇌사자 이식만 신청 가능

출처: 대한의료사회복지사협회(2019)

② 교육

가. 이식인/기증자 멘토링 프로그램

- 이식 수술을 먼저 받은 선배 환자들을 봉사자로 선발하여, 장기이식 수술에 관심이 있거나 수술 전후의 환자 및 보호자에게 치료에 대한 경험 및 관리 방법에 대한 노하우를 공유하는 프로그램
- 기존에 다른 가족을 위해 기증한 경험이 있는 선배 기증자가 기증을 고려 중이거나 기증 수술 전후의 기증자 및 가족들에게 본인의 기증 경험을 공유하는 프로그램
- 장기이식인 멘토링 프로그램에는 멘토 자원봉사자의 모집 및 교육(준비단계), 오픈그룹을 통한 멘토링 프로그램, 맞춤형 멘토링 프로그램, 일대일 멘토링 활동, 멘토 보수교육 및 활동 평가/점검 등이 있음

나. 교육

교육은 장기이식에 대한 일반교육과 퇴원교육이 있으며, 장기이식 환자 및 보호자 교육에는 다음 〈표 9-5〉와 같은 내용의 교육이 진행될 수 있다.

〈표 9-5〉 장기이식 환자 및 보호자 교육

구분	교육 내용
일반교육	• 질병에 대한 심리적 태도 변화에 대한 이해: 공감적 반응 및 지지 • 의사소통 기술: 환자 및 가족교육 대상 • 변화된 삶과 어려움 확인하기: 어려움 확인 및 대처방안 살펴보기 • 스트레스 관리 • 유용한 정보: 사회복지 정보 제공
퇴원교육	• 이식 수술 후 퇴원을 앞두고 있는 환자 및 보호자를 대상으로 하는 교육으로, 간호사, 영양사, 약사와 함께 교육을 시행 • 자가관리 의지 강화 및 스트레스 관리법 교육 • 이식 관련 사회복지제도 안내: 장애 등록 및 혜택, 국민연금 내 장애연금, 산정 특례, 재난적 의료비 지원사업 등

출처: 대한의료사회복지사협회(2019) 재구성

③ 자조모임 운영

이식 수술 후에도 장기이식 환자들과 보호자들이 정서적인 유대감을 가지고 안정적으로 건강관리를 하며 정보를 교환하는 등 당사자들 간의 긍정적인 지지체계가 형성될 수 있도록 자조모임 운영이 가능하다. 자조모임은 온라인 및 오프라인으로 운영 가능하며 당사자들만의 모임이나 의사, 영양사, 약사, 의료사회복지사 등 전문가들이 돌아가며 모임에 참여하는 방식도 가능하다.

마지막으로 앞서 제시한 장기이식 환자들이 경험하는 단계별 상황과 과정을 중심으로 장기이식 파트에서 일하는 의료사회복지사의 역할에 대해 정리하면 다음 〈표 9-6〉과 같다.

〈표 9-6〉 장기이식 과정에서의 의료사회복지사 역할

단계	주요 이슈	의료사회복지사의 주요 역할	실질적인 개입 활동
평가 단계	① 이식 수술을 위한 평가	• 과거의 생활습관, 행동 등에 대해 정확한 사정을 한다. • 환자와 가족에게 이식과 관련된 정보를 제공한다.	• 이식 준비 상담 교육 • 정기적인 의뢰체계 • 이식 실패 상담 의뢰체계 • KONOS 장기기증 적합성 평가 • 이식 관련 팀 교육 • 장기 관련 장애인복지정보 교육 • 수술비 마련을 위한 지역사회 자원 연결 • 장기기증 서약 캠페인
	② 이식 수술을 기다림	• 이식에 대한 현실적인 기대감을 심어주면서도 희망을 갖도록 지지한다. • 가족 역동에 대한 정확한 사정과 적절한 개입을 한다. • 환자와 가족이 걱정하는 내용에 대한 토론의 기회를 제공한다. • 환자와의 지속적인 연계를 위한 지역사회 자원과의 긴밀한 연계를 갖는다.	
수술 단계	이식 수술 후 회복 단계	• 이식 수술 후 겪는 환자와 가족의 심리사회적 욕구에 대한 개입을 한다.	• 환자와 가족에 대한 심리정서적 개입 • 이식 후 적응교육 • 지지집단 • 지역사회 자원 연결 • 멘토링
퇴원 단계	이식 후 초기 단계	• 적절한 퇴원계획을 준비한다.	• 퇴원계획 욕구 조사 및 퇴원계획 • 이식 후 적응 교육 • 지지집단 • 지역사회 자원 연결

단계	주요 이슈	의료사회복지사의 주요 역할	실질적인 개입 활동
수술 후 1년 경과 단계	이식 수술 퇴원 후 초기 회복 단계	• 여러 가지 자원과 공식적·비공식적 지지체계를 연계한다. • 의료적 순응도 향상과 문제 예방을 통한 삶의 질 향상을 위한 교육을 한다.	• 장기이식인 욕구 조사 • 인터넷 동우회 사이트 운영 • 이식 후 변화 상담 및 교육
수술 후 5년 경과 단계	수술 후 장기 적응 단계	• 삶의 질 향상을 위한 지속적인 관심과 원조를 한다.	• 장기이식인 캠프 • 이식 실패 상담 • 스트레스관리 프로그램

출처: 이효순 외(2019)

02 암 환자 개입 의료사회복지

1) 암에 대한 이해

(1) 암이란

인간의 몸을 구성하고 있는 가장 작은 단위를 세포(cell)라고 한다. 정상적으로 세포는 세포 내 조절기능에 의해 분열하며 성장하고 죽어 없어지기도 하면서 세포 수의 균형을 유지한다. 이때, 어떤 원인으로 세포가 손상을 받는 경우, 치료를 받아 회복하여 정상적인 세포로 역할을 하나 만약 회복이 안 될 경우 스스로 죽는다. 그러나 여러 가지 이유로 인해 세포의 유전자에 변화가 일어나면 비정상적으로 세포가 변하여 불완전하게 성숙하고 과다하게 증식하게 되는데, 이를 암(cancer)이라 정의한다. 또한 암은 주위 조직 및 장기에 침입하고 이들을 파괴할 뿐만 아니라 다른 장기로 퍼질 수 있는 특징이 있다. 암은 억제가 안 되는 세포의 증식으로 정상적인 세포와 장기의 구조와 기능을 파괴하기에 그 진단과 치료가 매우 중요하다.

(2) 양성종양과 악성종양의 비교

암에는 양성종양과 악성종양이 있다. 양성종양은 비교적 서서히 성장하며 신체 여러 부위에 확산·전이하지 않으며 제거하여 치유시킬 수 있는 종양을 말한다. 특이한 경우를 제외하고 대개의 양성종양은 생명에 위협을 초래하지는 않는다. 일반적으로 종양은 조직이나 세포 이름에 '종'이라는 접미어를 붙여서 부른다. 예를 들면, 지방조직에서 유래한 것은 지방종, 섬유조직에서 유래한 것은 섬유종, 근육조직에서 유래한 것은 근육종이라 한다. 대개 이런 이름을 가진 종양은 몇몇을 제외하고는 우리 몸에 큰 해를 입히지 않는 양성종양인 경우가 많다. 그러나 이와 달리 악성종양은 빠른 성장과 파고들거나 퍼져나가는 침윤성, 성장 및 체내 각 부위에 확산, 원래 장소에서 떨어진 곳까지 이동하는 전의로 인해 생명에 위험을 초래하는 종양을 말한다. 즉, 암은 바로 악성종양과 같은 말이라고 볼 수 있다. 양성종양과 악성종양을 비교하면 다음 〈표 9-7〉과 같다.

〈표 9-7〉 양성종양과 악성종양 특성 비교

특성	양성종양	악성종양
성장속도	• 천천히 자람 • 성장이 멈추는 휴지기를 가질 수 있음	• 빨리 자람 • 저절로 없어지는 경우는 매우 드묾
성장양식	• 점점 커지면서 성장하나 범위가 한정되어 있음 • 주위 조직에 대한 침윤은 없음	• 주위 조직으로 침윤하면서 성장함
피막 형성 여부	• 피막이 있어 종양이 주위 조직으로 침윤하는 것을 방지함 • 피막이 있으므로 수술적 절제가 쉬움	• 피막이 없으므로 주위 조직으로의 침윤이 잘 일어남
세포의 특성	• 분화가 잘되어 있음 • 분열상은 없거나 적음 • 세포가 성숙함	• 분화가 잘 안 되어 있음 • 정상 또는 비정상의 분열상이 많음 • 세포가 미성숙함
인체에의 영향	• 인체에 거의 해가 없음	• 항상 인체에 해가 됨
전이 여부	• 없음	• 혼합
재발 여부	• 수술로 제거 시 재발은 거의 없음	• 수술 후 재발 가능함
예후	• 좋음	• 종양의 크기, 림프절 침범 여부, 전이 유무에 따라 달라짐

출처: 국가암정보센터 홈페이지(www.cancer.go.kr)

(3) 발생 부위

일반적으로 암은 인간의 신체 중 어느 부위에서든지 발생할 수 있다. 인종, 국가, 성별, 나이, 생활습관, 식이습관 등에 따라서 다양한 부위의 암들이 발생할 수 있는데, 2018년 한국인에게 가장 많이 발생한 암은 암종별로 위암이 가장 많이 발생하고 갑상선암, 폐암, 대장암, 유방암, 간암, 전립선암 순으로 조사되었다. 남자는 위암, 폐암, 대장암, 전립선암, 간암 순으로 상위 5대 암이 전체 암발생의 64.2%를 차지하였고, 여자는 유방암, 갑상선암, 대장암, 위암, 폐암 순으로 상위 5대 암이 전체 암발생의 65.4%를 차지한다고 보고되었다(국가암센터, 2018: 35-36).

(4) 발암기전

암의 발암기전은 크게 다음의 두 가지 측면에서 연구되고 있다.

첫째, 정상세포의 변화이다. 이는 정상세포가 유전자 변이를 일으키는 위험요인에 노출되었을 때 암세포로 변하여 암이 발생한다고 보는 것이다. 흔히 실제 암 발생의 위험요인으로 알려져 있는 흡연, 발암성 식품 및 화학물질, 발암성 병원체 등에 정상세포가 노출되면 유전자의 변이를 일으키게 된다. 또한 암 발생에 있어 10~20% 정도는 부모로부터 물려받은 유전자의 이상에 의한 유전적 영향을 받는다.

둘째, 면역계의 이상이다. 인체의 정상적인 면역기능은 신체 내에서 생성되는 종양세포 1,000만 개까지는 파괴할 능력을 가지고 있다. 그러나 보통 임상적으로 암이 발견될 정도로 암세포의 분열과 증식이 커지는 경우는 최소한 10억 개의 종양세포를 포함하게 되므로 면역기능에 의하여 파괴될 수 있는 수준을 훨씬 넘어버리게 된다. 따라서 암세포가 제거되지 못하고 암이 된다.

(5) 일반적인 증상

암으로 인해 나타나는 징후와 증상은 암의 종류, 크기와 위치에 따라 다양하다. 암으로 인한 증상과 징후는 암조직 자체의 영향, 주위의 장기와 구조물에 영향을 줄 때 생긴다. 또한 암이 몸의 다른 부위로 전이된다면 징후와 증상은 매우 다양하게 나타날 수 있다. 암의 초기 단계에는 특별한 증상이 없는 경우가 많다. 또한 증상이 비특이적이기 때문에 다른 질환과의 구분도 어렵다. 그러나 암이 자라면서 주위의 기관, 구조물, 혈관, 신경을 압박하게 되며 여러 징후와 증상이 나타난다. 또한 암은 여러 면역기능에도 영향을 준다.

(6) 진단

암에 대한 검사는 목적에 따라 암이 의심되지 않을 때 하는 조기검진을 위한 선별검사가 있고, 암이 의심될 때 하는 진단적 검사가 있다. 또한 암이 진단된 후에 진행 단계를 결정하기 위해 검사를 하며, 치료 효과나 치료 후 재발 여부를 판명하기 위한 추적검사를 한다. 암의 확진과 진행 상태의 결정은 여러 가지 검사들을 종합하여 진단하는데 의사의 진찰, 조직검사, 세포검사, 내시경검사, 암 표지자 검사, 영상진단검사, 핵의학 검사 등이 있다. 하나의 검사로 암이 확진되고 병기를 결정할 수 있는 방법은 아직까지 없기 때문에 암의 진단은 여러 검사를 복합적으로 실시하여 종합적으로 의사에 의해 신중히 판단된다.

(7) 암의 진행 단계

암 진단 시에는 암세포가 퍼진 정도에 따라 암의 진행 단계가 결정된다. 암의 진행 단계에 따라 치료 방법이 결정되므로, 암의 진행 단계를 알기 위해 검사를 받는 것은 매우 중요하다. 암은 원발장기에서 생겨서 혈관과 림프절을 따라 퍼지는데, 원발장기 주위의 림프절을 조직검사하여 주위로 퍼졌는지 아닌지를 알 수 있다. 암의 진행단계를 표시하는 방법은 암의 종류에 따라 다양하게 있으나 일반적으로는 TNM법을 가장 많이 사용한다. T(tumor, 종양)는 원발기관에서 원발종양의 크기와 침윤 정도를, N(node, 림프절)은 원발종양에서 주위 림프절로 얼마나 퍼졌는지를, M(metastasis, 전이)은 몸의 다른 장기로 암이 퍼졌는지 여부를 의미한다. 암의 종류에 따라 독립적인 분류법에 의해 진행 단계를 결정하는 법을 따로 가지고 있는 경우도 있다.

(8) 치료

암의 치료 목적은 암으로 인한 구조적·기능적 손상을 회복시킴으로써 환자를 치유하는 것과 만일 치유가 불가능한 경우 더 이상의 암의 진행을 막고 증상을 완화시킴으로써 수명을 연장하고 삶의 질을 높이는 것이다. 암 환자의 치료는 크게 적극적 암 치료와 완화의료의 2가지로 나뉜다. 적극적인 암 치료는 암 덩어리를 없애거나 줄이고, 암세포를 죽이기 위한 치료이다. 크게 수술치료, 항암화학요법, 방사선치료 세 가지로 구분되며, 이외에 국소치료법, 호르몬요법, 광역학치료법, 레이저치료법 등이 있다. 최근에는 면역요법, 유전자요법까지 포함시키기도 하며 또한 색전술, 면역치료, 동위원소 치료 등이 있다. 완화의료는 환자의 삶의 질을 높이고 증상을 조절하는 데 초점을 맞춘 치료를 말한다.

2) 암 환자의 심리사회적인 문제

암은 그 진단만으로도 한 개인에게 죽음의 공포를 일으키며 생존에 중대한 위협을 경험하게 한다(Jim & Jacobsen, 2008). 또한 치료 과정에서 암 환자는 신체적 기능 손상 또는 신체 일부 상실, 전신적인 부작용 등의 고통스러운 경험을 하게 되고(김민영, 2009; 추연화·김경희, 2004) 이는 스트레스, 우울(Rustoen & Begnum, 2000), 무력감, 상실감(김민영, 2009) 등의 심리적 문제로 이어지게 된다. 그뿐만 아니라 대인관계상의 변화(Deimling, Kahana, Bowman, & Schaefer, 2002), 가족 내 역할 변화로 인한 갈등과 치료비 마련 등의 경제적·사회적 문제를 일으키게 된다(Banou, Hobfoll, & Trochelman, 2009; Rourke, Stuber, Hobbie, & Kazak, 1999).

다음 [그림 9-7]은 암 환자를 괴롭히는 통증과 고통의 관계를 보여 주는 그림으로, 암 환자를 괴롭히는 것은 신체적인 통증도 있지만 환자가 겪게 되는 심리사회적인 고통이 더 심각하고 광범위하다는 것을 보여 준다(이인정·한인영, 2010: 2 재인용).

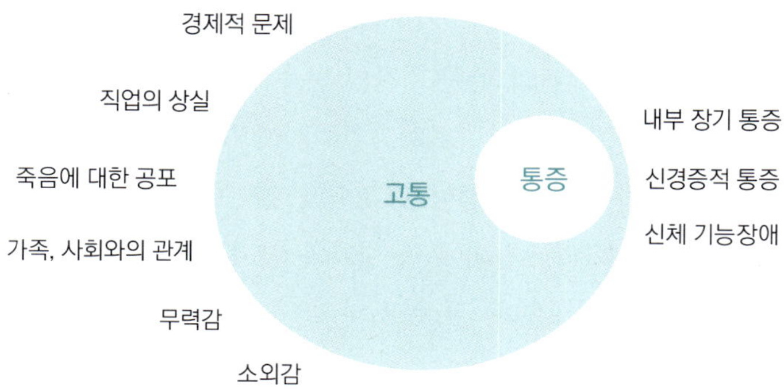

[그림 9-7] 암 환자의 통증과 고통의 관계

출처: 장수미 외(2021)

무엇보다 암 환자와 가족들이 겪는 대표적인 마음의 고통은 우울, 불안, 자살 충동 등이 있다. 암 환자에게 불안 및 우울 증상의 유병률이 높다는 것은 여러 연구에서 지속적으로 밝혀져 왔으며, 기존의 연구들에서 암 환자의 우울 증상의 유병률은 11~58%에 이른다. 이렇듯 암 환자의 상당수가 불안, 우울을 비롯한 여러 정신 증상으로 고통받고 있다. 이는 암 환자의 삶의 질뿐만 아니라, 치료 방법 등의 중요한 결정을 합리적으로 할 수 있는 능력, 치료 순응도 등을 떨어뜨려, 결국 암의 예후에도 영향을 미칠 수 있다. 그러므로 암 환자의 불안, 우울 증상을 정확하게 파악하여 적절한 정신과적 개입을 하는 것은 매우 중요하다(이민아 외, 2013: 122-123). 또한 암 환자의 신체적 및 사회심리적 문제는 절망감, 무력감, 상황에 대한 통제력의 상실 등의 부정적 정서를 경험하게 하며, 이러한 요인들의 복합적인 작용으로 인해 자살을 생각하기도 한다(성지숙 2020: 152; Lefetz & Reich, 2006). 이처럼 의료사회복지사는 암 환자가 경험하는 다양한 심리사회적인 문제의 복잡성을 이해하고 이에 대한 전문적인 개입을 해야 한다.

또한 암의 영향은 환자에게만 국한되지 않고 그들을 돌보며 부양부담을 갖게 되는 가족에게 심각한 심리사회적 영향을 미치기 때문에 암은 '가족 사건(family affair)'으로 간주된다(Ben-Zur, Gilbar, & Lev, 2001). 특히 치료기술의 발달로 암이 점차 만성질환화하고 있어 그 투병기간이 장기화되고 있으며 이에 따라 지속적인 관리가 필요하게 되었고 최근 의료기관의 입원 기간의 단축 경향 및 외래 치료가 많아지면서 환자를 돌보는 가족들의 책임이 증가하고 있어(이영선, 2009), 암 환자에 대한 원활한 돌봄 제공에 있어 가족의 중요성이 강조되고 있다(이영선·한인영·이인정·남은정, 2009: 이인정·한인영, 2010 재인용). 이 외에 암 환자와 암 환자의 가족이 보이는 심리사회적 특성들을 요약해 보면 다음의 〈표 9-8〉과 같다.

〈표 9-8〉 암 환자와 가족의 심리사회적 특성

진단시기	부정, 분노, 불안, 죄책감
치료 초기	치료에 대한 희망, 치료 부작용에 따른 자아 이미지와 신체 이미지 손상, 불안
치료 종결기	자신감과 기대감, 재발에 대한 두려움과 불안, 치료 이전 생활에 적응하는 것에 대한 어려움
재발 시기	부정, 우울과 무력감, 비현실적 대처, 사회적 고립
말기	미지에 대한 두려움, 고독에 대한 두려움, 상실의 두려움, 고통에 대한 두려움, 정체성 상실에 대한 두려움, 퇴행에 대한 두려움
임종 이후	환자의 죽음으로 인한 상실감, 장례 후 우울감, 무력감 느낌, 사회적 고립

출처: 대한의료사회복지사협회(2019)

이처럼 암은 환자뿐만 아니라 가족에게도 영향을 미치는 문제로 가족 문제임을 알 수 있다. 환자가 암에 대처하면서 겪는 어려움은 가족에게도 영향을 미치며 가족은 환자와 비슷한 정도의 스트레스를 경험하거나 오히려 더 많은 스트레스를 받을 수도 있다. 특히 환자와 친밀한 관계를 가지고 있는 사람들은 정서적인 압박이 증가되어 엄청난 긴장감을 갖게 되어 암은 여러 가지 면에서 가족에게 영향을 주기 때문에 가족도 환자와 함께 위기를 겪게 되는 것은 분명한 사실이다. 또한 결혼한 환자의 경우 배우자가 겪는 고통에 대해서도 생각해 보아야 한다. 실제로 암 환자의 배우자도 수면장애, 식욕부진, 집중력 문제, 두통, 걱정과 피로 등 다양한 신체화 장애나 정서적인 문제로 고통받을 수 있다. 더불어 가족 또는 자녀에게 이 사실을 알려야 하는 경우 생길 수 있는 문제들도 있어 의료사회복지사는 이에 대한 민감성을 가지고 있어야 한다.

3) 의료사회복지사의 개입

암 개입 의료사회복지사는 암 환자 및 가족의 적응지원 및 재활을 도모하고자 크게 심리사회적인 측면에서의 개입, 교육적 개입, 경제적인 차원의 지원 서비스 등을 한다. 구체적으로 암 개입 의료사회복지사의 역할을 살펴보면, ① 환자 및 가족상담 및 교육(개별, 집단), ② 프로그램 개발 및 운영, ③ 교육자료 개발 및 QI, ④ 자원연계(무료가발연계, 무료간병인 연계, 헌혈증 지원 등), ⑤ 경제적 지원(내부·외부 자원 활용), ⑥ 연구활동(예: 암 전문의료사회복지사 연구회) 등의 활동을 한다고 볼 수 있다. 이와 같은 역할들을 종합하여 여기에서는 환자 및 가족상담, 집단을 통한 개입, 자원연계 부분으로 해당 내용을 소개하고자 한다.

(1) 환자와 가족상담 및 교육

암 진단을 받은 환자와 가족에 대한 의료사회복지사 개입의 목적은 치료의 동기를 강화하고 환자가 적절한 시기에 필요한 치료를 잘 받을 수 있도록 돕는 것이다. 따라서 암 환자와 가족을 상담할 때는, ① 환자의 질병에 대한 이해와 수용 정도, ② 주 보호자의 질병에 대한 이해와 수용 정도, ③ 가족발달주기상 환자와 가족의 역할, ④ 질병으로 인해 변화되어야 하는 가족의 역할, ⑤ 치료에 대한 동기, ⑥ 경제적인 상황 등과 같은 내용을 고려하여야 한다. 이를 실천하는 임상 상황에서의 구체적인 역할을 살펴보면 다음과 같다.

- 심리사회적·경제적 평가: Pre-BMT 상담/CP(폐암 환자)/혈액종양내과, 호흡기 내과, 외과(위, 대장암: HUMC)/디스트레스 평가 및 상담(SMC)/노인암 환자평가(SMC, SNUBH)
- 항암화학요법 교육: 항암치료 교육, 수술 후 교육(예: 스트레스 관리, 가족 지원 등)
- 경제적 지원 및 연계(예: 간병인 문제)

이때, 소아암 환자의 경우는 개입과정에서 대상자의 특성에 따라 좀 더 민감한 개입을 요하므로 이에 대한 이해가 필요하다. 소아암 환자는 치료 과정에서 부정적인 정서 상태를 경험한다고 보고되며 이에 몇 가지 고려해야 할 측면이 있는데, 먼저는 치료로 인해 달라진 외모에 대해 주위 사람들이 어떻게 반응할지 걱정하고 두려워하는 마음이 아동의 불안을 증가시킬 수 있다. 그러므로 다른 또래 친구들과 어울려 활동하기 어려운 상황이 발생할 수 있어 우울해질 수 있다. 또한 암 치료의 부작용, 신체적 피로감으로 인한 짜증, 적절한 감정 표현 방법을 배우지 못할 수 있어 이로 인한 과도한 분노, 손으로 때리거나 발로 차는 등의 공격적인 성향을 나타내기도 한다. 그리고 아동들은 학교에 복귀하는 과정에서 또래 친구들과 함께 학교생활을 하는 데 어려움을 겪으면서 사회적 고립감을 느낄 수 있고 자아정체성의 혼돈을 경험할 수 있다(유철주 외, 2007).

무엇보다 소아암은 성인 암에 비해 치료 결과가 좋다는 결과들이 있음에도 불구하고 아이가 암 진단을 받은 것에 대한 가족, 특히 부모의 심리사회적 충격이 매우 크다. 이에 이러한 감정이 조금 정리가 시작되면 부모는 아이의 치료를 감당할 방법을 고민하게 되는데 성인에 비해 치료기간이 길고 복잡하므로 성인암 환자에 비해 치료비가 많이 발생한다. 그러나 다행히 현재는 다양한 의료비 지원 프로그램[14]을 통해 치료비 마련에 대한 경제적 부담이 다소 완화되어 있는 상황이다. 무엇보다 소아암의 경우에는 부모뿐만 아니라 환아의 형제자매에 대한 상담이 함께 필요하다. 이처럼 다양한 측면들을 고려하여 성인 암 환자와 다른, 소아암 환자들을 위한 민감한 개입을 필요로 한다.

더불어 소아암 환아는 개인마다 발달단계가 다르기 때문에 의료사회복지사는 영아, 유아, 미취학 아동, 취학아동, 청소년으로 구분하여 각 연령의 아이들의 스트레스와 그에 따른 대처방법을 제안하고 상담하는 것이 필요하다. 이와 함께 치료 과정

14 우리나라의 경우 환아 가구 소득이 가구원 수별 최저생계비 300% 이하이면서 재산은 가구규모별·지역별 일반 재산의 최고재산액 300% 이하인 경우에는 백혈병은 연간 최대 3천만 원까지, 소아암은 2천만 원까지 국가가 보건소를 통해 의료비를 지원하는 소아암 환자 의료비 지원사업을 시행하고 있다.

에서 나타날 수 있는 다양한 이슈들에 대처할 수 있는 방법을 상담하되 이와 같은 개인의 발달과정 및 가족 발달시기에 요구되는 과업을 고려하면서 상담을 시행하는 것이 효과적인 상담이 될 수 있다. 또한 소아암 환아들의 경우, 옆에서 함께 투병을 돕는 가족과 정서적 유대감이 높아 소아암 치료에 있어 의료사회복지사는 환아의 부모와 형제자매 또한 의미 있는 클라이언트로 보고 상담을 시행하여야 한다.

(2) 집단을 통한 개입(프로그램 개발 및 운영)

과거에 비해 요즘은 인터넷 등 신뢰성이 검증되지 않은 무분별한 정보들을 환자들이 접하게 되는 경우가 많다. 이는 오히려 치료 동기가 저해되거나 좌절감을 주며 불필요한 두려움을 갖게 하는 경우가 많아 치료받는 병원의 의료진을 통해 정확한 정보를 환자들이 습득할 수 있도록 하는 개입이 중요하다. 이에 의료사회복지사는 암 환자에게 맞는 맞춤형 교육프로그램을 기획하여 환자와 가족을 대상으로 집단 프로그램을 만들어 해당 프로그램에 잘 참여하도록 독려하여야 한다. 암 환자와 가족을 대상으로 할 수 있는 집단 프로그램에는 다음과 같은 프로그램들이 있을 수 있다.

- 스트레스 관리: CMC, NCC, SMC
- 가족의 대화기술(의사소통): CMC, NCC(자녀와의 대화 포함), SMC, SNUH
- 사회복지정보: AMC, CMC, NCC, SMC, SNUH, YUHS/생활관리(적응) 포함 프로그램
- 암수술 후 교육: 스트레스 관리와 사회복지정보(SMC: 위암, 유방암)
- 멘토링프로그램: 유방암(HUMC, SMC), 위암, 조혈모세포이식(SMC), 대장암(HUMC)

(3) 자원연계

암으로 진단된 후 오랜 기간 치료를 받아야 하는 상황이 되면, 가족의 지지체계가 강하다고 하더라도 환자와 가족 모두 지치는 경우가 많다. 만약 지지체계가 미약할 경우에는 혼자서 치료의 전 과정을 견뎌야 하므로 수술, 항암치료, 방사선 치료의 과정에서 환자가 겪는 신체적·심리적·사회적 차원의 어려움은 더욱 클 수 있다.

또한 저소득 취약계층의 환자와 가족은 암 진단으로 인한 심리정서적인 두려움뿐만 아니라 치료비 마련에 심각한 어려움을 호소한다. 다행히 정부의 건강보험 보장성 강화 정책으로 4대 중증질환인 암, 심장, 뇌혈관질환, 희귀질환의 치료비용이 점차 경감되고 저소득층의 경우 다양한 국가 지원사업이 확대되어 암 환자의 치료 비용이 축소되었으나 공공지원 외의 비용을 마련하기 어려운 취약 환자들의 경우 여전히 의료사회복지사의 개입을 필요로 한다.

이에 의료사회복지사는 자원봉사자를 연계하고 지역사회 자원을 활용하여 일정 기간 간병을 지원하는 것을 통해 가족의 신체적·심리적 부담을 완화할 수 있고, 국가나 민간단체 의료비 지원 프로그램 등을 연계함으로써 가족의 경제적 부담을 완화시키는 것으로 장기간의 치료 과정에 대비하도록 개입할 수 있다.

03 화상 개입 의료사회복지

1) 화상에 대한 이해

(1) 피부와 화상에 대한 개념적 이해

피부는 열이나 빛, 외상, 감염 등으로부터 우리 몸을 지켜 주는 역할과 함께 땀 분비를 통한 체온 조절 기능을 가지고 있다. 피부는 약 6파운드(약 2.7kg)의 중량이 나가는 우리 몸의 가장 바깥을 싸고 있는 기관인데, 인체와 환경 사이의 경계면이므로 다른 어떤 장기보다 물리적 요인에 의해 직접적으로 손상을 받는 경우가 많다. 본래 피부는 크게 직접 외부와 맞닿는 표피(epidermis)층과 모낭, 땀샘, 피지샘 등의 표피 부속기(epidermal appendage), 혈관, 림프관, 신경을 포함하고 있는 진피층으로 나뉜다. 표피층과 표피부속기는 발생학적으로 외배엽 기원이며 상피세포로 쌓여 있다. 상피세포는 각질세포, 멜라닌세포, 랑거한스세포 등으로 구성되어 있으며 표피층의 바닥층인 기저층에는 분화력이 강한 어린 상피세포들이 있어 지속적으로 분화가 일어나며 조금씩 표피 바깥쪽으로 이동한 후 결국 '때'가 되어 떨어지게 된다.

이때, 화상이란 주로 열에 의해 피부와 피부부속기에 생긴 손상을 의미하며 화상의 약 90% 정도가 뜨거운 액체나 물건, 화염, 일광 등에 의해 생긴다. 전기화상이나 화학물질에 의한 경우 심각한 후유증을 남길 수 있으며, 특히 전기화상의 경우 눈에 띄는 화상 병변이 작아도 근육, 혈관 및 신경과 같은 내부조직이나 장기의 손상, 심지어는 심장의 부정맥을 일으킬 수도 있으므로 반드시 의사의 진찰이 필요하다.

(2) 화상의 원인

화상은 신체에 열이 가해짐으로써 발생하며, 이때 열이 가해진 강도와 접촉된 시간, 접촉한 생체조직의 열전도 능력에 따라 화상의 깊이와 정도가 결정된다. 화상의 가장 흔한 원인은 화염과 뜨거운 물이며 이 외에도 뜨거운 철판에 닿거나 극독성 화학물질 혹은 방사성 물질에 노출되는 경우, 고압전류 등에 접촉할 때 화상을 입게 된다. 또한 연령, 생활수준, 직업에 따라서도 영향을 받는다. 열원이 섭씨 45℃ 이하일 때는 조직의 손상이 별로 없지만, 45~50℃ 사이에서는 세포의 부분적인 손상이 일어나며, 50℃ 이상에서는 세포의 단백질 성분이 변질을 일으킨다. 대체로 어린 유소아에서는 열탕에 의한 화상이 많으며, 유소아기를 벗어난 소아와 청장년층에서는 점차 화염 화상의 비율이 증가한다. 장년기나 고령층의 경우 산업재해에 의한 화상이 많다.

화학물질로 인한 손상은 화상과 화학적 변화를 겸한 손상으로 이를 부식(corrosion)이라고도 한다. 화학물질에 의한 손상을 일으키는 것으로는 산, 알칼리 및 금속 염류가 있는데, 보통 공장, 실험실에서 실수로 피부에 화상을 입거나 자살 목적으로 화학 물질을 먹은 사람의 위나 식도에 손상을 볼 수 있으며 일반적으로 알칼리에 의한 화상이 산에 의한 화상보다 깊다.

전기 화상의 심한 정도는 가해진 전류의 종류, 전압, 전류량, 생체조직의 저항, 체내 들어온 전기의 흐름과 작용시간 등 많은 인자에 의해 결정된다. 전압이나 전류량이 작아도 교류인 경우 신체의 근육이 1초에 수십 번 수축과 이완을 반복하기 때문에, 전원에 지속적으로 붙어 있게 되는 현상이 발생해 사망하게 된다. 전압이 24볼트 이하이거나 전류가 8~22mA를 넘지 않는 전기는 생체에 해롭지 않고, 직류 전기는 낮은 전압 범위에서는 교류 전기보다 위험성이 덜하다.

(3) 화상의 증상

조직 손상의 깊이에 따라 표피층만 손상된 경우를 1도 화상, 표피 전부와 진피의 대부분을 포함한 손상을 2도 화상, 표피, 진피의 전층과 피하지방층까지 손상된 경우를 3도 화상으로 구분한다. 학자에 따라서 1도 화상을 표재성 화상, 2도 화상을 부분층 화상, 3도 화상을 전층화상으로 분류하기도 하고, 부분층 화상을 세분하여 표재성과 심재성으로 나누기도 한다.

(4) 화상의 진단 및 검사

① 화상의 진단

화상의 진단은 먼저 화상을 입은 피부의 손상된 깊이와 신체부위의 면적을 평가하는 데에서 시작된다. 화상을 입은 신체부위의 면적은 치료와 예후에 있어서 매우 중요한 문제로, 실제 화상을 진단할 때는 화상의 정도와 넓이뿐만 아니라 환자의 나이, 화상의 부위, 몸통이나 사지를 두르는 화상이 있는지, 원인이 전기나 화학 화상인지 확인하고 흡입 손상, 기타 동반되는 다른 증상의 여부 등을 고려하여야만 한다. 미국 화상학회에서는 화상의 정도에 따라 경증, 중등도, 중증의 화상으로 구분하고 그에 따른 치료방침을 구분하기도 하였다. 경증의 경우는 가까운 병원에서 외래 통원 치료를 할 수 있지만, 중등도 및 중증 화상은 반드시 입원치료가 필요하다. 또한 심한 2도 화상과 3도 화상은 구분하기가 어렵기 때문에 체표면적의 3% 이상의 심한 2도 화상은 화상 전문의에게 치료를 받는 것이 좋다. 화상 진단기준의 구체적인 내용은 다음 〈표 9-9〉와 같다.

〈표 9-9〉 화상의 정도에 따른 진단기준

화상 정도 구분	기준	치료방침
경증	• 체표면적의 10% 미만의 화상(성인) • 체표면적의 5% 미만의 화상(어린이, 노인) • 체표면적의 2% 미만의 전층화상	외래진료
중등도	• 체표면적의 10~20% 화상(성인) • 체표면적의 5% 이상의 화상(어린이, 노인) • 체표면적의 2% 이상의 전층화상 • 고압손상 • 흡인성 손상이 의심 • 몸이나 팔다리 전체를 둘러싸는 화상 • 감염에 걸리기 쉬운 동반 질환이 있을 때(당뇨 등)	입원치료
중증	• 체표면적의 20% 이상의 화상(성인) • 체표면적의 10% 이상의 화상(어린이, 노인) • 체표면적의 10% 이상의 전층화상 • 고압전기 및 화학화상 • 얼굴, 눈, 귀, 성기, 관절부위 화상 • 골절과 같은 주요 손상이 동반될 겨우	화상센터로 이송

출처: 질병관리청 국가건강포털(2021.07.12.)

② 화상의 검사

일반적인 경증 화상의 경우는 의사의 눈으로 진찰하는 것으로 충분하며 특별한 검사를 필요로 하지 않는다. 그러나 중증 화상의 경우 일반혈액검사, 일반화학검사, 전해질 검사, 동맥혈 가스검사, 혈액응고 검사, 소변검사 등을 포함하는 전반적인 검사가 필요하다. 또한 전기에 의한 손상의 경우에는 근육 효소 검사와 소변 마이오글로빈(myoglobin)검사를 추가하여 한다. 만약 환자가 기침, 호흡곤란, 안면 화상, 천명음, 검댕이 섞인 객담이나 후두부종, 목소리 변화 등이 있으면 흡입 손상을 의심하고, 흡입 손상이 의심되는 모든 환자에게 흉부 X선 검사를 시행해야 한다.

(5) 화상의 치료 및 예방

화상의 치료는 대개 급성기와 관찰기로 구분하여 이루어진다. 초기에는 화상의 피해를 최소로 줄이는 것이 중요하며 상처 회복을 촉진시키고 통증을 줄이며 감염을 예방하는 데 주력하며, 후기에는 흉터, 기능장애, 구축 등의 후유증을 줄이는 데 중점을 둔다.

2) 화상 환자와 가족의 심리사회적 특성

화상 환자들의 경우 두려움, 불안, 우울, 수면장애, 외상 후 스트레스 장애, 죄책감 등의 다양한 심리사회적 특성을 보인다. 이와 같은 심리사회적 특성들은 대인관계상의 변화, 가족관계의 변화, 직업의 변화 등 신체적·심리사회적·경제적 사회복귀 및 재활 문제 등 다양한 이차적 문제들을 야기하게 되어 화상 환자들에게 어려움을 가중 시킬 수 있다. 화상 환자가 보일 수 있는 심리사회적 특성과 그로 인한 신체적·심리정서적·사회적 욕구들에 대해 살펴보면 다음의 〈표 9-10〉과 같다.

〈표 9-10〉 화상 환자가 보이는 심리사회적 특성과 욕구

심리사회적 특성	심리사회적 욕구
두려움	•사망 가능성 •수술 및 치료 •사회복귀 •타인의 시선 및 신체적 기능장애
불안	•통증 •수면장애
우울	•화상 상처 통증 •넓은 화상 부위 •얼굴 수부 및 노출 부위 화상
수면장애	•신체적 요인: 통증과 소양증 •심리적 요인: 악몽, 치료비 부담, 퇴원 후 사회복귀에 대한 걱정 •불규칙한 생활습관
외상 후 스트레스 장애	•사고의 재경험: 악몽, 신체적 반응 •정서적 둔감화: 감정회피 또는 마비 •과민반응: 불면, 예민, 짜증
죄책감	•소아 환자 부모인 경우 대부분 경험 •자살시도 화상 환자

출처: 대한의료사회복지사협회(2019)

특히 화상은 외상 후 스트레스 장애를 야기시킬 수 있는 가장 심각한 외상으로 분류된다. 원미선과 한재희(2018)의 연구에 따르면, 화상 환자의 외상 후 스트레스 장애는 화상의 심각도가 아닌, 정서적 고통의 정도에 의해서 증상이 결정된다고 보며(Perry, Difede, Musngi, Frances, & Jacobsberg, 1992), 화상 환자의 경우 외상 후 스트레스 장애 위험군이 44%나 될 정도로 심리정서적 어려움이 크며, 중화상 환자의 15~20%에서 외상 후 스트레스 장애가 발생한다고 하였다. 즉, 사고 이후 악몽, 불면증, 작은 소리에도 깜짝 놀람, 재경험 현상 등이 나타나며 또한 불안과 긴장 속에서 지내고 쉽게 짜증과 화를 내기도 하며 우울증이나 기억력 장애로 적응의 어려움을 겪기도 한다. 이와 같이 화상 환자의 외상 후 스트레스 장애는 화상의 회복 속도를 2배 더디게 한다(전상배 외, 2013; 한강성심병원화상센터, 2007). 화상 환자의 외상 경험은 화상 순간의 일회적 외상과 함께 치료 과정 전반에 걸쳐서 일어나며, 퇴원 후 사회 적응과정에서도 지속적이고 반복적으로 경험하게 되는 복합성이다. 그러므로 화상 환자의 외상은 복합 외상으로 보다 더 심각한 외상으로 분류된다.

무엇보다 이와 같이 환자가 경험하는 심리사회적인 어려움들은 화상 환자의 가족에게도 나타날 수 있다. 즉, 사고로 인한 갑작스러운 화상은 가족의 적응에도 위협을 가할 수 있는데 화상이라는 외상은 대부분 갑작스러운 사고로 생기기 때문에 외상 후 스트레스 장애, 불안장애, 우울장애 등의 다양한 심리적·정서적 어려움을 동반한다. 또한 입·퇴원의 반복, 장기적인 재활과 환부의 관리 등에 이르기까지 돌봄 과정에서 보호자가 경험하는 부담과 책임이 매우 크다(박소영·오원희·장효진·임정원·조진희, 2001). 이러한 간병 부담을 여러 사람이 함께 분담하기 어려울 경우 주보호자의 어려움은 더욱 커지며(노영숙·이미숙, 2007), 간병 이외에도 경제적 어려움 등 일상적인 생활 유지와 관련한 부담 또한 높다(이재민, 2010).

또한 박현선과 박선하, 황세희(2020)에 의하면, 화상 환자 가족은 화상 사건 직후에 다양한 임상적 위기를 경험하는데 초기에는 화상의 심각성, 생존 가능성, 가족에 대한 영향 등이 모두 불확실한 시기이므로 가족 구성원들은 충격, 슬픔, 우울, 불안, 죄책감 등 강한 정서적 반응을 경험하며, 특히 아내는 남편의 화상에 대해 극도의 공포감을 느낀다고 하였다. 이러한 반응과 감정 중 일부는 시간이 지남에 따라 줄어들지만 죄책감이나 우울증 등은 지속될 수 있고, 이러한 디스트레스 때문에 화상 환자의 경우와 마찬가지로 외상 후 스트레스 장애의 위험에 처할 수도 있다(Sundara, 2011).

어린 자녀가 심각한 화상을 입은 경우, 어머니의 우울증 유병율은 약 35.7%에 이르며, 전체 인구에 비해 화상 아동 어머니에게서 훨씬 더 높게 나타났다(El Hamaoi, Yaalaoui, Chihabeddine, Boukind, & Moussaoui, 2006). 일반적으로 외상사건을 경험한 피해자 중 10~30%가 심각한 심리적 반응을 나타냈지만(Bisson, 2003) 화상 환자 부모의 경우, 약 47%가 화상 3개월 후 외상 후 스트레스 증상을 경험하였다. 부모의 불안이 높을수록 부모-자녀갈등이 증가하고 외상 후 스트레스 증상을 심화시키는 것으로 나타났다. 또한 화상의 부위가 클수록 부모의 해리증상과 자녀의 외상 후 스트레스 증상을 높이는 것으로 나타났다(Hall et al., 2006). 이처럼 가족 내 화상 환자의 발생은 다양한 심리사회적 이슈들을 만들며 이를 해결하기 위한 전문적인 개입이 필요하다.

3) 의료사회복지사의 개입

의료사회복지사는 화상 환자와 가족의 사회적 욕구를 모니터링하고 어려움을 사정하여 대처기술 향상을 위해 지지하고 의료진과 환자, 가족 간의 의사소통을 지원하며, 지원시스템을 연계·격려하고 지원시스템을 연결하며, 경제적 측면과 직업으로의 복귀, 관계 면에서 지원한다. 화상 환자와 가족을 위한 심리사회적 개입과 교육적 개입으로 나눠서 소개하고자 한다.

(1) 화상 환자와 가족에 대한 심리사회적 개입

화상 환자와 가족을 대상으로 심리사회적 개입을 하기 위해 의료사회복지사는 먼저 환자와 가족을 대상으로 개인 및 가족상담을 통해 다음 내용에 대한 정보수집 후 사정을 하게 된다.

- 심리사회적 문제
- 경제적 문제
- 자활 및 퇴원 후 생활 문제
- 지역사회 자원 연결 문제
- 기타

이때, 다양한 척도를 활용하여 사정이 가능하며 다음의 척도들을 사용할 수 있다.

- 한국판 화상 특이 건강척도
- 외상 후 스트레스 장애척도
- 스트레스(대처방법)척도
- 상태-특성 불안척도
- 외상 후 성장 척도
- PHQ-9

이렇게 수집된 정보들을 중심으로 의료사회복지사는 심리사회적 사정 후 수립된 개입계획을 중심으로 심리사회적 문제에 대한 상담, 경제적 문제에 대한 해결을 위한 상담, 퇴원 준비 및 복지정보에 대한 상담 등을 수행한다. 화상 환자와 가족에 대한 심리사회적 개입이 구체적으로 어떻게 수행될 수 있는지에 대한 예는 다음 〈표 9-11〉과 같다.

〈표 9-11〉 화상 환자와 가족에 대한 심리사회적 개입

구분	심리사회적 개입 영역	개입을 위한 팁
심리사회적 상담	• 치료동기 저하 및 부족 • 질환으로 인한 걱정과 막연함 • 가족 역할의 부담감과 어려움 • 의료진과의 의사소통 어려움	• 치료초기 환자의 현실감을 증진시키는 질문이나 치료 동기를 가질 수 있도록 긍정적이고 희망적인 상담을 진행 • 환자가 지닌 두려움이나 걱정거리가 무엇인지 묻고 환자가 자세히 이야기하도록 하여 감정환기를 도움 • 환자가 느끼는 불안이나 두려움이 정상적인 것이라고 안심은 시키되 과장하거나 거짓말을 해서는 안 됨 • 극심한 우울은 정신과적 치료를 권하고 신체활동과 대인관계를 활성화시켜 스스로 극복하도록 개입
경제적 어려움 상담	• 외래 검사비 마련의 어려움 • 입원비 및 수술비 마련의 어려움 • 생계유지의 어려움 • 복지간병(무료) 지원 상담	• 사정에 근거한 치료비의 부분 지원 혹은 전액 지원에 대해 결정하여 환자와 가족의 상황에 따라 적절한 경제적 요구 해결을 위한 개입을 함
퇴원 준비 및 복지정보 상담	• 퇴원 준비 상담(걱정, 막막함) • 장애등록 및 혜택 안내 • 요양병원, 재활병원 등 전원 가능한 병원 안내 • 나에게 맞는 사회복지서비스 제도 안내 상담	• 퇴원 후 겪게 될 현실적인 문제를 함께 논의하고 장애 극복을 위한 사회기술훈련 등 실시

출처: 한강성심병원화상센터(2007)

(2) 화상 환자와 가족을 위한 교육적 개입

화상 환자와 가족을 위한 교육적 개입은 주로 질환교육 및 집단상담 등으로 이루어지며 다음 〈표 9-12〉의 내용을 중심으로 다양한 교육 및 집단상담이 이루어질 수 있다.

〈표 9-12〉 화상 환자와 가족을 위한 교육

구분	내용
화상 환자의 외과적 치료	•화상의 예방과 올바른 응급처치법 •화상의 분류 •화상 치료 •화상 치료 후 관리 •예후
화상 후유증의 수술 치료	•피부의 구조와 기능 •피부의 구조 및 화상의 깊이 •소아화상 •부위별 화상의 특징 •화상에 대한 성형외과적 수술법 •피판술
화상 후유증 예방과 재활치료	•운동장애의 예방 •손가락장애의 예방 •근위축과 골다공증의 예방 •말초신경 마비의 예방과 치료 •사지절단 환자의 재활 과정 •척수마비, 보행장애, 성기능장애의 치료 •화상 후 피부 변화(비후성 반흔)의 검사와 피부 재활치료
화상 환자의 자가 재활 운동	•화상 후 재활 운동의 원칙 •상지와 흉부의 신장(스트레칭) 운동 •수부(손 부위)의 신장 운동 •경부(목)의 자세 및 신장 운동 •하지 신장 운동 •몸통 신장 운동
화상 환자의 피부 관리	•화상 후 발생하는 피부 문제 •피부 재활 요법
화상 환자의 외상 후 스트레스 장애	•개요 •외상 후 스트레스 장애의 기전 •외상 후 스트레스 장애의 치료
화상 환자의 심리 이해 및 가족 역할	•화상 환자의 심리적 기전 •치료 시기에 따른 화상 환자의 심리 이해와 가족 역할 •화상 후 삶의 질을 회복하는 길
화상 환자의 스트레스 관리 방법	•화상 환자와 스트레스 •스트레스가 인체에 미치는 영향 •화상 환자에게 나타나는 스트레스로 인한 증상 및 질환 •스트레스 관리 방법 •스트레스 자가 진단척도
화상 아동 환자의 특성과 부모 역할	•연령별 특성과 대처 방법 •부모의 치료 참여 •정서적 지지와 재활
화상 환자의 간호	•동통 •영양 •안위감의 변화 •격리절차 •피부 관리 •햇빛 노출과 추위 노출 •압박요법 •구축 •색조의 변화 •추후 간호
화상 환자의 영양 관리	•화상 환자와 식사의 중요성 •영양소의 역할 및 함유식품 •화상 환자의 영양 관리

출처: 한강성심병원화상센터(2007)

이 외에도 화상 환자와 가족을 위한 캠프, 멘토링 프로그램, 자조모임 등의 운영을 통한 집단 개입이 가능하다.

04 당뇨 개입 의료사회복지

1) 당뇨에 대한 이해

(1) 당뇨병이란

① 정의

당뇨병이란 혈액중의 포도당(혈당)이 높아서 소변으로 포도당이 넘쳐 나오는 데서 지어진 이름이다. 포도당은 우리가 먹는 음식물 중 탄수화물의 기본 구성성분이며, 탄수화물은 위장에서 소화효소에 의해 포도당으로 변한 다음 혈액으로 흡수된다. 여기서 흡수된 포도당이 우리 몸의 세포들에서 이용되기 위해서는 인슐린이라는 호르몬이 반드시 필요하다. 인슐린은 췌장 랑게르한스섬에서 분비되어 식사 후 올라간 혈당을 낮추는 기능을 하는데, 만약 여러 가지 이유로 인하여 인슐린이 모자라거나 성능이 떨어지면, 체내에 흡수된 포도당은 이용되지 못하고 혈액 속에 쌓여 소변으로 넘쳐 나오게 되며, 이러한 병적인 상태를 '당뇨병'이라 한다.

② 원인

당뇨병의 발병 원인은 아직 정확하게 규명되어 있지는 않으나 크게 유전적 요인과 환경적 요인으로 설명할 수 있다. 현재까지 밝혀진 바에 의하면 유전적 요인을 가장 가능성이 큰 요인으로 보고 있다. 만약 부모가 모두 당뇨병인 경우 자녀가 당뇨병이 생길 가능성은 30% 정도이고, 한 사람만 당뇨병인 경우는 15% 정도이다. 그러나 유전적 요인을 가지고 있다고 해서 전부 당뇨병 환자가 되는 것은 아니며, 유전적인 요인을 가진 사람에게 여러 가지 환경적 요인이 함께 작용하여 당뇨병이 생기는 것이다. 환경적 요인에는 비만, 연령, 식생활, 운동부족, 스트레스, 성별, 호르몬분비, 감염증, 약물복용, 외과적 수술 등이 있다.

③ 증상

혈당이 높아지면 소변으로 당이 빠져나가는데, 이때 포도당이 다량의 물을 끌고 나가기 때문에 소변을 많이 보게 된다. 따라서 몸 안의 수분이 모자라 갈증이 심하며 물을 많이 마시게 된다. 또한 우리가 섭취한 음식물이 소변으로 빠져나가 에너지로 이용되지 못하므로 공복감은 심해지고 점점 더 먹으려 한다. 그래서 당뇨병의 3대 증상은 다음(多飮), 다식(多食), 다뇨(多尿)이다. 그러나 이외에도 여러 증상이 있을 수 있고, 특별한 증상이 없을 수도 있어서 자신이 당뇨병인지 모르고 지내다가 뒤늦게 진단받는 경우도 있다.

④ 분류

당뇨는 제1형 당뇨병, 제2형 당뇨병, 임신성 당뇨병, 기타 형태의 당뇨병으로 분류된다. 이에 대해 좀 더 구체적으로 소개하면 다음과 같다.

가. 제1형 당뇨병

우리나라 당뇨병의 2% 미만을 차지하며 주로 소아에서 발생하나 성인에서도 나타날 수 있다. 급성 발병을 하며 심한 경우, 다뇨, 체중감소 등과 같은 증상들이 나타나고, 인슐린의 절대적인 결핍으로 인하여 케톤산증이 일어난다. 고혈당의 조절 및 케톤산증에 의한 사망을 방지하기 위해 인슐린치료가 반드시 필요하다.

나. 제2형 당뇨병

한국인 당뇨병의 대부분을 차지하며 체중 정도에 따라서 비만형과 비비만형으로 나뉜다. 생활수준의 향상으로 칼로리의 과잉섭취가 많거나 상대적으로 운동량이 감소하고 많은 스트레스에 노출되면 인슐린의 성능이 떨어져서 당뇨병이 발현되며, 계속 조절하지 않을 경우 인슐린 분비의 감소가 따르게 된다. 주로 40세 이후에 많이 발생하고 반 이상의 환자가 과체중이나 비만증을 갖고 있다. 제1형 당뇨병에 비해 임상증상이 뚜렷하지 않고 가족성 경향이 있으며, 특수한 경우 이외에는 케톤산증과 같은 급성 합병증을 일으키지 않고 초기에 식사와 운동요법에 의하여 체중을 감량하고 근육을 키우면 당뇨병이 호전되는 경우가 많다.

다. 임신성 당뇨

임신성 당뇨병이란 임신 중 처음 발견되었거나 임신의 시작과 동시에 생긴 당조절 이상을 말하며 임신 전 진단된 당뇨병과는 구분된다. 임산부의 2~3%에서 발병하며, 대부분은 출산 후 정상화된다. 그러나 임신 중에는 혈당조절의 정도가 정상범위를 벗어나는 경우 태아 사망률 및 선천성 기형의 이환율이 높아지므로 주의가 필요하다. 당뇨병의 가족력이 있거나 거대아, 기형아, 사산아를 출산한 분만력이 있는 경우, 산모가 비만한 경우, 고혈압이 있거나 요당이 나오는 경우는 보통 임신 24~28주에 간단한 임신성 당뇨병 검사를 받아야 한다.

라. 기타 형태의 당뇨병

췌장질환, 내분비질환, 특정한 약물, 화학물질, 인슐린 혹은 인슐린 수용체 이상, 유전적 증후군에 의해 이차적으로 당뇨병이 유발되는 경우가 있다.

⑤ 진단

당뇨병의 증상은 다양하며 때로는 전혀 증상이 없는 경우도 있어 다음과 같은 경우에는 당뇨병에 대한 검사를 해 보는 것이 좋다.

- 연령·체형: 40세 이상으로 비만한 사람
- 가족력: 가까운 친척 중에서 당뇨병이 있는 사람
- 자각증상: 갈증, 다음, 다뇨, 다식, 피로감, 체중감소 등의 증상이 있는 사람
- 당뇨병이 합병되기 쉬운 질환이 있는 사람: 고혈압, 췌장염, 내분비질환, 담석증
- 당뇨병 발병을 촉진하는 약물을 사용하고 있는 사람: 다이아자이드계 혈압 강하제나 신경통에 쓰이는 부신피질 호르몬인 스테로이드 제품을 장기간 복용하는 사람

당뇨병의 판정기준은 혈당검사, 표준 포도당 부하검사, 당화혈색소 검사로 이루어지며 구체적으로는 다음과 같다.

- 혈당검사: 요당검사 결과 양성이 나오거나 당뇨병의 자각증상 등으로 인해 당뇨병이 의심이 되는 경우 혈당검사를 한다. 당뇨병의 진단에 있어 혈당치의 기준은 공복 혈당치 126mg/dL 이상, 식후 2시간 혈당치 200mg/dL 이상을 기준으로 한다.
- 표준 포도당 부하검사: 아침 공복 시에 혈액을 채취하고 포도당 75g을 경구 투여한 후 1시간, 2시간의 혈당을 측정한다.
- 당화혈색소: 지난 2~3개월간의 평균혈당을 알아보는 검사로, 결과가 6.5% 이상이면 당뇨병으로 진단한다.

⑥ 합병증

당뇨병으로 인한 합병증에는 급성합병증과 만성합병증이 있으며, 급성합병증은 혈당이 지나치게 높기 때문에 나타나는 것과 반대로 혈당이 너무 낮아져서 나타나는 것이 있다. 급성합병증의 종류에는 고혈당성 혼수, 케톤산혈증, 저혈당이 있다. 만성합병증은 일단 발병되면 치료가 어렵기 때문에 치료보다는 예방을 하는 것이 최선의 방법이다. 일단 발병되었다고 하더라도 혈당을 정상으로 조절하여 합병증의 진행 속도를 늦추어야 한다. 만성합병증의 종류에는 심혈관계질환 동맥경화증, 고혈압, 뇌혈관 경색증, 신장질환 당뇨병성 신증, 안질환 당뇨병성 망막증, 족부변병, 피부질환 농피증, 습진, 당뇨병성 가려움증, 괴저 구강질환이 있다.

(2) 치료 및 관리

① 당뇨병 관리 목표

가. 혈당 조절 목표

당뇨병 관리의 가장 기본은 혈당을 조절하는 것이다. 혈당 조절은 심장마비, 뇌졸중, 신부전, 망막증, 신경합병증 등과 같은 만성합병증의 위험을 바람직한 혈당 조절을 통해서 감소시킬 수도 있으므로 중요하다. 바람직한 혈당 조절 목표는 식전, 식후 2시간, 당화혈색소를 기준으로 하며, 일반적으로 식전 혈당 80~130mg/dL, 식후 2시간 혈당 180mg/dL 미만, 당화혈색소 6.5% 미만으로 한다. 당뇨병의 정상 기준 및 조절 목표는 다음의 〈표 9-13〉과 같다.

〈표 9-13〉 당뇨병의 정상 기준 및 조절 목표

구분	정상수치	조절목표
공복혈당	70~100mg/dL	80~130mg/dL
식후 2시간 혈당	90~140mg/dL	<180mg/dL
당화혈색소	5.7% 미만	6.5% 미만

출처: 대한당뇨병학회 홈페이지(www.diabetes.or.kr)

나. 혈압 조절 목표

당뇨병의 만성합병증의 하나인 신장과 혈관합병증을 예방하기 위해서는 철저한 혈압 관리가 중요하다. 혈압이 120/80mmHg를 초과하는 당뇨병 환자는 혈압을 낮추기 위하여 생활습관교정을 시행해야 하며, 진단 시 수축기 혈압 140mmHg 이상 또는 이완기 혈압 85mmHg 이상인 경우 또는 생활습관교정을 하였지만 혈압이 목표혈압에 도달하지 못하는 경우 즉각적인 약물치료를 고려해야 한다.

다. 콜레스테롤 조절 목표

동맥경화를 예방하기 위해서 고지혈증 관리가 중요하며 LDL(저밀도지단백)콜레스테롤은 100mg/dL 미만, HDL(고밀도지단백) 콜레스테롤은 40mg/dL 이상, Triglyceride (중성지방)은 150mg/dL 미만으로 유지되어야 하며 조절 목표는 다음의 〈표 9-14〉와 같다.

〈표 9-14〉 콜레스테롤 정상 수치 기준

구분	조절 목표
총 콜레스테롤	180mg/dL 미만
중성지방	150mg/dL 미만
나쁜(LDL) 콜레스테롤	100mg/dL 미만
좋은(HDL) 콜레스테롤	남: 40mg/dL 이상 여: 50mg/dL 이상

출처: 대한당뇨병학회(www.diabetes.or.kr)

② 약물요법

약물요법에는 경구용 혈당강화제의 사용, 인슐린 치료, 인슐린 펌프 치료가 있다.

③ 생활습관관리

당뇨병은 대부분 치료되는 병이 아니고 관리를 통해 조절되는 병이어서 당뇨병에 대한 전반적인 지식습득과 함께 계속적인 관리가 필요하다.

이처럼 당뇨병 치료의 목적은 결국 효과적인 당뇨 관리를 통해 만성질환으로 인한 합병증 등을 예방하는 것이다. 즉, 당뇨병은 치료라는 개념보다는 관리의 개념이 더 중요하며, 이에 당뇨병 자가 관리를 위해 적절한 운동과 절제된 식사, 규칙적인 약 복용 또는 인슐린 주사, 스트레스 관리, 꾸준한 자가혈당 측정 등 규칙적이고 절제된 생활습관을 통한 효과적인 혈당 조절이 필수적이라 볼 수 있겠다.

2) 당뇨병 환자와 가족의 심리사회적인 어려움

(1) 당뇨병 환자의 심리사회적 어려움

당뇨병으로 인해 환자가 경험하는 심리사회적인 영향은 크게 질병 자체에서 오는 영향과 질병을 관리해야 하는 차원에서 오는 영향, 사회·경제적인 측면으로 구분해서 설명할 수 있다. 이에 대해 구체적으로 설명하면 다음과 같다.

① 질병 자체의 영향

당뇨병 진단을 받은 환자들은 진단 시 발병에 대한 부정, 두려움, 분노, 죄책감, 우울, 수용감 등을 느끼며 이는 당뇨병에 대한 지역사회의 편견이나 무지로 인한 부적절한 대우가 있을 경우 더 크게 느낄 수 있다.

② 질병 관리의 영향

질병 관리에서 오는 심리사회적 영향은 크게 식사관리, 운동, 혈당측정, 발 관리 차원이 있다. 식사관리의 경우, 식이요법에 대한 이해를 필요로 하게 되며, 사회적 관계형성의 어려움을 경험할 수도 있다. 또한 외식의 어려움, 식습관 변화의 어려움, 자기조절 능력의 요구에서 오는 스트레스가 있다. 이는 지역사회가 식문화나 식이제한에 대한 편견이 있고 다양한 대체식품이 부재할 경우 더 큰 어려움이 될 수 있다. 운동을 통한 당뇨관리는 시간조절의 어려움, 운동에 대한 선호와 부담 등을 경험할 수 있으며, 지역사회의 운동자원의 여부와 운동문화에 따라 영향을 더 받을 수 있다. 혈당측정을 통한 질병 관리를 해야 하는 데서 오는 어려움으로는 바늘에 대한 공포, 혈당측정기 구입, 측정결과에 대한 반응에서 오는 스트레스가 있을 수 있다. 마지막으로 발 관리를 해야 하는 데서 오는 심리사회적 영향으로는 신발선택권의 제한과 합병증에 대한 공포가 있다.

③ 사회·경제적 측면에서의 영향

당뇨병 환자의 경우 사회적 편견과 차별로 인한 사회적 위축으로 역할 축소 혹은 상실을 경험할 수 있다. 또한 다른 가족의 욕구에 대한 억압과 희생, 가족의 역할 변화로 인해 환자는 부담감을 느낄 수 있다. 무엇보다 치료유지를 위한 경제적 부담이 크며 합병증으로 인한 경제 활동이 어려워지면 경제적 취약계층이 되기도 한다.

(2) 당뇨병 가족의 심리사회적 어려움

당뇨병으로 인해 환자가 경험하는 심리사회적인 영향과 마찬가지로 가족 또한 환자의 가족 입장에서 경험하는 다양한 심리사회적 어려움을 경험한다. 이에 대해 당뇨병 환자와 마찬가지로 질병 자체에서 오는 영향과 질병을 관리해야 하는 차원에서 오는 영향, 사회·경제적인 측면으로 구분해서 설명하면 다음과 같다.

① 질병 자체의 영향

환자의 가족 또한 환자가 당뇨병을 진단받으면 다양한 반응과 적응과정을 경험한다. 먼저는 유전적 소인에 대한 죄책감, 두려움, 분노, 환자의 당뇨병 관리를 가족들이 함께해야 한다는 데서 오는 부담을 경험한다. 이러한 어려움은 환자의 경우와 마찬가지로 지역사회가 당뇨병에 대한 편견이나 무지로 인한 부적절한 처우가 있을 경우 더 강하게 경험할 수 있다.

② 질병 관리의 영향

환자의 가족은 환자가 관리해야 하는 식사관리, 운동, 혈당측정, 발 관리 등의 당뇨병 관리를 위한 활동에 관심을 가져야 하고 긍정적인 지지체계로 기능할 수 있어야 한다. 그래서 환자가 질병을 관리하는 데 있어 겪는 어려움들을 가족 또한 함께 경험할 수 있다. 먼저 식사 관리에서도 환자의 가족들은 식사 준비의 어려움, 다른 가족원 욕구와의 균형을 맞춰야 하는 어려움, 외식 시의 어려움 등으로 환자에게 적절한 지지 방법을 탐색해야 하는 상황에 처하게 된다. 이는 지역사회가 식문화나 식이 제한에 대한 편견, 다양한 대체식품이 부재할 경우 더 강하게 경험할 수 있다. 운동관리를 하는 데 있어서도 가족들은 환자를 위한 지지 방법을 지속적으로 탐색해야 한다. 이는 운동자원의 여부나 운동 문화에 영향을 받을 수 있다. 가족들은 환자의 혈당 측정에 대한 반응과 꾸준한 지지를 제공해야 하며, 발 관리에 있어서도 관심과 적절한 지지를 제공해야 하는 역할을 꾸준히 해야만 한다.

③ 사회·경제적 측면에서의 영향

환자의 당뇨병 진단 후, 당뇨병을 관리해 가는 과정에서 가족은 환자의 질병 관리를 위해 가족 개인의 욕구에 대한 억압과 희생을 강요당할 수 있으며 새로운 역할 수행을 해야 하는 데서 오는 가족들의 역할변화로 인한 스트레스를 받게 된다. 무엇보다 치료유지를 위한 치료비의 경우 가족에게도 같은 경제적인 부담으로 작용할 수 있으며, 특히 합병증으로 경제활동이 어려워질 경우 가족은 더 큰 부담을 느끼게 된다.

3) 의료사회복지사의 개입

(1) 당뇨병 환자 및 가족에 대한 심리사회적 개입의 개요

당뇨병 환자에 대한 개입은 크게 입원경위 확인, 사정, 개입, 종결 및 사례관리 순으로 이루어진다. 입원경위를 확인하는 과정에서는 주로 첫 입원인지, 재입원인지에 대한 평가, 합병증의 유무, 첫 진단 시의 결과치 등에 대해 평가하게 된다. 이후 사정을 하는 과정에서 환자의 병식 여부와 수준을 평가하고 생활습관 및 자원을 파악하며 필요시 교육과 상담을 할 수 있다. 생활습관과 자원을 파악할 때는 생활습관 변화, 방해요인 탐색, 내·외적 자원을 탐색할 수 있다. 사정을 할 때에는 환자의 당뇨유형별·생애주기별·상황별·가족 유형별 사정을 통해 환자와 가족이 처해 있는 상황에 맞는 개입이 이루어진다. 개입은 환자 및 가족에 대한 개인상담 및 집단상담, 교육, 자원연계 등이 회기별로 이루어질 수 있으며, 퇴원을 앞두고 퇴원 상담을 통해 개입계획의 재확인 및 종결 또는 사후관리 여부를 결정한다. 즉, 환자의 특성이라 상황 파악을 통한 적절한 개입이 필요하며, 이 과정에서 생태체계이론, 강점 이론, 문제해결모델, 인지행동치료, 이야기 치료, 임파워먼트모델 등 다양한 이론과 모델을 활용한 개입을 진행한다. 이러한 개입과정을 그림으로 나타내면 다음 [그림 9-8]과 같다.

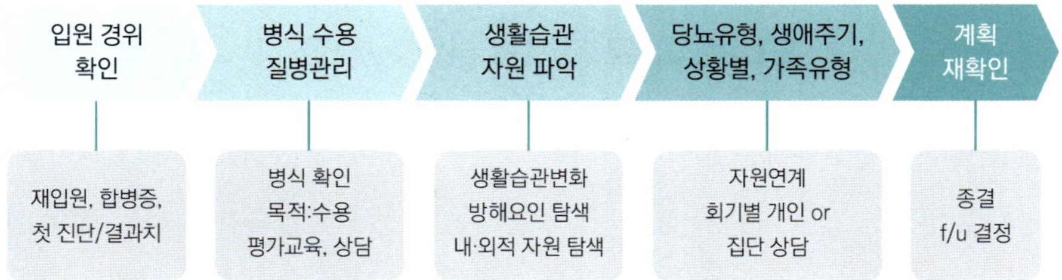

[그림 9-8] 당뇨병 환자에 대한 심리사회적 개입과정

출처: 대한의료사회복지사협회(2019)

이 과정에서 의료사회복지사는 전문가 집단 내에서 팀원으로 일하게 되며 다음과 같은 활동을 한다.

- 질병 관리를 위하여 유·무선 의사소통을 통하여 타 전문가들과 환자에 대한 정보 공유
- 각 직군 간의 정확한 이해를 기본으로 환자에게 정보 제공
- 어려움에 대해 정확히 사정하고, 필요시 사회복지분과 외 다른 직군과 상담 연계
- 각 직군 간 정기적인 회의를 통해 개선점을 논의하고 변화를 위한 목표 설정
- 정기적인 교육 및 세미나 등에 참여

이처럼 당뇨병 환자에 대한 개입은 다양한 전문직 군의 전문가들과 함께 이루어진다. 의료사회복지사는 주로 심리사회적 측면의 개입을 하며, 이는 크게 환자 및 가족상담, 교육, 지역사회 자원 연결을 통해 이루어진다. 이러한 심리사회적 측면에서의 개입과정에서의 의료사회복지사의 역할을 좀 구체적으로 소개하면 다음과 같다.

(2) 환자와 가족에 대한 상담

당뇨병 환자나 그 가족을 만나면 평소 환자의 당뇨병 관리를 위한 자가 관리 활동을 평가하고 심리적 적응단계 등을 평가한다. 더불어 환자 가족에 대한 상담을 통해 가족에 대한 평가를 하는 것으로 가족이 환자의 당뇨병 관리에 영향을 미치는 다양한 심리사회적 문제들을 사정한다. 이는 주로 다음과 같은 구체적인 개입을 통해 이루어진다.

- 변화동기단계에 대한 평가를 통한 적절한 개입 실시(자가관리의 동기부여가 최종목표임)
- 효과적인 질환 관리를 위하여 다양한 도구를 통한 객관적 사정으로 사례별 개입
- 정확한 정보제공 및 적절한 변화계획 수립을 위한 조언
- 상담을 통해 환자의 심적·사회적·신체적 어려움을 경청하고 치료유지를 할 수 있도록 지지
- 필요시 지역사회 자원 연계

당뇨병 환자에게 개입과정에서 의료사회복지사는 환자로 하여금 당뇨병 관리에 대한 동기를 방해하는 요인에 대해 사정해야 한다. 다음의 요소들을 중심으로 환자의 당뇨병 관리를 방해하는 요인에 대해 이해하는 것이 필요하다.

- 병식: 질병에 대한 의학적, 관리 지식의 부족 여부
- 내적 요인: 개인의 성향, 가치관, 관점, 스트레스 대처 능력 등
- 가족 요인: 가족의 무관심, 비난이나 도움 및 지지의 부족, 지나친 간섭 등
- 사회적 요인: 직업 활동, 대인관계, 여가활동, 경제력 등

더불어 당뇨병 환자의 경우 연령별 맞춤형 개입이 필요하며, 환자의 연령별 개입 시 유의해야 하는 사항은 다음의 〈표 9-15〉와 같다.

〈표 9-15〉 연령별 당뇨병 환자에 대한 심리사회적 개입 시 유의해야 할 점

구분	개입 시 유념해야 할 당뇨병 환자의 연령별 심리사회적 측면
소아	•급식으로 인해 조절에 한계가 있어 다른 식단일 경우 집단 내 낙인화 •병식 부족 및 관리에 대한 필요성 간과 •관리에 대한 압박감이 있는 부모와 아이와의 지속적인 충돌로 인한 일탈 행위 •주 보호자-환자-다른 가족 구성원 사이에서 가족 내 불균형 발생 가능 •짜증과 스트레스로 인한 공격성 증가
청년	•병역 문제로 인한 좌절감 •사회활동 시, 낙인에 대한 불안감으로 인해 부인 •이성, 동성 친구에게 밝히지 못하고 질환에 대한 부정 및 낮은 자아존중감 •사회활동이 가장 활발한 시기로 취업에 대한 불안감이 가장 많음 •결혼 시, 배우자와 배우자의 부모님에게 질병에 대해 공개하는 것과 관련한 걱정 •결혼 후, 자녀 유전 가능성으로 인한 불안감
장년	•지금까지의 생활습관에 따른 변화를 거부 또는 걱정 •자기관리가 안 되는 자신에 대한 죄책감, 적극적인 가족 구성원과의 갈등 •만성일 경우 우울증에 빠르게 노출
노인	•다른 연령대 환자에 비해 불안, 부정, 우울, 무력감에 많이 노출 •가족에 대한 부담 문제로 치료 거부 •무력감으로 인하여 질환 관리를 하지 않음 •신경질과 짜증 증가 •활동 성향 감소

출처: 대한의료사회복지사협회(2019)

(3) 교육

① 당뇨병 전문가 팀별 교육

당뇨병은 조절되지 않을 경우 다양한 합병증과 삶의 질 저하에 영향을 미치기 때문에 지속적인 자가관리가 중요하다. 그러므로 당뇨병 환자가 질병을 수용하고 효율적인 자가관리가 지속하도록 하는 당뇨병 교육은 매우 중요하다. 이에 이미 대다수의 병원에서 당뇨병 교육이 이루어지고 있으며, 당뇨병 교육은 질병의 특성으로 인해 다양한 전문가들에 의해 각 영역별로 주로 진행된다. 전반적으로 당뇨병 교육에서 의사는 당뇨병에 대한 의학적 설명(당뇨병의 개요: 원인, 진단, 합병증), 간호사는 당뇨병 관리를 위한 간호관리교육(인슐린주사법과 혈당관리법), 영양사는 영양관리에 대한 설명(식사요법), 치료사 및 운동처방사는 운동관리에 대한 설명(운동요법), 의료사회복지사는 당뇨병과 관련이 있는 심리적 문제에 대한 환자와 가족의 대처요령에 대한 설명 및 필요한 자원을 얻는 방법에 대해 안내하는 것(생활요법: 당뇨병에 대한 심리적 적응, 생활습관의 개선방법, 스트레스 관리, 가족지지 교육 등)으로 구성된다.

이처럼 당뇨병 교육은 다학문적 팀 접근으로 이루어지는 것이 가장 효과적인 방법으로, 이를 위해 대한당뇨병학회에서는 의사, 간호사, 의료사회복지사, 영양사 등을 대상으로 당뇨병 교육자격제도를 운영하고 있다. 특히 의료사회복지사의 교육 목적은 환자와 가족에게 질병에 대한 이해를 돕고, 환자와 생활에서 비롯되는 제반 문제나 어려움을 극복하게 하는 심리적 지지환경을 조성함으로써, 가족 구성원들이 치료와 재활에 적극적으로 참여하도록 돕는 데 있다(최가영, 2019).

② 당뇨캠프

20~30대는 개인의 미래를 준비하고 처음 직장을 구하고 사회생활을 시작하며, 결혼과 출산을 하는 매우 중요한 시기로, 이 시기에 당뇨병을 앓는 경우 사회생활과 결혼생활을 원만히 유지하고 당뇨병을 관리하는 것에 대한 스트레스를 경험하는 경우가 많다. 이에 대한당뇨병학회는 2004년부터 청년기 당뇨인들이 올바른 당뇨병 관리에 대한 지식을 얻고 치료 의욕을 고취하여 원활한 사회생활을 할 수 있도록 캠프

프로그램을 만들어 운영하고 있다. 당뇨캠프는 다양한 프로그램을 통해 자기관리 교육, 사회성 고양, 즐거움, 자부심 고양을 획득하도록 돕는 것을 통해 궁극적으로는 행동의 변화를 일으키는 것을 주요 목적으로 한다. 당뇨캠프는 당뇨병을 잘 관리하기 위한 행동의 변화를 습득하기 위한 다양한 교육 형태로 진행된다.

당뇨캠프는 의사, 간호사, 영양사, 의료사회복지사가 하나의 팀을 이루어 야외 단체생활을 통해 당뇨인들에게 여러 가지 창조적이고 교육적인 프로그램에의 참여 기회를 제공한다. 이는 보통 캠프기간 동안 전문가별 각각의 분과별 프로그램으로 진행되며, 이를 구체적으로 소개하면 다음 〈표 9-16〉과 같다.

〈표 9-16〉 당뇨캠프 기간 동안 진행되는 각 분과별 프로그램

구분	프로그램 내용	구체적인 프로그램 예시
의료분과	• 캠프 기간 동안 참가자들의 혈당조절 상태를 면밀히 관찰 • 당뇨병 조절에 필요한 올바른 지식 교육 • 의료진과 참가자 간 개별상담 및 집단상담	• 당뇨병 집중 교육 • 증례로 배우는 당뇨병
간호분과	• 캠프 기간 동안 참가자의 건강을 관리하며 당뇨병 자가 간호 능력 향상을 도모하기 위한 프로그램 제공 • 숙소 내 양호실 및 이동 양호실 운영 • 하루 3회, 필요시 그 이상 참가자들 혈당 측정 및 기록, 관리 • 새벽 순회 시 혈당 검사	• 교육: 혈당 조절 목표, 자가 혈당 측정, 인슐린 주사법, 발 관리, 웃음치료 등
영양분과	• 기본적으로 영양관리, 급식관리, 영양교육 실시 • 참여자들의 신장, 체중을 기초로 참가자의 영양 상태를 평가하여 킴프 기간 중 적절한 섭취 열량을 권장하고 매끼니마다 개별적으로 식사 지도 및 식습관 교정을 실시 • 이론교육, 응용교육으로 구분하여 실시	• 이론교육: 당뇨병 식사요법의 원칙, 식사요령, 외식 시 식사요령, 영양소의 기능, 식품 교환표, 상황별 식사요법 등 • 응용교육: 실제 음식을 이용한 영양 분석, 조리 실습 등

구분	프로그램 내용	구체적인 프로그램 예시
사회복지분과	•당뇨병으로 인한 스트레스 관리 및 대인관계 시 대처 능력 향상, 자기 이해와 장점 발견을 통한 행동변화의 기회 제공, 역량 강화를 통한 문제해결 능력을 습득할 수 있는 기회를 제공하는 것을 목표로 생활 속 심리적·사회적 적응을 위한 다양한 집단 프로그램을 실시 •캠프 중 참가자와 지속적인 개별상담 •강의 및 체험 형태로 다양하게 구성	•효과적인 스트레스 관리 •역할극 •심리극 •인생곡선 그리기 •대화의 기법 •가족관계의 개선을 위하여 가족에게 쓰는 편지 •자존감 강화를 위한 내 뜻 세우기 프로그램 등
레크리에이션 분과	•캠프 기간 내내 행사 진행과 레크리에이션을 진행 •다양한 활동을 통해 참가자와 스태프 간의 친밀감과 원활한 상호작용 경험 제공	•만남의 시간 •축제의 밤 •신체활동 •게임

출처: 대한당뇨병학회 캠프 소위원회(2009)

(4) 자조모임 결성 및 지역사회 자원 연계

다양한 당뇨병 환자 집단의 필요와 욕구에 따라 여러 형태의 자조그룹을 구성하고 운영할 수 있도록 지원할 수 있다. 이를테면 미혼의 당뇨병 환자 그룹, 소아 당뇨병 환자 그룹, 당뇨병 환자의 가족 그룹, 연령 혹은 성별을 고려한 당뇨병 환자 그룹 등이 운영될 수 있겠다. 필요시, 경제적 지원이나 간병인 연결 등 환자의 경제적 측면에서의 욕구 해결을 위해 다양한 지역사회 자원에 대한 정보 제공 및 자원을 연결한다.

05 재활 의료사회복지

재활 의료사회복지 영역 가운데 의료사회복지사가 주로 만나고 개입하는 질병인 뇌졸중과 척수 손상에 대한 내용들을 중심으로, 개별 증상과 환자와 가족들이 경험할 수 있는 심리사회적인 측면에서의 어려움에 대해 알아보고자 한다. 이를 토대로 이와 같은 재활 의료서비스를 필요로 하는 상황에 노출되어 있는 환자 및 가족들에게 개입하는 의료사회복지사의 역할을 소개하고자 한다.

1) 뇌졸중에 대한 이해

(1) 뇌졸중이란

뇌졸중(腦卒中)은 우리나라에서는 전통적으로 '중풍'이라고 표현해 왔는데, 이 표현은 사실상 의료기관에서 공식적으로 사용하는 의료용어는 아니다. 뇌졸중은 우리나라에서 암 다음으로 중요한 사망원인이며, 남녀 모두 단일장기의 질환으로서는 가장 중요한 사망원인이다. 실제로 전 인구의 6분의 1이 일생에 한 번 이상 뇌졸중을 경험할 정도로 매우 흔한 질환이다. 뇌졸중은 뇌에 혈액을 공급하는 혈관이 막혀서 발생하는 뇌경색과 혈관이 터지면서 발생하는 뇌출혈을 모두 포함한다. 뇌경색이나 뇌출혈 모두 뇌혈관에서 생기는 문제이기 때문에 뇌혈관사고(cerebrovascular accident)라고 표현하기도 하며, 영어로는 '스트로크(stroke)'라는 단어를 가장 많이 쓴다. 뇌졸중은 크게 출혈성 뇌졸중(뇌출혈)과 허혈성 뇌졸중(뇌경색)으로 나뉘며 구체적인 설명은 다음과 같다.

① 출혈성 뇌졸중-뇌출혈(hemorrhagic stroke)

- 외상성 뇌출혈: 외상에 의한 출혈은 급성 경막하 출혈, 만성 경막하 출혈, 경막외 출혈 등 두부외상과 직간접적으로 연관이 있는 출혈을 말한다.
- 비외상성 뇌출혈: 고혈압성 뇌출혈, 뇌동맥류·뇌동정맥 기형, 모야모야병, 뇌종양 출혈, 전신 질환 가운데 출혈성 경향이 있는 경우 등 질병으로 인한 출혈을 말한다.

② 허혈성 뇌졸중-뇌경색(ischemic stroke)

뇌혈관의 폐색으로 인해 뇌혈류가 감소되어 뇌조직이 기능을 하지 못하는 상태를 말한다. 허혈성 뇌졸중의 가장 흔한 원인은 고혈압, 당뇨, 고지혈증 등으로 인해 뇌에 혈액을 공급하는 혈관에 죽상경화증(동맥경화증)이 발생하고 이로 인해 뇌혈류가 차단되는 경우이다. 그 외에 심장부정맥, 심부전 및 심근경색의 후유증 등으로 인하여 심장에서 혈전(심장이나 혈관 내에서 혈액이 응고된 상태)이 생성되고, 이 혈전이 혈류를 따라 이동하다가 뇌혈관을 막아 뇌졸중이 발생하는 경우도 있다. 드물게는 모야모야병, 호모시스테인혈증 등 극히 드물게 발생하는 질병에 의해 허혈성 뇌졸중이 발생하는 경우도 있다.

나이가 들어갈수록 뇌졸중의 위험은 매년 계속 높아지는데 여자보다 남자에게서 뇌졸중의 위험이 높고, 뇌졸중이나 심근경색증의 집안내력(가족력)이 있는 경우도 위험이 증가한다. 그러나 우리가 관심을 가지고 노력한다면 뇌졸중의 위험을 아주 낮출 수 있는 요소들도 있다. 예를 들면, 고혈압, 당뇨, 고지혈증, 비만을 잘 관리할 경우 뇌졸중의 발생 위험을 큰 폭으로 낮출 수 있다. 심장부정맥이 있을 때 적절하게 치료를 하는 것도 뇌졸중을 예방하기 위해서 매우 중요하다.

(2) 뇌졸중의 증상 및 후유장애

뇌의 각 혈관들이 지배하는 뇌 부위들은 역할이 정해져 있다. 이에 뇌졸중 병변의 위치 및 크기에 따라 신체적·정신적 증상 및 장애 정도가 달라진다. 뇌졸중의 대표적인 증상과 후유장애에는 편마비, 감각장애, 경직, 운동조화장애 및 균형장애, 실행증(apraxia), 지각장애(perceptual impairment), 복시, 언어장애, 의식장애, 인지기능장애, 행동 및 충동조절장애, 섬망, 우울증, 연하장애(삼킴장애), 배뇨장애, 배변장애, 견부통, 중추성 통증 등이 있다.

(3) 뇌졸중의 합병증 및 동반 질환

① 욕창(pressure ulcer, sore)

국소 혈액순환을 차단할 정도의 압력이 오랜 기간 가해져 세포의 괴사와 혈관의 파괴가 일어난 것을 말한다. 운동기능에 장애(마비)가 있거나 감각이 둔화된 경우, 의식장애가 있는 경우에 자세(체위) 변경을 적절하게 하지 않으면 발생한다.

② 폐렴(pneumonia)

폐렴은 뇌졸중 환자의 약 1/3에서 발생하는데 특히 지주막하출혈 환자에서 자주 발생한다. 뇌졸중 후 발생하는 연하장애로 인해 흡인성폐렴이 발생하는 경우가 많다.

③ 낙상

낙상은 뇌졸중 환자에서 자주 발생하는 문제이다. 좌측뇌병변 환자보다 우측뇌병변 환자에서 낙상의 위험이 높다고 알려져 있다. 편마비 및 균형장애, 인지 및 지각장애, 충동성 및 판단력의 저하가 원인이 될 수 있다.

④ 골다공증

뇌졸중 환자는 장골골절의 위험도가 높다. 뇌졸중 후 일 년 이내에 마비측 상하지의 골밀도가 감소되는 경우가 있다. 마비의 심한 정도, 보행의 제한, 부동(不動)이 골밀도 감소와 영향이 있다.

⑤ 심장질환

약 75%의 환자에게서 동반하는 심혈관질환을 보이며, 고혈압, 관상동맥질환이 포함한다.

⑥ 심부정맥혈전증

뇌졸중으로 인해 심각한 이동의 장애가 있는 모든 환자에게서 심부정맥 혈전증 예방이 필요하다. 주로 스타킹 착용법과 약물치료를 시행한다.

(4) 뇌졸중의 치료 과정

뇌졸중 치료는 시기별로 다르게 진행되며 뇌졸중 후 시기에 따라 다음과 같은 치료 과정을 거친다.

① 초급성기

초급성기(발병 후 24시간 이내)에는 시간이 너무 급해서 재활치료를 생각할 겨를이 없는 경우가 많다. 초급성기 치료는 발병 후 초기 몇 시간이 매우 중요하다. 몇 시간만 지체하면 혈전용해술, 혈전제거술 등을 사용할 수 있는 결정적인 시간이 지나가 버리고 만다. 그러므로 뇌졸중이 의심되면 무조건 지체 없이 119에 신고하여 병원 응급실로 달려와야 한다.

② 급성기

초급성기가 지나고 발병 후 1~7일까지를 급성기라고 부른다. 이때는 재활의학과적 개입이 필요한지 평가가 이루어지며, 실제로 병실에서부터 재활치료가 시작된다. 합병증을 예방하기 위해 누운 자세에서도 근력운동을 하고, 앉거나 서는 동작을 시작한다.

③ 초기 아급성기

초기 아급성기(early subacute)는 7일부터 3개월까지를 일컫는데, 이 시기는 재활치료의 황금기로 본다. 이 시기는 재활훈련을 받으면 뇌가 새롭게 재조직화되는 '뇌 가소성'이 왕성하게 일어나는 시기이기 때문에, 많은 환자들이 다시 음식을 먹고 말하고 걷게 되는 시기이다. '뇌졸중 환자의 재활'이라고 이야기할 때, 보통 이 시기를 지칭하는 경우가 많다. 재활의학과 의사는 이 시기에 환자의 의학적 문제를 해결하고, 기능적 잠재력을 평가하여 재활치료팀의 치료를 이끈다.

④ 후기 아급성기

3~6개월 사이는 후기 아급성기(late subacute)로 표현하는데, 이 시기에도 재활치료로 많은 회복을 이룰 수 있기 때문에 이 시기의 재활치료도 매우 중요하다.

⑤ 만성기/유지기

6개월 이후는 만성기로서, 매우 완만한 회복을 보인다. 특히 24개월 이후는 유지기로서 기능의 호전보다는 유지 및 퇴행을 방지하는 것이 치료의 주목적이 되기도 한다.

2) 척수 손상에 대한 이해

(1) 척수 손상의 정의

척수는 척추 내에 존재하는 중추신경으로, 척수는 사고나 질병에 의해 척추가 손상되면서 함께 손상될 수 있다. 척수가 손상되면 뇌와 신체 사이에 신경전달이 제대로 이루어지지 못해 운동, 감각 등의 마비를 초래하게 된다. 외상성 척수 손상이란 교통사고나 추락사고 등 외상에 의해 척수 손상이 생긴 경우를 말하며, 척수 손상 부위 이하는 운동신경이 마비되어 움직일 수 없게 되고 감각이 소실되며 자율신경계에 의해 조절되는 방광과 장 운동 조절에 이상을 초래한다.

척수 손상은 손상받은 척수의 위치에 따라 경수 손상에 의한 사지마비와 흉수 이하 손상에 의한 하지마비로 구분한다. 또한 손상 정도에 따라 완전 척수 손상과 불완전 척수 손상으로 구분한다. 이때, 완전 척수 손상은 척수가 완전 횡절단된 상태를 말하며 손상된 척수 이하의 모든 척수 기능을 잃고 운동 및 감각 능력을 상실하여 예후가 나쁘다. 불완전 척수 손상은 손상 부위 이하의 일부 감각이나 운동 기능이 보전된 상태이다. 탈구된 뼈, 연부조직, 척수관 내 부종 등에 의한 타박상이나 척수의 부분적인 절단으로 발생한다. 초기 기능 회복에 대한 예후는 일반적으로 좋다.

(2) 원인

척수 손상의 원인 중 70%는 외상에 의해, 30%는 질병에 의해 발생한다. 40세 이전에는 외상성 척수 손상이 많고, 40세 이후에는 비외상성 척수 손상이 더 많다. 외상성 척수 손상의 경우, 자동차사고가 약 45%로 가장 많으며 추락사고가 약 41%, 무거운 물건이 척추에 떨어지는 직접 손상은 약 10%를 차지한다. 그 외 원인으로 총기나 흉기사고, 스포츠 손상 등이 있다. 45세 이후의 가장 흔한 원인은 낙상이다. 스포츠 손상 중 가장 흔한 원인은 다이빙이다(서울아산병원).

(3) 증상

척수 손상 증상은 손상 부위에 따라 달라진다. 경수 손상 환자는 혈압, 맥박, 체온, 호흡수가 모두 떨어지는 특징을 보이며 교감신경 마비 및 척수 쇼크로 인해 저혈압이 발생한다. 교감신경 마비로 인해 부교감신경이 상대적으로 항진되면서 서맥이 발생한다. 맥박이 분당 40회 이하로 떨어질 경우에는 심장마비를 초래할 수 있기 때문에 주의를 요한다. 경추 또는 상위 흉추 골절 등으로 척수 손상이 발생하면, 늑간신경이 마비되어 흉곽 팽창이 이루어지지 않아 호흡 곤란이 발생한다. 이 경우 호흡이 약하고 가래도 뱉어낼 수 없어서 심한 호흡곤란증이 발생한다. 상위 경수가 손상되면 매우 심한 호흡 곤란으로 응급실에 도착하기 전에 사망하기도 한다. 완전 마비의 경우에는 배뇨 기능이 소실되므로 가능한 한 빨리 도뇨관을 시행하여 인공 배뇨시켜 주어야 한다.

(4) 진단 및 치료

① 진단

신경 손상 여부를 판단하기 위한 가장 예민하고 중요한 검사 방법은 신경학적 진찰이다. 척추의 X-ray, MRI와 같은 영상 진단 방법과 함께, 근전도나 유발 전위 검사와 같은 신경생리학적 검사를 통해 정확한 병변 부위를 진단한다.

② 치료

척수 손상의 치료 목적은 이차적인 척수의 손상을 최대한 줄이고, 신경학적 기능을 최대한 회복하는 데 있다. 이를 위해 다음과 같은 치료법이 시행된다.

가. 호흡 관리

경추, 흉추 상부에 손상을 입은 환자는 호흡근의 마비로 인해 호흡 곤란이 발생한다. 가슴 부위가 손상되면 호흡 기능은 더 위협적으로 손상되며 심한 경우 인공호흡기로 호흡을 돕고, 호흡운동기를 사용하여 초기부터 심호흡 훈련을 시행한다.

나. 외과적 수술

신경학적 손상이 진행되거나 개방성 상처로 오염된 경우, 비수술적인 방법으로 변형을 고칠 수 없는 경우, 환자가 비수술적 방법에 협조할 수 없는 경우에 외과적 수술이 필요하다. 일반적으로 척수를 압박하는 구조물을 제거하고, 뼈의 정렬에 맞추어 기구나 뼈 이식 등으로 척추를 고정한다.

다. 척추 고정

경추 손상의 경우 즉각적으로 고정·견인하여 척추를 안정시키며 흉추 및 요추에 불안정성이 나타나는 경우, 보조기로 고정하거나 뼈 이식을 한 경우, 골 유합이 이루어질 때까지 수술 후 약 3개월간 척추를 외고정시켜야 한다.

라. 방광과 장 관리

척수 손상 후 대부분은 방광이 차도 소변을 볼 수 없다. 따라서 인공적으로 방광을 비워 주어야 한다. 한편 장 마비 증상이 있으므로, 대변을 볼 때까지 금식하고 위관 흡인하여 위의 압력을 감소시킨다.

마. 위산 과다 치료

흉추 5번 이상의 손상을 입은 환자는 위산 과다로 인해 위궤양과 출혈이 나타날 수 있으므로 정기적으로 대변을 점검하고, 척수 손상 후 처음 6주 동안 위산을 감소시키는 약물을 투여한다.

바. 약물 치료

고용량의 스테로이드를 투여하여 염증성 반응 및 부종을 줄임으로써 신경 증상의 호전 및 악화를 방지한다. 일부 불완전 마비 환자에게 효과가 있지만 명확한 근거가 부족하고, 효율성 논란이 있으며, 고용량 스테로이드 치료가 지니는 부작용도 무시할 수 없어 현재 이 치료는 표준 치료로 인정받고 있지는 못하다.

사. 물리치료와 재활치료

초기에는 침상에서 흉부 물리치료를 시행하여 가래가 폐에 차는 것을 방지하고 호흡 훈련을 시행한다. 완전 마비의 경우, 시간이 지나면서 몸통과 사지에 생길 수 있는 강직성 마비를 조절하고, 남아 있는 신경 기능을 최대한 활용하여 움직일 수 있도록, 환자의 손상 부위와 남은 신경 기능의 정도에 따라 침상 움직임, 휠체어로의 이동 등 운동 기능을 훈련한다. 반면, 불완전 손상의 경우, 서기, 걷기 등의 운동 기능을 훈련한다.

(5) 합병증

외상에 의한 척수 손상의 합병증에는 다음과 같은 종류가 있다.

① 호흡기계

가장 흔하게 무기폐, 폐렴, 환기 장애 등이 나타난다. 특히 사지마비 환자에게 문제가 된다.

② 기립성 저혈압

기립성 저혈압이란 체위의 변화에 의해 갑자기 혈압이 감소하는 것으로, 척수 손상 부위가 높을수록 흔하게 나타난다. 체위를 갑자기 변화하면 어지러움과 경미한 두통이 나타나고, 심한 경우 의식 소실 등이 나타난다.

③ 심부정맥 혈전

척수 손상 발병 후 첫 3개월 이내에 발생할 수 있는 중요한 합병증이다. 하지가 갑자기 부어올라 반대 측 하지에 비해 둘레가 1cm 이상 증가할 경우 의심할 수 있다.

④ 이소성 골화증

관절 주위에 새로운 골이 형성되어 관절 가동 범위가 손실되는 것을 말하며, 보통 척수 손상 후 1~4개월에 잘 생긴다. 이소성 골화증이 발생하면 수의 운동, 약물 투여 등의 보존 요법과 수술로 치료한다.

⑤ 통증

통증은 대부분 척수 손상 후 6개월 이내에 발생한다. 척수 손상 환자의 약 44%는 일상생활에 지장이 있을 정도로 통증을 느낀다고 하며 통증이 심하면 약물 치료를 통하여 통증을 감소시킨다.

⑥ 골다공증과 병적 골절

두개골을 제외한 전체 골격에서 골 무기질 소실이 일어나며 주로 골반골과 대퇴골 근위부에서 일어나는데 이는 첫 4개월에 발생한다. 수술 후 16개월이면 골 소실이 최대가 되며 이후에는 평형상태에 도달한다. 골다공증으로 인해 골절의 위험성이 증가한다.

⑦ 욕창

피부가 압박되어 혈액순환이 국소적으로 감소하여 조직이 파괴된다.

⑧ 구축

관절의 능동적 운동의 감소, 부적합한 자세 유지, 물리치료, 경직으로 관절의 운동 범위가 감소하며 이에 수동 운동, 근육 신전, 부목 대기 등으로 치료한다.

3) 재활 의료서비스를 필요로 하는 환자와 가족의 심리사회적 어려움

(1) 뇌졸중 환자와 가족의 심리사회적 어려움

이재홍과 김수경(2015)은 뇌졸중 환자가 여러 가지 심리사회적 어려움을 경험한다고 하였다. 뇌졸중 환자의 20%는 완전히 회복이 가능하나, 20%는 사망하고, 60%는 대부분 편마비와 같은 영구적 장애를 가지고 살아가게 된다(Johnson, Burridge, Strike, Wood, & Swain, 2004; Voigt & Sinkjaer, 2000). 뇌졸중의 손상 부위와 정도에 따라 증상은 다양하지만 주로 상·하지 기능장애로 인해 보행장애와 일상생활활동장애, 뇌손상으로 인한 지각장애, 언어장애 등이 유발되며, 불안, 우울, 흥분과 같은 정서적 장애도 동반된다(You & Ann, 2009). 따라서 적절한 재활치료, 보조기의 이용 등 포괄적인 재활프로그램 시행으로 기능적인 회복뿐만 아니라 기능을 유지시켜야 한다(Johnston & Keister, 1984). 또한 독립적인 일상생활 동작, 직업, 심리 및 사회적인 적응을 비롯해 의사소통까지 포괄적으로 다루어져야 한다(Anderson, Vestergaard, Ingemann, & Lauritzen, 1995).

지속적인 관리가 필요함에도 불구하고 장기간의 입원치료에 따른 의료비 부담으로 충분한 재활치료를 받지 못하거나(Son, 2008) 퇴원 후 지역사회에서 체계적인 관리가 부족하고 이동성과 독립성 및 자존감의 상실, 사회적 관계 저하를 겪게 된다(Lim, 2002). 또한 자신의 미래와 회복에 대한 불확실성, 신체 및 환경에 대한 통제의 상실, 분노 및 좌절감 등이 서로 혼재되어 적응에 큰 어려움을 가지고 살아가게 된다(Burton, 1995).

이와 같은 갑작스러운 신체활동의 제한, 정서적 변화, 성격 변화 등의 변화를 보이는 환자들을 돌보는 가족들 또한 심각한 정서적 소진과 경제적 어려움에 직면하게 되어 환자뿐만 아니라 가족들의 삶의 질도 낮아지는 경향이 크다(정옥분·박점희, 2004; 이효순 외, 2019). 이처럼 뇌졸중 환자 가족의 부양 부담은 상당한 것으로 알려져 있으며(김태연, 2005) 구체적으로는 다음과 같다.

- 부양자가 부양 활동으로 인하여 개인의 삶에서 자기 자신을 위한 개인 시간의 부족에 대한 부담감이 있다.
- 부양자의 연배와 비슷한 주변 사람들과 자신의 처지를 비교해 볼 때, 혼자만 정상적인 발달과정에서 이탈된 느낌을 가질 수 있다.
- 부양 활동이 지속되면 부양자는 만성 피로감을 갖게 되고 건강 상태가 악화되기도 한다.
- 사회적 부담으로 역할갈등에서 비롯된 부양자의 부정적인 감정이 발생한다.
- 정서적 부담으로 자신이 알고 사랑하던 사람이 질병으로 인해 변해 가는 모습으로 인해 배우자나 가족은 깊은 상실감에 빠지게 된다.
- 경제적 부담이 상당하다.

특히 뇌졸중 환자들의 가족이 겪는 경제적 부담의 경우, 부양 기간이 길어지면 부양에 드는 비용을 주 보호자뿐만 아니라 가족 성원 모두에게 부담을 줄 수 있다. 이는 병원비, 재활치료비, 약품구입비, 휠체어, 환자용 변기, 환자용 욕실 등과 같은 의료 보조기 구입에 드는 비용 등을 포함한다. 이와 같은 요인들은 환자의 가족들에게 상당한 부담을 줄 수 있고 경제적으로 어려운 가족의 경우에는 더 많은 부담감을 느끼게 만들 수 있다.

(2) 척수 손상 환자와 가족의 심리사회적 어려움

척수 손상은 영구적인 장애를 남김으로써 전 생애에 걸쳐 많은 손실을 수반한다. 이에 개인의 삶은 물론 사회 전반에 영향을 미친다. 또한 신체 기능을 상실했다는 의미를 넘어 심리적 평형과 생존까지 위협할 수 있는 삶의 위기 상황이라고 할 수 있다(송지원, 2005). 더불어 척수장애인이 되면 인간관계를 비롯한 사회적 관계의 단절과 심리적·사회적 어려움에 처하게 되며(Krause & Crewe, 1991), 신체적 기능 상실로 인한 자아존중감의 저하와 우울, 사회적 격리에 따른 소외감과 불안감, 또한 가족들에게까지도 심리적 고통과 경제적 어려움을 겪게 한다(남연희·김영삼·한승길, 2013; 유양숙, 2001).

이와 같은 척수 손상 환자들이 보이는 신체적 외상 후의 심리사회적 반응은 대체로 다음의 3단계 형태로 나타난다(장수미 외, 2021).

① 급성기: 3~6개월

병에 대한 강렬한 부인, 퇴행, 불안 및 두려움, 적개심, 상실, 비애 등의 감정이 나타난다. 이 감정은 정상반응이지만 이러한 심리 상태가 오래되고 지속될 경우 자아기능이 약화되며 지나친 의존과 퇴행, 그 외 여러 가지 다른 신체증상이 나타날 수 있다.

② 수용기: 6개월~1년

급성기의 심리 반응이 다소 완화되면서 자신에게 발생한 문제를 현실적으로 해결하려는 협상 과정을 보인다. 즉, 이 시기가 지나야 장기적인 대책을 세워 적응하는 재활 시기로 접어든다.

③ 재활기: 1년 이후

신체적 또는 다른 장애를 지닌 사람들의 가능한 활동을 회복시킴으로써 삶을 질적으로 향상시키며 책임감과 독립적인 사회적 기능을 유지하여 사회로 복귀하는 과정이다. 보통 사고 및 치료 후 1년이 경과되어 접어들지만 손상 부위, 질병의 정도, 병전 성격, 지적 및 경제적 수준과 보상 관계 등에 따라 재활기로 접어드는 시기에 차이가 있다.

한편, 척수 손상 환자가 나타내는 다양한 심리사회적 반응들은 비단 척수 손상 환자가 겪는 어려움으로 끝나는 것이 아닌 가족들에게 미치는 영향도 크다. 특히 척수장애의 상태가 영구적으로 지속되는 것은 가족과 주변인, 사회 등에 큰 부담을 주게 된다(이광원 외, 2016). 이때 주로 가족들이 척수장애 환자들의 돌보는 보호자의 역할을 하는 경우가 많으며 가족이 겪는 다양한 심리사회적인 어려움은 굉장히 크다고 볼 수 있다.

4) 의료사회복지사의 역할

(1) 재활의료 영역에서의 의료사회복지사의 역할

재활의료 영역에서 의료사회복지사는 기본적으로 팀 접근을 통해 업무를 수행한다. 재활의료 영역에서의 팀 구성원은 의사, 간호사, 언어치료사, 의료사회복지사, 임상영양사, 임상심리사, 작업치료사, 물리치료사로 구성된다. 이때, 의료사회복지사의 경우 주로 심리·정서적 문제, 경제적 문제, 가족 지지체계 강화, 생활습관 및 관리, 병원 선택과 전원 준비, 지역사회 기관 이용, 복지 제도 신청 및 활용, 주거환경 준비, 사회적 역할 조정, 장애인 등록, 사회적 지지체계 강화, 장기적인 돌봄 계획 등과 같은 이슈에 관심을 가지고 직간접적인 개입을 한다.

이와 같은 이슈를 중심으로 의료사회복지사들이 개입을 하되 의료기관별 주요 재활환자의 특성에 따라 개입의 내용들 간에 차이가 있다. 이를 설명하기 위해 의료기관별 재활환자의 주요 특성이 어떻게 다른지, 의료기관별 의료사회복지사가 중점적으로 개입하는 개입의 내용이 어떻게 다른지에 대해 다음의 〈표 9-17〉을 통해 살펴볼 수 있다.

〈표 9-17〉 의료기관별 재활환자의 특성과 의료사회복지사의 주요 역할

<table>
<tr><th rowspan="2">구분</th><th colspan="3">의료기관</th></tr>
<tr><th>종합/대학병원</th><th>재활의료기관/재활병원</th><th>요양병원</th></tr>
<tr><td>기관 특성</td><td>다양한 전문 진료과를 통해 위급상황 대처가 가능하고, 재활의학과의 경우 전문 재활치료를 진행하는 의료기관</td><td>1인 이상의 재활의학과 전문의가 상주하며, 전문 재활치료 환경을 조정해 적극적 재활치료를 진행하는 의료기관</td><td>요양 케어 위주의 환경을 갖추고, 필요시 간헐적인 재활치료의 제공이 가능한 의료기관</td></tr>
<tr><td>입원 대상</td><td>급성기~초기 아급성기 환자</td><td>초기 아급성기~
후기 아급성기 환자</td><td>만성기/유지기 환자</td></tr>
<tr><td>환자 상태</td><td>• 신경(외)과적 급성기 치료를 마친 직후
• 경증~중증 혼재</td><td>• 초기 재활치료 경험이 있고, 집중 재활이 필요한 상태
• 경증~중증 혼재</td><td>• 가정 및 사회복귀가 어려운 상태
• 중증 위주</td></tr>
<tr><td>재활치료 경험</td><td>재활치료를 처음 시작하는 경우가 대다수</td><td>1~2개월의 치료 경험</td><td>1개월~수년의 치료 경험</td></tr>
<tr><td>입원 가능 기간</td><td>2~6주</td><td>3~6개월</td><td>6개월 이상</td></tr>
<tr><td>상담 특성</td><td>• 상담 동기 부족
• 전반적 재활과정 설명 선호</td><td colspan="2">• 이미 사회복지상담 경험이 있을 수 있음
• 전 경험에 따라 부정 또는 긍정적으로 반응이 달라짐
• 사회복지 정보에 대한 욕구가 있을 경우 상담에 협조적</td></tr>
<tr><td>의료사회복지사의 주요 역할</td><td>• 심리적 충격 완화
• 재활과정 이해 및 적응지원
• 가족들의 적절한 역할 분담
• 안정적인 치료적 환경 조정
• 진료비 지원
• 산정특례제도 안내
• 산재보험/자동차보험 상담
• 보장구 구입/환급 절차 안내
• 퇴원에 대한 저항과 다루기
• 전원을 위한 계획과 준비
• 금연 및 금주 등 생활습관 관리
• 지속적 건강관리를 위한 계획</td><td>• 회복에 대한 기대 수준 조정과 한계에 대한 인식 및 장애 수용
• 치료기간 장기화에 따른 가족 내 역할 조정 및 재적응
• 환자의 사회적 역할 조정 및 새로운 활동 모색
• 장애 등록 및 장기요양보험 제도 신청 또는 활용에 대한 안내
• 주거환경 평가 및 조정 계획
• 이동 수단에 대한 조정
• 지역사회 기관 이용 연계
• 전원을 위한 계획과 준비</td><td>• 치료동기 유지 및 현실적인 기대 수준 조정과 장애 수용
• 가족보호 부담과 소진 관리
• 장애 등록 및 복지시책 안내
• 장기요양보험제도 활용계획 및 요양시설 이용 관련 안내
• 장기적 돌봄을 위한 보조인력 활용계획 수립
• 주거환경 평가 및 조정 계획
• 지역사회 기관 이용 연계
• 전원을 위한 계획과 준비</td></tr>
</table>

출처: 대한의료사회복지협회(2019)에서 재구성

이처럼 재활환자의 경우 환자의 상태, 재활치료 경험, 입원기관의 특성 등에 따라 환자의 개별적 특성 또한 다르므로 각 환자가 처해 있는 개별적 상황과 환경이 어떠한지 의료사회복지사는 이에 대한 정확한 사정을 통해 개별 환자에게 적절한 개입이 이루어질 수 있도록 해야 한다. 환자의 이와 같은 개별적 특성에도 불구하고 통상적으로 의료사회복지사가 재활의료 영역에서 수행하는 공통적인 역할과 업무에 대한 구체적인 내용을 뇌졸중 및 척수 손상 환자와 가족에 대한 의료사회복지사의 역할을 중심으로 설명하면 다음과 같다.

(2) 뇌졸중 및 척수 손상 환자와 가족을 위한 의료사회복지사의 역할

뇌졸중이나 척수 손상의 경우 대체적으로 갑작스럽게 나타나는 질병이고 장애를 동반한다는 점에서 환자 및 가족 모두 심리적, 신체적으로 적응하기 어려운 질병이다. 이에 의료사회복지사는 이러한 환자와 가족의 심리사회적인 상황에 대해 상담하고 이해하며, 이를 바탕으로 의료진과 함께 적절한 진료가 이루어질 수 있도록 개입해야 한다. 또한 이를 통해 가족들이 환자의 상태를 정확히 이해할 수 있도록 원조하여 가족들 또한 현실적인 목표를 가지고 적절한 퇴원계획을 수립할 수 있도록 지원해야 한다. 이를 위해 퇴원 후의 어려움이 완화될 수 있도록 환자와 보호자에게 필요로 하는 정보를 지속적으로 제공하며, 필요시 가족회의를 실시하여 의료진과 가족들이 함께 참여하여 퇴원계획을 수립할 수 있도록 돕는다. 재활의료 영역에서 의료사회복지사가 수행하는 업무와 역할에 대해 좀 더 구체적으로 소개하면 다음과 같다.

① 환자와 가족에 대한 개별상담 서비스

재활의료 담당 의료사회복지사는 뇌졸중이나 척수 손상으로 치료받는 환자를 대상으로 환자와 가족의 심리적·사회적·경제적 측면에 대한 평가를 시행하고 질병에 대한 부적응, 가족 갈등, 경제적 어려움, 사회적 재활의 어려움 등이 있는 경우 적절한 시기에 개입하여 환자와 가족이 심리사회적으로 재활할 수 있도록 돕는다. 이때 주로 입원환자와 그 가족들을 대상으로 개별상담(심리사회적 상담)과 퇴원계획을 실시한다.

가. 개별상담

의료사회복지사는 개별상담을 통하여, 갑작스러운 질환 및 장애 발생으로 인한 환자와 가족의 심리사회적 변화에 대해 사정하고 치료 및 장애에 대한 적응을 돕는 활동을 계획할 수 있다. 개별상담을 통해 수집된 상담 자료는 의료진이 환자의 상황을 이해하고 환자 고유의 생활에 알맞은 재활치료 계획을 수립하는 데에도 도움이 될 수 있다. 더불어 의료사회복지사는 장애를 가진 분들에게 심리적 지지를 제공함으로써 재활치료의 동기를 강화하고 가족의 적극적인 협조를 유도하며, 자원 연결을 통해서 지역사회 내에서 장애를 가지고 있음에도 불구하고 보다 잘 적응하여 지낼 수 있도록 돕는다. 또한 질병 및 신체적 장애로 인해 나타날 수 있는 우울, 불안, 좌절과 같은 심리적 어려움이 있는 환자에게는 자신의 상태와 치료 과정에 빨리 적응할 수 있도록 심리사회적 상담을 제공한다. 무엇보다 환자 보호에 대한 부담을 가지고 있는 가족의 경우 소진되거나 가족 갈등이 심화될 수 있으므로 정서적 지지와 함께 질병과 이에 따른 환자의 반응을 이해하고 적절히 보호할 수 있도록 교육을 실시하기도 한다.

나. 정보제공 및 자원 연결

치료비 경감제도 정보, 치료비 지원사업 및 기관 정보, 장애인 등록절차, 장애인 복지제도 등에 관한 정보를 제공하며 더불어 장애인복지관, 지역사회복지관 내에서의 이용 가능한 서비스에 대한 안내, 직업재활 훈련기관 안내, 특수교육기관 안내, 노인전문병원, 장기요양기관, 재활병원 또는 지역사회 내의 주간보호, 단기보호, 무료·유료 간병인, 의료기구 등 환자를 돌보는 데 활용할 수 있는 정보를 환자와 가족에게 제공하거나 필요시 유관 시설에 연결한다.

다. 퇴원상담 및 퇴원계획 수립

퇴원상담과 퇴원계획은 주로 동시에 진행되는 경우가 많다. 즉, 퇴원상담을 통해 퇴원 후 환자를 돌보는 방법에 대해 가족들과 함께 논의하는 것을 통해 퇴원 후에 선택할 수 있는 환자 보호의 대안을 제시하고 각 방법에 따른 고려 사항을 알려 주며 환자나 가족으로 하여금 퇴원 후의 사회 적응이나 재활계획을 숙고할 수 있는 기회를 제공한다. 이 과정에서 가족들이 환자의 퇴원에 대처하기 어려운 경우에 퇴원계획을 실시하여 적절한 보호 계획을 수립할 수 있게끔 퇴원준비를 돕고 퇴원 이후에도 적절한 보호가 제공될 수 있도록 한다.

최근 노인, 장애 환자의 증가에 따라 장기요양, 재활치료가 필요한 환자도 늘어나는 추세이므로 이들을 돌보는 것과 관련하여 가족들의 어려움도 커짐에 따라 환자의 퇴원과 관련한 가족 상황에 대한 사정을 통해 질병이 환자와 가족에게 주는 심리사회적·경제적·환경적 영향 및 가족 내·외부의 지지체계, 가족이 구상하고 있는 퇴원계획 등을 조사하여 환자와 가족의 상황에 맞는 퇴원계획이 수립될 수 있도록 한다.

라. 가족 회의(family meeting)

환자와 관련된 가족들을 모이게 하여 치료계획과 가족의 협조사항 등을 알려 주고 가족들이 환자보호에 필요한 적절한 역할을 하도록 하기 위해서 가족회의를 실시한다. 이때, 의료사회복지사가 시간과 장소를 조정하고 환자에게 중요한 가족들은 가능한 전원 참석하게 하며 의료진으로는 환자의 주치의, 전문의, 의료사회복지사가 참석한다. 필요시 간호사, 치료사들도 참석하여 환자의 퇴원과 관련된 조언을 제공하기도 한다.

② 교육 및 집단 프로그램

필요시 뇌졸중 및 척수 손상 환자와 가족을 위하여 질환 및 입원 등으로 인한 스트레스를 경감시키기 위한 다양한 집단 프로그램을 진행할 수 있으며, 질병 관리 교육 및 재활을 위한 다양한 자원 제공 등에 대하여 교육집단을 운영할 수 있다. 더불어 뇌졸중 및 척수 손상 환자의 가족을 위한 자조집단을 운영하여 환자와 가족들 당사자 모임을 통해 정서적 지지와 정보교환 등이 이루어질 수 있도록 할 수 있다.

생각해 봅시다

- 일반의료 사회복지 영역에서 일하는 의료사회복지사가 해당 영역에서의 의학적 지식과 다른 전문 직군의 직무와 역할에 대한 지식과 이해를 겸비해야 하는 이유가 무엇인지 생각해 봅시다.
- 일반의료 사회복지실천 영역에서 일하는 의료사회복지사는 다양한 윤리적 딜레마 상황을 경험할 수 있다. 이에 이 장에서 소개한 일반의료 사회복지실천 영역 가운데 의료사회복지사가 경험할 수 있는 윤리적 딜레마 상황으로는 어떤 상황이 있을 수 있는지, 해결방안은 무엇인지 생각해 봅시다.

Chapter 10

정신건강사회복지

학습 목표

- 정신건강사회복지의 개념과 구성요소를 이해하고 설명할 수 있다.
- 정신건강 이슈별 개입을 이해한다.

사회환경의 급격한 발전은 또 다른 사회문제를 발생시키는 요인이 되고 있다. 오늘날 제기되고 있는 문제는 바로 정신건강과 관련된 문제이다. 과거에는 정신건강사회복지가 병원 또는 치료시설 중심의 정신의료서비스가 주를 이루었다면, 현재는 예방 및 재활과 함께 정신건강 증진으로 확대되고 있다. 이 장에서는 정신건강사회복지의 개념과 정신건강사회복지의 구성요소를 알아보고 정신건강 이슈별 개입방법에 대해 알아보고자 한다.

01 정신건강사회복지의 개관

1) 정신건강의 개념

정신건강(mental health)이란 정신과 건강의 합성어로, 건강한 정신, 정신적 건강의 향상을 의미한다. 정신건강이 보편적으로 사용되기 이전에는 정신위생(mental hygiene)이라는 용어로 사용되었다. 정신위생은 20세기 초 미국의 심리학자 클리퍼드 비어스(Clifford Beers)가 정신건강의 유지와 정신장애의 예방 등을 연구하는 의학의 한 분야로, 정신장애를 조기에 발견하고 치료함으로써 개인적·사회적 불행을 막는 공중위생을 말한다. 즉, 정신질환자의 치료 설비와 치료 방법을 발전시키고 지속적인 정서적 안정과 심리적 안녕을 촉진하기 위한 교육까지 포함한다(Barker, 1999).

정신건강이라는 용어는 아돌프 마이어(Adolf Meyer)와 클리퍼드 비어스(Clifford Beers)가 최초로 사용한 이후 1909년 미국정신위생학회(National Committee For Mental Hygiene)가 결성되면서 보편적으로 사용되기 시작하였다. 미국정신위생위원회에서는 정신건강의 개념을 '단지 정신적 질병에 걸려 있지 않은 상태만 의미하는 것이 아니라 만족스러운 인간관계와 이를 유지해 나갈 수 있는 능력'으로 보았다. 이것은 모든 종류의 개인적이고 사회적인 적응을 포함하여 어떠한 환경에도 대처해 나갈 수 있는 건전하고(wholesome), 균형 있고(balanced), 통일된(integrated) 성격의 발달을 의미한다(김윤재·박스잔·정경·김연옥, 2018: 14).

정리하면 정신건강은 정신적으로 병적 증세가 없고 자신의 능력을 최대한 발휘할 수 있으며 환경 적응력이 있고 주체적이며 건설적으로 자신의 생활을 처리해 나갈 수 있는 성숙한 인격체를 갖추고 있는 상태라고 볼 수 있다.

정신건강에 대한 개념은 관점과 입장에 따라 차이가 있다. 성격학자인 프로이트, 에릭슨, 설리번, 프롬의 견해를 중심으로 살펴보면 다음과 같다(이영호, 2017: 14-16).

(1) 프로이트

프로이트(Freud)는 정신건강을 개인의 모든 자아의 영역이 균형 있게 조화를 이룬 상태로 여기며, 개인의 정신 내적 발달과정의 관점을 강조하였다. 정신이 건강한 사람은 욕구나 규범에 적절하게 적응하며 자기 자신은 물론, 타인도 사랑할 수 있는 상태라고 하였다. 따라서 정신성욕의 발달(psychosexual development)과 관련하여 각 발달단계의 특징적인 욕구들이 지나친 좌절 또는 지나친 충족이 아니라 만족될 경우 건전한 성격을 가지게 된다고 보았다. 따라서 건전한 성격을 가진 사람은 충분히 자아가 강해져서 욕구와 현실적 도덕규범과의 갈등을 적절하게 해결하고 잘 적응할 수 있으며, 무리하게 감정을 억압 또는 도피하지 않고 현실을 수용하며 자신을 있는 그대로 자유롭게 표현할 줄 안다.

(2) 에릭슨

에릭슨(Erikson)은 정신건강의 척도를 인간의 발달단계 과정에서 습득되는 기본적 신뢰감의 형태에 의한 것으로 보았다. 즉, 성장발달단계 과정에서의 개인체계의 과제 달성을 중요시하였다. 발달단계별 습득되는 신뢰감, 자율성, 주도성, 근면성, 정체감, 친밀감, 생산성 등을 정신건강의 척도로 보았다.

(3) 설리번

설리번(Sullivan)은 인간 성격에 영향을 미치는 주체를 대인관계로 보았다. 특히 개인 생활에 의미를 부여하고 타인에 대한 지각과 태도에 중점을 두었다. 설리번의 주장에 따르면 인간은 기본적으로 대인관계적 욕구에 의해 발달과정을 겪는데, 이 과정에서 정상적인 발달을 방해하고 저지하는 요소들로 인해 정신병리가 발생한다고 보았다. 관계에서 '편안함'은 건강한 대인관계를 성공적으로 이끄는 요소가 되지만, '불안'은 건강하지 못한 대인관계를 유지할 때 야기된다고 보았다. 불안이 크면 현실과의 접촉이 잘 이루어지지 않고, 이는 정신건강을 이룹지 못하게 한다. 설리번은 불안 감소를 주요 역할로 사용하는 에너지 체계를 성격이라 하였으며 성숙하고 건전한 성격을 가진 사람은 통합적 사고를 하여 현실에 적합한 행동을 한다고 보았다.

(4) 프롬

프롬(Fromm)은 개인과 사회체계와의 관계적 관점을 강조하며 정신건강의 근거와 기준을 인간과 그가 속한 사회와의 관계 속에서 설명하였다. 즉, 인간의 욕구는 사회적인 것으로, 정신적으로 건강한 사람은 자신의 사회적 욕구를 사회체계와의 적당한 관계를 통해서 점차 충족시킨다고 보았다. 프롬은 정신적으로 건강한 사람은 생산적으로 자신을 외부 환경에 관계시키는 사람, 객관적으로 현실을 파악하기 위해 이성을 사용하는 사람, 자신을 단일하고 고유한 독자적인 존재로 경험함과 동시에 자신의 친구로도 느끼는 사람, 비합리적인 권위는 복종하지 않지만 양심과 이성의 권위는 받아들이는 사람, 날마다 새로 태어나는 과정에 있음을 아는 사람, 인생을 가장 가치 있는 선물로 생각하는 사람이라고 보았다.

정신건강에 대한 개념을 통합하면 다음과 같다.

첫째, 분명한 자기인식을 한다. 자신이 무엇을 해야 하는지를 바로 인식하고 인생의 목표를 자발적으로 추구할 수 있다.

둘째, 현실에 대한 수용과 적응능력이 있다. 현실이 괴롭더라도 이를 수용하고 환경의 변화에 잘 수용하고 적응할 수 있다.

셋째, 타인에 대한 이해능력이 있다. 대인관계에서 타인의 입장에서 생각할 수 있고 상대방의 요구를 이해할 수 있어서 지속적으로 대인관계를 유지할 수 있다.

넷째, 만족스러운 이성관계를 만들고 유지할 수 있다.

다섯째, 자신의 능력의 한계를 이해하고 현실적으로 수용할 수 있다.

여섯째, 직업 적응을 잘하고 자신의 능력 실현을 통해 성취감을 경험하고 있다.

2) 정신건강사회복지의 정의

정신건강사회복지가 보편적으로 사용되기 이전에 정신의료사회사업, 정신보건사회사업, 정신보건복지, 정신보건사회복지, 정신건강사회복지 등 다양한 용어로 사용되었다. 과거의 의료사회복지활동이 병원을 중심으로 이루어졌지만 오늘날 의료사회복지활동은 병원을 포함하여 지역사회 등 다양한 실천현장에서도 시행되고 있기 때문에 포괄적인 영역을 담고 있다. 시대적·역사적 맥락에 따라 정신건강사회복지에 대한 개념은 다르게 정의되고 있다.

영국은 '정신건강'에 대해 심리학적 또는 정신분석학적으로 이해하거나 사회복지 실천의 장(場)으로 이해하는 두 가지 견해를 취했다(Timms, 1964: 169-182). 즉, 정신건강사회복지를 정신장애인과 그 가족을 위한 정신의학과의 협력적인 관계 구축을 통한 보조역할을 담당하는 영역으로 보았다. 오 키프(O' keefe, 1954)는 정신병원 의료 프로그램의 필수적인 서비스 형태로서 정신건강기관 또는 보건의료 프로그램에서 부분적으로 실시하는 사회복지실천을 정신건강사회복지라고 하였다.

미국에서는 정신건강사회복지에 대해 정신의학자와의 협력을 통한 사회복지실천인지, 본질적으로 특수한 사회복지실천인지에 대한 논의가 제기된 바 있다(Ferguson, 1969: 423-495). 이는 실천의 장보다는 실천의 본질을 강조하고 있다. 따라서 미국은 정신건강사회복지를 정신의학적 지식을 사회복지실천 과정에 적용시킨 사회복지실천 영역의 하나로 보았다. 미국사회복지교육협의회는 정신건강사회복지사의 역할과 기능은 정신장애인의 진단과 치료, 재활을 위해 제공되는 서비스를 하는 것이라고 정의하였다.

오늘날 정신건강사회복지는 실천의 장과 무관하게 모든 사회복지에서 다루고 있다. 즉, 인간행동과 사회환경, 정신건강사회복지론, 의료사회복지론 등의 교과목들을 통해 학생들은 인간의 심리와 문제적 행동, 심리적 반응에 대한 정신역동적 지식을 습득하고 있다. 이는 정신건강사회복지사는 물론, 모든 사회복지사가 기본적으로 습득해야 하는 내용이기 때문이다. 현재 우리나라도 정신장애인 당사자의 치료는 물론 정신건강 증진 및 예방과 조기 발견 등 지역사회 재활을 중심으로 이루어지고 있다.

이를 토대로 정리하면 정신건강사회복지는 정신질환이나 정신장애를 가진 사람과 그 가족, 일반시민을 대상으로 정신의학적인 전문지식과 사회복지실천이론 및 실천방법, 기술 등으로 그들의 사회적 기능 회복과 삶의 질을 향상시키는 사회복지실천의 한 영역이라고 정의할 수 있다.

02 정신건강 이슈별 개입

정신장애의 진단과 치료의 패러다임은 질병의 예방과 조기발견, 조기치료로 전환되고 있다. 이는 신체질환과 마찬가지로 중증정신질환도 조기발견과 조기치료의 중요성이 대두되고 있는 것이다. 이와 관련하여 조기정신증과 조현병, 알코올사용장애, 자살에 대해 살펴보도록 하겠다.

1) 조기정신증

(1) 정의

조기정신증(early psychosis)은 약 14~36세 사이의 청소년 또는 젊은 성인에게 나타나는 질병으로, '뚜렷한 정신병적 증상이 드러나기 이전의 상태인 전구기를 포함하여, 뚜렷한 증상이 발현된 시점부터 최대 5년 이내의 시기'를 의미한다(이명수, 2009). 이 기간에 반복적인 재발로 기능이 점점 떨어지거나, 회복을 하는 부류로 나누어지기 때문에 '결정적 시기(critical period)'라고 한다. 이 시기의 적절한 치료와 교육 제공을 통해 회복을 촉진하고 만성화를 예방할 수 있다. 따라서 조기 발견을 통한 치료를 받기까지 소요되는 시간을 단축하여 효과적인 치료법이 제공된다면, 정신병의 유병률과 이환율이 감소될 것이다. 반면, 효과적인 치료를 시작하기까지의 시간이 지연된다면 완전한 회복 가능성은 감소되고 회복 과정도 늦어질 것이다. 따라서 조기정신증의 조기 개입을 통해 발병 후 수년 내에 발생할 수 있는 심각한 생물학적·사회적·심리적 기능 저하를 예방할 수 있다.

정신증은 사고, 지각, 인지, 감정의 어긋남을 보이는 뇌의 질환으로, 환청, 망상 등이 수반된다. 현실 검증력이 손상된 상태로 지각능력과 환경에 반응하는 능력이 파괴되어 가정과 친구관계, 학교 혹은 직장에서의 기능을 할 수 없는 상태로 환각이나 망상을 가지거나 자신만의 세계에 고립된 상태이다. 따라서 조기정신증의 증상을 잘 파악하여 이에 대한 개입이 조속히 이루어져야 한다.

(2) 증상

조기정신증의 증상은 생각과 지각의 변화, 감정의 변화, 신체 및 행동의 변화로 나누어 살펴보면 다음과 같다.

① 생각, 지각의 변화

- 집중력과 기억력 감소
- 평소 익숙한 사물과 사람에 대한 낯선 느낌
- 특이하고 모호한 생각에 빠지거나 과도하게 빠르거나 느린 생각
- 소리, 색깔, 냄새 등을 더 강하게 또는 약하게 느끼는 간헐적인 지각의 변화
- 누군가 나를 해치려 하는 것같이 느껴지는 불안감

② 감정의 변화

- 가라앉거나 우울한 기분
- 혼란스러운 감정
- 불안해하며 의심이 많아지며 긴장함
- 무기력함
- 타인과의 교류 감소
- 충동적인 감정의 변화

③ 신체, 행동의 변화

- 잠을 잘 못 자고, 식욕이 없어짐(반대로 폭식하기도 함)
- 의욕 저하, 피곤함, 에너지 저하
- 신체가 변형되는 느낌
- 전과 다른 특이한 행동
- 느린 행동
- 외모나 위생관리에 신경 쓰지 않음
- 성적인 내용을 개방적이고 노골적으로 언급

- 다른 사람이 된 것 같은 느낌

이 외에도 조기정신증 환자는 청력이 민감해지며 소리를 매우 크고 날카롭게 느낀다. 그리고 다른 사람들은 듣지 못한 말을 듣는 경우도 있다. 본인 내면의 목소리를 다른 사람에 의해 듣는 느낌을 받기도 한다.

(3) 조기정신증의 특징

조기정신증의 특징은 여러 가지가 있다. 우선 혼란스럽고 당황스러운 증상에 의해 동요 또는 고통을 느끼며, 주변 이들이 자신을 불편해할 것이라는 두려움을 가진다. 질병 발생의 원인이 자신의 나약함과 부족함이라는 자책을 하며, 낯선 증상들로 인해 극도의 불안과 심리적 고통을 호소한다. 약물중독과 부작용에 대한 두려움과 불안감을 가지며, 약물로 인한 회복은 무의미하다는 생각을 갖는다. 특히 증상을 가장한 정상 청소년의 행동과 증상의 구별에 어려움이 있다. 따라서 질병을 부인하고 취약하지 않다는 생각을 가지기 쉽다. 질병의 점진적인 전개로 인해 진단을 내리는 데 어려움이 있으며, 환자는 약물치료와 입원치료에 대한 불확실성 또는 두려움을 가진다. 정신질환에 대한 정부 부족으로 이용 가능한 정신건강서비스와 적용 방법에 대한 인식이 부족하다.

조기정신증의 초기 단계에는 증상이 미묘하기 때문에 정상 청소년기 행동 증상과 구별이 어려울 수 있다. 따라서 증상을 가볍게 여길 수 있고, 정신질환에 대한 부정적인 인식으로 인해 적절하게 정신건강서비스를 받지 못하는 경우도 많다. 그러나 조기정신증은 회복과 예후에 있어 결정적인 시기이기 때문에 조기 발견과 조기치료로 손상을 최소화하여 신속한 회복이 필요하다.

(4) 조기발견 및 조기개입의 중요성

조기정신증의 조기발견 및 조기개입의 중요성을 살펴보면 다음과 같다.

첫째, 조기정신증은 발달과정상 가장 중요한 시기인 14~35세 사이에 가장 많이 발병한다. 이 시기는 학업, 진로 결정, 대인관계, 신체적·정신적 안녕 등 인간 발달의 중요한 시기로, 정신병을 앓는 사람들 중 치료 시기를 놓친 사람들은 사회생활을 적응하는 데 상당히 오랜 시간이 걸린다는 점에서 사회적으로 건강한 구성원으로서 기능하기 위해서는 조기에 치료하는 것이 매우 중요하다.

둘째, 빠른 회복을 통한 위기 탈출을 위해서이다. 정신병 초기의 몇 년간은 육체적·사회적·정신적 위험이 매우 높은 시기이다. 따라서 질병의 조기치료는 초기에 나타나는 위험한 문제를 예방하고, 치료의 예후를 개선하는 데 결정적이라고 할 수 있다.

셋째, 치료비용의 감소이다. 치료 시기를 놓쳐 만성화된 환자는 증상이 쉽게 나아지지 않고 병에 대한 예후도 좋지 못해 재발이 잦다. 또다시 악화된 증상의 치료를 위해 입원을 반복하게 되어 결과적으로 경제적 부담이 된다. 따라서 만성화된 증상으로 인한 입원과 통원치료로 인한 막대한 의료비용을 지출하기보다는 초기에 증상의 악화를 예방함으로써 치료비용을 감소하는 것이 필요하다.

넷째, 전반적인 생활의 안정화를 위해서이다. 병이 깊어질수록 나타나는 증상으로 인해 가족, 친구들로부터 고립될 수 있다. 또한, 학교, 직장, 가정 등에서 일상생활을 수행하는 데 점차 어려움이 생겨 결국에는 기능장애를 초래하기도 한다. 이를 방지하기 위해 조기에 치료함으로써 사회로부터의 고립과 기능 손상을 최소화하고 전반적인 생활의 정상화를 기대할 수 있다.

(5) 조기정신증의 징후 발견하기

① 탐색적 질문하기

이용자와의 첫 만남에서 조기 징후를 찾아내기 위해 탐색적 질문을 활용할 수 있다.

가. 감정과 관련한 질문

- 일상생활에 지장이 있을 정도의 우울감을 경험했는가?
- 걱정을 하거나 불안한 것이 있는가?

- 안절부절, 초조함, 긴장감을 경험하고 있는가?
- 최근 평소보다 심한 기분 변화를 경험한 적이 있는가?

나. 생각, 지각과 관련한 질문

- 집중력이 평소보다 더 나빠졌다고 생각하는가?
- 설명할 수는 없지만 뭔가 이상한 일이 벌어지고 있거나 잘못되고 있다는 느낌이 든 적이 있는가?
- 시간의 흐름이 변한 것처럼 느끼는가(이상하게 더 빠르거나 더 느리게 느낌)?
- 내 생각을 내 뜻대로 통제할 수 없다고 느낀 적이 있는가?
- 낯선 사람들이 나를 쳐다보거나 내 이야기를 하는 것 같은 적이 있는가?
- 사람들이 나를 괴롭히거나 해하려고 한다고 생각한 적이 있는가?
- 주변 소리에 좀 더 민감해졌다고 느끼는가?
- 무슨 소리를 들었다고 생각했는데, 소리 날 만한 것이 아무것도 없었던 적이 있는가?
- 남들이 볼 수 없는 것을 보거나 들을 수 없는 것을 들은 적이 있는가?
- 말의 두서가 없어져 내가 말하고자 하는 바를 이해시키는 데 어려움이 있는가?
- 나를 해치거나 죽으려고 생각한 적이 있는가?

다. 신체, 행동과 관련한 질문

- 요즘 잠자는 데 어려움이 있는가?
- 즐겨 하곤 했던 것들에 더 이상 관심이 없어졌는가?
- 일이나 학업이 예전보다 효율적으로 되지 않고 있는가?

② 평가도구 활용하기

사고·지각의 민감수준을 평가하는 ESI(Eppendorf Schizophrenia Inventory)를 실시한 이후, 추가 질문을 통해 조기 징후를 찾아낼 수 있다.

〈표 10-1〉 조기정신증 진단

생각·지각 민감 수준 알아보기

최근 4주 동안 자신에게 해당이 된다고 생각하는 부분에 ○표시를 해 주세요.

문항	전혀 그렇지 않다	약간 그렇다	상당히 그렇다	매우 그렇다
1. 주변에 일어나는 일을 확실하고 명료하게 이해하기가 어렵다.				
2. 가끔 내 청력이 너무 민감해지면서 보통 소리들이 매우 크고 날카롭게 들릴 때가 있다.				
3. 나는 가끔 다른 사람들에게는 안 보이는 어떤 것들을 눈으로 볼 수 있다.				
4. 그럴 리가 없는데 가끔 어떤 사건이나 방송들이 나와 연관이 있는 것 같다.				
5. 사람들이 말을 길게 하면 말뜻을 정확히 이해하기 어렵다.				
6. 뭔가를 분명히 들었는데도 내가 혹시 상상한 것이 아닌가 하는 의심이 가끔 든다.				
7. 테이블이나 의자 같은 평범한 물체가 가끔 이상하게 보일 때가 있다.				
8. 가끔 나에 대한 음모(모함)가 있다는 느낌이 든다.				
9. 나는 가끔 다른 사람들에 대한 못된 평을 한다.				
10. 나는 종종 매우 평범한 말의 의미를 곰곰이 생각해야 한다.				
11. 때때로 내 생각, 감정 또는 행동이 다른 존재에 의해 지배되어지는 것 같다.				
12. 때때로 내가 움직일 때 내 사지를 제대로 느낄 수 없다.				
13. 내 생각을 누가 지켜보는 것 같다.				
14. 텔레비전을 볼 때 화면과 대화를 따라가면서 동시에 줄거리를 이해하기가 어렵다.				
15. 종종 나는 나도 모르게 어떤 소리들을 목소리로 여긴다.				
16. 가끔 내 몸의 일부가 실제 크기보다 작게 보인다.				
17. 주변의 물건들이 어떤 특별한 의미가 있는 것처럼 놓여져 있을 때가 있다.				
18. 나는 때때로 약간 나쁜 마음을 먹을 때가 있다.				
19. 평범한 말들이 가끔 특별하고 이상한 의미를 가질 때가 있다.				
20. 가끔 존재하지 않는 사람이나 영적 존재(신, 천사, 악마)의 목소리를 내면적으로 들을 때가 있다.				
21. 작은 부분이 전체보다 더 두드러지게 보일 때가 있다(예: 손에서 손가락이 두드러지게 보임).				
22. 다른 사람은 인식할 수 없는 특별한 사인이 내게 은밀히 전달될 때가 있다.				
23. 어쩌다가 내가 거짓말을 하게 되는 때가 있다.				
24. 나의 습관 중 많은 것들을 잊어버렸다.				
25. 내 내면의 목소리를 마치 다른 사람이 내게 이야기하듯이 뚜렷이 들을 때가 있다.				

문항	전혀 그렇지 않다	약간 그렇다	상당히 그렇다	매우 그렇다
26. 잠시 동안 내 신체가 변형되는 느낌을 가졌다.				
27. 종종 내 주변에 뭔가 이상하고 심상치 않은 일들이 벌어지고 있다는 느낌을 갖는다.				
28. 때로 나는 당장 해야 할 어떤 일들을 미룬다.				
29. 가끔 내가 만난 사람들을 나중에야 내가 잘 알고 있는 사람이라는 것을 깨닫게 된다.				
30. 때로는 다른 사람이 내 생각을 빼앗아가는 것 같다.				
31. 주변 사람들이 바쁘거나 말을 하면 나는 이미 내 내면의 평정을 종종 잃어버린다.				
32. 어떤 사람들은 내 생각을 특별한 방식으로 읽을 수 있다.				
33. 어떤 일들이 내 생각대로 되지 않으면 나는 가끔 기분이 나빠진다.				
34. 내가 대화에 적극적으로 참여해서 내 생각을 반영하는 것은 무척이나 힘들다.				
35. 흔하고 친숙한 소리들이 가끔은 이상한 방식으로 변해서 들린다.				
36. 어떤 특수한 상황에서 나는 다른 사람들의 생각을 읽을 수 있다(예: 텔레파시를 통해).				
37. 나는 이미 어떤 의미 있는 폭로가 시작되고 있음을 느낀다.				
38. 사람들이 내게 말을 할 때 나는 그 말의 의미를 정확히 파악하는 데 종종 어려움이 있다.				
39. 가끔 나는 기억상실이 있는데 그 순간에 내 주변에 무슨 일이 일어났는지 모른다.				
40. 나는 모든 질문들을 가능한 한 정확하게 대답하였다.				

채점 방법

▸ 자기보고식. 해당사항을 4점 척도상에 표시

1) 하위 요인별 각 항의 점수를 합산하여 총점을 구함

전혀 그렇지 않다 0점 / 약간 그렇다 1점 / 상당히 그렇다 2점 / 매우 그렇다 3점

하위 요인	문항
주의 및 언어 결핍(AS: Attention and Speech impairment)	1, 5, 10, 14, 19, 24, 34, 35, 38, 39
모호한 청각(AU: Auditory Uncertainty)	2, 6, 11, 15, 20, 25, 29, 30
이상 지각(DP: Deviant Perception)	3, 7, 12, 13, 16, 21, 26, 31, 36
관계사고(IR: Idea of Reference)	4, 8, 17, 22, 27, 32, 37
솔직성(FR: Frankness)	9, 18, 23, 28, 33

2) 점수를 환산하고 자료 분석에 사용하는 규칙

① 솔직성 항목과 40번 문항 제외한 나머지 4개 항목 점수 합산

② 솔직성 점수가 0점 또는 1점이거나 40번 문항에 '전혀 그렇지 않다'로 답하였으면 신뢰성이 떨어진다고 판단하여 자료 분석 제외

해석 지침

AS, AU, DP, IR 항목의 합산 점수를 사용하여 초기 정신증 상태 또는 고위험군을 선별하는 절단점은 여러 목적에 따라 달리 사용될 수 있으나, 1차적 선별도구로서 절단점은 18세 이하는 29점 이상, 19세 이상(성인)의 경우 23점 이상인 경우, 2차적으로 정밀한 검진 요구됨

출처: Chung YC(2013): 서울시정신건강복지센터(2018) 재인용

③ 추가 질문

ESI를 실시한 이후, 설문 문항과 관련한 추가 질문을 통해 조기 징후를 찾아낼 수 있다.

가. 언제: 발생시기, 지속기간, 빈도

- 언제부터 그런 생각이 들기 시작했나요?
- 그런 경험이 얼마나 지속되나요?
- 그런 경험이 얼마나 자주 있나요?

나. 고통: 고통의 정도

- 그런 경험이 어떤가요?
- 이로 인해 괴로운가요?
- 불편한가요?

다. 기능: 생활에 지장을 주는 정도

- 이런 경험에 따라 행동한 적이 있나요?
- 이런 경험 때문에 이전과 다르게 행동한 적이 있나요?

라. 실제성: 확신의 정도/의미

- 내 마음속에서 일어나는 거라고 생각하나요?
- 아니면 사실이라고 생각하나요?
- 확신수준은 몇 %인가요?

(5) 조기정신증의 경과 단계별 개입방법

조기정신증에 대한 조기 진단 및 치료는 증상의 회복과 기능 저하를 막을 수 있다. 빠른 약물치료와 정신사회적 개입을 통해 뇌기능 손상을 막고 회복할 수 있다. 이에 조기정신증의 발병과정에서부터 회복과정까지 단계별 개입방법을 살펴보면 다음과 같다.

① 1단계: 전구기

전구기 단계는 정신증 직전으로, 기능변화가 시작된 기점에서부터 명백한 정신병적 증상이 발현되기까지의 시기이다. 사회적 생활의 위축과 대인관계 기피, 직장이나 학교생활의 부적응, 의욕 저하, 우울감, 불안, 강박적 사고, 소음에 민감하게 반응하는 증상이 나타난다.

전구기 단계에서는 적절한 처치로 조현병으로 진행되는 것을 예방할 수 있다. 전구기에서 경험했던 증상은 재발 시 반복해서 나타날 수 있다. 전구기 단계에서는 정신의료기관 연계 및 정보 제공, 상담기관 및 다양한 자원 연계, 지속적인 모니터링 및 재평가 등의 개입이 필요하다.

② 2단계: 급성기

급성기 단계는 망상, 환각, 사고의 장애와 같이 전형적인 정신병적 증상이 나타나는 시기로, 발병 후 1~2개월의 시기이다. 이 단계는 병적인 수준의 정신증적 증상인 망상, 환각, 사고의 장애 등이 분명하게 나타나며, 의심과 예민함이 망상적 수준으로 심해져서 낯선 소리가 환청으로 발전되기도 한다.

급성기 단계에서는 최대한 빨리 약물치료를 시작하는 것이 중요하며, 필요시 입원치료를 하기도 한다. 정신의료기관 치료의 외래 및 입원, 정신건강교육, 인지행동치료, 스트레스 관리 훈련, 정상화 기법 등의 개입이 필요하다.

③ 3단계: 초기 회복기(안정화기)

초기 회복기 단계는 안정화기라고도 한다. 이 단계는 급성기 증상이 호전되고 기존의 생활로 돌아가기 위한 준비가 필요한 시기로, 급성 치료 후 첫 6개월 정도의 기간이다. 이 단계의 환자는 규칙적인 약물 복용과 증상 관리로 급성기의 증상이 조절된 상태이다. 그러나 의사의 상담 없이 환자가 임의로 약물치료를 중단할 경우 재발 위험성이 매우 높아진다. 조기정신증은 치료 속도와 회복 가능성이 높지만 회복 양상은 개인차가 있다. 중요한 것은 조기정신증에서 조기치료와 유지치료는 좋은 예후의 매우 중요한 요인이다.

초기 회복기 단계에서는 환자와 가족을 대상으로 정신건강교육, 인지행동치료, 여가활동이나 학업 및 취업 등 경험 계발, 질병의 경과 모니터링이 필요하다.

④ 4단계: 후기(회복기)

후기 단계는 회복기라고도 한다. 대부분의 증상이 호전되고 일상생활을 해 나가는 시기로, 급성기 첫 발병 후 약 1년 정도 지난 이후의 시기이다. 조기정신증이 첫 발병일 경우 증상의 호전이 상대적으로 높아, 초발 정신병 단계에서 대부분 회복된 후 적어도 1~2년 후 약물치료 중단이 고려될 수 있다.

후기 단계에서는 재발 징후나 증상에 대한 교육, 사회적 기능회복 훈련이 필요하다.

조기정신증 치료방법을 심리상담치료, 스트레스 관리, 자조모임 참여, 약물치료로 구분하여 정리하면 〈표 10-2〉와 같다.

〈표 10-2〉 조기정신증 치료방법

심리상담치료	•전문가와 상담을 통해 자신의 내면적인 감정 문제를 긍정적인 방향으로 유도 가능 •문제의 원인과 문제가 지속되어 온 배경을 이해하고 해결 시도 가능 •자신의 잠재력과 가능성에 대한 신뢰 회복 가능
스트레스 관리	•스스로의 스트레스를 잘 인지하는 것 중요 •스트레스는 다양한 신체적·심리적 장애 유발 가능 •스트레스 증상: 무기력, 피곤함, 예민함, 불안감, 식욕 및 수면습관 변화, 두통, 등. 목 부위의 근육 긴장 등 •자신에게 맞는 스트레스 조절 방법을 익히려는 시도 중요
자조모임 참여	•같은 어려움을 가지고 있는 사람들과의 정보 교환, 어려움 공유로 위로 •나 혼자만 우울감과 증상을 가지고 있는 것이 아닌 다양한 형태의 증상을 지닌 타인을 보며 조언을 받고 현재 상태에 대한 사실과 지식 습득 •모임을 통한 소속감을 통해 소외감과 고립감을 감소
약물치료	•약물치료는 가장 중요한 치료방법 중 하나 •조현병은 뇌의 특정 부위 신경전달물질의 활동에 관여되는 약물이 사용됨 - 약물 효과가 나타나기까지 보통 2~8주가량 소요 - 증상은 뇌의 생화학적 변화에서 비롯되기 때문에 교정하고, 교정 상태 유지를 위해 증상이 가라앉은 후에도 지속적인 약물 복용 필요 - 약물복용은 증상의 호전뿐만 아니라 재발의 방지를 위함 - 약물의 지속적인 복용은 증상의 재발 시 증상의 정도를 줄일 수 있음 - 약물 부작용으로는 기립성저혈압, 떨림, 체중 증가, 입 마름 등이 있음

2) 조현병

(1) 정의

조현병(調絃病)이라는 용어가 사용되기 이전에는 'schizophrenia'의 그리스 어원을 그대로 옮긴 정신분열병(정신분열증)이 공식 명칭으로 사용되었다. 그러나 이 용어의 '분열'이라는 단어가 사회적인 편견과 거부감을 발생시킨다는 문제 제기에 여러 논의를 거쳐 대한의사협회에서 2011년 3월 조현병(調絃病)으로 개정하여 사용하게 되었으며, DSM-5 한글 번역본에도 2015년부터 공식적으로 사용되고 있다.

조현(調絃)은 현악기의 줄을 고른다는 뜻으로, 음을 맞추기 위해 줄을 조이거나 풀거나 하는 것이다. 현악기가 제대로 조율되지 못했을 때의 모습처럼 조현병 환자의 정신이 혼란스러운 상태를 보이는 것과 유사하다는 데서 비롯되었다. 조율이 잘 되지 못한 현악기는 아름다운 소리를 낼 수 없지만, 조율이 잘된 현악기는 조화로운 소리를 내듯 조현병도 심리사회적 치료와 관리를 통해 회복된다면 조화로운 생활을 할 수 있다는 의미로도 볼 수 있다.

조현병은 뇌의 기질적 이상이 없는 상태에서 인격의 다양한 측면인 사고, 감정, 지각, 행동 등에서 이상이 발생하여 망상, 환각, 혼란스러운 사고와 행동을 포함한 여러 가지 부적응적 증상이 나타나는 주요 정신질환이다. 예후가 좋지 않고 만성적인 경과를 보여 환자와 가족들에게 상당한 고통을 주지만, 최근에는 약물요법 등 치료적 접근에 뚜렷한 진보가 있어 조기진단과 치료에 적극적인 관심이 요구된다.

(2) 원인 및 증상

조현병의 발생 원인은 현재 명확하게 밝혀지지 않았으나 원인을 밝히기 위한 연구가 진행되고 있다. 연구에 의하면 신경전달물질인 도파민 등의 균형 이상, 유전적 소인, 비이상적인 뇌의 신경학적 요인, 태아기에 어머니의 바이러스 감염, 환경·사회문화적 요인, 스트레스, 정신적 충격 등, 상호 복합적인 요인들의 작용으로 발병하는 것으로 보고 있다.

조현병은 조현병에만 나타나는 특이증상이 없다는 점에서 다양한 내과적 질환과 타 정신과 질환에 대한 감별이 요구된다. 대표적인 조현병 증상은 망상과 환각이다. 망상은 피해망상, 과대망상, 신체적 망상 등 다양하다. 환각 중 가장 흔한 증상은 환청으로 2명 이상의 사람이 조현병 환자의 삶이나 행동에 대해 이야기하는 식으로 이루어진다. 상황이나 논리에 맞지 않는 와해된 언어와 행동을 보이고 움직임과 의사소통이 심하게 느리고 무뎌지는 긴장증적 행동을 보이는 경우도 있다. 그리고 충동 조절 문제로 공격적인 행동이 보이기도 하며, 자살 시도도 많이 발생하고 있다.

(3) 진단

조현병 진단과 관련하여 미국정신의학회(American Psychiatic Association)의 정신장애진단 및 통계편람 5판(DSM-5: Diagnostic and Statistical Manual of Mental Disorders)을 살펴보면, 조현병은 '조현병 스펙트럼 및 기타 정신병적 장애' 범주 속에 있다. 조현병의 진단기준을 살펴보면 특징적 증상(A)과 기능(B), 기간(C), 배제기준(D, E, F) 등으로 구성되어 있으며, 구체적인 진단기준은 다음과 같다.

조현병 진단기준

A. 주요 증상

다음 증상들 중 2개(혹은 그 이상)가 1개월 기간(성공적으로 치료되면 그 이하) 동안의 상당 부분의 시간에 존재하고, 이들 중 최소한 하나는 (1) 내지 (2) 혹은 (3)이어야 한다.

(1) 망상
(2) 환각
(3) 와해된 언어(예: 빈번한 탈선 혹은 지리멸렬)
(4) 극도로 와해된 또는 긴장성 행동
(5) 음성 증상(예: 감퇴된 감정표현 혹은 무의욕증)

B. 사회적·직업적 기능장애

장애의 발병 이래 상당 부분의 시간 동안 일, 대인관계 혹은 자기관리 같은 주요 영역의 한 가지 이상에서 기능 수준이 발병 전 성취된 수준 이하로 현저하게 저하된다(혹은 아동기 또는 청소년기에 발병하는 경우, 기대수준의 대인관계적·학문적·직업적 기능을 성취하지 못함).

C. 기간

장애의 지속적 징후가 최소 6개월 동안 계속된다. 이러한 6개월의 기간은 진단기준 A에 해당하는 증상(예: 활성기 증상)이 있는 최소 1개월(성공적으로 치료하면 그 이하)을 포함해야 하고, 전구증상이나 잔류증상의 기간을 포함할 수 있다. 이러한 전구기나 잔류기 동안 장애의 징후는 단지 음성 증상으로 나타나거나, 진단기준 A에 열거된 증상의 2개 이상이 약화된 형태(예: 이상한 믿음, 흔치 않은 지각 경험)로 나타날 수 있다.

D. 조현정동장애와 정신병적 증상을 동반한 우울 또는 양극성 장애 배제

조현정동장애와 정신병적 증상을 동반하는 우울 또는 양극성 장애는 배제된다. 왜냐하면, ① 주요 우울 또는 조증 삽화가 활성기 증상과 동시에 일어나지 않기 때문이거나, ② 기분 삽화가 활성기 증상 동안 일어난다고 해도 병의 활성기 및 잔류기 전체 지속기간의 일부에만 존재하기 때문이다.

E. 물질, 다른 의학적 상태로 인한 질병의 배제

장애가 물질(예: 약물남용, 치료약물)의 생리적 효과나 다른 의학적 상태로 인한 것이 아니다.

F. 일부 신경발달장애와의 관계

자폐스펙트럼장애나 아동기 발병 의사소통장애의 병력이 있는 경우, 조현병의 추가 진단은 조현병의 다른 필요 증상에 더하여 뚜렷한 망상이나 환각이 1개월(성공적으로 치료되면 그 이하) 동안 있을 때에만 내려진다.

* 장애의 지속 및 경과와 관련하여 명시하여야 할 사항

다음의 경과 명시자들은 장애 지속 기간이 1년이 지난 후에, 그리고 진단적 경과 기준에 반대되지 않을 경우에만 사용되는 것이다.

- 첫 삽화, 현재 급성 삽화 상태: 정의된 진단적 증상과 시간기준에 합당한 장애의 첫 발현, 급성삽화란 증상기준이 충족되는 기간을 일컫는다.
- 첫 삽화, 현재 부분 관해 상태: 부분 관해란 앞 삽화 이후 호전이 유지되고 정의된 장애기준이 부분적으로만 충족되는 시간적 기간을 일컫는다.
- 첫 삽화, 현재 완전 관해 상태: 완전 관해란 앞 삽화 이후 더 이상 장애 특이적 증상이 존재하지 않는 시간적 기간을 일컫는다.
- 다중 삽화, 현재 급성 삽화 상태: 다중 삽화는 최소 2회의 삽화(예: 첫 삽화 이후 관해와 최소 1회의 재발) 이후에 결정될 수 있다.
- 다중 삽화, 현재 부분 관해 상태
- 다중 삽화, 현재 완전 관해 상태
- 지속적인 상태: 장애의 진단적 증상 기준을 충족하는 증상들이 질병 경과의 대부분에서 그대로 남아 있고, 역치 아래로 증상 기간은 전체 경과에 비해 매우 짧다.
- 명시되지 않은 경우

※ 긴장증 동반 여부를 명시할 것

※ 현재의 심각도를 명시할 것

심각도는 망상, 환각, 와해된 언어, 비정상적 정신운동 행동, 음성 증상 등과 같은 정신병의 일차증상에 대한 양적 평가를 통해 등급화된다. 이러한 증상 각각은 현재 김각도(지난 7일 중 가장 심한)에 대하여 0(증상 없음)~4(고도의 증상이 있음)까지의 5점 척도를 이용해 등급화될 수 있다.

(4) 조현병의 치료

조현병 치료를 위해 입원병동이나 지역사회정신보건기관에서 흔히 활용하고 있는 방법을 살펴보면 다음과 같다(유수현 외, 2017: 127-131).

① 약물치료

조현병은 지속적인 약물치료가 필요하다. 뇌의 신경전달물질체계의 균형을 되찾아 정신병적 증상을 완화시키기 위해서이다. 급성기 망상이나 환각 같은 양성 증상을 보이는 경우에는 우선 집중적인 약물치료를 통한 증상 완화 이후에 심리사회적 개입이 요구된다.

조현병 치료를 위한 항정신병 약물(anti-psychotics)은 치료적 효과도 있지만 신체적·심리적 부작용도 동반된다. 진정성 항정신병 약물은 운동조절장애, 혈압저하, 입마름, 식욕저하, 구토, 변비 등의 부작용이 나타날 수 있으며, 항결핍성 항정신병 약물 사용은 고혈압, 다뇨증, 구강건조증, 식욕저하, 변비 등의 부작용이 나타날 수 있다. 항생산성 항정신병 약물은 근육의 긴장, 좌불안석감 같은 추체외로 부작용(EPS: ExtraPyramidal Side effects)이 가장 흔하게 발생한다. 따라서 약물의 순응도를 높이고 치료 효과를 거두기 위해서는 약물에 따른 부작용을 잘 알고 대처하는 것이 필요하다.

② 정신치료

프로이트의 정신분석이론에 기초한 심리적 역동과 방어기제, 무의식 탐구 등을 통해 환자의 문제와 증상을 파악하고 이를 근거로 상담자와의 일대일 관계를 통한 치료적 접근을 한다. 상담과정에서 자유연상, 꿈의 해석, 전이, 저항 등의 기법을 사용하여 환자의 자아와 방어기제 등을 탐색한다. 조현병의 경우 통찰적 심리상담보다는 상담자와의 관계에서 지지적 심리상담을 주로 실시한다. 상담자는 환자가 상담자와의 건강한 관계 속에서 진정한 대상관계를 경험할 수 있도록 돕고, 갈등과 불안을 방어하는 자아의 방어기능을 강화할 수 있도록 한다.

③ 인지행동치료

인지행동치료(CBT: Cognitive Behavioral Therapy) 또는 인지행동주의적 접근은 '지금-여기(here and now)'를 강조한다. 다양한 방법을 통해 인지의 변화를 촉진하는 목표지향적이고 해결 중심적인 치료이다. 엘리스(Ellis)의 합리적 정서치료(rational emotive therapy)는 어려움을 야기시키는 선행사건(activating event) 발생으로 비합리적 신념(irrational beliefs)이 작용하여 부정적이고 치명적인 해석을 하게 되어 결국 심각한 문제를 초래하는 감정 상태와 행동이 나타난다는 것이다. 인지행동치료는 문제 중심적이고 행동 지향적이다. 확인된 목표를 달성하기 위한 효과적인 전략을 모색하고 이를 실행하도록 도와 증상을 감소시킨다. 이를 위해 다양한 인지적·행동적 기법을 적용하여 합리적 신념과 행동을 유도하는데, 이를 위한 방법으로는 비합리적 신념에 대한 논박기법, 인지적 과제부여기법, 새로운 자기진술문의 사용기법, 역할극, 시범 보이기, 유머 등이 있다.

④ 사회기술훈련

넓은 의미에서 사회기술훈련은 환자의 사회생활이나 대인관계에 필요한 모든 기술을 훈련하는 것과 좁은 의미에서 대인관계에서의 의사소통기술을 훈련하는 것을 포함한다. 사회기술훈련은 상대방의 반응과 정서 상태를 파악하고 인식하는 능력인 사회적 지각(social perception) 또는 수용기술(receptive skills)이 있다. 그리고 최선의 해결책을 선택하는 기술인 인지기술(cognitive skills), 문제해결기술, 처리기술 등의 요소와 대인관계에서 언어적·비언어적 요소를 효율적으로 사용하기 위한 행동적 기술(behavioral skills) 또는 표현기술(expressive skills or sending skills)이 있다. 이외에도 대화기술, 위생관리기술, 대인관계기술, 약물 및 증상 자기관리기술, 사교기술, 자기주장기술, 금전관리기술, 스트레스 관리기술, 직업유지기술, 일상생활기술 등이 있다. 이러한 요소들은 사회기술훈련 프로그램의 구체적인 프로그램 내용으로 구성되어 프로그램에 활용된다.

⑤ 가족치료와 가족교육

조현병 환자의 가족에 대한 치료적 개입은 가족 성원 간의 역기능적인 의사소통 문제와 부부 문제 등이다. 치료자는 가족치료를 위해 가족과 연관된 다양한 문제의 원인을 가족체계 안에서 찾고, 문제 해결을 위해 가족치료 이론과 기법을 적용한다. 초기의 가족치료는 정신역동적 측면에 초점을 두었으나, 이후에는 다양한 이론들이 적용되고 있다.

가족교육의 목적은 조현병 환자 가족을 대상으로 질환에 대한 정확한 지식과 정보 전달을 통한 심리적 죄책감을 감소시키고, 병에 대한 태도를 변화시키는 것이다.

3) 알코올사용장애

(1) 정의

알코올사용장애는 과도한 알코올 사용으로 인해 금단, 내성, 갈망감이 포함된 부적응적 행동과 신체 증상이 나타난다. 알코올 금단은 장기간 과도하게 복용했던 음주를 중단하거나 양을 줄인 지 4~12시간 정도 후 증상들이 나타난다. 금단증상은 불쾌하고 강렬하기 때문에 증상을 회피 또는 경감시키기 위해 음주를 지속한다. 알코올 금단은 다른 것을 생각하기 어려울 만큼 강한 음주 욕구이다. 음주로 인해 학업적 또는 직업적 수행에 어려움을 겪는고 육아나 집안일에도 소홀해지며 학교나 직장에 정상 출근을 못 하기도 한다. 또한 지속적인 음주로 인한 일시적 기억상실이나 간 질환 등의 신체적인 문제, 우울 등의 정신적 문제, 사회적 혹은 대인관계에서 문제가 발생하기도 한다. 그러나 이러한 문제가 발생한다는 것을 인지하면서도 음주를 지속하는 특징이 있다.

(2) 원인

알코올사용장애는 유전적 요인 및 환경적 요인의 복합적인 작용의 결과이며, 환경적 스트레스가 유전적 소인이 있는 사람을 알코올사용장애로 만든다고 볼 수 있다

(이효순 외, 2017:274-275).

① 유전적 요인

알코올사용장애 부모의 자녀가 알코올사용장애 환자가 될 확률은 알코올사용장애가 아닌 부모의 자녀에 비해 4배이다. 알코올사용장애 환자의 생부(biologic father) 중 25%가 알코올 중독자이다. 일란성 쌍생아는 이란성 쌍생아에 비해 2배의 일치율(concordance rate)을 보이고 있다. 또한 입양아의 생부모가 알코올사용장애 환자일 경우에도 입양아는 다른 아이에 비해 알코올사용장애 환자가 될 확률이 4배이다. 그러나 입양부모가 알코올사용장애 환자인 경우 알코올사용장애의 위험률은 증가하지 않는다. 이는 알코올사용장애의 유전적 요인이 매우 크다는 것을 의미한다.

② 아동기 병력

아동기 병력 중에서도 주의력결핍과잉행동장애(ADHD: Attention Deficit Hyperactivity Disorder)나 품행장애(conduct disorder)인 경우 알코올사용장애가 될 위험성이 높다. 반사회적 인격장애(antisocial personality disorder)와 경계성 인격장애(borderline personality disorder)도 알코올사용장애의 유발인자(predisposing factor)에 해당한다.

③ 정신분석적 요인

프로이트의 성격구조에서 도덕적 원리에 따르는 초자아가 지나치게 엄격하거나 자기징벌적인 사람들은 무의식적 스트레스를 감소하기 위해 알코올을 사용한다. 또한 인격발달상 구강기(oral stage)에 고착된 사람이 술을 마심으로써 좌절감을 해소하기 때문에 알코올사용장애가 된다.

알코올중독성 인격은 수줍음이 많고(shy), 소외되어 있으며(isolated), 참을성이 없고(impatient), 쉽게 자극에 흥분하며(irritable), 지나치게 예민하고(hypersensitive), 불안하며(anxious), 성적으로 억압되어(sexually repressed) 있는 특징이 있다. 그러나 반사회적 인격장애 이외에 알코올사용장애와 특별히 관련 있는 인격은 없다. 알코올사용장애 환자는 강화된 권력 욕구(need for power)는 있지만 이를 성취하는 데 부적절감을 가지고 있다. 따라서 이들은 음주를 통해 편안한 느낌, 권력감, 성취감을 얻기 때문에 알코올사용장애가 될 확률이 높다.

④ 문화적 요인

우리나라에서 술은 문화와 예절의 일부분으로 인식되고 있으며, 삶의 활력소로 통용되는 경우가 많다는 점에서 술에 비교적 관대한 문화를 가지고 있다. 술을 권하는 문화, 술의 가격, 술에 대한 종교적 가치, 술에 대한 사회적·도덕적 관념 등에 따라 알코올사용장애의 유병률에 차이가 있다.

⑤ 학습이론

알코올 섭취는 일시적인 공포와 갈등을 해소시키며, 불안을 감소시키는 데 효과가 있다. 이러한 경험은 음주 욕구를 강화시키는 요인이 된다. 특히 첫 음주 이후의 경험이 다음 음주에 대한 기대를 유발하여 계속 음주하게 한다.

⑥ 생물학적 요인

테트라하이드로소퀴놀린(TIQs: Tetrahydro Isoquinolines)은 모르핀(morphine)과 유사한 알칼로이드(alkaloid)로서 동물에 주입했을 때 알코올에 대한 기호가 증가한다. 따라서 사람이 알코올 섭취 시 대사과정에서 발생하는 TIQs가 알코올사용장애를 유발시킨다는 것이다.

(3) 증상

알코올사용장애 증상은 크게 신체적 증상, 심리적 증상, 행동적 증상으로 정리할 수 있다.

① 신체적 증상

신체적으로는 금단증상(오랫동안 과음 후 갑자기 단주했을 때 나타나는 증상: 손떨림, 식은땀, 긴장, 쫓기는 기분, 환청, 환시, 발작 등), 내성(음주 후 기대하는 효과를 위해 재음주), 소화기관의 장애(식사를 거의 하지 않음, 위염, 위궤양 등 위장장애), 간기관의 장애(간염, 지방간, 간경화 등), 심장기관의 장애(심근경색증 등), 혈액기관의 장애(위, 식도, 항문 등에 출혈), 신경계의 장애(기억상실증상, 알코올성 다발신경염, 운동과 행동의 장애, 혼란, 졸도, 의심이 많음, 의처증, 피해적 망상 등)가 발생한다.

② 심리적 증상

심리적으로 자기중심적이며 자신감이 낮고 자기증오심으로 자만심을 나타낸다. 매우 예민하며 심한 자기연민에 빠지고 좌절을 견디지 못한다. 원한과 분노에 잘 빠지기도 하며 두려움과 심한 공포감에 사로잡힌다. 정직하지 못하며 현실을 받아들이는 능력이 없다.

③ 행동적 증상

행동적으로 술 조절능력과 자제력을 잃으며, 술을 감추거나 몰래 마신다. 가족과 직업, 사회생활에 피해가 가며 도덕적 황폐화 및 성격의 변화가 생긴다. 음주 후 행동에 대해 죄책감과 수치감을 가진다.

(4) 진단

알코올사용장애 진단과 관련하여 미국정신의학회의 DSM-5를 살펴보면, 아래 진단기준 11개 중 2~3개 이상에 해당되면 경도(mild), 4~5개에 해당되면 중등도(moderate), 6개 이상 혹은 그 이상이면 고도(severe)로 구분하여 진단하고 있다. 알코올사용장애의 구체적인 진단기준은 다음과 같다.

알코올사용장애 진단기준

임상적으로 현저한 손상이나 고통을 일으키는 문제적 알코올 사용 양상이 지난 12개월 사이에 다음의 항목 중 최소한 2개 이상으로 나타나면 알코올사용장애로 진단된다.

1. 알코올을 종종 의도했던 것보다 많은 양, 혹은 오랜 기간 사용함
2. 알코올 사용을 줄이거나 조절하려는 지속적인 욕구가 있음. 혹은 사용을 줄이거나 조절하려고 노력했지만 실패한 경험들이 있음

3. 알코올을 구하거나, 사용하거나 그 효과에서 벗어나기 위한 활동에 많은 시간을 보냄
4. 알코올에 대한 갈망감, 강한 바람 혹은 욕구
5. 반복적인 알코올 사용으로 인해 직장, 학교 혹은 가정에서의 주요한 역할 책임 수행에 실패함
6. 알코올의 영향으로 지속적으로 혹은 반복적으로 사회적 혹은 대인관계 문제가 발생하거나 악화됨에도 불구하고 알코올 사용을 지속함
7. 알코올 사용으로 인해 중요한 사회적·직업적·여가적 활동을 포기하거나 줄임
8. 신체적으로 해가 되는 상황에서도 반복적으로 알코올을 사용함
9. 알코올 사용으로 인해 지속적으로나 반복적으로 신체적·심리적 문제가 유발되거나 악화될 가능성이 높다는 것을 알면서도 계속 알코올을 사용함
10. 내성(tolerance)이 다음 중 하나의 방식으로 나타남
    a. 중독(intoxication)이나 원하는 효과를 얻기 위해 현저하게 증가된 양의 알코올이 필요하다.
    b. 같은 양의 알코올을 계속 사용함에도 현저하게 감소된 효과가 나타난다.
11. 금단(withdrawal)이 다음 중 하나의 방식으로 나타남
    a. 알코올의 특징적인 금단 증후군이 나타난다.
    b. 금단 증상을 완화하거나 피하기 위해 알코올(혹은 벤조디아제핀 같은 비슷한 관련 물질)을 마신다.

 * 이러한 진단기준은 알코올사용장애와 다른 물질의 경우에도 마찬가지로 진단된다. DSM-5에서 제시하고 있는 알코올사용장애의 진단기준 11개는 DSM-4에서 알코올의존과 알코올남용을 모두 통합한 것이다.
 * 알코올의존과 알코올남용은 매우 높은 상관관계로 하나의 진단 범주로 통합할 필요성이 꾸준히 제기되어 왔다. 이에 DSM-5에서는 알코올사용장애로 통합하고 그 심각도에 따라 경도, 중등도, 고도로 구분하고 있다.

- 경도: 2~3개
- 중등도: 4~5개
- 고도: 6개 혹은 그 이상

출처: American Psychiatic Association(2013)

(5) 치료에서 의료사회복지사의 역할

알코올사용장애 치료에서 의료사회복지사는 다양한 역할을 수행하는데, 진단 과정, 치료 과정, 퇴원계획 및 사후지도, 가족에 대한 역할로 구분하여 살펴보면 다음과 같다(이효순 외, 2017: 277-280).

① 진단 과정

진단 과정에서 의료사회복지사는 개인력 검사, 가족력 검사, 사회조사 등을 통해 환자의 상태를 평가하고 진단 과정에 참여한다.

- 음주력과 음주습성, 최장 단주기간, 알코올사용의 양상 파악
- 신체적·정신적·가정적 및 사회적 부작용 파악
- 이차적 알코올 사용 여부 조사(불면, 불안, 우울에 의한 알코올 사용)
- 현재까지의 사회적응 상태 파악
- 환자의 주변 인물과의 관계 파악, 환자에게 지속적인 도움을 줄 수 있는 사람 파악

② 치료 과정

치료 과정에서 의료사회복지사는 팀의 일원으로 참여하고, 개입목표의 범위 내에서 주로 문제에 대한 심리사회적 역동에 초점을 두고 주 치료자 또는 공동치료자로서 구체적인 프로그램을 수행한다.

병실회의(alcoholic community meeting), 집단치료(alcoholic group therapy), 교육(psy-cho-education for alcoholic patients), 치료팀 모임(alcoholic team treatment meeting), 시청각 모임, aa협심자 메시지 전달 모임, 자기평가 모임, 단주교본 연구 및 자조모임, 가족모임, aa(alcoholic anonymous: 익명의 알코올 중독자) 모임, 진단회의(intake diagnos-tic conference), 팀접근(team approach), 병동회의(ward staff meeting), 연구조사(research meeting), 권익체계(patient privilege system)이다.

③ 퇴원계획 및 사후지도

의료사회복지사는 환자의 원만한 사회적응을 위해 사회복귀에 필요한 재활계획을 수립하고 퇴원 후 적응 상태를 파악을 위한 사후지도를 한다.

- 외출, 외박(AA 모임에 참석하도록 연결 등)
- 퇴원 후 외래로 집단 치료(group therapy) 참여 권유
- AA 모임 및 사회자원 체계(알코올상담센터)와 연결

- 퇴원환자의 방문 및 전화 사후지도 실시

④ 가족에 대한 이해 및 개입

알코올사용장애는 가족관계에 부정적 영향을 미치는 가족병이라고 할 수 있다. 알코올사용장애 환자를 치료하기 위해서는 환자뿐만 아니라 가족을 환자의 치료 과정 속에 포함시키는 것이 중요하다. 이를 위해 알코올사용장애 환자와 가족들이 알코올사용장애가 어떠한 부정적인 영향을 미치는 질병인지 인식하는 것이 필요하다. 알코올사용장애가 환자의 가족과 그 자녀에게 미치는 영향이 무엇인지 파악하는 과정을 통해 가족 내 문제점을 파악하여 가족구성원 모두가 변화를 위해 돕는 것을 알코올사용장애의 가족치료라고 할 수 있다.

4) 자살

(1) 자살의 개념

자살은 '행위자가 자신의 죽음을 초래할 의도를 가지고 자신의 생명을 끊는 행위'로, 목적에 따라 의학적, 법적, 사회적으로 다르게 정의될 수 있다. 일반적으로 자살은 '본인의 의사에 따라 자신의 생명을 끊는 행위'이다. 세계보건기구(WHO)는 자살을 '죽음의 의도와 동기를 인식하면서 자신에게 손상을 입히는 행위'라고 정의하고 있다. 프로이트는 자살을 '자기 자신에게 향해 있는 죽음 본능의 활동 요소가 극적으로 표현되는 것'이라고 정의하였고, 융(Jung)은 자살을 '이미 생의 모든 의미를 상실했다고 사무치게 느끼는 사람에게 정신적인 재생을 갈구하는 소원'이라고 정의하였다. 프랑스의 사회학자 뒤르켐(Durkheim)은 자살을 '자신의 행위가 어떤 결과를 낳으리라는 것을 알면서 자신에게 행하는 적극적 또는 소극적 행위로 인해 직접적 또는 간접적으로 초래되는 죽음'이라고 정의하였다(이솔지 외, 2022). 이처럼 자살은 자신을 해치게 하려는 의도와 함께 실망과 절망, 분노 등의 복잡한 감정을 극단적으로 표현하거나 극단적인 정서를 전달하기 위한 목적으로 사용되기도 한다.

(2) 자살의 원인

자살의 동기를 이해하기 위해 생물학적 요인, 심리학적 요인, 사회학적 요인으로 살펴보고자 한다. 이는 자살의 문제가 다차원적인 성격을 지니고 있기 때문이다.

① 생물학적 요인

자살의 원인과 관련하여 자살자에 대한 뇌의 생화학적 연구가 활발해짐에 따라 '자살에 영향을 주는 유전자'가 있다는 가설이 주목받기 시작하였다. 진화유전학자에 의하면 이 유전자는 자신의 희생으로 나머지 생물체가 생존하여 집단에 이익을 주고, 희생한 개체의 유전자가 후대에 전달될 수 있다는 관점을 가지고 있다. 자살자와 그 가족의 자살 또는 자살시도자와의 관련성을 연구한 결과에 의하면, 자살자 가족들이 다른 사람에 비해 자살률이나 자살시도율이 현저하게 높은 것으로 나타났다(차미영, 2010: 16). 즉, 동일한 스트레스가 주어지더라도 어떤 사람은 불안이나 신체증상이 발현되지만 어떤 사람은 우울증을 일으키기도 하고 자살을 한다는 점에서 유전적인 소인과 관련 있다고 볼 수 있다는 것이다.

생물학적 측면에서 자살은 뇌의 신경전달물질의 이상으로 인한 행동으로 볼 수 있다. 이정균과 김용식(2001: 483)에 의하면, 51쌍의 일란성 쌍둥이 중 두 사람 모두 자살한 경우는 9쌍, 한 사람만 자살한 경우는 1쌍이었고, 이란성 쌍둥이에서는 둘 다 자살한 경우는 없다고 한다.

인간의 뇌는 수많은 신경세포로 구성되어 있으며 각 신경세포는 신경전달물질을 통해 서로 정보를 교환하는데 그 가운데 하나가 세로토닌이다. 세로토닌 이상은 불안, 우울감, 충동성, 공격성 등의 정신병리와 관련되어 있다. 자살은 중추신경 세로토닌 대사물질인 5-HIAA(5 hydroxyindole)의 농도 감소가 공격적이고 충동적인 행동의 발생과 관련이 있다는 보고에 따라 우울증상을 가진 자살시도자에 대한 관심이 이어지고 있다. 자살자의 뇌를 부검한 한 연구에서는 세로토닌 활성도 감소가 우울증이 있는 사람의 경우 자살생각이나 절망감 유발 시 공격적이고 충동적인 행동을 할 가능성이 커진다고 하였다(전석균, 2017). 또한, 자살 희생자의 뇌간에서 노르아드

레날린 농도의 감소가 확인되었다(최원정·고민정·남궁기·박종연, 2014). 이 외에 혈중 콜레스테롤 수치가 낮으면 자살과 관련이 있고, 도파민계의 수준이 낮으면 자살률이 높고, 코르티솔의 수준이 높은 경우도 자살과 높은 상관이 있다(김옥기, 2015). 노인의 자살률이 증가하는 가설도 노화로 인한 세로토닌 및 다른 신경전달물질의 변화 때문인 것으로 지목하고 있다.

② 심리학적 요인

자살은 자기 자신으로 향하는 공격성의 결과이다. 정신분석적 입장에서는 개인의 내적인 갈등과 무의식적 환상에 주목하고 있다. 대표적인 학자 프로이트에 의하면 모든 인간의 행동은 무의식에 의해 동기화된다고 보았으며, 인간의 무의식적 관점에 초점을 두고 자살을 설명하였다. 자살은 개인이 겪는 극도의 심리적 고통과 같은 내부적 갈등에 의해 유발되는 것으로, 개인의 우울함이 스스로 만든 상징적 대상의 상실에서 발생하는 것과 같이 자살도 자기도취적 대상의 상실 및 결여가 내면화될 때 발생한다고 하였다. 상징적 대상에 대한 공격성이 자신에게 향하게 된다는 것으로 이는 '내부로 향해진 분노'로 개념화된다. 예를 들면, 부모로부터 자신의 욕구가 충족되지 못하거나 거절당했을 때 강한 분노를 느끼게 되는데, 이러한 분노는 그 대상에게 직접 표출되는 것이 아니라 자기 속에 내재화되어 있는 부모를 향하게 된다. 이는 곧 상징적 대상을 품고 있는 자신을 향하게 되고, 그 대상을 파괴하는 시도로 결국 자신의 희생을 요구하는 것이다. 한편, 프로이트는 자살을 세상에 태어나기 전의 상태로 돌아가고자 하는 죽음의 본능으로 이론화하기도 하였다. 즉, 모든 생물체가 가진 태어나기 전의 완전히 고요한 상태 또는 죽음의 상태로 돌아가려는 자연적인 본능으로 보았다.

인지이론적 입장에서는 인지적 왜곡, 바우마이스터(Baumeister)의 자기 도피, 무망감 등이 있다. 사람에 따라 정도의 차이는 있지만, 일상생활 속에서 경험하는 다양한 스트레스는 개인의 사고에 따라 그 결과가 다르게 나타난다. 어떤 사람은 큰 어려움 없이 잘 극복하는 반면, 일부의 사람은 스트레스 상황을 심각하게 받아들여서 이차적인 문제를 야기시키기도 한다. 이처럼 스트레스 상황을 더 심각하게 받아들이는 중요 요인 중 하나가 바로 인지적 왜곡이다. 즉, 상황에 대한 객관적 해석이 아닌, 주관적인 잘못된 해석을 하기 때문이다. 편협한 시각으로 문제의 한 면만 봄으로써 이성보다는 극단적인 감정에 치우치게 된다. 바우마이스터는 자살을 자신과 관련된 고통스러운 감정과 생각에서 도피하기 위한 수단, 즉 '자기로부터의 도피'로 보았다. 그래서 자살을 자신의 고통으로부터 도피하려는 수단으로 행동한다는 것이다(배지연, 2005: 6).

우울증이 자살과 관련하여 가장 중요한 위험요인이라는 사실은 여러 연구를 통해 입증되었다. 특히 우울증의 여러 증상 중에서도 절망(hopelessness)이 자살을 이해하는 데 가장 중요한 요인이다. 무망감은 미래에 대한 희망 결여와 문제 해결에 대한 부정적 신념, 삶에 대한 지속적인 의미부여의 실패 등을 포함한다. 자살을 하려는 사람들의 심리적 특성은 주로 충동적이고, 편집성이 강하며, 강박적으로 완벽을 추구하는 성향이며, 내성적인 성격으로 타인 앞에 자신을 드러내는 것에 많은 어려움을 가지고 있는 경우가 많다.

③ 사회적 요인

자살의 원인을 사회적인 차원에서 접근한 것으로, 뒤르켐은 자살이 사회의 특정한 상태를 반영하는 것이기 때문에 자살현상의 연구대상은 사회라고 주장하였다. 즉, 사회라는 넓은 테두리 속에서 자살이 발생하는 경향과 변화의 맥락을 함께 봐야 한다고 하였다. 뒤르켐 이후 자살의 사회적 요인을 규명한 관련 연구를 보면, 주로 사회의 경제성장률, 실업률, 소득분배 악화와 같은 경제적 요인과 자살 간의 관계를 분석한 경우가 많다(노용환, 2007; 장지연·신동균, 2010).

오늘날 청소년의 자살에 영향을 미치는 요인을 살펴보면, 과도한 입시 위주의 교육과 학교폭력 등의 문제로 인한 내면적 갈등이다. 이를 통한 좌절과 번민은 청소년의 자살에 중요한 요인으로 주목받고 있다. 또한, 일부 청소년의 경우 유흥비 마련을 위한 범죄행위에 죄의식을 느끼지 않고 망설임 없이 가담하고 있고, 이러한 소비향

락적 욕구가 충족되지 못할 경우 일시적 충동으로 인해 자살시도를 하는 경우가 있다. 그 밖에 가정환경적 원인으로 인한 자살의 경우, 불우한 가정환경과 가족갈등이 청소년의 자살충동을 야기시키기도 한다.

(3) 자살 위험성 사정과 위기개입

① 자살 위험성 사정

자살 위험성이 있는 사람은 미묘하지만 분명한 단서를 보이고 도움을 요청한다. 따라서 자살 위험성이 있는 사람들이 보내는 다양한 신호들을 잘 알고 있어야 한다. 자살 위험성과 관련된 초기 신호들은 다음과 같다(전석균, 2017: 362).

- 무망감, 절망감을 느낀다("미래에 대한 희망이 없다").
- 자신이 가치가 없다고 느낀다.
- 점차적으로 위축되면서 무감동해지고 무기력해진다.
- 고립되고 사회적 활동이 감소한다.
- 학교생활이나 직장생활에서 중도에 탈락한다.
- 예전에 즐거워했던 활동에 대한 흥미를 잃는다.
- 에너지와 동기를 상실한다.
- 수면습관이 변한다.
- 식사습관이 변한다.
- 스스로에게 소홀해지고 자신의 외모를 돌보지 않는다.
- 슬픈 생각이나 죽음에 몰입한다.
- 집중을 잘 못한다.
- 몸이 자꾸 불편하고, 여기저기가 아프다고 한다.
- 갑작스럽게 화를 내고 폭발한다.
- 무모한 행동을 한다.
- 술이나 약물 남용이 증가한다.
- 화를 잘 내고 성급하며 불안해한다.

가. 자살 위험성 정도

자살 위험성 사정에서 가장 중요한 측면은 바로 자살계획을 알아내는 것이다. 자살의 과정은 보통 '자살생각-자살계획-자살행동'의 순서로 발생한다. 따라서 전문가들은 클라이언트에게 직접적인 질문을 통해 자살생각이나 자살계획 등 자살 위험성 정도를 정확하게 평가하고 개입해야 한다. 자살 위험성의 정도를 검토하기 위해서는 자살방법의 치명성, 자살수단의 용이성, 자살계획의 구체성을 중심으로 탐구해야 한다(임혁·채인숙, 2015: 333-334).

가) 치명성

자살방법의 치명성이란 의료적인 치료가 불가능한 자살방법을 말한다. 예를 들면, 총으로 자살하는 것, 높은 장소에서 투신하는 것, 목을 매다는 것, 일산화탄소 중독, 달리는 자동차나 기차에 뛰어드는 것 등의 자살방법은 치명적인 것에 해당한다. 한편, 약물 과다복용, 손목 부분의 절단 등은 자살시도자의 생명을 위태롭게는 하지만, 치료의 기회가 보다 많다는 점에서 덜 치명적인 자살방법이라고 할 수 있다.

나) 용이성

자살수단이 용이하다는 말은 자살 가능성이 매우 높다는 말이다. 왜냐하면 자살을 이루기 위한 방법이 어렵지 않고 편리하기 때문이다. 따라서 자살 위험성이 있는 사람이 자살을 도모하기 위한 치명적인 수단을 가지고 있는지, 그 수단이 용이성을 가지고 있는지 여부를 확인할 필요가 있다. 예를 들면, 약물로 자살을 계획하는 클라이언트가 약물을 소지하고 있는지, 총기로 자살을 계획할 경우 총탄을 소지하고 있는지를 확인할 필요가 있다.

다) 구체성

자살계획이 구체적일수록 자살의 가능성도 그만큼 높아진다. 클라이언트가 "나는 약을 먹고 죽겠다."라고 막연하게 표현하는 경우보다 "모든 사람이 일하러 나간 후에 약을 먹고 죽겠다."라고 하거나, "내일 죽기 위해 약을 준비해 두었다."라고 표현하는 등 자살계획이 구체적일수록 자살의 위험성이 더 높다고 할 수 있다.

나. 직접적 질문과 경청

클라이언트의 자살과 관련한 사정을 하기 위해서는 무엇보다 직접적 질문과 경청이 필요하다. 많은 전문가가 자살과 관련한 사정에서 어려움을 경험하고 있지만, 클라이언트를 위해서는 꼭 필요한 작업이다.

가) 직접적 질문(suicidal question)

자살 위험성이 있는 사람에게 자살과 관련된 질문을 한다는 것은 전문가들에게도 쉽지 않은 일이다. 자칫 질문이 클라이언트에게 상처를 주지 않을까, 너무 개인적인 일이기에 사회적 대화로 개방하는 것에 대한 어려움, 어떻게 감당할 수 있을까 하는 부담감으로 인해서이다. 그러나 이러한 부담감에도 불구하고 중요한 것은 자살 위험성이 있는 사람에게 자살에 대한 생각, 시도 경험, 의도, 계획, 방법 등에 대해 구체적으로 질문을 해야 한다는 것이다. 따라서 말하기를 주저하거나 두려워하거나 미안해하기보다는 자살에 대해 명확하고 담담하게 질문하는 태도를 가지는 것이 중요하다.

나) 경청

자살 위험성이 있는 사람과의 질문을 통해 클라이언트가 자살을 계획하고 있다는 것을 알게 되었다면 위험성 정도를 평가하기 위한 질문을 해야 한다. 사람들은 대부분 '자살에 대해 생각해 왔습니까?'라는 질문을 받으면 대화를 나누고 싶어 한다. 어쩌면 자살 위험성이 있는 사람은 몇 주 동안, 몇 달 동안 갈등을 겪으면서 누군가와의 대화를 기다려 왔을 수도 있다. 따라서 경청을 활용하여 자살과 관련된 질문을 통해 자살의 위험에 대한 몇 가지 질문을 추가해 가면서 위험성 정도를 평가해 나가야 한다. 이때 상담가는 자살의 의도, 방법, 준비, 시도계획 등을 질문하면서 위험성 정도를 파악하는 것이 중요하다.

다. 위험성 평가 방법

가) FACT 평가표

자살위기의 정도를 확인하기 위해 가장 많이 사용되고 있는 방법은 FACT 평가표가 있다. FACT 평가표는 자살 위험성이 있는 사람의 감정 상태(feeling), 선행사건이나 행동 특성(action or event), 최근의 변화들(changes), 자살과 관련된 직접적인 표현과 위협들(threats)로 구성되어 있다. 이 평가표는 자살 위험성이 있는 사람과의 면담을 통해 관찰과 정보수집의 위험성을 평가할 수 있다.

〈표 10-3〉 FACT 평가표

구분		내용
감정		•절망감: '결코 좋아지지 않을 거야.', '사람들이 할 수 있는 일은 없어.' •통제력 상실, 미칠 것 같은 기분, 자신과 타인을 해칠 것 같은 두려움 •무기력, 무가치감: '아무도 신경 안 써.', '내가 없으면 모두 잘 지낼 거야.' •압도적인 죄책감, 수치심, 자기증오감 •스며드는 슬픔 •지속적인 불안과 분노
행동 또는 사건		•약물 또는 술의 남용 •말이나 글로 죽음 또는 파괴에 대한 주제 표현 •악몽 •죽음, 이혼, 별거, 이별을 통한 최근의 상실경험 또는 직업, 돈, 지위, 자아존중감 상실 •종교적 신념의 상실 •불안과 동요 •공격성과 무모함
변화	행동 변화	•식사습관: 식욕과 체중이 증가하거나 과식함 •수면 패턴: 너무 많이 자거나 불면증, 때로는 아침 일찍 일어남 •주변 정리 •감정의 기복: 위축되고 처진 상태가 지난 후에 갑자기 기분이 좋아짐 •흥미 상실: 친구, 취미, 섹스, 이전에 즐기던 활동에 대한 흥미가 줄어듦 •자해행동 •성격: 더 위축되고 피곤해하며 냉담해지고 우유부단해짐 •더욱 난폭하고 말이 많으며 밖으로 나돎 •학교, 일, 일상의 일과에 집중하지 못함
	상황 변화	•경제적 어려움 •외로움, 소외감 •질병 •상실 경험

구분	내용
위협	•'피를 흘리면서 죽으려면 얼마나 오래 걸릴까?'와 같은 말 •'그다지 오래 네 주위에 있을 수 없을 거야.'와 같은 위협 •물건을 정리하고 좋아하는 것을 다른 사람들에게 나눠 주고 약에 대해 공부하며 무기를 준비하는 등 구체적인 계획 •손목을 긋거나 약물을 과용하는 등의 시도

출처: 서울시 자살예방센터(2012)

나) 자살생각 척도

자살생각을 평가하는 척도를 통해 자살의 위험성을 파악할 수 있다. 일반적으로 가장 많이 사용되고 있는 척도는 벡(Beck)의 자살생각 척도이고, 평가는 고등학생, 대학생, 성인으로 구분되며 평가기준은 다음의 〈표 10-4〉와 같다.

〈표 10-4〉 벡의 자살생각 척도(SSI: Scale for Suicide Ideation)

번호	문항	응답		
1	살고 싶은 소망은?	⓪ 보통 혹은 많이 있다.	① 약간 있다.	② 전혀 없다.
2	죽고 싶은 소망은?	⓪ 전혀 없다.	① 약간 있다.	② 보통 혹은 많이 있다.
3	살고 싶은 이유/죽고 싶은 이유	⓪ 사는 것이 죽은 것보다 낫기 때문이다.	① 사는 것이나 죽는 것이나 마찬가지이다.	② 죽는 것이 사는 것보다 낫기 때문이다.
4	실제로 자살시도를 하려는 욕구가 있는가?	⓪ 전혀 없다.	① 약간 있다.	② 보통 혹은 많이 있다.
5	별로 적극적이지는 않고 수동적인 자살욕구가 생길 때는?	⓪ 생명을 건지기 위해 필요한 조치를 미리 할 것이다.	① 삶과 죽음을 운명에 맡기겠다.	② 살기 위한 노력을 하지 않겠다.
6	자살하고 싶은 생각이나 소망이 얼마 동안 지속되는가?	⓪ 잠깐 그런 생각이 들다가 곧 사라진다.	① 한동안 그런 생각이 계속된다.	② 계속, 거의 항상 그런 생각이 지속된다.
7	얼마나 자주 자살하고 싶은 생각이 드나?	⓪ 거의 그런 생각이 들지 않는다.	① 거의 그런 생각이 든다.	② 그런 생각이 계속 지속된다.
8	자살생각이나 소망에 대한 당신의 태도는?	⓪ 절대로 받아들이지 않는다.	① 양가적이나 크게 개의치 않는다.	② 그런 생각을 받아들인다.
9	자살하고 싶은 충동을 통제할 수 있는가?	⓪ 충분히 통제할 수 있다.	① 통제할 수 있을지 확신할 수 없다.	② 전혀 통제할 수 없을 것 같다.

번호	문항	응답		
10	실제로 자살시도를 하는 것에 대한 방해물이 있다면(예: 가족, 종교, 다시 살 수 없다는 생각 등)?	⓪ 방해물 때문에 자살 시도를 하지 않을 것이다.	① 방해물 때문에 조금은 마음이 쓰인다.	② 방해물에 개의치 않는다.
11	자살에 대해 깊게 생각해 본 이유는?	⓪ 자살에 대해 생각해 본 적이 없다. ⓪ 주변 사람들의 관심을 끌거나 보복하기 위해서	① 주변 사람들의 관심을 끌고 보복하거나, 현실 도피의 방법으로	② 구체적인 방법을 자세하고 치밀하게 생각해 놓았다.
12	자살에 대해 깊게 생각했을 때 구체적인 방법까지 계획했는가?	⓪ 자살에 대해 생각해 본 적이 없다.	① 자살에 대해 생각했으나 구체적인 방법까지는 생각하지 않았다.	② 구체적인 방법을 자세하고 치밀하게 생각해 놓았다.
13	자살방법을 깊게 생각했다면 그것이 얼마나 현실적으로 실현 가능하며, 또한 시도할 기회가 있다고 생각하나?	⓪ 방법도 현실적으로 실현 가능하지 않고 기회도 없을 것이다.	① 방법이 시간과 노력이 필요하며, 기회가 쉽게 오지 않을 것이다.	② 생각한 방법이 현실적으로 실현 가능하며, 기회도 있을 것이다. ② 앞으로 기회나 방법이 생길 것 같다.
14	실제로 자살을 할 수 있는 능력이 있다고 생각하는가?	⓪ 용기가 없고 너무 약하고 두렵고 능력이 없어서 자살을 할 수 없다.	① 자살할 용기와 능력이 있는지 확신할 수 없다.	② 자살할 용기와 자신이 없다.
15	정말로 자살시도를 할 것이라고 확신하나?	⓪ 전혀 그렇지 않다.	① 잘 모르겠다.	② 그렇다.
16	자살에 대한 생각을 실행하기 위해 실제로 준비한 것이 있나?	⓪ 없다.	① 부분적으로 했다(예: 약사 모으기 시작함).	② 완전하게 준비했다(예: 약을 사 모았다).
17	자살하려는 글(유서)을 쓴 적이 있는가?	⓪ 없다.	① 쓰기 시작했으나 다 쓰지 못했다. 단지 쓰려고 했다.	② 다 써 놓았다.
18	죽음을 예상하고 마지막으로 한 일은?	⓪ 없다.	① 생각만 해 보았거나 약간의 정리를 했다.	② 확실한 계획을 세웠거나 다 정리해 놓았다.
19	자살에 대한 생각을 다른 사람들에게 이야기한 적은 있는가? 혹은 숨기거나 숨겼나?	⓪ 자살에 대해 생각해 본 적이 없다. ⓪ 다른 사람에게 터놓고 이야기하였다.	① 드러내는 것을 주저하다가 숨겼다.	② 그런 생각을 속이고 숨겼다.

* 평가기준

고등학생	대학생	성인	평가
16~19점	14~17점	9~11점	연령집단에 비해 자살생각을 많이 함
20~13점	18~21점	12~14점	연령집단에 비해 자살생각을 상당히 많이 함
24점 이상	22점 이상	15점 이상	연령집단에 비해 자살생각을 매우 많이 함

출처: Beck et al. (1979): 신민섭(1993) 재인용

② 자살 위기개입

가. 자살 위험성에 따른 위기개입

자살 위험성은 낮은 위험, 중간 위험, 고위험으로 분류한다. 자살 위험성 분류는 대체로 위험성을 높게 보고 사정한다. 그 이유는 높은 쪽으로 평가하는 것이 자살 위기개입 시 더욱 민감하고 적극적으로 대처할 수 있기 때문이다. 자살 위험성 정도에 따른 개입내용은 〈표 10-5〉와 같다.

〈표 10-5〉 자살 위험성 정도에 따른 개입내용

정도	위험요인	개입내용
낮은 위험	1. 자살사고만 있음 2. 자살계획이 없음 3. 위험요인 적음 4. 오랜 기간 후에 시도할 만한 장기위험	• 정서적 지지 • 일반 상담자원 연결 • 1~2회 접촉 후 타 기관으로 의뢰
중간 위험	1. 잦은 자살계획 2. 막연한 자살계획 3. 낮은 치명성 4. 몇 가지 위험요인 5. 단기간 위험(며칠, 몇 주)	• 신속하고 적절한 약속 • 전화방문 또는 직접방문 • 자살 위험성 재발에 대한 지속적인 평가 • 잠재적 자살도구의 제거 • 가족이나 중요한 지인과 함께함 • 위기는 일시적임을 알리고 지지함 • 지속적인 자원 연결 • 응급서비스를 알려 줌 • 자살 위험성 제거 시(6~8주)까지 관리
고위험	1. 고도의 치명성이 있는 준비된 도구 소지 (예: 농약, 칼) 2. 다양한 위험요인 3. 일촉즉발의 위험성 4. 자살 시도력 5. 정신증상(환청, 편집증 등) 6. 극단적인 비관(무망감 표현)	• 병원(보호적 환경)에서 대면평가 • 경찰과 119 구급대 협조 • 가족이나 중요한 지인을 참여시켜서 상황을 확인하도록 함 • 대상자를 혼자 두지 않기 • 추후 6~8주 동안 집중적인 사후관리 및 의료적 관심 제공

출처: 전석균(2017: 366)

나. 안전한 환경 확보

위기개입에서 안전한 환경 확보란 클라이언트가 소지하고 있거나 근처에 두고 있어서 위험한 결과를 초래할 수 있는 수단을 제거하는 것을 의미한다. 안전한 환경을 마련하기 위해서는 상황별로 다르게 대응할 수 있다. 먼저, 클라이언트에게 알약이나 칼 등 위험한 결과를 초래할 만한 수단을 가지고 있다면 달라고 요청하는 것이 필요하다. 만약 건물 옥상에서 뛰어내리겠다고 하는 사람과 대화하게 되었다면, 건물 안에 들어가서 이야기를 하자고 권유하는 것이 바람직하다. 자살수단이 집에 있다면 그것을 버리겠다는 동의를 얻는 것도 중요하다. 이러한 것은 쉬운 일은 아니지만 자살을 예방하기 위해서는 반드시 해야 하는 일이다. 특히 클라이언트가 청소년일 경우 가족 중에 안전한 환경을 만들어 줄 수 있는 책임 있는 어른이 누구인지를 파악해야 한다. 만약 안전한 환경 조성이 어려울 만큼 불안정하고 치료적 관계 형성이 안 된다면, 정신과적 치료에 의뢰하여 입원 보호하는 것이 필요하다.

다. 클라이언트의 표현 격려

클라이언트가 자살을 통해 이루고자 한 것이 무엇인지를 표현하도록 격려한다. 자살이 문제를 해결하는 것도, 무엇인가를 성취할 수 있는 것도 아니라는 것을 이해하도록 돕니다. 클라이언트가 계속해서 이야기할 수 있도록 돕기 위한 전략은 다음과 같다.

- 온 정성을 다해 주의를 기울이며 적극적으로 경청한다.
- 마치 일상적인 이야기를 하는 것처럼 자살에 대해 담담하고 개방적으로 상담한다.
- 자살생각에 대해 비난을 한다거나 긍정을 하지도 않는다.
- 내담자가 어떠한 상태에 빠져 있든지 상담자는 내담자를 돕기 위해 있음을 담담하게 이야기해 준다.
- 상투적인 말을 하고 싶은 마음을 자제한다(예: '차차 나아질 것입니다.', '당신 기분이 어떤지 잘 압니다.', '충분히 이해합니다.', '시간이 지나면 기분이 좋아질 겁니다.').
- "이해하지 못했다."고 말하는 것을 두려워하지 않는다.

자살생각을 하는 사람에게 가장 도움이 되는 것은 공감적 이해, 진실성, 무조건적인 수용이다. 진정으로 자살을 하려고 하는 사람을 막는 것은 어렵지만 심층상담, 면밀한 관찰과 관심, 공감적 배려, 병원치료 등의 방법을 통해 자살생각을 감소시킬 수 있다.

상담자는 자살에 대해 개입을 할 때에는 자살 가능성과 관련하여 직접적으로 질문해야 한다. 자살과 관련한 구체적인 질문은 아래와 같다(Shecafor et al., 1997: 엄명용 외, 2010 재인용).

- 자살에 관한 메시지는 심각하게 받아들인다.
- 자살에 관한 직접적인 표현("나는 여기 오래 머물러 있지 못할 것 같다.")에 주의를 기울인다.
- 자살을 하려는 사람은 살려는 욕구와 죽음을 통해 고통을 벗어나고자 하는 양가감정을 경험하므로 이에 주의를 기울인다.
- 자살을 생각하는 사람과 의사소통할 때는 단순하고 직접적인 질문을 한다("죽고 싶은 생각이 든 적이 있나요? 어떤 방법으로 죽으려고 합니까?").
- 클라이언트가 왜 지금 삶이 그렇게 고통스럽고 하찮은 것으로 느껴지는지 이해하도록 노력한다.
- 자살을 할 구체적인 방법을 선택했는지 판단한다.
- 구체적인 자살계획을 수립했는지 판단한다.
- 자살방법의 치명성을 판단한다.
- 과거에 자살을 시도한 적이 있는지 판단한다.
- 최근에 자살을 생각하게 만든 사건과 그 사건이 주는 의미를 판단한다.
- 자살생각을 하는 사람은 '협소한 생각(tunnel vision)'을 가질 수 있으므로 이러한 고통을 다룰 대안적인 방법을 모색하도록 돕는다.
- 자살하려는 사람이 위급한 시기에 의지할 사람이 있는지 파악한다. 특히 배우자와의 사별, 이혼, 이별은 자살의 위험성을 높인다. 그러므로 주변 사람들의 지지는 자살예방에 매우 중요한 역할을 한다.
- 자살이란 '일시적인 문제에 대한 영구적인 대책'이 될 수밖에 없다는 점을 인식

시키고, 다른 대안이나 해결책을 모색하도록 돕는다.

- 진정으로 자살하려는 사람을 막는 것이 현실적으로 불가능할 수도 있지만, 상담, 면밀한 관찰과 점검, 입원 등으로 자살을 늦출 수는 있다.

라. 안전망 형성

앞서 안전한 환경 조성과 문제 파악을 위한 시간 등을 통해 클라이언트와의 관계를 형성하였다면 자살예방을 위한 몇 가지 안전망을 갖추는 것이 필요하다. 먼저 클라이언트의 자살과 관련된 정보를 좀 더 얻고, 전문가의 자문과 가족의 도움을 구한다. 클라이언트가 인식하고 있는 죽음과 삶의 이유를 탐색하고, 자살사고와 자살감정을 촉발시킨 문제를 선별하는 작업을 좀 더 하도록 하여 자살 정도를 한번 더 확인한다. 확인된 결과는 정신과적 도움을 제공할 수 있는 전문가에게 의뢰하거나, 슈퍼바이저의 자문을 구하는 데 활용할 수 있다. 그뿐만 아니라 필요시 부모 등에게 위험성을 전달하여 부모 등의 이해와 협조를 통해 예방의 기회를 더욱 견고하게 할 수 있다.

그다음은 삶과 죽음의 대차대조표를 작성하도록 한다. 이는 '살 이유'와 '죽을 이유'에 대한 과거 경험을 회상하도록 하여, '살 이유'를 끌어내기 위한 것이다. 빈 종이를 두 칸으로 나누어 한 칸에는 살게 됨으로써 얻게 되는 이득을 작성하고, 다른 한 칸에는 죽음으로써 초래되는 이득과 손해를 작성하도록 한다. 물론 지금 당장 살 이유를 끌어낸다는 것은 힘든 일이지만, 과거 행복했던 시절의 살 이유를 회상하도록 하면서 시작하는 것이 바람직하다. 클라이언트는 삶과 죽음의 대차대조표를 작성하는 과정에서 자신과 자신이 살아온 생활을 객관적으로 평가할 수 있다. 또한, 자살의 이유가 절대적으로 긴급한 것이 아니라는 것을 깨닫게 된다. 일반적으로 클라이언트는 자기 삶의 부정적 요인은 과대평가하는 반면, 긍정적 요인은 과소평가하거나 무시하는 경향이 있다. 이때 상담자는 클라이언트가 거부감을 느끼지 않도록 중립적인 입장에서 클라이언트의 삶의 긍정적 요소를 지적해 주는 것이 필요하다. 왜냐하면, 일반적으로 타인이 자신과 다른 입장을 강하게 주장하면 오히려 자기 입장을 더 강하게 고수하는 경향이 있기 때문이다.

마. 생존계획(survival plan) 수립

클라이언트의 병원 입원이나 전문가 치료 의뢰 등 보호적인 환경이 마련되지 않았을 경우 생존계획 수립이 필요하다. 생존계획에는 안정성 확보, 전화연락처 확보, 위기관리지침 등이 포함된다(전석균, 2017).

가) 안정성 확보

언제든지 클라이언트를 진심으로 돌봐줄 수 있는 사람을 가까이 배치해야 한다. 특히 청소년의 경우 충동적 자살이 많기 때문에 주거지에서 자살도구로 사용될 수 있는 도구를 제거하여 자살시도를 막는 것이 안정성 확보의 주요 목적이 된다. 또한 음주와 자살이 동반된다는 점에서 음주환경에 방치되지 않도록 하는 것도 안정성 확보에 포함된다.

나) 전화 연결

자살하려는 클라이언트와 생존계획의 일부인 사람에게 적어도 세 개의 전화번호를 알려 주어 필요시 도움을 받을 수 있도록 해야 한다. 여기에는 지역의 위기상담전화, 즉각적인 진료가 가능한 응급상담기관 전화번호, 상담자의 연락처가 해당된다.

다) 위기관리지침

위기상황 발생 시 가장 가까운 병원이나 정신건강복지센터 등에 연락할 수 있도록 연락처와 연결방법을 당사자, 친구, 부모 등에게 알리는 것이다.

라) 지속적인 상담 및 치료관리를 위한 의뢰

생존계획이 수립되면 의뢰한 병원 등 기관에서 지속적인 상담과 치료관리 등을 받을 수 있도록 돕는다.

③ 자살유족에 대한 개입

일반적으로 배우자, 가족, 친구, 이웃 등 자신에게 중요하고 의미 있는 사람을 자살로 잃고 삶의 변화를 겪은 사람들을 자살유족 또는 자살생존자(survivor)라고 한다. 보편적으로 1명이 자살한 경우 6명 이상의 자살유족이 영향을 받고, 자살유족은 죄책감, 불안 등의 극심한 고통을 경험하며 또 다른 자살위험에 노출되기도 한다. 따라서 자살유족은 자살 고위험군이라고 할 수 있다. 대부분의 자살유족은 1회 이상 자살을 생각하고, 일반인보다 높은 자살충동과 자살위험을 보인다. 특히 자살사건이 발생한 지 3개월이 지난 시점이 가장 위험한 시기이므로 지속적인 상담과 관심이 요구된다. 자살유족이 경험하는 감정으로는 충격, 애도, 부인, 죄책감, 불안, 분노, 회피 등이다.

심리적 충격으로 멍해지고 무감각해지며 현실감 및 판단력이 흐려질 수 있다. 상실에 대한 애도의 과정을 가지지만, 자살유족에게는 매우 혼란스럽고 혼돈된 과정으로 심리적·신체적 부적응을 야기하는 복합비애가 나타날 수도 있다. 사랑하는 사람의 자살을 받아들이기 힘들어 '그럴 리 없다.'고 생각하거나 악몽을 꾸고 있는 것처럼 부인하기도 하고, '내가 만약 ~하지 않았더라면' 혹은 '~만 했더라면'이라는 생각에 자신을 책망하는 죄책감을 가지기도 한다. 특히 자살 대상자가 자녀일 경우, 부모는 자녀의 자살을 막지 못한 것에 대한 스스로를 향한 비난뿐만 아니라 양육과정에서 있었던 사소한 실수에 대해서도 죄책감을 가지게 된다. 자살 대상자가 배우자일 경우, 남은 배우자는 책임을 다하지 못했다는 생각이나 다른 사람들의 비난으로 죄책감을 경험하고, 다른 가족보다 더 강하게 자살 대상자로부터 버림받았다고 느끼며 장기간 죄책감을 가진다. 자살 대상자가 친구나 동료일 경우 역시 고인 및 자살유족과의 심리적 관계에 따라 죽음에 대한 영향을 받게 된다. 실제로 가까운 관계에 있던 모든 사람은 자살유족과 비슷한 감정을 경험하는 경향이 있다.

자살유족은 자신의 삶을 통제할 수 없다는 불안과 자살로 인한 충격을 받은 가족 중 또 누군가가 자살할지도 모른다는 불안감과 공포를 갖기도 한다. 그리고 분노의 감정도 경험하게 된다. 분노는 즉각적인 반응이며 애도 과정의 필수적인 역할을 담당하는데, 고인에게 분노를 표현하는 것은 그들을 배신하는 것이라 느껴질 수 있지만, 적절한 방식으로 분노를 표현하는 것이 바람직하다. 극심한 슬픔으로 인해 유족은 일에 지나치게 몰두하거나, 술 혹은 약물에 의존하는 등 해로운 방식으로 회피를 하기도 한다.

가. 치료가 필요한 병리적 슬픔

유족의 애도 과정은 초기 2개월 정도 지속되다가 누그러지지만, 3개월 이상이 되어도 우울감이 줄어들지 않고 부정적 감정이 격해진다면 심리적 도움이나 치료가 필요하다.

- 만성적 슬픔: 반복적으로 '나는 나 자신을 찾을 수 없어.', '나는 살아갈 수가 없어.', '이 슬픔은 영원히 끝나지 않을 거야.'라는 생각에 매몰되어 일상적 생활이 어려워진다.
- 지연된 슬픔: 상실 초기에 슬픔의 표현이 금지 또는 억압되어 충분하게 표현하지 못하다가 이후 다양한 상황에서 갑작스러운 우울이나 공황, 분노 등 부정적인 모습으로 슬픔이 표현된다.
- 과장된 슬픔: 슬픔의 강도가 지나치게 커서 감정에 압도되어 부적응적인 행동을 한다.
- 가장된 슬픔: 무감각이나 슬픔의 부재와 같은 증상으로 나타나며, 이러한 증상이 상실과 연관 있다는 사실을 깨닫지 못한다는 것이 특징이다. 가장된 슬픔은 이후 신체화 증상이나 부적응 행동으로 표출된다.

나. 유족 스스로 자신을 위한 몇 가지 조언

유족 스스로 자신을 도울 수 있는 몇 가지 조언을 살펴보면 다음과 같다.

- 고인을 추억할 수 있고 울 수 있다. 애도할 수 있는 시간(기도, 묵상 등)을 따로 두는 것이 좋다.
- 감정과 생각, 추억을 기록한다면 격렬한 감정을 제어될 수 있다.
- 충분한 휴식을 취하고 잘 먹도록 노력하며 스스로를 돌봐야 한다. 이는 고인을 저버리는 것이 아니라 슬픔을 극복하는 방법이다.
- 분명한 생각을 하기 어려울 수 있고 나중에 후회할 수 있으니 이사, 고인의 소지품 정리와 같은 중요한 결정은 일정 시간 동안 피하는 것이 좋다.

- 생일, 명절, 기일과 같은 특별한 날은 더 힘들 수 있다. 그날을 어떻게 보낼지 미리 계획을 세우면 좋다.
- 슬픔을 없애는 방법으로 알코올이나 약물에 빠지지 말아야 한다. 일시적인 안도감을 줄 수 있지만 결과적으로는 슬픔을 방해한다. 만약 알코올과 약물을 사용한다면 의사를 찾아가야 한다.
- 지속적인 수면, 식욕, 무기력, 자살에 대한 생각 등이 든다면 반드시 의사 또는 상담기관에 도움을 요청해야 한다.

다. 자살 유가족 지원사업

전국에 설치된 자살예방 관련 기관은 유가족의 마음을 위로하고 회복을 지원하기 위해 다양한 프로그램을 운영하고 있다. 원스톱서비스지원사업은 [그림 10-1]과 같이 자살사망사고가 발생한 경우 자살유족 원스톱서비스팀이 24시간 이내 응급출동 하여 초기 상담 및 서비스 정보 제공을 통해 고인을 떠나보낸 유족이 받을 고통과 충격을 감소시키고자 2019년 9월부터 인천광역시에서 시범 운영되고 있다.

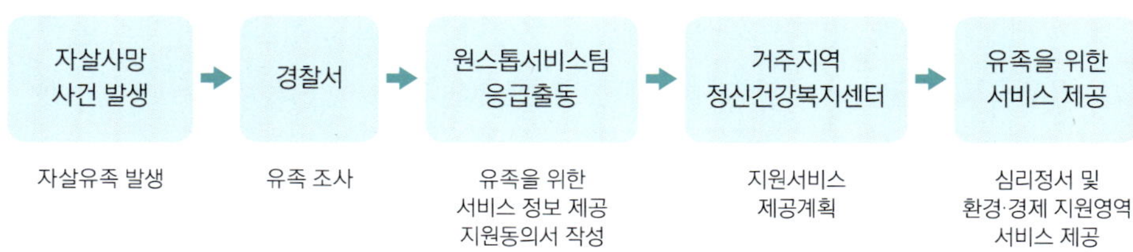

[그림 10-1] 자살유족 원스톱서비스지원사업

출처: 인천광역시자살예방센터(www.ispc.or.kr)

생각해 봅시다

- 조기정신증에 대한 인식개선을 위한 방안을 생각해 봅시다.
- 조현병 치료를 위해 의료사회복지사가 해야 할 역할을 생각해 봅시다.
- 여러분들에게 노출된 중독문제가 있다면 무엇인지 생각해 봅시다.
- 우리나라의 자살률을 낮추기 위해서 어떤 노력이 필요할지 생각해 봅시다.

Chapter

11

공공보건의료 사회복지

학습 목표

- 공공보건의료 사회복지의 개념 및 특성을 이해한다.
- 공공보건의료에 관한 법률 및 관련 기관에 대해 이해한다.
- 공공보건의료 기본계획의 내용과 시기별 특징을 이해한다.
- 공공보건의료의 문제점을 살펴보고 향후 과제에 대해 토론할 수 있다.

「대한민국헌법」 제35조에서도 "모든 국민은 건강하고 쾌적한 환경에서 생활할 권리를 가진다."라고 규정하고 있고, 제36조에서는 "모든 국민은 보건에 관하여 국가의 보호를 받는다."라고 규정하고 있다. 이에 따라 국가마다 시기적인 차이는 있지만, 공공보건의료 정책의 기본 과제는 국민의 보건의료 욕구 충족을 위한 공공보건의료 서비스의 접근성 향상 및 의료자원의 양적 확보가 중요한 관심사가 되고 있다. 또한 건강보험의 도입과 인구의 고령화로 인한 만성질환의 증가, 소득증가와 의식 수준의 향상에 따른 건강에 대한 욕구 증가는 양질의 공공보건의료 서비스를 요구하게 되었다. 따라서 공공보건의료 정책은 국가의 근본적이고 필수적인 정책으로서 국민에 대한 질병의 예방 및 치료, 건강 증진을 위한 보건의료 정책의 수립과 그에 따른 수행이 요구되고 있다. 더구나 보건의료 환경 변화에 따라 공공보건의료 정책의 새로운 방향 설정의 필요성을 가지게 되었고, 그에 대한 국민 인식 및 정책 수요를 파악하고 보건의료 환경과 정책 수요 변화 전망에 근거한 공공보건의료 정책의 방향성을 도출할 필요가 있다.

지금까지 국가의 주요 정책이 경제성장 위주의 정책집행이 이루어지면서 공공부문에서의 보건의료 자원 확충에 대한 정책은 우선순위에서 밀려났기 때문에 공공보건의료 자원의 확충에 대한 관심은 미흡하였다. 특히 보건의료가 대부분 민간의료기관에 전적으로 의존하고 있는 상황에 이르면서 공공보건의료의 확충이 필요하다는 주장이 더욱 강조되고 있다. 이에 공공보건의료의 보장성을 확보하기 위한 공공보건의료 정책의 방향 전환에 대한 고민이 필요한 시점이다.

이 장에서는 공공보건의료 사회복지실천 활동의 근거를 마련하는 공공보건의료 사회복지의 개념 및 특성을 이해하고, 국가의 시기별 공공보건의료 계획의 내용 및 공공보건의료 현장에서 의료사회복지사의 역할을 살펴보고자 한다.

01 공공보건의료 사회복지의 개념

1) 공공보건의료의 정의 및 필요성

(1) 공공보건의료의 정의

'공공보건의료'라는 용어는 1942년 영국의 사회보고서에서 최초로 언급되었다. 영국은 1911년 「국민보험법」을 제정하여 질병금고를 통하여 근로자에게 질병보험을 적용하였다. 영국은 독일과 달리 질병보험을 기존의 동종조합이나 우애조합이 운영하던 질병금고를 인가하는 형식으로 금고(approved society)를 운영하여 독일에 비하여 자치성이 강하였다. 자치적인 운영은 위험도가 유사한 사람들끼리 질병금고를 구성하는 바람에 금고 간의 재정력 격차가 심하였다. 의사들은 재정 사정이 나쁜 금고로부터 제때 진료비 지불을 받기 어려운 문제가 있었다. 그리하여 영국 의사들은 재정 지불 파이프라인을 공적 자금에 의하여 하나로 하는 것을 희망하여, 1942년 영국 의사회는 정부의 기획으로 조성되는 공적 의료서비스(centrally planned public medical services)를 요구하는 중간보고서를 발간하였다. 이때 사용된 용어인 'Public Medical Services'는 '공공보건의료'로 간주할 수 있으며, 이것은 공적 재정에 의한 서비스를 의미한다(이규식, 2017).

근래 WHO가 발간한 문헌에서 공공의료를 의미하는 용어로는 'Publicly Funded Health Care'를 찾을 수 있다. 그리고 영국은 NHS 홈페이지를 통하여 자국의 제도를 소개하면서 세계에서 규모가 가장 큰 Publicly Funded Medical Care라고 부르고 있다. 영어권에서는 공공의료를 Publicly Funded Health(or Medical) Care로 표현하여 '공적 재정으로 공급되는 의료'를 공공의료로 정의하고 있다(이규식, 2017).

르 그랑(Le Grand, 2003)은 World Bank가 발간한 『보건서비스에서의 민간참여(*Private Participation in Health Services*)』라는 책의 서문에서 공공보건의료를 'Public Funded Services such as Health Care(줄인다면 Public Funded Health Care)'라고 부르면서 공공자금(Public Money)으로 공급되는 서비스로 정의하고 있다. 1980년 미국의 Institute for Contemporary Studies가 발간한 『공공보건의료의 새로운 방향(*New Directions in Public Health Care*)』이라는 책의 제목에 Public Health Care라는 용어를 '공공보건의료'의 의미로 사용하고, 공공의료의 정의를 Medicare나 Medicaid와 같은 의료보장제도에서 제공하는 의료로 규정하고 있다. 같은 책에서 펠프스(Phelps, 1980)는 공공의료를 Public Sector Medicine이라는 용어를 사용하고 있다. 그리고 셰노네(Schenone, 2012)는 의료를 공공재(Public Goods)로 정의하는 가운데 공공의료를 Public Health Care라는 용어를 사용하고 있다.

이렇듯 공공보건의료는 의료의 공공성이라는 가치 아래 국민의 건강권 보장과 관련된 국가 기능의 수행기반을 총칭하기도 하고, 국가 의료체계의 하부 영역으로서 국가 의료체계가 추구하는 목표 달성에 일익을 담당하는 것으로 규명되기도 하며, 국공립기관을 통해 제공되는 의료서비스 영역에 국한하여 정의되기도 하는 등 개념과 관련한 논의가 폭넓게 이루어지고 있다(유근춘 외, 2005).

다음은 공공보건의료의 개념을 건강권 보장을 위한 사회기반, 국가 의료체계 내 정부 개입 영역, 국공립의료기관의 활동의 세 가지 측면에서 정의한 것이다.

① 건강권 보장을 위한 사회기반

공공보건의료에 대한 논의 가운데 상당수는 '공공성'의 규명으로부터 시작되고 있다(감신, 2004; 전국보건의료 산업노동조합, 2002). 공공성은 사전적으로는 '한 개인이나 단체가 아닌 일반사회구성원 전체에 두루 관련되는 성질'로서 정의되고 있는데, 그 유래와 현실적 상황을 바탕으로 대략 두 가지 관점으로 대별된다. 즉, 하나는 공공성을 국가의 공권력에 대항하는 사회기능과 관련하여 보는 경우이고, 다른 하나는 부자와 빈민, 자립자와 의존자 등 다양한 사회계급을 종속시키기 위한 국가의 보편적 정책들을 정당화하는 근거로서 보고자 하는 경우이다. 의료에 있어서 전자는 국민의 국가에 대한 건강권 보장 요구로, 후자는 국가가 보장하고자 하는 의료의 제한적 범위설정으로 표출되는 게 일반적이다.

이처럼 공공성을 토대로 한 공공의료는 국민이면 누구나 제약 없이 보장받을 수 있는 의료로서 구체적인 보장범위와 보장기반의 마련까지도 포함하는 개념으로 이해되고 있다. 이러한 구체적인 보장범위를 정하는 것과 관련하여 기본급여(basic benefit package) 또는 의료보장패키지(guaranteed health care package)와 같이 '모든 국민에게 지불능력과 관계없이 치료서비스가 제공되어야 하는 의료적 상태(조건)의 목록'이 설정되는 추세에 있으며, 그러한 정책 결정과정은 대부분 투명하고 공개적으로 진행되어 일반 국민의 신뢰에 기반하려는 면모를 보이고 있다(NERA, 1993; New Zealand Ministry of Health, 2001; NHS Executive, 1997).

우리나라는 국민의 건강할 권리, 보건에 관하여 국가의 보호를 받을 권리, 그리고 성별, 연령, 종교, 사회적 신분, 경제적 사정 등을 이유로 이러한 권리가 침해받지 않을 것 등을 법률로서 명시하고 있다(「대한민국헌법」, 「보건의료기본법」). 하지만 국가가 보장해야 할 건강권의 내용을 명료하고 조직적으로 정의하기 힘든 상황에서 우리나라는 국민건강보험의 급여범위 설정과 지원대상 희귀 난치성 질환의 선별 등을 통해 보장 내용을 밝히고 있는데, 건강보험 급여 또는 의료비 지원에도 불구하고 여전히 높은 본인 부담 의료비 비중으로 인해 보장성에 대한 논란이 끊이지 않고 있다(정형선, 2004). 이와 관련 우리나라의 경우 공공성을 토대로 한 논의도 경제적 제약이 있는 취약계층에 대한 의료보장 측면에 보다 치중되는 경향이 있다(건강복지사회를 여는 모임, 2003).

② 국가 의료체계 내 정부 개입 영역: 공공부문

공공성을 앞세운 공공의료에 비해 다소 협의적이긴 하나, 공공의료를 국가 의료체계 내에서 규명하려는 시도는 공공의료를 보다 실천적으로 접근하고자 하는 과정에서 주로 비롯되고 있다. 국가 의료체계는 국가에 속한 여러 하위체계 중 하나로서, 외적으로는 타 하위체계(교육체계, 복지체계 등)와 교류하며 내적으로는 의료자원의 적절한 공급과 전달을 통해 의료수요에 효과적으로 부응하는 기능을 수행하고 있다(Roemer, 1991). 국가마다 체제 이념에 따라 정부의 국민건강에 대한 직접적인 개입 정도에 차이가 있으나, 국가마다 의료의 목표로서 형평성과 효율성을 공통적으로 지향하고 있는 가운데 정부의 역할도 이와 관련하여 설정되는 추세에 있다(유근춘 외, 2005; Gonzalez Block, 1997).

우리나라와 같이 의료서비스자원의 공급과 서비스 전달에 있어서 민간부문에 대한 의존도가 높은 민간 의료서비스형 제도 국가의 경우, 정부는 민간부문에 대한 보완과 조정을 통해 의료에 관여하는 게 일반적이다. 즉, 국가 의료체계를 구성하는 의료서비스자원 공급체계, 의료서비스 전달체계, 의료재정체계 각각에 대하여 정부의 역할 및 개입범위를 설정함으로써 전체 체계가 추구하는 목표의 효과적 달성을 지원하고 있다. 이와 관련, 정부는 특히 민간부문이 감당하기 어렵거나 수익성이 낮아 기피하는 의료서비스의 제공기반을 마련하고 민간의료기관의 적절한 의료행위를 도모하는 데 관여할 것으로 기대되고 있으며, 공공보건의료는 이러한 활동들을 모두 포괄하는 개념으로서 이해되고 있다(문옥륜, 2003).

③ 국공립의료기관의 활동

우리나라에서 공공보건의료라는 용어는 2000년 「공공보건의료에 관한 법률(약칭: 공공보건의료법)」에서 처음 공식화되었다. 이 법에서는 '공공의료'를 '공공의료기관이 생산하는 의료'로 정의하여 국제적으로 통용되는 '공공재정으로 생산하는 의료'와는 다르게 정의하였다. 이에 2012년에 「공공보건의료법」을 개정하여 제2조제1호에서 '공공보건의료란 국가, 지방자치단체 및 보건의료기관이 지역·계층·분야에 관계

없이 국민의 보편적인 의료 이용을 보장하고 건강을 보호·증진하는 모든 활동'으로 정의하였다. 개정된 법에서 정의하는 '국민의 보편적인 의료 이용을 보장하는 의료'란 공공의료기관에서 생산하는 의료가 아니라 건강보험의료가 된다. 따라서 2012년 개정된 법에 의하여 공공의료를 정의하면, WHO나 영국 NHS에서 정의하는 공적 재정으로 생산되는 의료인 건강보험의료가 공공의료가 되어 국제적으로 정의하는 '공공의료'의 개념과 유사한 개념으로 정의되고 있다. 즉, 공공의료의 개념을 소유에서 기능 중심으로 바꾸어 기존 공공보건의료의 수행 주체를 국공립에 제한했던 것에서 벗어나 모든 의료기관으로 확대하는 것을 의미한다. 「공공보건의료법」의 개정 전·후 공공보건의료의 개념 변화를 정리하면 〈표 11-1〉과 같다.

〈표 11-1〉 공공보건의료의 개념 변화

구분	법 개정 전의 개념	법 개정 후의 개념
정의	공공부문(public sector)에 의해 제공되는 보건의료	공공의 이익(public interest)을 위한 보건의료
분류기준	서비스 공급 주체에 의한 분류	서비스 기능에 의한 분류
제공기관	공공보건 의료기관 (국공립 의료기관 및 보건소)	공공보건 의료기관 + 민간의료기관
대상	취약계층 중심	모든 국민

출처: 이영선·김효진·김명준(2021)

공공보건의료에 대한 여러 정의를 정리하면, 건강권을 보장하기 위한 일환으로 국민건강보험 등 공적 재원으로 급여되는 의료서비스에 대하여 모든 국민이 개인의 자율적 선택이 아닌 사회경제적 제약으로 인해 이용상 제한을 받지 않도록 하기 위한 사회기반이다.

(2) 공공보건의료의 필요성(「공공보건의료법」 제7조)

우리나라 공공재원 비중은 지속적으로 증가했지만, 반면에 의료 공급 비중은 계속 감소하여 공급과 재정의 불균형이라는 독특한 형태를 가지고 있다. 의료전달체계가 민간의료 중심으로 구축됨에 따라 필수의료를 포함한 지역 간 공급 및 서비스의 질적 격차가 발생하고, 비효율적인 의료전달체계로 건강보험의 지속 가능성에도 문제를 제기하고 있다.

국가적 재난이나 재해, 응급상황 발생 시 민간의료 중심체계로서는 효과적인 대처가 어렵다. 이러한 재난 상황에 대한 원활한 대처를 위해서는 공공의료기관의 역할이 필요하다. 더불어 인구 고령화로 인한 건강보험 재정에 미치는 영향에 집중되고 있으나, 중간 규모의 민간병원은 수익을 창출하기 어렵기 때문에 요양병원이나 시설로 전환해야 하며, 인구가 줄면 이 또한 존립할 수 없어 의료 공급체계에 변화를 가져올 것이다. 고령화가 진행되고 인구가 더 줄어들면 건강, 의료, 돌봄, 복지는 해당 지역뿐만 아니라 사회 전체의 위험 요소가 될 것이다. 따라서 공공부문을 중심으로 지역의 건강, 의료, 돌봄, 복지체계를 근본적이고 전면적으로 개편하는 방법이 유일할 것이다(김정회·이정면·이용갑, 2020; 김창엽, 2020).

① 의료급여환자 등 취약계층의 보건의료 증진을 통한 건강안전망 기능 수행
② 수익성이 낮아 공급이 부족한 아동과 모성, 장애인, 정신질환, 감염병, 응급진료 등에 대한 보건의료서비스 제공을 통한 의료의 공공성 강화
③ 질병 예방과 건강 증진
④ 교육·훈련 및 인력 지원을 통한 지역적 균형의 확보

2) 공공보건의료의 기능

공공의료의 기능과 관련한 논의는 공공의료의 개념과 일관되게 이루어져야 할 것으로, 상황별로 다양하게 정립되고 있는 공공의료의 개념과 관련하여 기능이나 역할도 다양성을 드러내고 있다. 공공보건의료의 기능을 정리하면 다음과 같다.

① 건강권과 연계된 기본 의료의 범위를 설정하고, 사회경제적 취약계층에 대한 보장기반을 마련한다.
② 의료서비스자원의 적정량 확보를 위한 민간 공급 보완, 공급된 자원의 적절한

활용과 동시에 적정 서비스의 제공을 유도하는 각종 지침이나 제도 개발, 사회보험 등으로 조달된 의료비의 적절한 분배와 기타 공적 자금의 조달을 통한 취약계층 지원책 마련 등을 수행한다.

③ 국공립의료기관이 우선적으로 제공해야 할 사업을 수행한다.

3) 공공보건의료 사회복지의 정의

공공보건의료 영역에서 의료사회복지는 통합적 관점을 가진다. 그런 측면에서 공공보건의료 사회복지는 건강관리자의 일원으로 질병이 있는 개인과 그 가족은 물론, 보건의료 종사자 및 의료제도를 대상으로 하여 사회복지의 전문적 방법을 통해 환자와 가족의 사회적 기능 향상, 질병의 예방과 치료, 재활 등 다양한 목적을 위해 의료 분야에서 이루어지고 있는 사회복지의 전문적 실천 분야를 말한다.

02 한국의 공공보건의료

1) 한국의 공공보건의료 등장 배경

세계적 유례가 없는 한국식 용어인 '공공보건의료'라는 용어가 등장하게 된 것에는 국내 특유의 보건의료 현실이 자리 잡고 있다고 볼 수 있다. 이것을 몇 가지 측면에서 바라본다면 공공보건의료기관 측면, 보건의료정책과 건강보험제도 측면, 의료공급에 대한 정부의 무관심 측면, 건강보험에 대한 이념 부재 측면으로 나누어 볼 수 있다(Lee, 2017; 성종호·김정하, 2022 재인용).

(1) 공공보건의료기관 측면: 낮은 보장성과 의료의 영리적 공급행태

건강보험의 낮은 보장성에 기인한 의료의 영리성 문제를 생각할 수 있다. 우리나라는 1977년 의료보험을 도입하면서 국가경쟁력을 훼손시키지 않기 위하여 근로자 임금의 3% 수준에 불과한 저보험료 정책을 채택하였고, 저보험료는 저급여와 저수가로 연결되었다. 우리나라의 보험수가는 의료기관의 경상 운영비와 자본비용을 합쳐 보상하도록 설계되었는데, 1977년 의료보험 도입과 함께 책정된 수가는 당시 관행적으로 책정하던 수가의 55% 수준이었다. 이렇게 낮은 수가로서는 자본비용은 고사하고 경상 운영비 보상도 어려웠다. 게다가 공공보건의료기관에 대한 정부나 지방자치단체의 지원이 미비하고, 보건의료서비스 제공에서 불분명한 역할로 민간의료기관과 중복된 기능을 가짐으로써 공공의료기관에서 제공하는 의료서비스가 비효율적이며 서비스 질이 갈수록 저하되는 현실에 직면하게 되었다.

(2) 보건의료정책과 건강보험제도 측면

정부 입장에서는 시장원칙으로 인해 필요한 의료서비스가 공급되지 않는다고 주장하지만, 의료서비스에 대한 국가재정부담 부족으로 건강보험의 저부담, 저보장, 저수가 폐해가 악화되는 등, 정부의 보건의료 정책의 실패로 인한 의료 왜곡 가속화를 들 수 있다. 결과적으로 건강보험 재정 부족으로 건강보험 보장률의 정체, 적절한 치료를 위해 필연적으로 발생할 수밖에 없는 비급여로 인한 본인부담금 증가와 저소득층의 의료 이용 어려움 초래, 의료서비스 제공 영역 불균형의 심화로 서비스 부족 분야가 발생하게 된 것이다.

(3) 의료 공급 측면

국가가 의료기관 수, 병상 수 확충을 민간에 맡김으로써 자신들의 책무를 유기하였다. 1960년 공공 설립 병상 비율은 63.7%에서 갈수록 감소하여 2019년 공공 설립 병상 비율은 9.7%에 머무르고 있다는 사실이 이를 증명하고 있다(국립중앙의료원, 2019).

(4) 복지제도 측면

정부가 부담해야 하는 저소득층 등 사회 취약계층이 보건의료서비스에 접근할 재정적 지원을 정부가 적절하게 제공하지 못한 부분을 들 수 있다(Hwang, Son, Park, & Seo, 2017).

(5) 건강보험의 이념 부재 측면

한국은 건강과 관련된 보건의료 영역은 국민의 기본권이며 국내에서는 건강보험이라는 제도를 통해서 보건의료에 대한 기본권을 향유할 수 있었음에도 건강보험과 관련된 이념적 바탕이 정립되지 못하였다(Lee, 2017). 특히 의료현장의 표면적인 현상만 보고 공공의료를 공공의료기관이 생산한 의료로 한정한 것은 사회보험 방식의 건강보험제도를 실시하면서도 건강보험의료의 기본적인 성격을 제대로 이해하지 못하고 건강보험제도를 도입하였기 때문이라 볼 수 있다. 의료가 인간의 기본 권리로 자리매김함에 따라 이미 건강보험의료는 공공재가 되면서 자연스럽게 공적 재정으로 공급되는 의료로서 공공보건의료의 개념이 정립되고 있던 독일이나 영국 등의 국가들과 달리, 우리나라는 1977년 의료보험을 도입할 당시 기본권 개념이 아니라 시혜적 차원에서 공공보건의료의 개념을 도입하였다.

2) 한국의 공공보건의료 현황 및 문제점

(1) 공공보건의료기관의 양적 부족 및 지역 간 의료 공급 불균형 심화

한국은 경제협력개발기구(OECD) 평균 대비 상대적으로 낮은 의료비 지출로 높은 건강 수준을 유지하고 있다. 그러나 민간 위주 의료 공급에 따른 전반적 공공보건의료 제공기반 취약 및 필수의료 부족 등으로 공공성의 저하 문제를 안고 있다.

한국의 공공의료기관 비율은 〈표 11-2〉에서 나타난 바와 같이 2019년 기준 5.7%로 OECD 평균인 53.6%에 비해 매우 낮다. 또한 병상 규모 기준으로 비교해도 한국의 공공의료기관 병상 비율은 10.0%로 OECD 평균인 89.7%와는 차이가 크다. 사회보험방식(SHI)의 재원을 조달하더라도, 한국과 같이 공공의료기관의 공급역량이 낮은 국가는 없다. 일본의 경우 공공병상 비율이 18.3%, 캐나다 99.0%, 프랑스 44.7%

이며, 미국의 비영리 민간병원이나 유럽의 민간병원은 공적 영역으로서 병원의 본질적 역할과 사회적 책임을 다하도록 규정하고 있으며, 대부분 공적인 민간기관이다. 하지만 한국에서는 의원급을 제외한 병원급의 대다수가 형식적으로는 비영리기관(의료법인)이나 사실상 개인의 소유 및 지배 형태로 기업적 속성이 강해 병원의 본질적 역할을 수행하지 못하고 있다(김용익, 2010; 김정회·이정면·이용갑, 2020).

〈표 11-2〉 OECD 주요 국가별 공공보건의료 비중 비교(2018년 12월 기준)

(단위: %)

구분	OECD 평균	한국	미국('17)	일본	프랑스	캐나다	폴란드
기관 수	53.6	5.7	23.0	18.3	44.7	99.0	58.9
병상 수	71.6	10.0	21.5	27.2	62.5	99.3	80.1

출처: 보건복지부(2021b)

국민건강보험공단의 보건의료 건강보험 주요 통계에 의하면, 2020년 12월 말 기준 한국의 공공보건의료기관은 222개소로 전체 의료기관 4,118개소의 5.4%이며, 공공병상 수는 63,417병상으로 전체의 9.7%에 불과하다(국민건강보험공단 홈페이지 www.nhis.or.kr).

2016~2020년까지 연도별 공공의료기관 병상 현황은 〈표 11-3〉과 같다.

〈표 11-3〉 연도별 공공의료기관 병상 현황(2016~2020년)

(단위: 개)

요양기관 종별(병상수)		2016년	2017년	2018년	2019년	2020년
공공의료기관 병상 수		64,735	64,385	63,924	62,240	63,417
	상급종합병원	12,345	12,450	12,984	12,947	13,144
	종합병원	21,161	21,184	20,825	20,922	22,061
	병원	16,896	12,416	11,983	10,757	9,990
	요양병원	14,105	17,995	17,819	17,297	18,005
	치과병원	99	111	113	117	117
	한방병원	100	200	200	200	100
	의원	29	29	0	0	0

출처: 국가통계포털(https://kosis.kr)

한편, 진료 기능별 공공보건의료기관의 현황(2019년 기준)을 살펴보면 〈표 11-4〉에 나타난 바와 같이 대학병원 및 지방의료원 등 일반진료를 담당하는 기관은 63개로 충분한 수를 확보하고 있지 못하고 있다.

〈표 11-4〉 기능 및 관할 지역에 따른 공공의료기관 현황 분류(2019.12.31. 기준)

기능 구분	관할 지역	광역지자체 이상	
일반진료 중심 공공병원 (63개)	광역지자체(17)	국립중앙의료원(1) 국립대학교병원(10)	국립대학교병원 분원(5) 국민건강보험공단 일산병원(1)
	단일/복수 기초자치단체(46)	지방의료원(34) 지방의료원분원(2)	적십자병원(6) 시립일반병·의원(3) 군립일반병원(1)
특수질환 중심 공공병원 (39개)	광역지자체 이상(26)	국립결핵병원(2) 국립정신병원(5) 국립법무병원(1) 국립재활원(1) 국립교통재활병원(1) 도립재활병원(4)	국립암센터(1) 국립소록도병원(1) 국립대학교 치과병원(6) 국립대학교 전문센터(1) 원자력병원(2) 국립대학교한방병원(1)
	단일/복수 기초자치단체(13)	시립장애인치과병원(1) 시립서북병원(1)	시립어린이병원(1) 시도립정신병원(10)
특수대상 중심 공공병원(36개)	단일/복수 기초자치단체(36)	경찰병원(1) 보훈병원(6)	국군병원(19) 산재의료원(10)
노인병원 (83개)	광역지자체(38)	시도립노인병원(38)	
	단일/복수 기초자치단체(45)	시군구립노인병원(45)	

출처: 국립중앙의료원(2020a)

게다가 대도시와 수도권에 의료기관, 의료인 등 자원이 집중되어 지역 간 의료 공급·이용 불균형의 문제도 지속되고 있다. 우리나라의 17개 시도별 공공의료기관 현황 및 비율을 살펴보면 시도별로 공공의료 병상 비율 격차가 있음을 확인할 수 있다. 〈표 11-5〉에서 보는 바와 같이 2019년 말 기준 울산광역시의 전체 의료기관 중 공공기관 비율은 1.0%로, 다른 시도에 비해 현저히 부족하다. 특히 울산광역시 및 세종특별자치시의 경우 공공의료기관의 병상이 아예 없는 상황이다. 시도별 공공병상 비율(2020년 말 기준)은 전국 총 63,417병상 중 경기도가 14.4%로 가장 높고, 서울(13.6%), 경남(10.0%)의 순으로 나타났다. 반면, 울산(0.2%), 세종(0.4%), 인천(2.2%), 제주(2.3%)는 타 시도에 비해 공공병상 비율이 낮다(국가통계포털 홈페이지 kosis.kr). 이러한 의료자원의 불균형은 지역별 건강 수준의 격차가 커지게 할 뿐만 아니라 [그림 11-1]에서 나타나는 것과 같이 양질의 의료서비스가 제공되지 못해 발생하는 '치료 가능한 사망률(amenable mortality rate)'[15]의 지역 간 격차 또한 보였다.

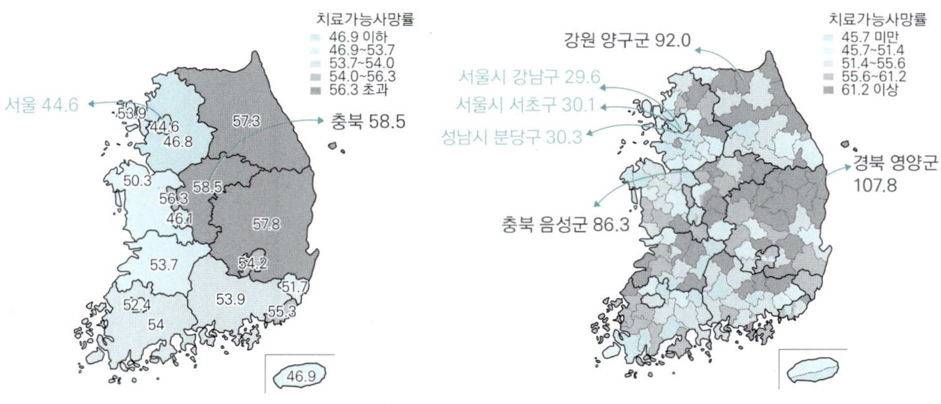

17개 시·도별 치료가능사망률　　　지역 진료권별(70개) 치료가능사망률

[그림 11-1] 시도별·지역권역별 치료가능사망률

출처: 김정회·이정연·이용갑(2020: 17–18)

15 의료적 지식과 기술을 고려할 때 적절한 의료서비스를 통해 피할 수 있는 원인에 의한 사망

전국 17개 시도별 공공의료기관 현황 및 비율은 〈표 11-5〉와 같다.

〈표 11-5〉 전국 17개 시도별 공공의료기관 현황 및 비율(2019.12.31. 기준) (단위: 개, %)

구분	의료기관			병상			인구 천 명당 병상 수
	전체	공공	공공기관 비율	전체	공공	공공병상 비율	
전국	4,034	221	5.5	640,746	61,779	9.6	1.19
서울	527	21	4.0	76,964	7,952	10.3	0.82
부산	395	10	2.5	65,632	3,957	6.0	1.16
대구	213	9	4.2	35,220	3,640	10.3	1.49
인천	194	8	4.1	29,898	1,338	4.5	0.45
광주	269	8	3.0	37,786	2,678	7.1	1.84
대전	125	7	6.4	20,699	2,958	14.3	2.01
울산	100	1	1.0	14,308	-	-	-
세종	10	1	10.0	1,082	-	-	-
경기	791	30	3.5	118,856	8,504	7.2	0.64
강원	99	20	19.2	15,467	3,618	23.4	2.35
충북	110	10	9.1	18,858	2,815	14.9	1.76
충남	169	14	7.1	25,457	3,451	13.6	1.62
전남	208	12	6.3	36,223	3,458	9.5	1.90
전북	225	22	9.8	39,281	5,159	13.1	2.76
경북	232	24	10.3	41,328	4,481	10.8	1.68
경남	343	22	6.4	59,235	6,340	10.7	1.89
제주	24	5	20.8	59,235	1,430	32.1	2.13

주: 전체 의료기관은 2018년 기준 건강보험심사평가원에 신고된 병원급 이상 의료기관을 대상으로 하였으며, 상급종합병원, 종합병원, 병원, 보건의료원, 치과병원, 한방병원, 요양병원을 모두 포함하고 있음

출처: 국립중앙의료원(2020b)

(2) 인력, 기관 등 공공보건의료 자원의 역량 부족

감염병의 대응 과정에서 공공보건의료기관이 주로 환자의 진료를 담당하는 등 공공보건의료의 중요성을 인식하게 되었으나, 지역 공공병원(지방의료원, 적십자병원 등)의 낙후한 시설과 인력 부족 등의 취약한 여건이 재확인되고 있다.

2018년 공공보건의료기관의 의사 인력은 총 12,413명으로, 2017년 12,307명 대비 106명 증가한 상황이며, 2018년 시도별 공공병원 의사 수는 2017년 대비 경기 58명 증가, 충남 22명 감소하였다. 2016~2018년의 연도별, 시도별 공공의료기관 인력 현황은 [그림 11-2]와 같다.

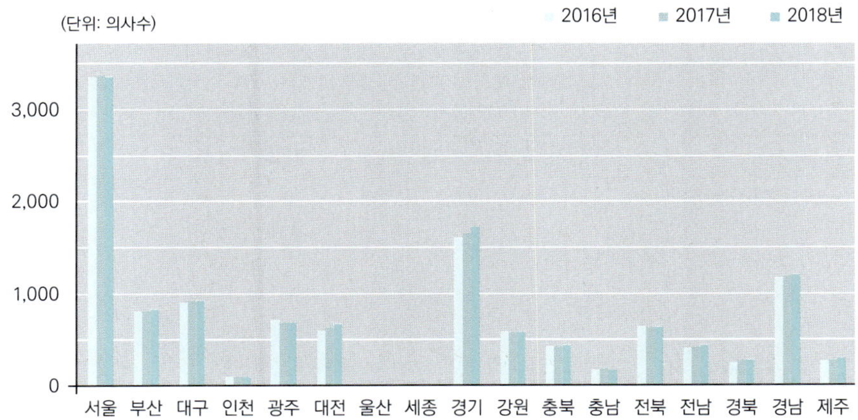

[그림 11-2] 연도별·시도별 공공의료기관 인력

출처: 국립중앙의료원(2020b)

(3) 공공보건의료 협력·지원 등을 위한 제도적 기반 미흡

공공보건의료의 지역별, 분야별 균형적 제공과 공중보건 위기에 효과적으로 대응하기 위해 정책 및 자원의 협력과 조정이 중요하다. 2020년 기준 230개의 공공의료기관이 개별적으로 설립되어 운영 중이나 중앙, 지역에서 공공보건의료에 대해 전문적으로 심의하는 협의체가 없을 뿐만 아니라 정책, 사업 등 지원 조직인 공공보건의료 지원센터(중앙), 공공보건의료지원단(시·도)의 역량과 규모도 충분하지 못한 상황이다. 게다가 필수의료 연계 및 퇴원환자 관리 등을 위해 지역 내 보건의료기관 간 협력이 필수이나 현재 의료현장은 분절적으로 운영 중이다.

〈표 11-6〉 소관 부처별 공공의료기관 현황(2020. 12. 31 기준)

유형	개소	소관 부처별 공공의료기관
국립	32	보건복지부(국립정신병원 5, 국립재활원 1, 국립소록도병원 1), 질병관리청(국립결핵병원 2), 국방부(국군수도병원 등 21), 경찰청(국립경찰병원 1), 법무부(국립법무병원 1)
특수 법인	94	보건복지부(국립중앙의료원 1, 국립암센터 1, 적십자병원 6, 국민건강보험공단 일산병원 1, 경인의료재활센터병원 1), 교육부(국립대학병원 17, 국립대학치과병원 6, 국립대학 한방병원 1), 고용노동부(근로복지공단 산재병원 13), 국가보훈처(보훈병원 7), 과학기술정보통신부(원자력병원 2), 국토교통부(국립교통재활병원 1), 지방자치단체(지방의료원 35, 지방의료원 분원 2)
시·도·군립	104	지방자치단체(도립재활병원 3, 시도·군립병원 101)

출처: 보건복지부(2021b)

03 공공보건의료 정책

1) 공공보건의료에 관한 법률

국가의 보건의료 정책은 사회·경제적 환경요인뿐만 아니라 시대적 상황에 영향을 받으며 변화한다. 보건의료 정책의 제1차적 환경조건은 보건의료서비스의 수요와 공급의 불균형, 인구 고령화로 인한 노인성 만성질환의 증가, 기후 환경의 변화로 인한 감염병의 만연, 지역 간 소득 격차로 인한 보건의료 자원의 불균등한 분배 등 직접적·가시적인 요인들이다. 제2차 환경조건은 급격한 산업화 현상에 의한 인구 이동과 핵가족화, 소득 수준과 교육 수준의 향상에 의한 양질의 보건의료서비스 욕구의 증대 등과 같은 경제적·사회적·문화적 조건으로서, 이러한 조건들은 장기적이고 비가시적으로 영향을 미치고 있다.

2000년 1월 12일에 제정된 「공공보건의료에 관한 법률」은 공공보건의료의 기본적 사항을 정하여 국민에게 양질의 공공보건의료를 효과적으로 제공하고 국민 보건의 향상에 이바지하기 위함을 목적으로 한다. 이 법을 통해 수행되는 '공공보건 의료사업'은 다음의 사업을 포함한다.

공공보건 의료사업

- 보건의료 공급이 원활하지 못한 지역 및 분야에 대한 의료 공급에 관한 사업
- 보건의료 보장이 취약한 계층에 대한 의료 공급에 관한 사업
- 발생 규모, 심각성 등의 사유로 국가와 지방자치단체의 대응이 필요한 감염병과 비(非)감염병의 예방 및 관리, 재난으로 인한 환자의 진료 등 관리, 건강 증진, 보건교육에 관한 사업
- 그 밖에 국가가 관리할 필요가 있는 보건의료로서 보건복지부령으로 정하는 사업

또한 '공공보건의료기관'은 국가나 지방자치단체 또는 대통령령으로 정하는 공공단체가 공공보건의료의 제공을 주요한 목적으로 하여 설립·운영하는 보건의료기관을 말하며, '공공보건의료 수행기관'은 공공보건의료기관, 의료취약지 거점의료기관(동법 제13조), 공공전문진료센터(동법 제14조), 보건복지부장관, 특별시장·광역시장·도지사·특별자치 도지사 또는 시장·군수·구청장과 협약을 체결한 의료기관(동법 제16조제2항)을 말한다.

이 법에 따라 국가와 지방자치단체는 공공보건의료를 강화하기 위하여 공공보건의료사업을 추진하여야 하며, 공공보건 의료사업을 원활하게 추진하기 위하여 충분한 수의 공공보건의료 수행기관을 확보하여야 한다. 또한 공공보건 의료사업 및 공공보건의료 전달체계 구축·운영을 추진하기 위한 재원을 확보하여야 하며, 공공보건의료 수행기관에 대하여 필요한 재정적·행정적 지원을 할 수 있다.

2) 공공보건의료 정책의 전개 과정

1945년 광복 이후 미군정은 보건후생부를 두고 사회, 보건, 노동 등을 포함한 보건의료 정책을 담당하였다. 그러나 1950년 한국전쟁으로 대부분 의료시설이 파괴되어 취약한 환경 위생 상태로 인해 전염병 발생과 영양 부실 등으로 높은 사망률, 낮

은 평균수명, 의료 접근이 취약한 후진국형 보건의료 상황이 되었다. 주로 방역행정과 구역행정에 집중되었으며, 1958년에 「보건소법」의 제정 및 1962년에 「보건소법」 전면 개정을 통해 전국 보건소 조직망을 갖추어 기생충, 결핵, 한센병 등 감염성 질환의 퇴치정책 등을 실시하였다.

1960년대는 경제개발계획의 시작과 더불어 가족 계획의 일환으로 수행된 대표적인 보건정책으로, 국가 보건의료 사업체인 보건소망 구축 및 민간 보건의료 단체인 대한가족계획협회 등의 체계화, 무의촌 지역 해소를 위한 정책을 실시하였다.

1970년대 가족계획사업과 모자보건사업 및 결핵관리사업 등 공공부문을 통한 보건사업이 보건정책의 핵심을 이루었으며, 출산율과 감염병 발생률을 낮추는 성과를 가져왔다. 1978년 세계보건기구(WHO)의 알마아타선언으로 국내에서도 일차 보건의료사업의 중요성이 강조되어 1980년 「농어촌 등 보건의료를 위한 특별조치법」 시행으로 보건진료원 제도가 도입되었다. 1989년에는 전 국민 건강보험 시대가 시작되었고 이로 인한 의료서비스 이용의 증가와 의료비 상승, 보건의료 서비스에 대한 소비자 권리의식 수준의 향상 등으로 보건의료 정책의 범위와 내용을 확대시키는 결과를 가져왔다.

1995년 지방자치제가 본격적으로 실시되면서 「보건소법」을 「지역보건법」으로 전면 개정하였고, 1996년부터 기초자치단체와 광역자치단체에서 4년마다 주기적으로 지역 보건의료계획을 수립하고 매년 연차적 시행계획을 실행하도록 하였다.

2000년 「공공보건의료에 관한 법률」을 제정함으로써 양질의 공공 보건의료서비스를 효율적으로 제공하여 국민의 건강을 증진시키는 공공보건의료 개념을 제도화하였으며, 2002년부터 건강증진종합계획을 수립하여 체계적인 건강증진사업의 기초를 다지게 되었다. 2008년에는 저출산·고령화 시대에 부응하는 노인장기요양보험제도를 시행하였다.

정부는 지역 간 의료 불균형 문제를 해소하기 위해 2018년 10월 '공공보건의료 발전 종합대책'과 2019년 11월 '지역의료 강화대책'을 발표하였다. 먼저 '공공보건의료 발전 종합대책'에는 지역격차 해소를 위한 권역·지역 책임의료기관 지정, 필수의료

전 국민 보장 강화, 공공보건의료 인력 양성 및 역량 제고, 공공보건의료 거버넌스 구축 등의 내용을 담고 있다. 특히 지역 격차 해소를 위한 방안으로 지방의료원·적십자병원 기능 보강, 의료인력 파견 지원 사업의 예산 증액, 의료취약지 건강보험 수가 가산 체계 도입 등의 내용을 명시하였다. 이후 발표된 '지역의료 강화대책'에서는 지역 책임의료기관 지정 및 육성, 지역의료기관 간 협력적 거버넌스 구축, 지역의료 인력 양성 및 확충 등의 내용을 담고 있다. 그러나 지원내용을 살펴보면 지정된 지역 책임의료기관에 예산 지원(2019년 기준 권역 책임의료기관당 3억 원 국비 지원), 지역 내 의뢰-회송 시 수가 가산, 퇴원환자 치료계획 수립, 서비스 연계 및 통합관리 수가 신설, 진료 정보교류 시 수가 가산 등을 제시하였으나 가산 규모나 세부 수가 등 구체적인 방안은 제시하지 않았다. 결국 정부의 정책목표는 지자체와 의료계의 연계 부족, 지역주민과의 협력 거버넌스 구축 미흡 등으로 제대로 진행조차 되지 않고 있다(임선미, 2020). 공공보건의료 정책의 전개 과정을 도식화하면 [그림 11-3]과 같고, 연도별 공공보건의료법 및 정책 현황을 살펴보면 〈표 11-7〉과 같다.

공공보건의료 태동 (1950~1960년대)	민간의료기관 급성장기 (1970~1990년대)	공공보건의료 침체기 (2000년대)	공공보건의료 패러다임 변화 (2010년~2020년대)
• 한국전쟁 이후 대부분의 의료시설 파괴 • 보건 인력의 감소 • 각종 전염병 유행으로 공공보건 의료조직 강화 필요 • 「보건소법」 제정(1958) • 「보건소법」 전면 개정(1962)	• 1977년 의료보험 도입 • 1989년 의료보험 확대 • 정부의 경제성장 정책과 공공의료에 대한 구체적인 계획 및 전략의 부재 • 의료보험 도입 및 확대로 의료수요 급증 • 정부지원과 차관 알선을 통한 민간자원 동원	• 1998년 IMF 경제위기 및 신자유주의 신조 • 민간 주도-공공 보완 • 지방공사 의료원 민영화 및 민간 위탁 추진 • 「공공보건의료에 관한 법률」 제정(2012)	• 「공공보건의료에 관한 법률」 개정(2012): 기능 중심 공공의료 • 민간 의료 중심으로 고착화

[그림 11-3] 공공보건의료 정책 전개 과정

출처: 김정회 외(2020: 10) 재구성

〈표 11-7〉 연도별 공공보건의료법 및 정책 현황

연도	법 개정 등 정책 결정	주요 내용
2000년	「공공보건의료에 관한 법률」 제정	공공보건의료기관이 행하는 보건의료를 공공보건의료로 정의
2005년	공공보건의료 확충 종합대책 수립	5년에 걸쳐 약 3조 7천억 원(계획 대비 85.6% 확보) 재원을 공공보건의료에 투자
2012년	「공공보건의료에 관한 법률」 전면 개정	공공과 민간 관계없이 '필수 보건의료서비스 제공'이라는 '기능'을 중심으로 공공의료 개념 전환
2013년	지방의료원 육성을 통한 공공의료 강화 방안 마련	경상남도의 진주의료원 폐업에 대한 논란을 계기로 지방의료원의 역할과 기능, 누적되는 운영 적자의 문제 등이 공론화됨
2016년	제1차 공공보건의료 기본계획 수립	지역·계층·분야에 관계없이 보편적인 의료서비스 접근성의 보장
2018년	공공보건의료 발전 종합대책 수립	공공보건의료 책임의료기관 도입 계획 및 필수 중증 의료 강화, 공공의료 인력 양성, 중앙·지방 공공보건의료 거버넌스 구축
	지역사회 돌봄 기본계획 수립	지역사회 통합 돌봄 서비스(community care)
	서울케어-건강돌봄사업	건강 돌봄 대상자의 공공보건의료 접근성 강화 및 통합 돌봄 서비스 제공
2021년	제2차 공공보건의료 기본계획 수립	의료의 공공성 강화: 필수의료 강화

출처: 이영선·김효진·김명준(2021: 31-32) 재구성

04 공공보건의료 기본계획

보건복지부장관은 국민에게 양질의 공공보건의료를 제공하기 위하여 「공공보건의료법」 제5조에 따른 공공보건의료정책심의위원회의 심의를 거쳐 「보건의료기본법」 제15조에 따른 보건의료발전계획과 연계하여 공공보건의료 기본계획을 5년마다 수립하여야 하고, 이를 기초로 매년 주요 시책 및 추진계획을 수립·시행하여야 한다. 이러한

공공보건의료 기본계획에는 다음의 사항이 포함되어야 한다(「공공보건의료법」 제4조).

① 공공보건의료의 목표와 방향
② 공공보건의료의 추진 계획 및 방법
③ 공공보건의료 확충을 위한 인력, 병상, 시설 등 보건의료자원의 조달 및 관리 방안
④ 공공보건의료 전달체계의 구축·관리 방안
⑤ 공공보건의료가 취약한 지역·계층·분야에 대한 지원 방안
⑥ 공중보건 위기 상황 시 대응 방안
⑦ 그 밖에 공공보건의료 강화를 위하여 보건복지부령으로 정하는 사항

또한 공공보건의료기관의 장은 공공보건의료 기본계획의 시행을 위한 공공보건의료 계획을 매년 수립하고 이를 전년도 시행 결과와 함께 보건복지부장관에게 보고하여야 한다.

1) 제1차 공공보건의료 기본계획(2016~2020년)

(1) 추진 배경

① 공공보건의료 정책 환경 변화에 따른 체계적·종합적 계획 수립 필요

민간의료기관이 90%에 달하는 보건의료 환경에서 소유 주체에 기반한 이분법적인 접근으로는 실효성 있는 공공보건의료 정책 수행이 곤란해졌고, 공공보건의료의 개념 전환에 따른 서비스 주체 및 대상의 확대 필요성이 대두되었다. 이에 따라 2013년 2월 「공공보건의료에 관한 법률」 개정을 통해 소유 주체 중심(공공 대 민간)에서 공공의 이익 실현이라는 기능 중심으로 공공보건의료의 개념 전환을 꾀하였다. 또한 공공의료 정상화를 위한 국정조사 등을 계기로 공공의료기관의 역할 강화, 공공성과 경쟁력 제고 필요성에 대한 사회적 관심이 증대되었으며, 국립대학병원을 제외한 대부분의 공공의료기관이 경쟁력 약화로 인해 보건의료 분야에 있어 선도적

역할 수행에 한계를 보여 체계적이고 종합적인 공공보건의료 정책 수행을 위해 공공보건의료 전반을 아우르는 청사진이 필요하게 되었다.

② 기본계획 수립을 위한 법적 기반 마련

2012년 2월 보건복지부장관이 5년마다 공공보건의료 기본계획을 수립하도록 「공공보건의료법」이 개정됨으로써 기본계획에 따라 매년 지자체와 공공보건의료기관은 각각 시행계획과 공공보건의료 계획을 마련할 필요성이 대두되었다.

(2) 기본계획의 내용

'제1차 공공보건의료 기본계획(2016~2020)'은 「공공보건의료에 관한 법률」 제4조에 근거하여 수립하며, 공공보건의료의 목표와 방향, 추진계획 및 보건의료자원의 조달 및 관리방안, 재원확보 계획, 국가나 지방자치단체 및 보건의료기관 간 협력 방안 등을 주요 내용으로 한다. 하위계획은 다음과 같다.

- 공공보건의료 기본계획: 복지부/수립 주기 5년
- 공공보건의료 시행계획: 시·도지사/매년
- 공공보건의료 계획: 공공보건의료기관의 장/매년

(3) 추진체계

제1차 공공보건의료 기본계획의 추진체계는 [그림 11-4]와 같다.

비전	모든 국민이 건강한 삶을 보장받는 사회				
추진전략	지역 간 균형 잡힌 공공보건의료 제공체계 구축	필수의료 서비스 확충 및 미래 수요에 선제적 대응	취약계층에 대한 의료안전망 강화	공공보건의료 지원기반 확충 및 서비스 질 제고	공공의료기관 운영 효율성 제고
세부과제	① 의료취약자 지원 강화 ② 공공보건의료 전문인력 양성·지원	① 감염·재난·응급 의료서비스 강화 ② 수익성이 낮아 공급이 부족한 필수의료 확충 ③ 의료수요증가 예상분야에 대한 선제적 대응	① 저소득층에 대한 의료지원 강화 ② 취약집단별 맞춤형 의료서비스 제공 ③ 고액진료비 발생 질환의 의료비 부담 완화	① 공공보건의료 전달체계 구축을 위한 기능 정립 ② 공익적 기능 수행에 대한 지원 확대 ③ 공공보건의료서비스의 질 제고	① 평가체계 정비 및 평가결과환류 강화 ② 공공의료기관 경영체계 개선 ③ 공공의료 통계 및 정보체계 구축

[그림 11-4] 제1차 공공보건의료 기본계획 추진체계

출처: 보건복지부(2016)

(4) 성과와 한계

'제1차 공공보건의료 기본계획'의 성과는 2012년 전부 개정된 「공공보건의료에 관한 법률」의 공공보건의료 개념을 적용하여 국가 수준의 5개년 계획을 최초 수립하였다는 것이다. 그리고 지역, 계층, 분야를 포괄하는 영역 중 시장실패 영역에 한정하는 것을 전제로 5대 추진전략 구성을 논리적으로 제시했다는 점과 공공의료 영역에서 할 수 있는 정책 위주로 구성했다는 점에서 정책의 논리적 모형을 제시하였다고 볼 수 있다. 또한 공공보건의료의 범위를 기능과 역할로 확대하며 민간부문의 참여 기반을 마련하였고, 퇴원 관리와 정신건강 등 수요 증가 분야에 대한 선제적 대응뿐만 아니라 기본계획 수립 이후 지역 필수의료 연계·협력에 대한 정책 보완을 위한 책임의료기관 제도 도입으로 필수의료의 보장 및 지역 격차 해소 관련 정책 및 예산 등을 꾸준히 확대하도록 하였다.

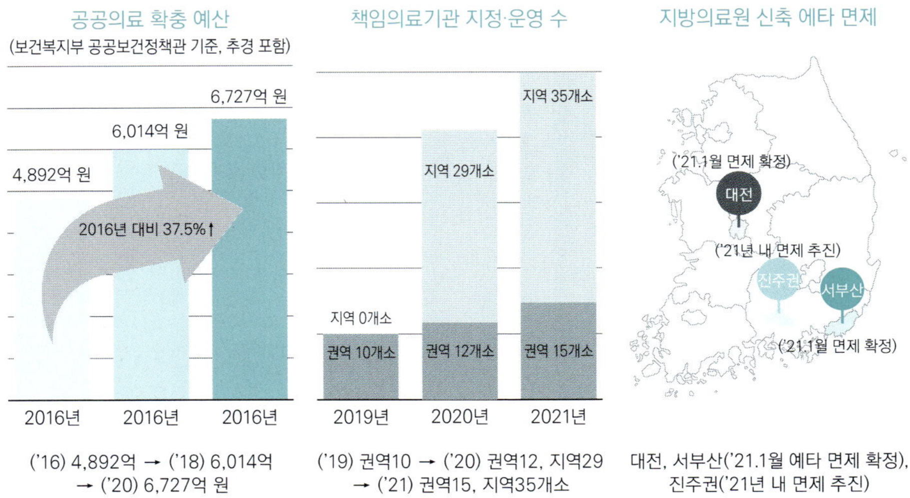

[그림 11-5] 제2차 공공보건의료 기본계획

출처: 보건복지부(2021b)

반면, 수익성이 낮아 민간의료에서 관심을 가지지 않는 미충족 의료서비스를 제공하는 보완적 역할과 공공의료의 대상을 인구가 적어 민간의료가 들어가지 않는 취약지역과 경제적 수준이 낮은 취약계층에 한정했다는 한계를 보인다. 또한 계획 수립 과정이 전체적으로 연결되지 못하고 단절적으로 전개되어 구체적인 정책목표를 제시하지 못한 점, 정부 주도로 실행 가능한 사업 중심으로만 구성되어 계획 세부 과제의 발전적 측면은 실질적으로 부족했다는 점, 소요 예산 및 재원 마련 방안이 빠져 있어 계획 추진 의지가 부족한 점이 있고, 특히 가장 절실한 공공병원의 신·증축 전략을 제시하지 못하고 비교적 손쉬운 전문 질환센터 설립 위주 대책이 제시된 점 또한 제고되어야 하는 문제이다.

2) 공공보건의료 발전 종합대책(2018. 10.)

'공공보건의료 발전 종합대책'은 공공보건의료 책임의료기관 도입 계획 및 필수중증 의료 강화, 공공의료 인력 양성, 중앙·지방 공공보건의료 거버넌스 구축 등을 제시하고자 하는 목적으로 수립되었다. 2016년 '제1차 공공보건의료 기본계획'의 수립 이후 2005년 참여정부의 공공보건의료 확충 종합대책으로 공공보건의료 인프라의 강화가 추진되었고, 2012년 7월 새 정부 출범 이후 '의료 공공성 강화'를 국정과제로 확정하면서 의료 공공성 강화 방안을 마련하는 차원에서 수립되었다. 공공보건의료 발전 종합대책의 발전과제를 살펴보면 [그림 11-6]과 같다.

(비전) 필수의료의 지역 격차 없는 포용국가 실현

핵심 목표	핵심지표	2016년	→ 2025년
필수중증의료 국가 책임 강화	치료 가능 사망률 격차 (10만 명당, 시도)	1.31배(15년)	1.15배
산모·어린이·장애인 의료서비스 확대	모성사망비(10만 명당)	8.4명	6.7명
	신생아 사망률 격차(천 명당, 시도)	4배	2배
	장애인 미충족의료율	17.2%(17년)	13%
지역공동체 기반의 건강관리 체계 강화	퇴원환자 재입원비 격차 (실제 재입원/계획 재입원, 시도)	1.24배	1.12배

4대 분야	12대 과제
1. 지역격차 해소를 위한 공공보건의료 책임성 강화	1. 공공보건의료 강화를 위한 책임의료기관 지정 2. 권역-지역-기초 간 공공보건의료 협력체계 구축 3. 지역공동체 기반 지속적·예방적 건강관리 확대
2. 필수의료 전 국민 보장 강화	1. 응급·외상·심뇌혈관 등 필수중증의료 강화 2. 산모·어린이·장애인·재활환자 의료서비스 확대 3. 감염병, 공중보건위기 대응 등 안전체계 구축
3. 공공보건의료 인력 양성 및 역량 제고	1. 공공의료 핵심인력 양성을 위한 국립공공의대 설립 2. 필수 공공보건의료 인력 양성 및 관리 3. 공공보건의료기관 역량 제고
4. 공공보건의료 거버넌스 구축	1. 지방정부 역할 및 책임 확대 2. 중앙정부 내 수평적 거버넌스 구축 3. 중앙정부의 조정 및 지원기능 강화

[그림 11-6] 공공보건의료 발전 종합대책의 발전과제

출처: 보건복지부(2018)

'공공보건의료 발전 종합대책'은 공공의료의 개념을 확장하였다는 데 가장 큰 의의가 있다. 공공의료가 하는 역할을 기존의 민간의료가 수익성 등을 이유로 수행하지 않는 보완적 분야, 취약지역과 계층 위주에서 국민의 생명과 안전 관련된 필수의료 분야, 모든 지역, 모든 국민을 대상으로 하는 것으로 변경하였다.

전국 17개 권역별로 권역 책임의료기관을 지정하여 권역 내 공공보건의료 전달체계의 총괄, 필수의료 기획·연구, 의료인력 파견·교육 등 지역의료 강화역할을 수행하도록 하고, 전국을 70개 중(中)진료권으로 구분하여 각 중진료권별로 지역 책임의료기관을 지정함으로써 양질의 필수의료 제공, 퇴원환자 지역사회 연계, 보건의료-복지 연계 등 공공보건의료 전달체계의 허브 역할을 맡기겠다는 대책을 내놓았다. 이와 함께 필수 공공보건의료 인력의 양성과 관리를 위해 국립 공공 의료대학원 설립, 공중보건 장학제도 재도입, 권역 책임의료기관 중심의 의료인력 파견체계 구축 등을 제시하였다. 그러나 신축과 관련하여 공공병원이 없고 역량 있는 민간병원도 없는 중 진료권은 공공병원을 신축하겠다는 선언적 내용만 제시하고 구체적인 내용은 부족한 한계가 있었다.

3) 지역사회 돌봄 기본계획(2018~2026년)

정부는 '모두가 누리는 포용적 복지국가'를 20대 국정전략으로 추진하며 경제성장의 과실과 복지서비스를 모두가 골고루 누리고 개개인이 인간으로서 가치를 존중받는 국가를 실현하고자 그동안 소득보장 및 건강·의료보장을 중점적으로 추진하였다. 남은 과제인 돌봄 불안이 '간병 살인'이나 '사회적 입원' 등의 사회문제화되는 상황에서 요양병원이나 시설에서의 돌봄이 국민들의 요구에 부응하지 못하는 실정이며, 재가서비스 또한 공급기관별·사업별로 단편적, 분절적으로 제공되고 있어 실질적으로 노인이 필요한 다양한 서비스가 연계·통합되지 못하는 문제가 있다. 특히 우리나라가 현재의 고령화 속도에 의하면 2026년경 초고령사회에 진입할 것으로 예측됨에 따라 노인 돌봄 불안은 대다수 국민이 당면한 문제가 될 것으로 보인다. 따라서 광범위한 노인 돌봄 불안을 해소하면서 평소 살던 곳에서 계속 살기를 원하는 국민의 욕구를 충족시키기 위해 노인이 살던 곳에서 건강한 노후를 보낼 수 있도록 주거·의료·요양·돌봄 서비스를 획기적으로 개선하는 '지역사회 통합 돌봄 서비스(이하 커뮤니티케어[16])'의 추진으로 포용적 복지를 완성하고자 하는 목적으로 2018년 11월 '지역사회 돌봄 기본계획'을 수립하였다.

커뮤니티케어에 대한 구체적인 내용은 13장에서 자세히 다루고자 한다.

4) 서울케어-건강돌봄사업

'서울케어-건강돌봄사업'은 건강관리에 도움이 필요한 어르신이 본인의 집과 마을에서 건강한 생활을 할 수 있도록 건강돌봄 의사(보건소, 동네 의원), 간호사, 사회복지사, 영양사, 운동사 등으로 구성된 건강돌봄팀이 방문하여 제공하는 통합적 돌봄 서비스를 말한다. 서울시는 2018년 11월~12월 성동·노원·은평·관악 4개 구에서 건강돌봄을 시범 운영하였고, 해당 지자체장들의 사업 지속 의지에 힘입어 2022년 15개 자치구(성동구, 노원구, 은평구, 관악구, 광진구, 강북구, 마포구, 양천구, 강서구, 구로구, 중구, 중랑구, 도봉구, 서대문구, 동작구)로 확대하여 실시하고 있다.

건강 돌봄 서비스의 적용대상은 혈압이나 혈당 조절이 어려운 만성질환자나 치매, 정신상담 및 관리가 필요한 사람, 독거나 은둔으로 건강관리에 어려움이 있는 사람, 질병으로 인해 허약해졌거나 영양 등의 식생활 관리가 필요한 사람, 가정에서 지속적인 관리가 필요한 퇴원환자 등이다. 서비스는, ① 신청(발굴)·접수등록, ② 방문약속 정하기, ③ 건강평가 관리계획, ④ 서비스 제공과 연계, ⑤ 재평가/지속적 관리의 절차로 진행된다.

건강 돌봄 서비스는 시립병원의 경우 입원, 치료, 전문 검사를 제공하고, 동네 병의원은 고혈압 등 외래 치료를 제공하며, 보건소는 예방접종과 건강검진을, 치매·정

16 커뮤니티케어(community care)는 주민들이 살던 곳(자기 집이나 그룹홈 등)에서 개개인의 욕구에 맞는 서비스를 누리고, 지역사회와 어울려 살아갈 수 있도록 주거, 보건의료, 요양, 돌봄, 독립생활 지원이 통합적으로 확보되는 지역 주도형 사회서비스 정책을 말한다.

신 전문센터는 치매·우울 집중관리 등을 제공한다. 건강 돌봄 대상자에게 찾아가는 접근성을 향상시키고 보다 전문적인 서비스를 제공하기 위해 건강 돌봄 인프라 차원에서 보건지소를 확충(2018년 28개, 2019년 33개, 2022년 80개)할 계획이다. 또한 보건지소는 '지역 포괄케어 거점' 기능도 수행하게 된다. 건강 돌봄 서비스의 추진체계는 [그림 11-7]과 같다.

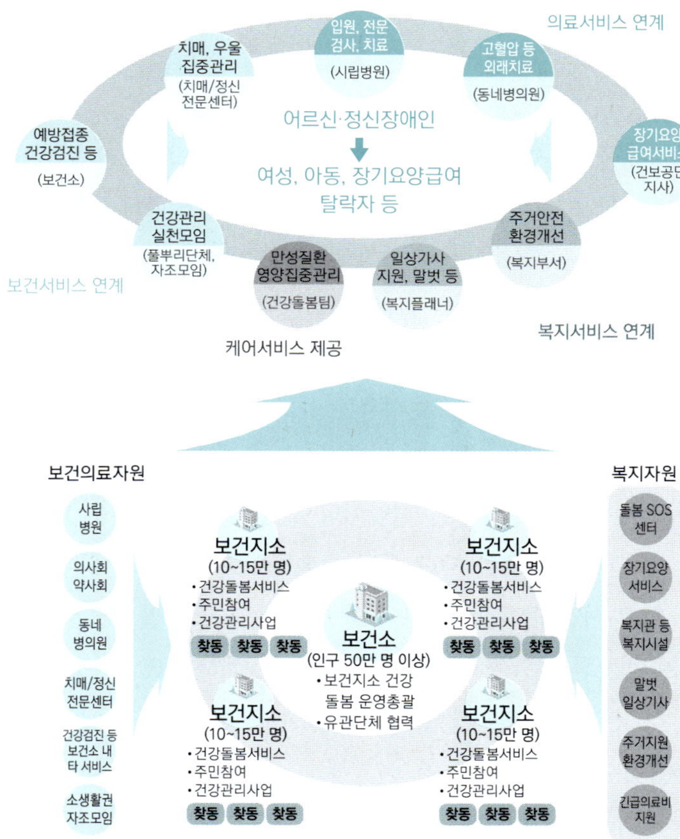

[그림 11-7] 서울케어-건강 돌봄 서비스 추진체계

출처: 대한의료사회복지사협회(2019) 재구성

5) 제2차 공공보건의료 기본계획(2021~2025년)

'제2차 공공보건의료 기본계획(2021~2025)'은 국민에게 양질의 공공보건의료를 제공하고 체계적으로 정책을 추진하기 위해 중장기·종합적 국가 계획의 필요성에 따라 2021년 6월 수립되었다. 2016년 '제1차 공공보건의료 기본계획(2016~2020)'을 수립한 이후 여건의 변화에 대한 대응 및 추가 대책 필요성 등에 따라 관련 대책이 지속적으로 마련되어 추진되었고,[17] 그간 대책 내용을 종합적으로 보완·발전시키고 새로운 정책 수요 등을 반영해서 기본계획안을 마련하였다.

'제2차 공공보건의료 기본계획안'은 문재인 정부의 기존 공공보건의료 정책들의 미비점을 보완하고 추진계획의 구체성도 강화하였다는 데 의의가 있다. 공공병원의 확충과 관련하여 양질의 공공의료를 포괄적으로 제공할 적정 병원이 없는 경우, 의료 여건 등을 고려해 지역 공공병원 20개소 이상 신·증축하겠다는 내용은 직전 발표했던 '공공의료체계 강화 방안'의 개소 수와 같지만, 신축 및 증축 외에도 이전·신축, 매입 등 다양한 방식으로 추진하겠다는 내용이 추가되었다. 지방의료원이 없는 광역자치단체나 지역 여건이나 의료 현황 등을 토대로 추가 설립을 추진 중인 지역의 공공병원 설립 계획을 지원하겠다는 내용도 포함되어 있다.

〈표 11-8〉 공공보건의료 체계 강화 방안에 기초한 지역 공공병원 확충 계획

<table>
<tr><th>구분</th><th>2021년</th><th>2022년</th><th>2023년</th><th>2024년</th><th>2025년~</th></tr>
<tr><td></td><td colspan="5">신축 및 이전·신축 + 3,500병상, 증축 + 1,700병상 내외
* 관련 절차, 건축 등 진행 상황에 따라 일정 변동 가능</td></tr>
<tr><td rowspan="2">신축
(3개소 + α)</td><td>3개 예타 면제</td><td>설계</td><td>착공</td><td></td><td>3개 완공</td></tr>
<tr><td colspan="5">α = 지방의료원 없는 시·도나 추가 설립 추진 지역 적극 지원</td></tr>
<tr><td>이전·신축
(6개소)</td><td>1개 착공(삼척)</td><td>5개 예타 등 진행</td><td></td><td>1개 완공(삼척)</td><td>5개 완공</td></tr>
<tr><td>증축
(11개소)</td><td></td><td>2개 완공
(속초, 충주)</td><td>5개 완공
(마산, 서귀포 등)</td><td>4개 완공</td><td></td></tr>
</table>

출처: 이흥훈(2021)

17 '공공보건의료 발전 종합대책(2018)', '지역의료 강화 대책(2019)', '공공의료 체계 강화 방안(2020)' 등

〈표 11-9〉 재정 투입 계획

구분	합계 (2021~2025)	2021	2022	2023	2024	2025
합계	46,552	4,177	10,239	13,956	9,010	9,170
필수의료 제공체계 확충	23,191	2,503	3,738	6,430	5,259	5,261
공공보건의료 역량 강화	21,995	1,546	6,286	7,195	3,411	3,557
공공보건의료제도 기반 강화	1,366	128	215	331	340	352

출처: 이흥훈(2021)

'제2차 공공보건의료 기본계획안'은 이전 계획들에서 산발적으로 제시된 과제들을 통합적으로 정리하여 제안하고 세부 과제별로 목표치를 구체적으로 제시하였다는 점, 소요 예산 계획을 제시하였다는 점, 공공병원의 확충에 필요한 의료인력 수를 제안하고 있다는 점 등이 차별성을 가진 부분이라고 볼 수 있다. 그러나 공공의료 확충과 관련해선 필수의료의 강화가 필요한 진료권을 모두 포괄하지 못하고 정치적 이슈가 진행 중인 곳 등 일부만 제시하고 있는 한계가 여전히 존재하고 있다. 코로나와 같은 국가적 재난 상황에서 최전방 의료기관으로서 역할을 수행해야 하는 지역거점 공공병원들은 현재와 같이 작은 규모, 적은 인력으로는 제대로 된 역할 수행이 어렵다는 한계를 가지고 있다.

05 공공보건의료 전달체계

1) 공공보건의료 전달체계의 구축 근거

「공공보건의료에 관한 법률」에 의하면, '공공보건의료 전달체계'는 국가 또는 지방자치단체가 동법 제7조제1항 각호의 사항을 제공하기 위하여 다음 각 목의 보건의료기관 간의 역할 수행 체계를 구축하는 것을 말한다.

- 「국립중앙의료원의 설립 및 운영에 관한 법률」에 따른 국립중앙의료원
- 「서울대학교병원 설치법」에 따른 서울대학교병원 및 「국립대학병원 설치법」에 따른 국립대학병원
- 권역별로 설치·운영되며, 보건복지부 장관이 지정하는 보건의료기관
- 「지방의료원의 설립 및 운영에 관한 법률」에 따른 지방의료원

국가와 지방자치단체는 공공보건의료기관을 설치·운영하여 국민의 기본적인 보건의료 수요를 형평성 있게 충족시킬 수 있도록 노력하여야 하며, 공공보건의료기관의 설치·운영에 필요한 비용을 보조할 수 있다.

2) 한국 공공보건의료 전달체계의 현황

한국에서 보건의료 전달체계(health care delivery system)는 정책 어젠다에서 중요한 위치를 차지하고 있다. 그럼에도 불구하고 다양한 통계 자료를 통해 살펴본 바와 같이 현재 한국의 보건의료서비스 영역은 재원 조달체계부터 서비스 제공체계까지 보건의료서비스 영역 내 국가의 역할이 미흡한 상태임을 알 수 있다. 특히 코로나-19가 발생했던 지난 2020년 초부터 지금까지 공공의료 확충의 필요성이 다시금 논의되었으나, 공공의료 확충을 위한 정책과 거버넌스, 전달체계는 여전히 작동되지 않고 있으며 재원 확보마저 실패하면서 공공보건의료는 다시 위기에 직면하고 있다.

이러한 한국의 공공의료 위기는 상당 부분 공공의료 체계의 구조적인 문제에서 기인한 것으로 볼 수 있다. 공공병상 및 공공의료 인력 부족, 공공보건의료 전달체계 문제를 해결하지 못한다면 향후 감염병과 같은 국가 재난 시 국민건강의 안전을 보장할 수 없을 것이라는 부정적 예측으로부터 결코 자유로울 수 없을 것이다.

한국의 의료전달체계는 1989년 7월 전 국민 의료보험을 도입하면서 시작되었고, 이때 1차 의료기관(의원, 보건소 등 보건의료기관), 2차 의료기관(병원, 요양병원/종합병원), 3차 의료기관(종합전문요양기관)의 구분을 두었다. 즉, 대진료권과 중진료권을 구분하고 종합전문요양기관(당시 3차 진료기관)에서 진료를 위해서는 병원에서 진료의뢰서를

발급받아야 하고, 의료기관 종별 본인부담금을 차등화하여 대형병원의 환자 집중을 막고자 하였다. 그러나 이러한 정부의 의료전달체계 구축은 1995년 대진료권 구분이 없어지고 1998년 공무원·교직원 의료보험과 지역의료보험이 통합되면서 중진료권의 구분도 없어지면서 그 효과성이 떨어지게 되었으며, 현재는 권역별·지역별 책임의료기관을 지정·육성하여 공공보건의료 협력 및 지원체계('믿고 이용할 수 있는 지역의료 강화대책')와 공공보건의료 연계망을 구축하여 공공보건의료사업을 운영하고 있다. [그림 11-8]은 한국의 주요 공공보건의료 전달체계를 나타내고 있다.

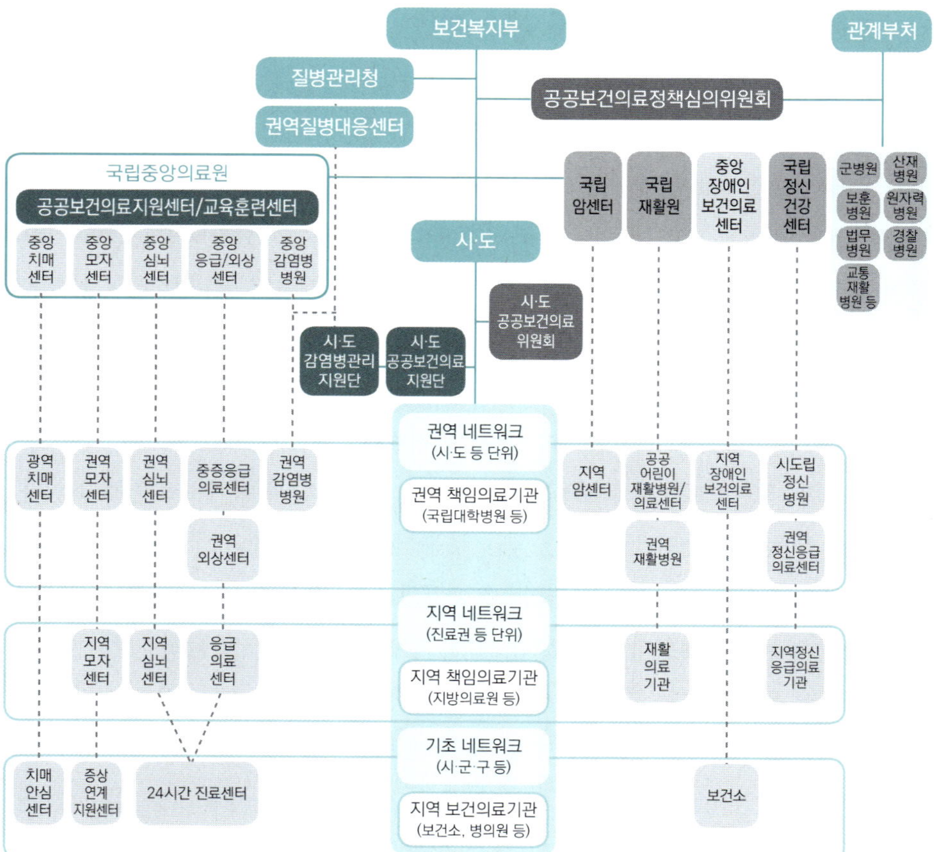

[그림 11-8] 주요 공공보건의료 전달체계도

출처: 보건복지부(2021c)

한편, 정부는 '공공보건의료 발전 종합대책('18.10.)', '지역의료 강화대책('19.11.)'에 따라 지역 간 의료격차 해소 및 필수의료 서비스의 지역 균형발전을 도모하기 위해서는 전달체계의 확립이 필요하였다. 이미 양질의 의료자원이 수도권과 대도시로 집중되었고, 지역 내 보건의료기관 간 서비스 연계 및 협력이 미흡한 상황으로 생명·건강과 직결된 필수의료 분야를 중심으로 지역 간 의료접근성 및 건강 격차가 심각하게 벌어져 있으므로 필수의료가 보장될 수 있도록 지역 내 보건의료기관들이 협력할 수 있는 제도적 기반을 마련하는 것이 요구되었다. 이를 위해 2019년 2월부터 국립대학병원 10개소를 중심으로 권역 내 공공보건의료 협력사업을 실시하였고, 2020년 책임의료기관 지정[18] 및 공공보건의료 협력체계 구축 사업을 수행하였다. 책임의료기관은 크게 권역 책임의료기관과 지역 책임의료기관으로 구분하였는데, 권역 책임의료기관은 고난이도 필수의료 진료 기능을 수행하면서 권역 내 협력체계 총괄·조정 및 지역의료 역량 강화를 위한 교육·파견 등을 지원하고, 지역 책임의료기관은 권역 책임의료기관과 중진료권 단위에서 지역의료기관 등과의 협력을 통해 지역별 필수의료 문제를 발굴하고 문제 해결을 위한 연계·조정 등의 역할을 수행하였다. 〈표 11-10〉은 2022년 3월 31일 기준 책임의료기관 공공보건의료 협력체계 구축사업 수행기관 현황이다.

〈표 11-10〉 2022년 책임의료기관 공공보건의료 협력체계 구축사업 수행기관

권역	권역 책임의료기관(16개소)	지역 책임의료기관(42개소)
서울	서울대학교병원	서울적십자병원, 서울의료원, 서울보라매병원, 서울서남병원*
부산	부산대학교병원	부산의료원
인천	-	인천의료원, 인천적십자병원*
대구	경북대학교병원	-
경기	분당서울대학교병원	경기도의료원 이천병원, 경기도의료원 수원병원, 포천병원, 의정부병원, 파주병원, 안성병원, 성남시의료원, 국민건강보험일산병원*, 근로복지공단안산병원*

18 2022년 책임의료기관 지정 현황: 권역 16개소, 지역 42개소

권역	권역 책임의료기관(16개소)	지역 책임의료기관(42개소)
강원	강원대학교병원	원주의료원, 속초의료원, 영월의료원, 삼척의료원, 강릉의료원
충북	충북대학교병원	청주의료원, 충주의료원
세종	세종충남대학교병원*	-
대전/충남	충남대학교병원	홍성의료원, 천안의료원, 공주의료원, 서산의료원
전북	전북대학교병원	남원의료원, 군산의료원
광주	전남대학교병원	-
전남	화순전남대병원	목포시의료원, 순천의료원*
경북	칠곡경북대학교병원	김천의료원, 포항의료원, 안동의료원
경남	경상대학교병원	마산의료원, 거창적십자병원*, 통영적십자병원*
제주	제주대학교병원	서귀포의료원

* 표시는 2022년 신규 지정 기관임

출처: 보건복지부(2022) 재구성

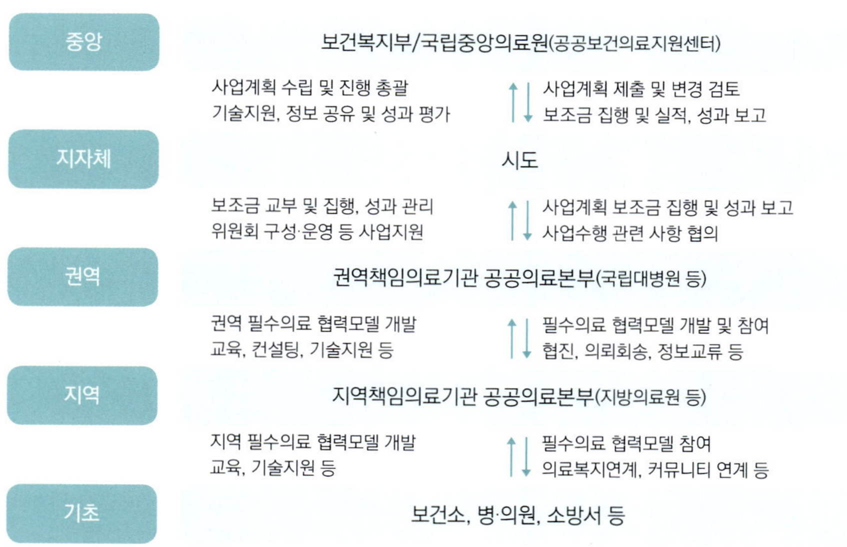

[그림 11-9] 공공보건의료 협력 및 지원체계

출처: 국립중앙의료원(www.pubnet.or.kr)

또한 제1차 공공의료 기본계획과 제6기 지역 보건의료계획 등에서는 「공공보건의료법」 제7조(공공보건의료기관의 의무, 2016. 2. 3. 개정)에 근거한 '공공보건의료복지 연계사업'의 일환으로 보편적인 의료 이용의 보장을 위한 사업을 수행하였다. 이것은 취약계층에 대한 의료안전망 강화를 위해 전국 단위의 공공의료복지 통합지원센터 확대 및 업무 효율화를 위한 공공의료복지 연계시스템 운영이 주요 골자로, 지역의 자원 연계 및 모니터링을 위해 사회보장정보원 행복e음과 연계한 공공의료복지 연계망 운영으로 모든 지자체와 모든 병원 양방향 네트워크 가능한 인프라의 구축을 포함하고 있다.

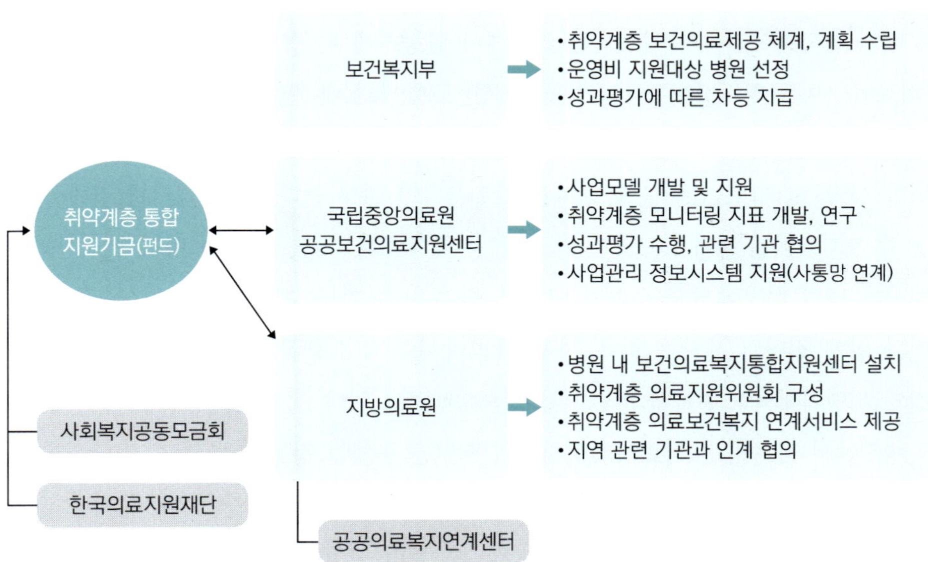

[그림 11-10] 공공보건의료복지 연계사업 추진체계

출처: 국립중앙의료원(www.pubnet.or.kr)

06 공공보건의료에서 의료사회복지사의 역할

의료사회복지사는 1차 건강관리자로서 지역사회 보건 사회사업과 2차 건강관리자로서의 병원 사회사업, 그리고 3차 건강관리자로서의 재활 사회사업으로 그 실천 분야를 구분할 수 있다. 이광재(2005)는 지역사회 보건 사회사업은 지역사회 건강관리자의 일원으로서 지역사회와 주민의 건강 및 복지를 대상으로 지역사회 유관기관 및 지역주민들과 함께 그들의 치료, 재활 및 사회복귀, 예방 등의 포괄적 보건의료를 달성하기 위하여 지역사회에서 행해지는 모든 전문적 의료사회복지 활동을 총칭한다고 하였다.

이처럼 사회복지사가 의료기관 영역에서 활동하게 된 법적 근거는 1973년 제정된 「의료법 시행규칙」 제38조(의료인 등의 정원)제2항제6호에 "종합병원에는 「사회복지사업법」에 따른 사회복지사 자격을 가진 자 중에서 환자의 갱생·재활과 사회복귀를 위한 상담 및 지도 업무를 담당하는 요원을 1인 이상 둔다."라고 명시된 것에서 찾을 수 있다. 이를 통해 2021년 9월 기준, 전국 486개 기관, 1,500여 명의 의료사회복지사가 병원 현장에서 근무하고 있으며, 환자와 그 가족, 지역사회를 대상으로 의료진과 함께 질병의 예방과 회복, 사후 관리의 총체적 사회복지서비스를 제공하는 보건의료 영역에서의 전문사회복지 업무를 수행하고 있다.

병원에서 근무하는 의료사회복지사의 역할은 문재인 정부 출범 이후 임상 영역뿐만 아니라 공공보건의료 영역에서의 확장성을 가져왔다고 볼 수 있다. 문재인 정부의 공공보건의료를 대변하는 첫 번째 정책이 2018년 10월 '공공의료 종합대책 발전과제'로 4대 분야 12대 과제를 통해 지역 격차 해소를 위한 공공의료의 책임성 강화로 '권역-지역-기초 간 공공보건의료 협력체계 구축'이며, 특히 같은 해 11월에 발표한 지역사회 돌봄 기본계획 '커뮤니티케어'는 병원에서 치료가 완료된 환자의 퇴원계획 수립 시 병원 내 사회복지팀(지역연계실)을 통해 지역사회와의 협력적 기능 강화와 퇴원 후 지속적 건강돌봄을 받을 수 있도록 연계기능에 초점을 두고 있다. 더욱이 사회 보건 문제를 예방하고 설명하고 해결하기 위하여 최신의 통합적인 팀 접근을 하는 공공보건의료 현장에서 일하는 공공보건의료 사회복지사(Public health social worker)는 다학제적 공공보건팀의 제외할 수 없는 일원으로 역학적·사회적 관점으로 업무에 접근하고 예방과 개입에 대한 훈련을 모두 받았다는 이점을 가지고 있다. 건강에 영향을 미치는 심리사회적 요인에 초점을 두는 독특한 배경을 가진 공공보건의료 사회복지사는 개인, 가족, 지역사회의 건강과 웰빙을 향상시키기 위해 노력한다. 이러한 전문성은 삶의 질을 향상시키기 위한 프로그램을 기획하고 실행하는 학교, 병원, 보건국과 같은 다양한 현장에서 찾아볼 수 있다.

일반적으로 보건의료 현장에서 일하는 공공보건의료사회복지사의 공통역할을 제시하면 다음과 같다(조은나, 2011).

① 개인과 가족에 대한 직접적인 개입이나 특정 계층의 사람들에 초점을 맞춰 일한다.
② 사회적 요인과 발병률 사이의 연관성을 확인하여 건강과 사회적 문제에 역학적 접근을 활용한다.
③ 건강에 영향을 미칠 수 있는 지역사회 및 정책적 요인에 초점을 맞춰 일한다.
④ 예방(prevention)과 관련하여 다섯 가지 수준[건강 증진, 특별한 보호(specific protection), 초기 진단과 신속한 치료, 장애, 재활]에서 계획하고 개입한다.
⑤ 건강 문제와 연관되는 사회적 스트레스 요인이 없어질 수 있도록 노력한다.
⑥ 건강에 해로운 것에 대비하고 장애인의 시설 입소를 최소화하며, 웰빙을 촉진하는 사회지지체계를 강화함으로써 예방을 강조한다.
⑦ 장기적 전략, 체계 변화, 정책, 입법에 대하여 관심을 가져야 한다.

플로리다 공공보건국(Public Health Social Work at the Florida Department of Health)에서는 공공보건의료 사회복지사의 역할을 다음과 같이 제시하였다.

① 심리사회적 사정과 상담(psychosocial assessment and counseling)
② 가족치료 개입(family treatment interventions)

③ 클라이언트 옹호와 교육(client advocacy and education)

④ 사례관리(case management)

⑤ 지역사회조직체와 협의(consultation with staff and community organizations)

⑥ 지역사회 조직화와 옹호(community organization and advocacy)

⑦ 전문적 훈련(professional training)

⑧ 입법에 관한 분석(legislative analysis)

⑨ 행정업무(administration)

⑩ 연구(research)

⑪ 지역사회 보건 사정과 평가 활동의 조정(coordination of community health assessment and evaluation activities)

⑫ 법 집행과 정책 발전(enforcement and policy development)

⑬ 프로그램 개발과 평가(program development and evaluation)

국내 의료기관에서 공공보건의료를 담당하는 의료사회복지사의 공통적 역할을 정리하면 〈표 11-11〉과 같다.

〈표 11-11〉 공공보건의료에서 의료사회복지사의 역할

업무	세부사항
공공보건의료 추진 활동	• 공공보건의료 계획수립 및 추진 – 공공성 강화, 적정 진료 및 양질의 의료서비스 제공 – 건강안전망, 미충족 보건의료서비스
취약계층 의료지원 사업	• 다양한 취약계층에 대한 의료비 상담지원 사업
지역사회 공공의료 활동	• 지역사회 기관 연계, 찾아가는 건강검진, 진료, 교육 등
자원봉사자 운영	• 지역사회 인적 자원을 활용한 병원 내원 고객 편의 증진 – 이동도서실 운영, 수화서비스, 동행서비스, 통역, 이미용서비스, 재능기부 활동 등
교육 및 사례회의	• 사회복지 정보제공 및 집단교육 • 다학제적 사례회의
후원 및 모금 활동	• 병원 내 후원 활동 운영 및 외부 후원 모금 활동

출처: 대한의료사회복지사협회(2019: 315)

07 한국 공공보건의료의 과제

한국은 단기간 내 전 국민 건강보험을 시행하고 의료접근성을 향상시키는 등 양호한 건강 성과를 달성하였다. 2019년 기준 한국의 GDP 대비 경상의료비[19] 지출은 8.4%로, OECD 평균(9.7%)보다 낮은데도 불구하고(보건복지부, 2021b) 기대수명·암사망률 등 건강지표에 있어서 우수한 비용과 효과적인 의료체계를 운영하고 있다. 반면, 최근 10년(2010~2019년)간 1인당 경상의료비[20]의 연평균 증가율(6.7%)은 OECD 평균(2.1%)의 3배이며, 2019년 기준 가계 직접 부담 비중(30.2%)은 OECD 평균(19.8%) 대비 1.5배 높은 수준이다(신정우·정영철·홍혁원·정소희·안수인, 2021). 또한, 민간 위주의 보건의료서비스 공급으로 국민의 생명·건강과 직결되지만 수익성이 낮은 필수의료 서비스의 공백이 있는 실정이며, 수도권·대도시로 의료자원이 집중되는 현상은 수도권과 비(非)수도권 간, 도시와 농어촌 간 의료접근성, 사망률 등 건강 수준의 격차를 높이는 문제를 보이고 있다.

국민 누구나 어디에 살든지 차별 없이 필수의료 서비스를 이용하기 위해서는 의료 공공성과 공공의료의 강화가 필수적이며, 이를 위한 한국 공공보건의료의 현실에 대한 진단과 함께 발전을 위한 과제를 살펴보고자 한다.

1) 공공보건의료의 문제점

(1) 의료자원의 수직적·수평적 불균형

① 수직적 불균형

한국은 민간의료 중심으로 보건의료 시스템이 구축되어 의료의 공익적 가치를 중심에 두는 공공성보다 이윤을 추구하는 영리성이 더욱 강조되고 중시되어 공공의료가 취약하다. 이로 인해, 국가적으로 전체 지역과 진료과목의 균형적 안배와 발전을

19 GDP 대비 경상의료비는 의료복지 지출 규모를 보여 주는 대표적인 지표이다.

20 경상의료비는 한 국가의 국민이 보건의료 재화와 서비스를 구매하는 데 지출한 총비용을 말한다.

도모하는 정책목표의 달성이 어려우며, 의료시장에서 이윤을 극대화할 수 있는 특정 진료과목이나 수도권 중심으로 의료기관이 설립되어 의료인력의 수도권 집중 문제가 발생하였다. 게다가 1·2·3차 의료기관 간 진료 기능의 중복은 의료기관 유형 간 지나친 경쟁과 대형병원으로의 환자 집중으로 인해 의료시설과 의료장비의 공급 과잉을 유발하고 있다.

② 수평적 불균형

한국의 공공보건의료가 당면한 또 하나의 문제는 지역별 의료자원 공급 격차가 크다는 것이다. 이로 인해 비수도권, 중소도시, 농어촌 지역은 필요할 때 이용할 수 있는 의료기관 및 의료인력 등의 의료자원이 크게 부족한 실정이다. 2018년 기준 전국 229개 시군구 중 300병상 이상 종합병원이 없는 곳은 140개소, 응급의료센터가 없는 곳은 141개소, 심뇌혈관질환 치료 인증병원이 없는 곳은 177개소이다. 서울특별시는 전체 병상의 약 44%가 300병상 이상 종합병원으로 구성된 반면, 군 지역 기초지자체들의 경우 5% 미만만이 300병상 이상 종합병원으로 구성되어 있다. 그뿐만 아니라 어린이 중증질환자 및 재활치료 전문기관 또한 수도권에 집중되어 있어 의료의 지역적 불균형이 심화되어 있다.

(2) 비효율적 의료 공급 및 서비스 격차 발생

① 의료기관 간 기능 중복과 비효율적인 경쟁

2018년 기준 300병상 미만 병원 위주의 불균형적인 의료 공급으로 인하여 의료의 질적 수준이 저하되고 과잉진료를 유발하고 있다. 300병상 미만 의료기관은 우리나라의 특수한 의료기관 성장구조에서 나타났으며,[21] 의료의 질에서도 큰 편차를 보였다.

21 외국과 달리 한국은 개인 자본으로 의원을 운영하여 자본이 축적되면 중소 병원, 대형병원으로 성장해 가는 구조를 가지고 있고, 이들 중 극소수만이 대형 병원으로 성장이 가능하다.

② 필수의료 서비스 공급 부족으로 지역 간 건강 격차

생명과 직결되지만 수익성이 낮은 필수의료[22]의 공급 부족으로 거주지역에 따라 사망률 격차가 발생하고 의료 공공성이 저하되어 있다. 인구 규모가 작은 취약지역은 의료수요 부족 등으로 응급·중증 진료를 제공할 수 있는 양질의 의료기관이 운영되기 곤란한 상황이다.

김윤 등(2018)의 연구에서 분류한 56개 의료생활권[23] 중 11개 진료권에는 300병상 이상 규모의 종합병원이 없고, 14개 진료권에는 지역 거점의료기관이 없어 의료취약지로 분류된다. 의료취약지 거주자는 적정 진료를 받기 위해 자신이 거주하는 지역을 벗어나 다른 지역으로 이동할 수밖에 없고, 300병상 미만의 중소형병원만 존재하는 지역은 자체 충족률이 낮고 중증환자의 사망률이 높아 비수도권과 중소도시 및 농어촌에서 적절한 의료서비스를 받지 못하고 있는 사실을 보여 주고 있다.

(3) 표준 진료를 벗어난 과잉 및 과소진료 유발

우리나라는 행위별 수가제(FFS)를 근간으로 진료비 지불제도를 시행하고 있기 때문에, 일반적으로 과잉진료 문제를 주로 언급하고 있다. 하지만 건강보험의 저수가 및 항목별 수가 불균형으로 과소진료 문제도 상당히 존재한다. 과잉진료는 소비자와 공급자의 책임이 동시에 있다. 소비자의 경우 의학적 필요가 없음에도 불구하고, 병·의원에 가거나 경증질환을 종합병원급 이상에서 진료받는 경우가 발생한다. 공급자의 경우는 경영을 위해 필요 이상의 검사나 진료를 실시한다. 과소진료는 과잉진료 문제와 비교하여 제대로 알려지지 않고 있다. 과소진료는 의료적 필요가 있음에도 불구하고, 진료를 받지 못하거나 중증질환을 적절한 의료기관에서 진료받지 못하는 형태이다. 과소진료는 건강보험의 급여 제한 및 낮은 수준의 보장성이 주된 원인이며, 건강보험이 보장하는 급여범위 내에서도 항목별 수가 불균형 때문에 상대

22 ① 응급·외상·심뇌혈관 등 중증 의료, ② 산모·신생아·어린이 의료, ③ 재활, ④ 지역사회 건강관리(만성질환, 정신, 장애인), ⑤ 감염 및 환자 안전 등

23 행정구역을 넘어 인접 지역으로 이동하여 발생하는 환자의 실제 의료 이용을 반영하고자 이동시간, 인구수, 자체 충족률을 기준으로 시군구를 재편하여 56개 권역으로 구분한 진료권

적으로 인력을 많이 필요로 하는 노동집약적인 서비스(장애인 치료, 언어치료, 호스피스 등)에 대한 서비스 공급이 절대적으로 부족하다. 가격 및 소득탄력성 때문에 주로 저소득층이 과소진료의 피해를 겪게 된다. 결과적으로 노인인구와 만성질환자의 증가, 민간 위주의 의료 공급체계 및 의료의 공공성 취약 등으로 국민 의료비는 급증하여 국민의 부담은 가중되고 국가 재정은 크게 위협받고 있다.

(4) 국가적 재난·재해·응급상황에서 효과적으로 대처할 수 있는 안전망 취약

메르스 및 코로나-19와 같은 감염병 등으로 인한 국가 재난 시 공공병원이 부족하고 공공의료 중심 전달체계가 구축되지 못하여 국민건강의 안전이 취약한 상황이다.

2) 향후 과제

(1) 지역 격차 해소를 위한 공공보건의료의 책임성 강화

수도권이나 대도시가 아닌 지역에서도 양질의 의료서비스를 이용할 수 있도록 권역이나 지역에 책임의료기관을 지정·육성하여 공공보건의료 인프라와 네트워크를 강화하는 것이 필요하다. 즉, 권역(시도)별로 국립대학병원 등을 권역 책임의료기관으로 지정하고 정책적·재정적 지원을 통해 권역 내 공공보건의료 전달체계의 총괄, 필수의료 기획·연구, 의료인력 파견·교육 등 지역의료 강화를 위한 역할을 수행하게 하는 것이다. 70여 개 지역별(3~5개 시군구)로 일정 규모 이상의 종합병원급 공공병원 또는 민간병원을 지역 책임의료기관으로 지정하여 2차 의료서비스와 퇴원환자의 지역사회 연계 등 전달체계의 허브 기능을 부여하고, 공공병원의 기능을 보강하도록 하는 것이 필요하다.

(2) 필수의료 전 국민 보장 강화

현재 취약계층 중심으로 수행되는 필수의료(응급·외상·심뇌혈관, 여성·어린이·장애인, 감염병 등)의 진료 기능을 모든 국민에게 보장할 수 있도록 하는 것이다. 또한 중증의료의 지역 간 골든타임 차이가 현저한 현실을 극복할 수 있도록 골든타임 내 접근을 보장하는 것이 필요하며, 산모와 어린이, 장애인, 재활환자 대상의 의료서비스 확대 및 감염병, 공중보건 위기 대응 등의 안전체계를 구축하는 것이 중요하다.

(3) 공공보건의료 인력 양성 및 역량 제고

현재 한국은 별도의 공공보건의료 인력 양성과정이 없고, 공공의료 인력과 공공의료기관에 대한 체계적인 지원이 부족하다. 따라서 공공의료 핵심 인력을 양성하기 위한 국립공공의대 설립과 필수 공공보건의료 인력 양성 및 관리체계를 갖추고, 이를 통해 공공보건의료기관의 역량을 제고할 필요가 있다.

(4) 공공보건의료 거버넌스 구축

시도 공공보건의료위원회 설치를 통한 시·도 거버넌스 기능 강화 및 시·도에 공공보건의료지원단을 설치하도록 국비를 지원하여 공공보건의료의 싱크탱크 기능을 수행하도록 한다. 이를 위해 중앙정부 부처와 공공병원 간의 협력이 미흡한 점을 보완하기 위하여 국무조정실에 공공병원 협의체 TF를 운영하여 협력 방안을 모색할 필요가 있다.

생각해 봅시다

- 한국의 공공보건의료 기본계획의 시기별 특징을 생각해 봅시다.
- 공공보건의료 사회복지사와 일반 의료현장의 의료사회복지사 역할의 차이점을 알아보고 공공보건의료 사회복지사의 공공성에 대하여 생각해 봅시다.
- 한국의 공공보건의료정책의 현황을 살펴보고 개선점에 대해 토의해 봅시다.

Chapter 12

호스피스·완화의료

학습 목표

- 호스피스·완화의료의 개념 및 특성을 이해하고 설명할 수 있다.
- 호스피스·완화의료의 역사에 대해 이해하고 현행 체계의 지향을 모색할 수 있다.
- 호스피스·완화의료에서 의료사회복지사의 역할을 살펴보고 호스피스·완화의료의 실천 과정을 현장 사례에 적용할 수 있다.

현대 사회의 개인과 가족 구조에 커다란 위험으로 다가오는 질병 중 하나인 암으로 인한 사망률 증가가 국가적·사회적 문제로 대두된 지 오래이다. 이러한 암으로 인한 사망률의 증가는 말기암 환자를 대상으로 하는 호스피스·완화의료에 대한 관심을 불러일으켰고, 말기암 환자들이 임종 시 경험하는 제 문제들을 돕기 위한 방법으로 의료서비스 외에 정서적 지지와 사회경제적 지원, 영적 서비스 등 총체적 지원 서비스를 필요로 하고 있다. 호스피스·완화의료는 이같이 변화하는 사회적 욕구에 적절한 개입방법으로서, 각 분야의 전문가를 통해 다양한 업무 및 서비스로 관여하고 있다.

역사적으로 호스피스운동은 애초부터 사회복지의 핵심적 역사인 인보관 운동과 함께해 왔으며 호스피스운동의 초기부터 사회복지사의 참여가 핵심적이었다. 더구나 사회복지실천은 인간과 환경에 대한 통합적 접근, 삶의 질 향상을 위한 생태체계론적 접근으로, 클라이언트의 자기결정과 존엄성을 실천의 중심에 두고, 개인·가족·사회 차원의 문제를 해결하기 위한 다차원적 접근이 기본적인 실천방식으로 활용된다. 이러한 사회복지실천의 가치와 실천방식은 임종 단계의 클라이언트와 가족들의 삶의 질을 향상시키기 위한 호스피스·완화의료 실천의 접근방법과 매우 유사하다 (Brandsen, 2005; Payne, 2004). 임종 환자에 대한 사회적 돌봄 모델은 전인적 관점을 옹호하며, 이는 사회복지실천의 가치와 핵심적 요건을 반영하기 때문이다. 호스피스·완화의료와 사회복지실천의 동반자적 관계는 지향 및 접근방식의 친화성에 기인한다.

이 장에서는 호스피스·완화의료의 개념과 의의, 역사, 호스피스·완화의료의 이념과 이에 근거한 의료사회복지사의 역할을 중심으로 변화하는 의료현장에서의 호스피스·완화의료에 대한 전반적인 이해를 돕고자 한다.

01 호스피스·완화의료의 개념 및 의의

1) 호스피스·완화의료의 개념

'호스피스(hospice)'의 어원은 본래 라틴어인 호스피탈리스(hospitalis)와 호스피티움(hospitium)에서 기원하였다. 호스피탈리스는 호스페스(hospes), 즉 주인이란 뜻에서 병원의 의미로 변하였고, 호스피티움은 주인과 손님 사이의 따뜻한 마음에서 시작되어 이러한 마음을 표현하는 장소로 변천하여 오늘날의 호스피스란 말이 탄생하였다(服部ガッツヒート, 2008).

초기의 호스피스는 여행자, 병든 환자 또는 임종 환자를 돌보는 활동이었으나, 영국 의사인 시슬리 손더스(Cicely Saunders) 박사가 현대의학을 호스피스에 접목시킴으로써 현대적 의미의 호스피스, 즉 호스피스·완화의료 개념을 확립하게 되었다. 현대적 호스피스는 병원을 중심으로 다양한 전문분야로 구성된 팀 접근으로, 증상 조절을 효과적으로 하고 환자와 가족을 함께 치료하며, 편안한 임종을 위한 돌봄을 제공하는 개념이다(김시영, 2008; 이병철, 2017).

세계보건기구(WHO)는 완화의료(palliative care)를 생명을 위협하는 질환과 관련된 문제에 직면한 환자와 그 가족들의 삶의 질을 향상시키기 위한 접근방법으로, 통증 및 다른 신체적·정신적·영적 문제에 대한 조기 발견과 꼼꼼한 평가, 치료를 통한 고통의 예방과 경감을 통해 이루어진다고 정의하였다(이병철, 2017).

호스피스·완화의료(hospice and palliative care)는 임종을 앞둔 말기 환자에 대한 지역사회 기반 돌봄 서비스인 '호스피스'와 병원 기반 돌봄 서비스인 '완화의료'의 합성어이다(이만우, 2013). 즉, 호스피스·완화의료는 클라이언트가 죽음, 임종, 사별, 상실, 죽음과 관련된 여러 가지 문제를 극복하도록 돕는 활동으로서 단순히 보건과 의료 영역을 넘어선 다차원적인 지식과 기술이 필요하며, 사회적 차원과 임상적 기술이 결합되어야 한다(최희경, 2013; Gwyther et al., 2005).

한편, 한국호스피스완화의료학회의 정의에 의하면 호스피스·완화의료는 치료가 어려운 말기 질환환자와 가족을 대상으로 통증 및 신체적·심리적·사회적·영적 고통을 완화하여 삶의 질을 향상시키는 전문적인 의료서비스이다. 즉, 생명을 위협하는 질환을 가진 환자의 신체적 증상을 적극적으로 조절하고 환자와 가족의 심리사회적·영적 어려움을 돕기 위해 의사, 간호사, 사회복지사 등으로 이루어진 호스피스·완화의료 전문가가 팀을 이루어 환자와 가족의 고통을 경감시켜 삶의 질을 향상시키는 것을 목표로 하는 의료서비스이다(국립암센터 중앙호스피스센터 홈페이지 https://hospice.cancer.go.kr). 중요한 점은 호스피스·완화의료는 치료를 포기하는 것이 아니라 질병으로 인한 고통과 증상 완화와 더불어 심적 치료 등을 병행한 전인적인 말기 암 환자 돌봄을 의미한다는 것이다.

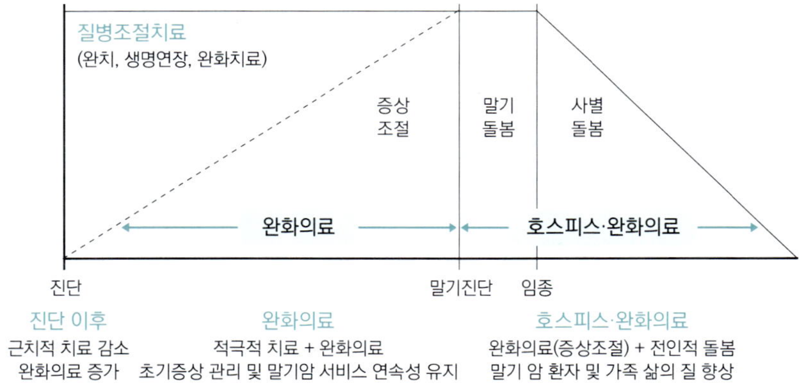

[그림 12-1] 완화의료와 호스피스·완화의료

출처: 대한의료사회복지사협회(2019: 561)

2) 호스피스·완화의료의 의의

최근 우리나라에서 웰빙에 대한 관심과 더불어 '좋은 죽음(well-dying)'에 대한 사회적 관심이 확대되고 있으며, 이에 따라 연명치료와 존엄사에 대한 논의가 확대되고 있다. 좋은 죽음에 대한 관심은 삶의 질뿐만 아니라 죽음의 질에 대해서도 관심이 증가하고 있음을 보여 주며, 존엄성을 유지하면서 품위 있는 죽음을 맞이할 권리에 대한 인식이 확대되고 있음을 의미한다. 호스피스·완화의료 제도는 이러한 논의의 바람직한 대안으로 대두되었으며, 선진국에서는 이미 제도화되어 실행되고 있다.

우리나라에서도 호스피스·완화의료를 제도화하기 위하여 2003년부터 호스피스·완화의료 시범사업을 실시하기 시작하였으며, 2008년부터 '암환자 완화의료기관 지원사업'이 시범사업으로 진행되었다. 호스피스·완화의료는 말기 환자와 가족들에게 질 높은 다양한 서비스를 제공해야 하므로 다방면의 전문가들이 팀을 이루어 활동하는 다학제적 팀(interdisciplinary team)으로 실행되며, 구성원의 개별적인 전문적 역할뿐만 아니라 구성원 간의 협력이 필수적이다. 호스피스·완화의료의 다차원적·통합적 접근은 의사, 간호사, 사회복지사, 목회자 등의 핵심 전문가 집단이 자원봉사자, 영양사, 약사, 치료사 등의 지원을 받아 돌봄을 제공하는 다학제적 팀 활동을 통해 구현된다. 전문가들의 다학제적 팀 활동은 호스피스 철학의 기초이자 돌봄서비스를 증진·발전시키는 핵심적 요소이다. 특히 말기 환자와 가족에 대한 총체적 개입이 강조되는 호스피스·완화의료의 특성은 사회복지사가 다른 전문직과 공통의 목표를 추구하고 협력하는 동시에 사회복지 개입의 고유한 역할과 가치를 실천하도록 한다. 이렇게 호스피스·완화의료는 사회복지실천의 가치와 철학, 접근방법 측면에서 본질적인 친화성을 가지며, 호스피스·완화의료에서 의료사회복지사의 실천역량 강화는 효과적인 역할 수행에 필수적이라고 할 수 있다.

02 호스피스·완화의료의 역사

1) 외국

호스피스의 어원처럼 당시 고대 그리스나 로마에서는 손님이나 여행자들을 집에서 환대하고 의식주를 제공하는 풍습이 있었다. 중세의 간호사업도 이러한 종교와 군사의 영향을 많이 받았는데, 이 시기에는 수도원을 설립한 수도자가 죽음을 앞둔 사람들 또한 인간의 마지막 여행이고 성지를 순례하는 것과 비슷하다고 생각하여 휴식처로 호스피스를 세우고 성지를 순례하는 여행자와 어려운 환자에게 음식과 옷을 제공한 것이 병원(hospital)의 역할로 정립되었다고 할 수 있다. 당시에는 hospital, hospitel, hospice의 개념이 혼용되어 사용되었다고 볼 수 있다. 당시의 호스피스는 왕이나 군주, 상인조합의 지원으로 설립되고 주로 성직자에 의해 운영되었다. 대표적인 것이 아우구스틴 수도회의 Hospice of Great St. Bernard와 Hospice of little St. Bernard(AD 962)의 운영과 17세기 초 성 빈센트 드 폴(St. Vincent de Paul)이 소외되고 버림받은 거리의 환자를 돌보는 활동을 전개한 'sister of charity'의 창립을 들 수 있다(변영순, 1990).

테오도르 플리드너
(1800~1864)

현대적 의미의 호스피스 케어는 1836년 독일의 목사 테오도르 플리드너(Theodor Fliedner)와 그의 부인이 뒤셀도르프의 카이저스베르트(Kaiserswerth)에 세운 디아콩네세(Diaconesses)를 통해 구현되었다. 플리드너는 디아콩네세에서 소외되고 아픈 사람과 임종자를 돌보았을 뿐만 아니라 인도주의에 입각한 사회봉사를 훈련시키고 가르쳤다. 프랑스에서도 1842년 카톨릭 미망인(Catholic Widow) 집단이 리용에 호스피스를 설립하였으며, 아일랜드 자선 자매회(Irish sister of charity)의 설립자가 아일랜드 더블린에 '성모님의 호스피스(Our Lady's Hospice)'를 세워 불치병을 앓는 가난한 여성들만을 위한 집을 운영하였다.

오늘날 간호 실무의 기초를 마련한 플로렌스 나이팅게일(F. Ntghtingale)도 디아콩네세와 아일랜드 자선 자매회에서 임종 환자에 관한 실습과 훈련을 받았다. 나이팅게일은 자연 치유의 중요성과 안전한 환경을 강조한 것 이외에 환자로 하여금 견디어야 한다고 인내를 강조하거나 더 이상 아무것도 할 수 없다는 식의 포기의 말이 환자에게는 위험하고 도움이 되지 않는다는 호스피스의 정신을 역설하였다.

임종 환자의 영적 지지를 위해 기도하는 봉사활동은 1877년 파리 노트르담 사원에서 전개되었고, 이는 갈바리 병원(Calvary Clinic)의 기원이 되었다. 1920년대 자선자매회는 런던 성 요셉 호스피스(St. Joseph's Hospice)를 설립하였다. 이곳에 근무하던 여의사 시슬리 손더스는 약리학 교수로서 대부분의 임종 환자가 통증으로 고통받는 것을 관찰하고 이를 해결하기 위해 1935년부터 통증관리를 위한 약물을 획기적으로 사용하기 시작하였다. 이는 현대 임종 환자의 통증관리의 기초를 마련한 것이었다. 손더스는 임종 환자를 위한 약물치료 경험 이외에도 철학, 정치학, 경제학, 간호학, 사회복지학 등의 다양한 학위과정 이수를 배경으로 이상적인 호스피스 케어를 시도하기 위하여 54병상의 성 크리스토퍼 호스피스(St. Christopher's Hospice)를 설립하였다. 이는 오늘날 미국과 캐나다에서 체계화되고 전문화된 호스피스 케어를 시작하는 데 모델이 되었다. 성 크리스토퍼 호스피스는 가정과 같은 환경으로 격리감을 해소하고 자가간호 유지와 상호작용을 할 수 있도록 병실 환경을 마련하였으며, 개인 물건, 애완동물, 방문객을 허용함을 물론, 주방시설을 갖춘 노인 거주자 병동도 마련하여 환자를 방문하고 격려하도록 하였다. 또한 직원 자녀들을 위한 놀이집단을 만들어 아이들과도 접촉하게 하여 죽음이 정상적이고 자연스러운 사건임을 인식하도록 하였다. 이것은 자신과의 관계뿐만 아니라 타인 및 환경과의 관계를 통한 인간의 전체성(Ganzheit) 유지를 위한 노력으로 볼 수 있다. 또 교회를 설립하여 영적인 지지와 약물을 통한 통증으로부터의 해방, 그리고 의사, 간호사, 정신과의사, 약사, 성직자, 사회복지사, 자원봉사자의 전문기술적 혼합을 통한 팀 접근을 시도하였다. 1963년 손더스는 자신의 호스피스 케어 경험을 미국에 가서 강연하여 많은 호응을 받았으며, 그 후 그러한 지지는 미국에서 다양한 형태의 호스피스 케어를 시작하게 하는 계기가 되었다. 그러나 이미 사회복지정책과 의료보험제도가 일찍이 마련된 구미에서는 임종 환자들의 특수하고 충족되지 못하는 욕구의 충족을 위한 시도 이외에 의료비 상승, 평균수명의 연장, 의료장비의 고급화에 따른 의료비 지출을 감소시키기 위한 대체 의료서비스의 한 방안의 모색으로 호스피스 프로그램이 더욱 활성화되었다.

1968년 미국 뉴헤이븐(New Haven)에서는 호스피스 홈 케어(hospice home care)를 시작하였으며, 1971년에는 자립형(Free-standing)의 호스피스 홈 케어 프로그램이 코네티컷에서 시작되어 미국 전역으로 확산되었다. 이 시기에 죽음의 과정을 확인한 엘리자베스 퀴블러로스(Elisabeth Kübler-Ross)의 『죽음과 임종(*On death and dying*, 1969)』이라는 책의 출판은 죽음과 임종 환자의 간호에 많은 관심을 불러일으켰다. 1975년 캐나다 몬트리올에서도 로얄 빅토리아 병원(Royal Victoria Hospital)에 12병상의 호스피스 유닛이 최초로 설립되었다. 1973~1978년까지 미국에서는 호스피스 연구뿐만 아니라 다양한 26개의 호스피스 프로그램을 2년간 지원하는 시범사업을 실시하였다. 또한 미국에서는 1978년 미국호스피스협회(NHO: National Hospice Organization)을 결성하기에 이르렀다. NHO에서는 호스피스 케어의 정의, 철학, 목적, 특징을 확인하고 호스피스 케어 프로그램의 원칙과 표준을 마련하였다.

1981년에는 미국의 병원표준화기구(JCAOH)의 호스피스 프로젝트 중간보고서에서는 불필요한 인력과 재정 낭비를 방지하기 위한 호스피스 케어의 비용분석을 보고하기도 하였다. 1982년 미국 의회에서는 인간적인 건강관리를 위한 입법으로 호스피스법안(Hospice Bill)을 통과시켰다.

2) 한국

(1) 한국 호스피스·완화의료의 기원

고려는 강력한 중앙 권력의 주도하에 중세 의료시책을 강력한 하나의 통치 수단으로 시행하였는데(Lee HS, 2012), 963년(광종 14)에는 빈민 행려(行旅)를 구호하고, 질병치료를 담당하는 기관으로 제위보(濟危寶)를 설치한 후, 동서대비원(東西大悲院)과 혜민국(惠民局)을 운영함으로써, 개경의 일반 국민들을 위한 의료를 담당하도록 하였다

(Yeo, Lee, Kim, Sihn, & Kim, 2018).

고려는 동서대비원이라는 빈민 대상 의료기구를 운영함으로써 의료의 사각지대에 놓인 이들을 치료하고 구휼하는 장치를 마련하여 질병 치료와 기한(飢寒) 문제를 해결하였고, 기한 질환자가 휴식처 또는 의학적 치료와 정양을 할 수 있는 대형공간으로 이용되었기에, 이러한 맥락에서 동서대비원을 우리나라 호스피스의 기원이라 할 수 있다(Lee, 1998, Lee, 2007, Yeo, 2018: 김창곤, 2019 재인용).

(2) 초기 호스피스·완화의료의 발전

1963년에 한국 천주교회 춘천 교구장 구 토마 주교의 초청으로 오게 된 '마리아의 작은 자매회' 소속 호주 관구 수녀들이 1965년에 강릉 갈바리 의원을 개원하여 임종자의 영적 구원을 위한 내·외과 외래진료를 시작하였다. 특히 방랑 및 무연고자 환자를 위해 간호와 숙식 등을 제공하는 아시아 최초의 호스피스 활동이 시작되었다.

1978년에는 영국과 미국의 가정 호스피스 프로그램을 연수한 연세대학교 간호대학 왕매련(Marian Kingsley) 교수가 호스피스를 소개하였고, 이화여자대학교에서도 호스피스를 소개하였다(Ro et al., 2018).

1980년대에는 개신교와 가톨릭교회를 중심으로 임종 환자에 대한 관심이 높아져 현대적 의미의 호스피스 진료가 시작되어 호스피스 병동이 개설되었고, 가정 호스피스 활동도 활발해졌다. 특히 천주의성요한의료봉사수도회 아일랜드 관구 광주 천주의성요한의원에서 브렌덴(Branden) 간호 수사(修士) 등에 의해 말기암 환자, 독거노인 만성질환자를 대상으로 가정방문 사업이 운영되었다. 1981년에는 강릉 갈바리 의원에서 호스피스 입원실을 운영하면서 정기적인 가정 방문간호를 실시하였다. 1981년에는 성모병원에서 간호사, 수녀, 가톨릭 의대생, 간호대생과 호스피스 연구모임을 시작하였고, 1988년에는 가톨릭의대 강남성모병원에 국내 최초로 10병상의 입원형 호스피스 병동이 개설되어 시슬리 손더스의 '총체적 통증(total pain)' 개념과 다학제적인 팀 접근을 갖춘 현대적 의미의 한국 호스피스·완화의료가 시작되었다. 같은 해, 연세대학교 세브란스 병원이 무료 가정 호스피스를 시작하였다.

1990년에는 비의료기관인 서울가톨릭사회복지회에서 가정 호스피스를 시작하였고, 1992년에는 성가복지병원이 호스피스 병동을 개설하였으며, 이화여자대학교 간호대학에서도 무료 가정호스피스 간호센터를 개설하였다(Ro et al., 2018).

한편, 1990년대부터 각 종교가 주도하는 호스피스단체가 결성되었는데, 1991년에는 개신교 중심의 한국 호스피스협회가, 1992년에는 천주교 중심의 한국가톨릭호스피스협회가 창립되면서 의사, 간호사, 사회복지사, 사목자의 적극적인 개입이 시작되었다. 1995년에는 간호사와 자원봉사자 중심의 자원봉사단체인 원불교호스피스회, 2009년 한국불교호스피스협회가 창립되었다. 이들은 우리나라 호스피스 보급에 큰 영향을 미쳤으며, 초기 활동은 주로 간호와 영적 돌봄을 위주로 시행되었다(한국호스피스완화의료학회, 2018).

1998년에는 '한국호스피스완화의료학회'가 결성되어 다학제 간 접근을 위한 체계적인 노력의 발판이 마련되었고, 호스피스기관 및 시설들과 협력하여 전문화와 제도화에 기여해 왔다. 2003년에는 보건복지부가 말기 암 환자 호스피스 시범사업을 시작하면서, 호스피스정책에 대한 정부개입이 시작되었고, 완화의료 전문기관 활성화 사업, 말기암 환자 전문의료기관의 법적 기준을 마련하였다. 또한 호스피스 간호의 질적 향상과 말기 암 환자와 그 가족의 삶의 질 유지를 위한 한국 호스피스완화간호사회가 창립되었고, 1999년에는 한국호스피스완화의료학회, 한국 호스피스협회, 한국가톨릭호스피스협회가 공동으로 '호스피스 제도화에 대한 공청회'를 개최하였으며, 2002년에는 3개 단체가 '한국 호스피스완화의료연합회'를 결성하였다(한국호스피스완화의료학회, 2018).

초기 호스피스·완화의료의 시기에는 호스피스 돌봄 서비스를 수행하는 최일선의 현장에서 한국 가톨릭호스피스협회와 한국 호스피스협회가 호스피스·완화의료의 발전에 기여해 왔으며, 호스피스·완화의료의 전문화와 제도화를 위해서는 한국호스피스완화의료학회가 창립되면서 유일한 전문학술단체로서 중추적 역할을 수행해 오고 있다(한국호스피스완화의료학회, 2018).

(3) 한국 호스피스·완화의료의 발달

① 국가정책

우리나라는 호스피스가 비교적 일찍 도입되었음에도 불구하고 제도적 지원을 받지 못하다가 2002년에 호스피스·완화의료 시범 사업을 계획하고 시행하면서 정부 차원의 개입이 시작되었다. 1998년 7월, 국회 보건복지포럼에서 '호스피스 제도화에 대한 세미나'를 개최하여 호스피스·완화의료 법제화가 처음 추진되었고(Hong, 2008), 2002년에 보건복지부가 호스피스·완화의료 제도화 및 법제화를 위한 시범사업 계획을 수립, 2003년에 '제1차 말기암 환자 호스피스 시범사업'을 시행하면서 본격적인 국가정책 차원의 호스피스 개입이 시작되었다(한국호스피스완화의료학회, 2018).

보건복지부는 2005년부터 말기암 환자 완화의료 전문기관 활성화 사업을 시작하였고, 2006년에는 '제2기 암 정복 10개년 계획(2006~2015년)'을 수립하여 말기암 환자 전문의료기관의 법적 기준을 마련하였다(Hong, 2008). 말기 환자에 대한 호스피스 서비스를 확대·보급하기 위하여 보건복지부는 2006년 10월 '말기 환자 전문의료기관 지정 기준 고시'를 신설하여 호스피스 전문기관 지정제를 도입하였고, 2011년 이후 「암관리법」, 2017년 8월 이후에는 「연명의료결정법」에 의해 지정되고 있다.

호스피스·완화의료의 제도화에 있어서 핵심적인 요소인 국민건강보험 급여화는 2007년부터 시작되어 2008년까지 완화의료 특성에 맞는 수가 개발의 연구용역을 국민건강보험심사평가원이 추진하여 완화의료 급여화를 위한 근거 기반을 마련하였으며, 이를 토대로 입원형 완화의료 건강보험수가 1차, 2차 시범사업에 대한 평가를 거쳐, 말기암 환자에게 제공되는 완화의료 서비스(병동형)에 대한 국민건강보험 급여제도를 시행하였다(한국호스피스완화의료학회, 2018).

한국의 국민건강보험제도에서 일반환자의 본인부담율은 입원 환자의 경우 20%, 외래의 경우 30~60%이지만, 암 환자의 경우에는 국민의료비 경감을 위하여 산정특례제도를 적용하여, 확진 일로부터 5년간 국민건강보험 급여의 본인부담율이 2005년에는 10%로, 2009년부터는 5%로 낮아졌으나, 5년이 경과되면 산정 특례지원이 만료된다. 또한 국민의료비의 경감을 위해 소득수준에 따라 본인부담상한제도가 시행되고 있다.

2015년 7월 15일부터 입원형 호스피스·완화의료 요양기관에서 국민건강보험 수가에 기본으로 일당정액제를 적용하면서 증상 완화를 위한 별도의 시술이나 적극적인 통증 치료에 대해서는 별도의 행위별 수가를 적용하고 있다. 또한 호스피스·완화의료 필수인력으로 의사, 간호사, 사회복지사가 배치되었으며, 전문 요양보호사를 완화의료 전문기관에 배치하는 완화의료 도우미제도를 시행하였다. 이를 기반으로 환자 및 가족들의 가장 큰 부담이었던 간병비를 본인부담율 5%만 부담하고 나머지는 국민건강보험 급여에서 제공하고 있다.

한편, 2013년 보건복지부는 '호스피스·완화의료 활성화 대책'을 발표하였고, 2014년에는 「암관리법 시행령」과 시행규칙을 개정하여 가정형, 자문형, 호스피스·완화의료 유형의 법적 근거를 마련하였으며, 「암관리법 시행령」과 시행규칙을 개정하여 완화의료 전문기관의 평가를 국립암센터에 위탁하도록 하였다.

2015년에는 「암관리법 시행규칙」을 개정하여 가정형, 자문형 호스피스의 법적 기준을 마련하였고, 2016년에는 가정형(21개소)과 요양병원(12개소), 2017년에는 자문형(20개소) 호스피스 수가 시범사업을, 2018년에는 소아·청소년 완화의료 시범사업(2개소)을 시행하였다.

2016년에는 「연명의료결정법」이 제정되어 호스피스·완화의료의 대상 질환이 기존의 말기 암에서 암, 후천성면역결핍증, 만성 폐쇄성 호흡기질환, 만성 간경화로 확대되었고, 2017년에는 호스피스·완화의료 관련 법이 시행되었으며, 2018년에는 연명의료 결정 관련법이 시행되었다(한국호스피스완화의료학회, 2018).

② 전문인력의 교육과 양성

호스피스·완화의료팀은 필수인력인 의사, 간호사, 사회복지사와 미술치료사, 음악치료사, 원예치료사, 약사, 영양사, 호스피스 보조활동 인력 등으로 구성된다.

국내에 호스피스 도입 초기에는 체계적인 교육이 이루어지지 못했으나, 국내외 호스피스 전문인력에 대한 교육의 필요성이 강조되면서 공통 교육과정과 각 분야별 교육과정이 발전해 오고 있다. 그러나 아직 체계적이고 공식적인 전문인력의 인증제도가 정착되지 못하고 있다.

1990년대에는 간호인력을 위한 교육과정이 먼저 시작되었고, 2003년부터는 정부가 개입한 호스피스 교육과정의 개발과 시행, 2019년부터는 한국호스피스완화의료학회에서 호스피스·완화의료 인정의 자격제도를 시행하고 있다.

1995년 가톨릭대학교 간호대학이 세계보건기구 호스피스·완화의료 협력기관(WHO Collaborating Center For Hospice and Palliative Care)으로 선정되어 호스피스간호연구소를 설치하였고, 1996년부터 가톨릭대학교 간호대학에 호스피스·완화의료 간호사 전문 교육과정이 개설되었다(한국호스피스완화의료학회, 2018).

2006년 7월 보건복지부령 제462호 전문간호사 자격인정 등에 관한 규칙이 제정되면서 호스피스를 포함한 13개 분야의 전문간호사가 배출되기 시작하였는데, 소정의 자격을 갖춘 간호사는 호스피스 석사학위 교육과정을 33학점 이상 이수하고 한국간호평가원의 자격시험에 합격하면 호스피스전문간호사 국가자격이 인정된다.

미국의 The End-of-Life Nursing Consortium(ELNEC) 연수과정을 2009년 7월에 도입하여 시행해 오고 있으며, 2014년부터는 호스피스 간호사회에서 인정하는 표준교육과정 130시간을 이수한 호스피스 완화 간호사를 민간자격으로 인정하고 있다. 2007년에는 대한의료사회복지사협회에서 호스피스·완화의료 사회복지사 교육과정을 개발하여 2008년까지 기본과정과 전문과정, 심화과정의 30시간을 운영하였으나, 협회가 지속적인 교육프로그램을 운영하지 못하고 중단되었다.

2003년에는 말기암 환자 호스피스시범사업을 시작하면서 한국호스피스완화의료학회와 국립암센터가 호스피스·완화의료 전문가를 위한 교육프로그램을 개발하였고, 2006년에는 국립암센터가 미국의 Education in Palliative and End of Life (EPEC) 교육과정을 국내 상황에 맞게 수정 및 보완하여 호스피스·완화의료 전문인력인 의사, 간호사, 사회복지사, 성직자를 위한 표준교육과정(60시간)을 개발하여 2008년 말부터 시범 운영하였다. 표준교육과정은 2009년부터는 지역암센터 및 호스피스 전문기관을 중심으로 운영되고 있다.

또한 상급 교육과정이 개발되어 2009년에는 간호사, 2011년에는 의사와 사회복지사를 위한 고급과정을 개발하여 시행 중이며, 2010년부터는 의사, 간호사, 사회복지사를 위한 이러닝(e-learning) 교육과정을 개발하여 시행해 오고 있다.

2008년 국내 호스피스·완화의료 전문기관의 운영 및 설치 기준에 '60시간 표준교육 이수'가 포함되었고, 2011년 「암관리법」이 개정되면서 필수인력의 표준교육 이수 60시간이 요구되었고, 2015년 7월에 입원형 호스피스·완화의료 국민건강보험 급여수가가 인정되면서, 필수인력인 의사, 간호사, 사회복지사는 기본교육 60시간과 보수교육 4시간의 교육 이수가 수가 산정기준으로 의무화됨에 따라 기존 60시간의 표준교육과정과 한국호스피스완화의료학회에서 시행하는 연간 4시간의 보수교육 과정에 대한 의사, 간호사, 사회복지사의 참여도가 높아지고 있다.

2018년에는 한국호스피스완화의료학회가 '호스피스·완화의료 인정의 자격인정 및 관리에 관한 규정'을 마련하여, 2019년부터 학회 차원의 호스피스·완화의료 인정의 자격제도를 시행하고 있다.

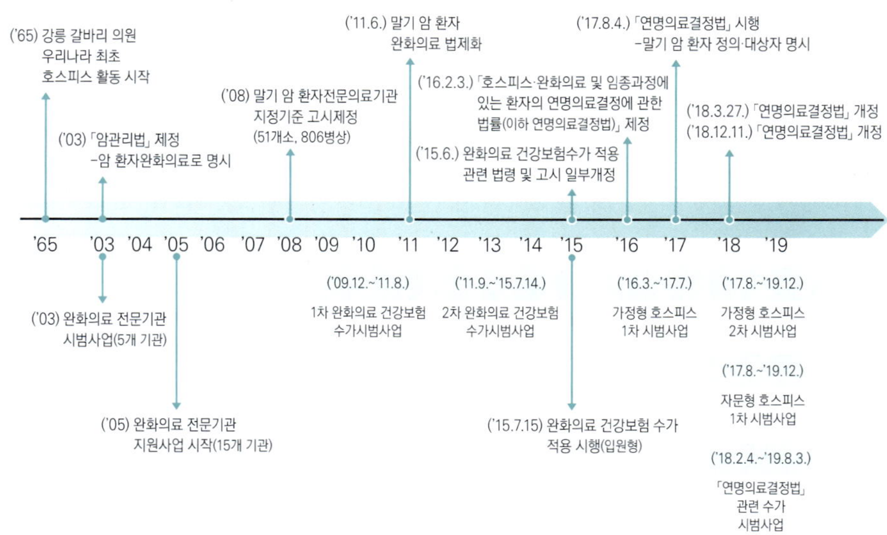

[그림 12-2] 한국의 호스피스·완화의료 진행과정

출처: 오주연 외(2020: 14)

03 호스피스·완화의료의 유형

1) 유형

(1) 입원형 호스피스·완화의료

입원형 호스피스·완화의료는 호스피스 전문기관 병동에 입원한 말기암 환자와 가족에게 호스피스·완화의료 서비스를 제공하는 것을 의미한다. 말기암 환자를 대상으로 하며, 다음과 같은 서비스를 제공한다.

- 포괄적인 초기 평가 및 돌봄 계획 수립과 상담
- 음악/미술 요법 등 프로그램 제공
- 환자 및 가족의 심리·사회·영적 문제 상담
- 24시간 전화상담 및 응급 입원 서비스
- 호스피스·완화의료 자원봉사자의 돌봄 봉사
- 통증 및 신체 증상 완화
- 사별가족 돌봄 서비스
- 임종 관리
- 자원 연계 및 이벤트 프로그램 운영
- 환자와 가족교육(환자를 돌보는 방법, 증상 조절 등)

입원형 호스피스·완화의료의 수가는 〈표 12-1〉과 같다.

〈표 12-1〉 호스피스·완화의료의 수가(2019년 기준)

일당 정액	별도 산정
• 입원료 • 행위료 • 약·치료재료 비용 • 요법 치료비 • 보조활동비 • 필수인력 가산(1등급: RN 1:1/SW 12:1)	• 식대 • 마약성 진통제 • 수혈, 기존 투석 치료 • 완화목적 시술 • 완화목적 방사선 치료 • 전인적 돌봄 상담료 • 임종 관리료
• 일당 정액(4인실) 333,470원 * 중증질환으로 등록된 환자 1일 입원비: 15,000~20,000원(본인부담 5% 적용) • 전인적 돌봄 상담료(초회) 99,250원(DR 60분/RN 60분/SW 60분) • 전인적 돌봄 상담료(재회) 65,580원(DR 30분/RN 60분/SW 60분) • 임종관리료 74,200원(DR 30분/RN 60분/SW 30분)	

출처: 대한의료사회복지사협회(2019: 563)

(2) 가정형 호스피스·완화의료

가정형 호스피스·완화의료는 가정에서 지내기를 원하는 말기 환자와 가족에게 보건복지부 지정 전문기관의 호스피스팀(의사, 간호사, 사회복지사로 구성)이 가정으로 방문하여 호스피스·완화의료 서비스를 제공하는 것을 말한다. 말기암, 말기 후천성 면역결핍증, 말기 만성 폐쇄성 호흡기질환, 말기 만성 간경화 환자를 대상으로 한다.

가정형 호스피스·완화의료에서 제공하는 서비스는 다음과 같다.

- 포괄적인 초기 평가 및 돌봄 계획 수립과 상담
- 환자 및 돌봄 제공자 교육
- 주·야간 상담전화
- 사별가족 돌봄 서비스
- 심리적·사회적·영적 지지
- 장비 대여, 연계 및 의뢰 서비스
- 임종 준비교육 및 돌봄 지원

가정형 호스피스·완화의료의 수가는 사회복지사 방문료(방문당) 49,900원이 부가된다.

(3) 자문형 호스피스·완화의료

자문형 호스피스·완화의료는 일반 병동과 외래에서 진료를 받는 말기 환자와 가족에게 호스피스팀이 담당 의사와 함께 호스피스·완화의료 서비스를 제공하는 것을 의미한다. 말기암, 말기 후천성 면역결핍증, 말기 만성 폐쇄성 호흡기질환, 말기 만성 간경화 환자를 대상으로 하며, 다음과 같은 서비스를 제공한다.

- 신체 증상 관리 및 자문
- 생애 말기 돌봄 계획 및 상담 지원
- 임종 준비교육 및 돌봄 지원
- 재가 서비스 연계
- 심리적·사회적·영적 지지
- 자원 연계, 경제적 지원
- 호스피스 입원 연계(말기 암인 경우)

2019년 기준 자문형 호스피스·완화의료의 수가는 다음과 같다(대한의료사회복지사협회, 2019).

- 입원: 입원형 상담료 수가와 동일
- 외래
  - 돌봄상담료 (초회1) 99,250원
(초회2) 58,780원(DR 30분/RN 60분/SW 30분)
  - 돌봄상담료 (재회/주 1회) 99,250원(DR 30분/RN 60분/SW 30분)
(재회2/주 1회) 49, 630원(DR 30분/RN 30분/SW 30분)

(4) 소아·청소년 호스피스·완화의료

소아·청소년 호스피스·완화의료는 생명을 위협하는 질환으로 치료받는 소아·청소년 환자와 가족이 치료과정에서 겪는 여러 가지 증상, 불편, 스트레스 등 신체적·심리적·사회적 어려움을 완화시키고 삶의 질 향상에 기여하는 통합적 의료서비스를 말한다.

생명을 위협하는 질환에 걸린 소아·청소년 환자와 그 가족 중에서 완화의료가 필요하다고 판단되는 경우로, 성인 호스피스와 달리 진단병명이나 질병 단계에 제한이 없다. 현재 중앙호스피스센터에서는 만 24세 이하인 환자에 한해 시범 운영하고 있다.

소아·청소년 호스피스·완화의료에서 제공하는 서비스는 다음과 같다.

- 포괄적인 초기 평가 및 돌봄 계획 수립과 상담
- 심리적·영적·사회적 돌봄
- 퇴원 지원
- 사별가족 돌봄
- 신체적 돌봄
- 의사소통 지원
- 환자 및 가족, 돌봄 제공자 교육
- 임종 돌봄 자원봉사자 교육 및 프로그램 운영

2) 호스피스·완화의료의 건강보험 적용

호스피스·완화의료는 「연명의료결정법」 제2조와 제28조, 「국민건강보험법」 제44조와 「국민건강보험법 시행령」 제19조제1항, 제21조제3항제3호, 본인 일부 부담금 산정 특례에 관한 기준에 따라 건강보험이 적용된다. 호스피스·완화의료의 건강보험 지원은 말기환자 등과 그 가족을 대상으로 통증·증상관리 등 신체적·심리사회적·영적 고통을 완화하여 양질의 서비스로 삶의 질 향상을 도모하는 것이 목적이며, 건강보험 적용 내용은 〈표 12-2〉와 같다.

〈표 12-2〉 호스피스·완화의료의 건강보험 적용 내용

<table>
<tr><th>구분</th><th colspan="3">내용</th></tr>
<tr><td>대상</td><td colspan="3">「국민건강보험법」에 따른 가입자 또는 피부양자 및 「의료급여법」에 의한 수급권자 중 말기환자 및 임종과정에 있는 환자가 호스피스·완화의료 이용동의서를 작성하여 신청한 자
* 말기환자: 적극적인 치료에도 불구하고 근원적인 회복의 가능성이 없고 점차 증상이 악화되어 보건복지부령으로 정하는 절차와 기준에 따라 담당 의사와 해당 분야의 전문의 1명으로부터 수개월 이내에 사망할 것으로 예상되는 진단을 받은 환자</td></tr>
<tr><td>서비스 유형</td><td colspan="3">① 입원형 ② 가정형 ③ 자문형</td></tr>
<tr><td>신청 방법</td><td colspan="3">말기환자 등이 호스피스를 이용하기 위해 충분한 설명을 듣고 호스피스·완화의료 이용동의서(「연명의료결정법 시행규칙」 별지 제20호 서식)와 의사가 발급하는 말기환자 등을 나타내는 의사소견서를 작성하여 호스피스 전문기관·시범기관에 제출</td></tr>
<tr><td rowspan="6">본인부담금</td><td colspan="3">본인부담금</td></tr>
<tr><td>대상질환</td><td>서비스 유형</td><td>본인부담률</td></tr>
<tr><td>암</td><td>입원·가정·자문형</td><td>요양급여비용 총액 × 5%</td></tr>
<tr><td>후천성면역결핍증</td><td>입원·가정·자문형</td><td>요양급여비용 총액 × 10%</td></tr>
<tr><td rowspan="2">만성폐쇄성호흡기질환·만성 간경화</td><td>입원·자문형(입원)</td><td>요양급여비용 총액 × 20%</td></tr>
<tr><td>가정·자문형(외래)</td><td>요양급여비용 총액 × 30~60%</td></tr>
</table>

출처: 국민건강보험공단(www.nhis.or.kr)

04 호스피스·완화의료의 현황

우리나라는 매년 약 30만 명의 말기암 환자와 가족이 죽음으로 인해 심각한 고통을 겪고 있는 상황임에도 불구하고 여전히 말기암 환자와 가족의 삶의 질을 향상시키기 위한 뚜렷한 정책이 마련되지 않아 사망 전 통증, 부적절한 의료 이용, 사회·경제적 부담, 윤리적 갈등 등으로 인한 환자와 가족의 고통이 해소되지 못하고 있다. 이러한 과정 중 민간요법에 의존하며 의료의 혜택으로부터 방치되거나 다른 한편으로는 3차 의료기관, 특히 중환자실에서 사망하는 등 양극단의 현상이 반복되고

있다(허대석, 2001). 게다가 말기암 환자의 의료비 중 총 입원 진료비의 79.4%가 3차 의료기관에서 발생하며, 임종 전 1년 동안 의료비의 30~40%가 임종 전 1개월 동안에 지출되는 것으로 나타났다(허봉렬 외, 2000).

이러한 결과로 보아 사망 전 의료비용은 생명을 살리지도 못하면서도 오히려 품위 있는 죽음을 방해할 뿐만 아니라 환자와 가족의 고통을 초래할 뿐이라는 지적이 설득력을 얻어가고 있다(윤영호, 2002). 이미 국제사회에서는 세계보건기구(WHO)를 중심으로 암 환자 관리를 위한 자원분배모델을 개발·적용하여 실효를 거두고 있으며, 과거 말기 환자에 국한되어 왔던 호스피스 개념을 암 환자의 통증 및 증상관리를 포함한 신체적·정신적·사회적 관리를 위한 완화의료까지 포괄하는 전인적 개념으로 확대·적용하고 있다(윤영호 외, 2004). 그러나 우리나라는 높은 의료기술에 비해 아직 말기암 환자의 편안한 임종을 돕는 호스피스·완화의료의 이용률은 선진국에 비교하면 턱없이 낮은 수준이다.

1) 호스피스 전문기관 지정 현황

(1) 중앙호스피스센터

중앙호스피스센터는 「연명의료결정법」 제2조, 제21조, 제23조, 제25조, 시행령 제12조, 제13조에 근거하여 완화의료 제공 및 완화의료 전문기관 지원사업을 시행하고 있다. 2017년 9월 29일 국립암센터가 중앙호스피스센터로 지정되어 업무를 수행하고 있다.

「연명의료결정법」 제21조(호스피스사업)

① 보건복지부장관은 호스피스를 위하여 다음 각 호의 사업을 실시하여야 한다.

1. 말기환자등의 적정한 통증관리 등 증상 조절을 위한 지침 개발 및 보급
2. 입원형, 자문형, 가정형 호스피스의 설치 및 운영, 그 밖에 다양한 호스피스 유형의 정책개발 및 보급
3. 호스피스의 발전을 위한 연구·개발 사업
4. 제25조에 따른 호스피스 전문기관의 육성 및 호스피스 전문 인력의 양성
5. 말기환자등과 그 가족을 위한 호스피스 교육프로그램의 개발 및 보급
6. 호스피스 이용 환자의 경제적 부담 능력 등을 고려한 의료비 지원 사업
7. 말기환자, 호스피스의 현황과 관리실태에 관한 자료를 지속적이고 체계적으로 수집·분석하여 통계를 산출하기 위한 등록·관리·조사 사업(이하 "등록통계사업"이라 한다)
8. 호스피스에 관한 홍보
9. 그 밖에 보건복지부장관이 필요하다고 인정하는 사업

② 보건복지부장관은 제1항 각 호에 따른 사업을 대통령령으로 정하는 바에 따라 관계 전문기관 및 단체에 위탁할 수 있다.

출처: 법제처 국가법령정보센터(www.law.go.kr)

(2) 권역별 호스피스센터

「연명의료결정법」 제24조에 근거하여 권역별 호스피스센터를 지정하여 운영하고 있다. 2021년 4월 기준 권역별 호스피스센터 선정 현황은 다음과 같다.

「연명의료결정법」 제24조(권역별 호스피스센터의 지정 등)

① 보건복지부장관은 다음 각 호의 업무를 수행하게 하기 위하여 보건복지부령으로 정하는 기준을 충족하는 종합병원을 권역별 호스피스센터(이하 "권역별 센터"라 한다)로 지정할 수 있다. 이 경우 국공립 의료기관을 우선하여 지정한다. 〈개정 2018. 3. 27.〉

1. 말기 환자의 현황 및 진단·치료·관리 등에 관한 연구
2. 해당 권역의 호스피스 사업의 지원
3. 해당 권역의 호스피스 전문기관들에 관한 의료 지원 및 평가
4. 호스피스 대상 환자의 호스피스 제공
5. 해당 권역의 호스피스 사업에 관련된 교육·훈련 및 지원 업무

6. 해당 권역의 호스피스에 관한 홍보
7. 말기 환자 등록통계자료의 수집·분석 및 제공
8. 그 밖에 말기 환자 관리에 필요한 사업으로서 보건복지부령으로 정하는 사업

② 보건복지부장관은 권역별 센터가 제1항 각 호의 사업을 하지 아니하거나 잘못 수행한 경우에는 시정을 명할 수 있다.

③ 보건복지부장관은 권역별 센터가 다음 각 호의 어느 하나에 해당하는 경우에는 그 지정을 취소할 수 있다.
1. 제1항에 따른 지정 기준에 미달한 경우
2. 제1항 각 호의 사업을 하지 아니하거나 잘못 수행한 경우
3. 제2항에 따른 시정명령을 따르지 아니한 경우

④ 제1항 및 제3항에 따른 권역별 센터 지정 및 지정취소의 기준·방법·절차 및 운영에 관하여 필요한 사항은 보건복지부령으로 정한다.

출처: 법제처 국가법령정보센터(www.law.go.kr)

〈표 12-3〉 권역별 호스피스센터 선정기관(2021년 4월 기준)

권역	기관명
1권역	중앙보훈병원
2권역	인천성모병원
3권역	아주대학교병원
4권역	충남대학교병원
5권역	전북대학교병원
6권역	화순전남대학교병원
7권역	칠곡경북대학교병원
8권역	울산대학교병원
9권역	한국원자력의학원 원자력병원
10권역	부산대학교병원

출처: 국립암센터 중앙호스피스센터(https://hospice.cancer.go.kr)

(3) 호스피스 유형별 지정 현황

입원형, 자문형, 가정형 호스피스 기관의 지정은 각 유형별로 지정·관리되며, 동

일 기관이 여러 유형의 호스피스 서비스를 함께 제공할 수 있다.

2008~2021년까지의 호스피스 전문기관 지정 현황(〈표 12-4〉)을 보면, 2008년 입원형 호스피스 기관 19개소(282병상)에 제한적이었던 지정 기관은 2021년 입원형, 요양병원, 가정형, 자문형, 소아청소년 완화의료 기관 등 총 178개소로 대폭 증가하였다. 유형별로는 입원형 호스피스 기관이 가장 많이 증가하였는데, 2008년 대비 67개소가 증가하였다. 2016년부터 지정되어 운영되고 있는 가정형 호스피스 기관은 2021년 기준 39개소로 2016년 대비 18개소(85%) 증가하였다. 반면, 같은 기간 동안 요양병원 호스피스 기관은 1개소 감소하였다. 유형별 전체 호스피스 지정기관 중 입원형 서비스를 제공하는 기관의 수가 2016년 77개소에서 2021년 86개소로 증가세가 둔화되었는데, 이는 자문형 및 소아·청소년 완화의료 제도 확대와 가정형 제공기관의 증가에 따른 것으로 실제 입원형 지정 기관과 병상 수는 같은 기간 동안 모두 증가하였다.

〈표 12-4〉 호스피스 전문기관 지정(2021년 4월 기준) (단위: 개소)

구분	2008	2009	2010	2011	2012	2013	2014	2015	2016	2017	2018	2019	2020	2021
입원형 호스피스 기관수	19	40	42	46	56	54	57	66	77	81	84	88	86	86
병상수	282	633	675	755	893	867	950	1,100	1,293	1,337	1,358	1,416	1,407	1,415
요양병원 호스피스 기관수	-	-	-	-	-	-	-	-	12	11	14	12	11	11
병상수	-	-	-	-	-	-	-	-	132	124	184	161	141	141
가정형 호스피스 기관수	-	-	-	-	-	-	-	-	21	25	33	39	38	39
자문형 호스피스 기관수	-	-	-	-	-	-	-	-	-	20	25	27	33	33
소아청소년 완화의료 기관수	-	-	-	-	-	-	-	-	-	-	2	4	7	9

출처: 국립암센터 중앙호스피스센터(https://hospice.cancer.go.kr)

한편, 호스피스제도의 도입 취지가 전인적이고 통합적인 돌봄을 통한 존엄한 임종 지원임을 감안할 때, 호스피스 제공기관의 확대만큼 중요한 것은 호스피스 제공기관의 지역별 편차를 줄이는 것이다.

호스피스 지정 기관의 지역별 분포를 살펴보면, 2019년 기준 전체 지정 기관 중 41.2%가 서울 및 경기지역에 위치하고 있어 시설자원의 수도권 집중 현상을 확인할 수 있다(오주연 외, 2020). 다음으로 가장 많은 기관이 분포한 지역은 7개 기관이 위치한 대구였고, 제주와 울산은 호스피스 지정 기관이 1개소로 전국에서도 가장 적은 지역이었다. 호스피스 병상의 지역별 분포 역시 전체 병상의 44.1%가 서울 및 경기에 집중되어 있어 기관 지정 현황과 마찬가지로 호스피스 전문기관의 수도권 집중 현상이 뚜렷하게 나타나 지역별 편차가 심한 것을 알 수 있다. 구체적인 내용은 [그림 12-3]과 같다.

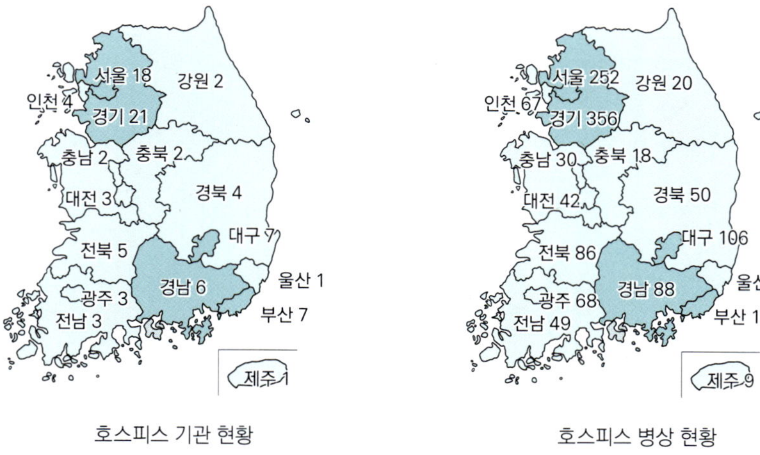

[그림 12-3] 지역별 호스피스 기관 및 병상 분포(2019년 1분기 기준)

출처: 건강보험심사평가원 내부자료(2020); 오주연 외(2020: 77)

(4) 말기암 환자의 호스피스 이용현황

말기암 사망자의 호스피스 이용률은 환자 수를 기준으로 2016년 17.1%에서 연평균 8.8%씩 증가하여 2019년 1분기를 기준으로 22.0%까지 상승하였다.

〈표 12-5〉 말기암 사망자의 호스피스 이용률(2016~2019년 3월)

구분	2016년	2017년	2018년	2019년 3월
말기암 사망자수(명)	77,812	79,124	73,460	5,57
호스피스 이용률(%)	17.1	19.7	21.4	22.0

출처: 오주연 외(2020: 80)

2) 호스피스 인력 현황

「연명의료결정법」 기준 법적 필수인력은 의사, 간호사, 사회복지사이며, 인력 기준은 〈표 12-6〉과 같이 호스피스 서비스 유형별로 지정 요건을 각각 충족해야 한다. 동시에 여러 서비스를 제공할 경우 의사 및 사회복지사는 겸임이 가능한 구조이다. 의사는 원내 타업무와 겸직 가능한 구조이므로 필수인력 중 최소한의 수준으로 배치될 가능성이 높으며, 2019년 기준 여러 유형을 함께 제공하는 기관보다 입원형(단독)의 형태가 상대적으로 의사 배치 인력 수준이 높은 것으로 나타났다. 전문의 자격 종별을 보면 대체로 내과, 가정의학과, 외과가 전체의 90% 내외를 차지하고 있었으며, 한의사 전문의가 신고된 기관은 없었다.

〈표 12-6〉 호스피스 제공 유형별 법적 인력 기준

구분	입원형	자문형	가정형
의사	20병상당 전문의 1명 (의사 또는 한의사)	전문의 1명 이상 (의사 또는 한의사)	전문의 1명 이상 (의사 또는 한의사)
간호사	10병상당 1명	1명 이상 (호스피스전문간호사, 종양전문간호사 또는 호스피스기관 2년 경력간호사)	1명 이상 (호스피스전문간호사, 가정전문간호사 또는 호스피스기관 2년 경력간호사)
사회복지사	병동당 1명 이상 (1급 사회복지사) *병동당 29개 병상 이하	1명 이상 (1급 사회복지사)	1명 이상 (1급 사회복지사)

출처: 법제처 국가법령정보센터(www.law.go.kr)

사회복지사 인력은 법적 기준에 따라 호스피스 유형별로 1명 이상 배치해야 하지만, 유형별 사이의 겸임이 허용된다. 다만 '모든 유형 제공' 기관에 대해서는 유형별로 겸임한다고 하더라도 2명 이상이 배치되어야 한다. 2019년을 기준으로 '입원형(단독)'은 기관당 평균 1.2명, '입원형 + 가정형' 1.3명, '입원형 + 자문형' 1.0명, '모든 유형 제공' 2.1명으로 나타나 대체로 법적 기준을 충족하는 선에서 배치되고 있음을 확인하였다. 2016~2019년 1분기 기준 호스피스 제공 유형별 전문인력 현황은 〈표 12-7〉과 같다.

〈표 12-7〉 호스피스 제공 유형별 전문인력 현황(2016~2019. 3월 기준)

구분		2016		2017		2018		2019. 3월	
		전체	기관당 평균	전체	기관당 평균	전체	기관당 평균	전체	기관당 평균
입원형(단독)	사회복지사	56.1	1.0	59.2	1.2	56.7	1.2	51.2	1.2
	의사	133	2.4	118.5	2.3	105	2.2	91	2.1
	간호인력	591	10.7	531	10.4	530	11.3	483	11.2
입원형 + 가정형	사회복지사	26.1	1.2	20.0	1.3	30.0	1.4	32.0	1.3
	의사	49	2.3	33	2.2	51	2.4	56	2.2
	간호인력	238	11.3	151	10.1	226	10.8	308	12.3
입원형 + 자문형	사회복지사	-	-	4.0	1.0	5.0	1.3	4.0	1.0
	의사			11	2.8	11	2.8	11	2.8
	간호인력			44	11.0	45	11.3	46	11.5
모든 유형 제공	사회복지사	-	-	14.4	1.4	21.0	1.9	26.8	2.1
	의사			27	2.7	34	3.1	39	3.0
	간호인력			122	12.2	125	11.4	179	13.8

출처: 오주연 외(2020: 85-87) 재구성

3) 호스피스·완화의료 등록 데이터베이스

2008년부터 '호스피스 활성화 지원사업'의 일환으로 호스피스 전문기관을 이용하는 환자의 의료 이용 현황을 파악하기 위하여 '호스피스·완화의료 시스템'을 운영하고 있다. 이를 통해 호스피스 전문기관의 체계적인 질 관리와 호스피스·완화의료의 서비스 평가지표 개발을 위해 환자 정보 등록뿐만 아니라 사별가족 만족도조사 및 기관정보 등의 자료를 통합해 관리하여 우리나라 호스피스 이용자 및 서비스 제공 현황에 관한 기본적인 국가적 통계를 산출함으로써 환자를 위한 호스피스 지원에 관련된 보건의료 정책 결정의 근거 자료로 삼고자 한 것이다. 데이터베이스(DB)를 활용하여 호스피스·완화의료 환자를 등록하는 방법은 [그림 12-4]와 같다.

[그림 12-4] 호스피스·완화의료 등록 DB

출처: 국립암센터(www.ncc.re.kr)

05 전인적 돌봄 과정

1) 호스피스 환자에 대한 전인적 돌봄

죽음을 앞둔 말기 환자와 그 가족들은 신체뿐만 아니라 심리·사회적, 영적으로 고통을 받는 절박한 상황에 있으므로 총체적인 돌봄이 필요하다. 즉, 환자와 가족이 죽음을 삶의 한 과정으로 받아들이고 남은 시간을 의미 있게 보낼 수 있도록 돕고, 치료와 통증, 증상의 관리를 중심으로 하는 전인적 돌봄(comprehensive care)을 수행해야 한다. 이때, 전인적 돌봄은 환자의 통증 관리를 위한 다학문적인 호스피스 팀의 구성 및 사별 후 유가족에 대한 포괄적 돌봄을 포함한다. 호스피스·완화의료가 일반 의료와 다른 점은 이렇게 인간 중심의 전인의료라는 것이다(윤욱희·이귀한·유선희·곽원영·진선경, 2003).

전인적 돌봄 과정은 환자 및 그 가족으로부터 수집된 정보의 분석 및 전문적 소견으로 판단하는 과정을 의미한다. 이때, 돌봄의 과정은 환자의 문제에 영향을 미치는 다양한 측면과 개인-환경 간 상호작용까지 포함하며, 환자와 가족의 욕구를 중심으로 종결 시까지 지속적으로 사정한다. 전인적 돌봄은 [그림 12-5]와 같은 과정으로 진행된다.

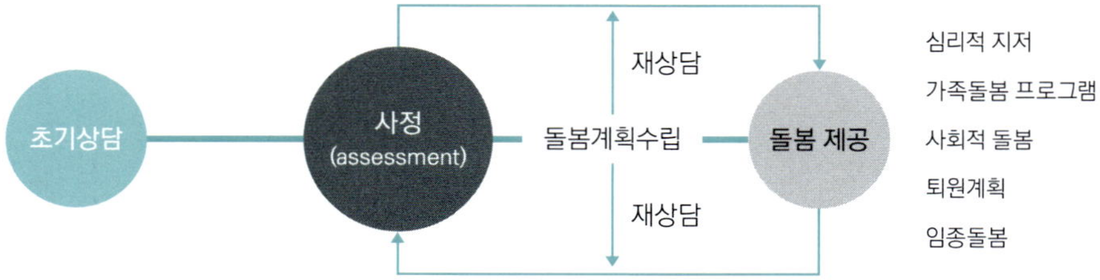

[그림 12-5] 전인적 돌봄 과정

출처: 대한의료사회복지사협회(2019: 564)

2) 전인적 돌봄 과정의 진행

(1) 신체적 치료

① 통증의 정의

통증이란 아픔의 주관적 증상을 의미한다. 아픔은 생명 상태에 유해한 영향을 끼치려는 외부세력과 대항하여 이기려는 방어기제로서 일종의 경고신호이다. 만약 육체적 통증 기능의 이상으로 통증을 느끼지 못한다면 외부에서 체내로 침습해 오는 각종 유해물질로부터 신체를 방어·보존할 수 없다. 예를 들어 선천성 무통 환자는 대개 20세를 넘기지 못하고 사망한다(한국호스피스협회, 2013). 이와 같이 통증이 육체를 보호하는 방어기제로서 없어서는 안 되는 중요한 기능이기는 하지만 그러한 경고기능이 불필요한 경우 혹은 경고기능 이상의 과도한 통증은 오히려 스트레스로 작용한다. 따라서 호스피스·완화의료의 가장 중요한 절차 중 하나는 이러한 통증을 제거·진통함으로써 환자로 하여금 편안한 상태를 유지하도록 하는 것이다.

② 통증의 관리

말기 환자는 심한 통증을 경험하는 것이 일반적이다. 이러한 통증은 만성적이고 점차 그 정도가 심해지는 특징을 가지고 있기 때문에 환자들을 힘들게 하고 무엇보다 인생의 의미를 상실하게 하고 죽음에 대한 걱정, 가정생활의 혼란, 경제적 압박, 두려움으로 작용한다. 이에 환자는 불안, 우울, 분노의 반응을 보이며 환자와 가족의 희망이 저하되고 무력감과 절망감을 느끼게 한다. 이는 인생의 마지막 성장기로서의 호스피스·완화의료 본연의 목적을 달성하는 데 부정적 요인이 된다.

미국의 의료기관에 입원한 암 환자의 90%가량은 통증관리가 적절히 이루어지고 있는 데 반해, 한국에서는 "통증은 어느 정도 참아야 한다.", "마약성 진통제의 사용은 되도록 적게 해야 한다.", "진통제의 과다 사용은 중독을 불러온다." 등의 고정관념으로 인해 말기암 환자의 통증관리가 적절하게 이루어지지 않고 있다. 호스피스·완화의료 본연의 목적을 달성하기 위해서는 이와 같은 신체적 고통의 제거가 가장 먼저 행해져야 하고 그만큼 완화의료의 중요성은 크다.

미국의 캘리포니아주 앨러미다 군(Alameda Country) 법원은 폐암 말기 환자에 대하여 사망 직전 며칠 동안 통증 치료를 적극적으로 하지 않았다는 이유로 1,500만 달러의 손해배상 책임을 인정한 바 있을 정도로 완화의료에 대하여 의사에게 엄격한 책임을 묻고 있다. 이 판결 이후 캘리포니아주는 법안 487을 만들어 의사가 면허증을 갱신하기 위해서는 통증관리와 말기 치료에 관하여 12시간의 교육과정을 의무적으로 이수하도록 하였고, 캘리포니아주 의료위원회가 환자의 통증에 대해 소홀히 한 의심이 드는 사건에 대해 조사할 수 있도록 하였다.

통증은 당사자만이 느낄 수 있는 주관적 증상이므로 환자가 표현하는 통증을 이해하고 어떤 방법으로 그 통증을 완화시킬 것인가를 임상적으로 다양하게 검토하여야 한다.

(2) 일반 치료

호스피스·완화의료에 대한 오해 중 하나가 일반적인 의료행위를 전혀 하지 않는다는 것이다. 그러나 호스피스·완화의료에서도 말기 환자에 대한 최소한의 증상 조절 치료로서 항암제 투여, 감염 및 창상 관리 등을 기본적으로 행하고 있다. 예를 들어 말기 환자라도 음식물이나 가래 등으로 기도가 막혀 호흡이 곤란한 경우에는 흡인처치(suction)를 한다. 말기암 환자가 심정지에 이른 경우에는 응급 심폐소생술을 하지 않는 것이 원칙이지만(DNR), 협심증 발작을 일으킨 때에는 니트로글리세린(nitroglycerin)을 설하(舌下)에 투여하여 통증을 감소시키고 있는 등 암치료 이외의 일반적 치료를 병행한다.

(3) 정신적·영적 요법

호스피스·완화의료의 목적이 육체적으로 편안한 죽음을 맞이하는 것은 물론이고 정신적 안정 속에서 삶의 마지막 순간에 인격적으로 성장하도록 하는 데 있다는 측면에서 정신적·영적 요법은 신체적 통증 완화 못지않게 중요한 과정이다. 죽음에 임박한 사람이 죽음을 삶의 종말로 보지 않고 삶의 한 과정으로 의연히 받아들이고 정신적으로 성숙해지는 과정으로 이어가기 위해서는 호스피스 전문가나 종교인 혹은 상담가 등의 도움이 필요하다.

1968년 의사인 엘리자베스 퀴블러 로스(Elizabeth Kubler-Ross)는 자신의 저서 『죽음의 시간(*On Death and Dying*)』에서 사람들이 죽음을 맞을 때 심리적 변화가 오는데, 죽음에 이르는 심리적 5단계(부정-분노-협상-우울-수용의 단계)를 거친다고 하였다. 이와 같이 죽음에 직면한 환자가 겪는 심리적 반응은 일반적인 환자의 심리 상태와 차이를 보인다. 또한 인간이 건강할 때에는 여러 가지 해야 할 많은 일들 때문에 영적 요구에 대하여 깊이 생각하지 못하고 있다가 질병으로 인하여 죽음이 가까워졌다는 생각이 들면 인간은 자기 존재의 통합성에 대한 강한 애착을 갖게 된다(이미라, 1998).

콘라드(Conrad, 1985)는 말기 환자의 영적 요구에 대하여 의미에 대한 요구(search for meaning), 용서에 대한 요구(sense of forgiveness), 사랑에 대한 요구(need for love), 희망에 대한 요구(need for hope)로 구분하여 설명하였다(Conrad, 1985: 윤매옥, 2001 재인용).

이와 같은 말기 환자들의 정신적 안정이나 영적 요구의 충족을 위해 다양한 치료 방법이 활용될 수 있다. 우선 기본적인 정신적 안정을 찾기 위해서는 경우에 따라 정신과 의사와의 상담도 필요하다. 만약 정신적 장애를 가지고 있는 환자라면 더 전문적인 정신과 치료가 필요할 것이다. 정신과 의사의 진단에 따라 혹은 다른 정신장애 병증이 나타나지 않는다면 더 전문적인 호스피스·완화의료 서비스를 받게 된다.

가장 보편적으로 이용될 수 있는 정신적·영적 요법에는 종교를 통해 정신적 평안을 찾는 방법을 들 수 있다. 이전에 특정 종교를 가지고 있거나 비록 예전에 종교가 없었다 하더라도 가족이나 친구 등 외부의 권유로 새로운 종교를 가지게 되었다면 해당 종교인과의 교류를 통해 정신적 안정과 영적 성장을 거둘 수 있다. 종교적인 돌봄을 수행하는 경우에는 교리적인 교훈이나 설득, 충고보다는 진심에서 우러난 고백과 용서를 유도해 내는 것이 의학적인 견지에서도 월등히 나은 정신적 안정을 가져온다(신민선, 2005).

3) 호스피스·완화의료의 종료

(1) 환자의 퇴원·전원

호스피스·완화의료는 해당 환자의 퇴원이나 전원에 의해 종료된다. 호스피스·완화의료가 반드시 의료기관 내에서만 이루어지는 것은 아니므로 경우에 따라서 가정 내 혹은 종교기관에서 호스피스·완화의료로 이어지는 경우도 있다. 죽음에 임박한 환자들은 호스피스기관에서 임종을 맞을 수도 있지만 대부분 가족의 정성 어린 돌봄과 친숙한 환경인 가정에서 임종을 맞기를 희망하게 되고 환자를 돌보는 가족 역시 낯선 병원보다는 가정에서의 돌봄이 환자의 건강뿐만 아니라 자신의 건강도 동시에 돌볼 수 있어 가정형 호스피스를 더 선호하기도 한다. 그러나 일단 호스피스·완화의료 시설에서 치료를 받던 환자가 퇴원이나 전원을 결심하면 해당 시설에서 이루어지는 호스피스·완화의료는 종료하게 된다.

(2) 환자의 사망

호스피스·완화의료는 해당 환자의 사망으로 종료된다. 환자가 임종을 맞으면 고통을 경감시키는 최소한의 조치만을 하고 고통의 경감과 무관한 생명 연장과 관련한 다른 어떤 조치도 행해져서는 안 된다.

호스피스·완화의료 중 사망한 경우 환자는 그 원인 질병으로 인해 사망한 것으로 간주된다. 따라서 환자의 담당 의사는 환자가 호스피스·완화의료로 전환한 이후 환자의 사망에 대해 법적인 책임을 지지 않는다.

06 호스피스·완화의료에서 의료사회복지사의 역할

호스피스·완화의료의 오랜 역사를 가지고 있는 영국과 미국, 캐나다 등의 나라에서는 호스피스·완화의료 제도의 발전과 함께 사회복지사의 참여와 역할이 변화되어 왔다. 또한 사회복지서비스는 호스피스·완화의료 제도가 확립된 모든 나라에서 보건 및 의료서비스와 함께 핵심 서비스 요건으로 포함되어 있다.

오래전부터 호스피스·완화의료에서 사회복지사의 참여가 제도화된 미국에서는 전국사회복지사협회 윤리강령(NASW Code of Ethics)에 임종 환자와 관련된 사회복지 실천의 가치와 원칙을 별도로 명시하고 있다. 그 원칙은 자기결정, 공동선, 전인적 돌봄, 임종 환자와 그들의 주요 주변인에 대한 존중 등 네 가지이다. 자기결정은 윤리적 입장 표명, 간접적인 자율성, 가족의 치료에 대한 의사결정, 사전 의료 지시서 작성과 실행, 안락사 고려 등의 문제를 포함한다. 공동선은 생명 존중의 가치와 생애 말기 의사결정에 있어 취약한 인구집단의 욕구와 자기결정이 균형 있게 고려되어야 하며, 사회복지사 개인의 가치와 자기결정에 대한 전문적 책무 사이의 긴장을 고려해야 함을 의미한다. 전인적 돌봄은 말기 돌봄에 있어 사회복지사가 환자를 질병의 관점에서만이 아니라 생태·심리사회적 접근, 영성적 사정과 개입, 사건에 대한 환자의 주관적 해석에 대한 옹호 등을 통해 전인적으로 접근해야 함을 말한다. 임종 환자와 주요 인물에 대한 존중은 특정한 문화적·영성적 전통, 다양한 상황과 인구집단에 대응하는 서비스 개발, 사회적 관계망의 중요성, 클라이언트가 경험하는 삶과 죽음에 대한 경험의 다양성 인정, 임종자의 삶과 죽음의 의미와 존엄성 인정 등이 포함된다. 이를 위해서 사회복지실천의 일반적 원칙인 비판단적·비지시적·비방어적 상호작용, 공감과 개방적인 의사소통, 문화적 유능성에 기반한 실천, 계획과 개입에 있어 클라이언트의 욕구를 최우선으로 하기, 클라이언트의 현재에서 출발하기, 비밀 보장 등이 실행되어야 함을 명시하고 있다(Brandsen, 2005; Csikai, 2004; 최희경, 2013).

일반적으로 호스피스·완화의료에서 사회복지사의 역할은 환자와 가족 문제의 해결을 위한 상담과 심리사회적·법적·경제적 도움 제공, 환자와 가족의 돌봄 보조, 의료팀과의 협조, 팀 모임 참석, 유가족에 대한 사별 후 추후 지지, 상담 의뢰, 지역사회 자원 연계, 장례 준비 지원, 팀원과의 의사소통, 기록 및 기록 보관, 자원봉사자 모집 및 관리 등으로 규정할 수 있다(국립암센터 홈페이지; 노유자·한성숙·유양숙·용진선, 2001). 그러나 현재 우리나라에서 규정하고 있는 사회복지사의 역할 규정은 현장에서 호스피스·완화의료를 실천하고 있는 사회복지사의 견해나 합의를 종합적으로 반영한 것이라고 보기 어렵다. 호스피스·완화의료 복지 분야는 다른 영역에 비해 개입하는 사회복지사의 수가 부족하고 업무가 분명히 규명되어 있지 않아(Lee, 2001) 사회복지사들은 스스로 쉽게 지치고 직무에 대한 불만족, 스트레스 등을 느끼는 등 더 많은 딜레마를 경험하고 있다(Seo, 2009). 아울러 클라이언트가 가지고 있는 문제 해결의 어려움 속에서 더 쉽게 정서적 소진을 경험하기도 한다(Kim, 2006). 그리고 업무에 대한 표준화 부재는 사회복지사의 정체성 혼란을 가져오고 업무수행 결과평가를 어렵게 하여 결국 소진을 초래하는 결과를 불러일으킬 수 있다.

문과 아도르노(Munn & Adorno, 2008)의 연구에 의하면, 호스피스·완화의료 현장에서 사회복지사는 다른 전문직에 비해 임종기 환자 개인의 문제보다는 가족이나 사회·경제적 문제, 사별 문제 등과 관련한 개입 활동이 많은 편이며, 일상적 돌봄보다는 가족 갈등이나 위기 상황 등 비일상적인 문제를 해결하는 데 집중하는 경향이 있는 것으로 나타났다. 또한 직접적인 의료 및 임상적 돌봄 이외에도 환자와 가족을 위한 옹호, 교육, 훈련, 기관 간 연계와 협력 활동, 지역사회 차원의 자원 개발과 동원, 임종 및 호스피스 관련 행정과 정책 개발 등이 사회복지사의 중점적 활동 영역이다(최희경, 2013; Payne, 2004).

필세커(Pilsecker, 1979)에 의하면 호스피스·완화의료에서 의료사회복지사의 중요한 과제는, 첫째, 환자와 가족이 서로의 감정에 접근하고 그들의 선택을 이해하도록 돕고, 의미 있는 의사소통을 유지하거나 개발하고, 필요로 하는 지역사회 자원을 활용하고 배치한다. 둘째, 호스피스·완화의료에 관련된 다른 전문가들에게 그들 자신의 감정을 인정하고 교환하도록 하며, 환자와 가족의 욕구를 존중하고 이해하도록 하고, 환자와 가족의 욕구를 민감성 있게 충족하도록 도와야 한다(Cowles, 2000,

Pilsecker, 1979: 강흥구, 2008 재인용).

구체적으로 의료사회복지사는 호스피스팀의 일원으로 환자에게는 육체적·심리적·사회적·영적 욕구가 충족될 수 있도록 매개자의 역할을 하며, 가족이 환자의 원조자로서 역할하도록 지도해야 하며, 필요한 자원의 연계와 조정자의 역할을 해야 한다. 이러한 측면에서 호스피스 자원봉사자를 발굴·교육·배치하여 활용하는 것도 사회복지사의 또 하나의 과제라고 할 수 있다. 이와 같은 호스피스·완화의료에서 의료사회복지사의 역할을 정리하면 〈표 12-8〉과 같다.

〈표 12-8〉 호스피스·완화의료에서 의료사회복지사의 역할

역할	세부 내용		
기획가	•가족 프로그램 기획	•가족·자원봉사자 교육 기획	•호완행사 기획
상담가	•초기상담	•재상담	•임종돌봄 상담
연계가	•행사지원 연계	•자원 정보 제공	•후원 연계
관리자	•자원봉사 관리	•요법치료사 관리	•영적 돌봄자 관리
행정가	•QI/공공보건의료	•예산계획 및 집행	
사별가족상담가	•전화상담	•사별가족 모임 운영	

출처: 대한의료사회복지사협회(2019: 563)

그러나 사회복지실천의 관점과 가치가 근본적으로 호스피스·완화의료에 내재되어 있고, 사회복지사뿐만 아니라 참여하는 모든 전문가들이 이러한 가치와 관점을 공유하여야 하기에, 호스피스·완화의료 실천에서 사회복지사의 역할은 불명확해질 수 있다(Parker Oliver, Wittenberg-Lyles, Washington, & Sehrawat, 2005). 호스피스·완화의료가 제도적으로 정착된 나라에서 공통적으로 사회복지사는 여전히 다학제적 팀 안에서의 역할 규정과 지위, 정체성 문제와 씨름하고 있는 것으로 보고되었다(Parker Oliver et al., 2009). 호스피스·완화의료에서의 사회복지사 역할의 모호성은 사회복지사와 보건의료 전문가, 특히 간호사와의 영역 및 역할의 중복 문제를 초래하였으며, 전문직 간 혼란과 갈등이 나타나기도 하였다(Reese & Sontag, 2001).

07 호스피스·완화의료의 실제

1) 전인적 돌봄 과정의 실제

임종과정에 대한 체계적 관리는 인생의 마지막 시간을 통해 개인과 가족의 성장을 도모할 수 있도록 돕는다. 이러한 전인적 돌봄 과정의 실제 사례를 살펴보면 다음과 같다.

전인적 돌봄과정 사례

1. 인생의 마지막 시간을 준비하기

환자의 편안함을 위해 환자의 고통과 괴로움을 잘 조절해야 하고, 가족과 보호자들의 편안함을 위해 위로, 교육, 가족의 괴로움을 관리해야 한다.

① 환자의 건강 상태, 치료의 목표, 사전지시서(advance directives), 의사결정을 할 대리인을 파악하여 환자가 무엇을 원하는지 알아야 한다.
② 어떤 경과를 밟을 것인지, 임종과정의 증상과 증후, 치료에 관해서도 지식이 있어야 한다.
③ 가족이 보는 것과 환자의 경험은 매우 다를 수 있음을 가족들이 이해하도록 돕는다.
④ 가족과 보호자가 자신감을 가지면 그 경험은 마지막 선물을 주는 느낌을 줄 수 있다.
⑤ 의료인을 포함한 보호자가 삶의 마지막 순간에 있는 환자를 보살피는 기술을 갖추도록 미리 교육과 훈련을 받을 필요가 있다.

2. 임종 과정의 생리적 변화 및 증상관리

① 쇠약감과 피로의 증가, 피부 허혈: 욕창의 위험이 증가하므로 예방 관리를 한다.
② 식욕의 감퇴 및 경구 섭취의 감소: 이 시기에 식욕을 잃는 것은 정상이라는 것을 가족이 이해하도록 돕고, 음식이 구역과 구토를 유발할 수 있으며 흡인의 위험이 있음을 알려 준다.
③ 수분 섭취의 감소, 탈수증
- 수분 섭취의 감소가 예측된 일이라는 것을 가족들이 이해하도록 돕는다.
- 점막과 결막의 보호를 위한 관리를 한다.

④ 심장 및 신장 기능의 장애
⑤ 신경학적 기능 장애
- 의식 수준의 감소
- 의식 없는 환자와 의사소통하기
  - 의식이 없는 환자는 항상 들을 수 있다고 추정하는 것이 좋다.
  - 친밀하고 쾌적한 환경을 만들도록 가족을 격려한다.
  - 환자가 좋아할 만한 사람들, 어린이, 애완동물, 음악, 소리 등을 환자 곁에 두고 모든 대화에 환자를 포함시킨다.
  - 가족이 환자로 하여금 '붙들고 있던 것을 놓고' 죽을 수 있는 허락을 하도록 격려한다.
  - 가족이 늘 해왔던 방식으로 환자와 접촉함으로써 감정을 표현하도록 한다.

- 말기 섬망(Terminal Delirium)
  - 말기 섬망의 가능성을 예측해서 가족을 교육하고 지지하는 것이 중요하다.
  - 동요, 신음소리, 찡그린 얼굴을 동반한 안절부절못하는 증상이 반드시 통증을 의미하지 않으며, 말기 섬망의 가능성을 고려해야 한다.
  - 호흡 변화
  - 얇고 빠른 호흡, 폐활량 감소, 무호흡, 호흡 보조근의 사용 등 호흡의 변호 양상을 이해한다.
  - 혼수상태에 있는 환자는 숨 가쁨과 질식 느낌을 경험하지 않을 것이며, 산소는 죽음의 과정을 연장시킬 뿐이라는 것을 가족에게 알려 안심시킨다.
- 삼키는 능력의 상실
  - 치료 경구 섭취를 중단하고 가족에게 흡인의 위험에 대하여 경고한다.
- 괄약근 기능 상실
  - 요실금, 배변실금은 환자와 가족에게 매우 고통스러운 일이 될 수 있으므로 이러한 상황의 발생을 미리 알려 준다.

⑥ 통증: 임종을 맞을 때 통증이 갑자기 심해질 것이라고 많은 환자들이 두려워하지만, 실제로 그렇다는 증거는 없다.
- 의식 없는 환자의 평가
- 약물의 투여

3. 임종이 임박한 상황의 돌봄

- 환자의 상태를 재평가한다.
- 가족에게 반복해서 치료의 목표, 생명을 연장시키는 치료의 무익함에 대해서 부드럽고 명확하게 설명한다.
- 환자가 경험하는 것과 가족, 보호자들이 보는 것은 다르다는 것을 인식한다.
- 개인적·문화적·종교적·전통적 의식 및 사후 시체 처리, 장례계획을 확인한다.
- 가족들을 지속적으로 도와주고, 다른 전문가들의 역할을 설명하고, 연락처를 알려 준다.
- 가족들의 궁금증에 즉시 답함으로써 안정시킬 수 있다.
- 환자가 입원시설에 있는 경우 가능한 한 집과 같은 분위기를 만든다.

* 사망의 진단: 심박동이나 호흡이 없음, 동공의 고정, 창백한 피부색깔, 혈액이 고정됨에 따라 남빛으로 변색, 체온의 감소, 근육들과 조임근들의 이완, 체액의 신체 장기 내 유출현상 발생 시 의료진이 사망을 진단한다.

4. 임종 이후의 돌봄

- 집에서 사망 시 가족들에게 응급차량을 부를 필요가 없음을 알려 준다.
- 가정 호스피스에 연결되어 있을 경우 호스피스 팀에 연락한다.
- 가족이 괴로워하고 급성 애도반응을 보일 시, 이에 대해 지지가 필요한 경우 의료진이 함께 있는 것이 도움이 된다.
- 환자가 사망하면 돌봄의 초점은 환자 가족으로 옮겨진다.

① 사별의 현실을 받아들이고 작별인사를 하는 데 필요한 시간을 주는 것이 중요하다.
② 평안하고 접근하기 쉬운 환경을 만든다.
③ 급성 슬픔 반응을 평가해서 위험도를 확인한다.
④ 시신을 옮긴다.
⑤ 장례식을 진행한다.

출처: 고수진(2007)

2) 주요 프로그램

국립암센터의 주요 프로그램은 다음과 같다(국립암센터 중앙호스피스센터 홈페이지 https://hospice.go.kr).

(1) 통증 캠페인

중앙호스피스센터에서는 암 환자의 통증 조절에 대해 의료진 및 환자의 인식이 부족하여 의료진의 통증 조절에 대한 적극적인 참여와 환자의 통증 치료에 대한 인지도를 높이기 위하여 통증 캠페인을 진행한다. 그 내용은 다음과 같다.

- 2007년부터 매년 통증 캠페인 실시
- 환자용 교육자료 〈통증, 참지 말고 말씀하세요!〉, 〈마약성 진통제 바로 알기〉 리플릿 제작
- 통증 캠페인 홍보물 제작
- 암성통증 바로 알기 SNS ○, × 퀴즈 시행
- 지역별 통증 캠페인 실시

(2) 10월 호스피스의 달 캠페인 개최

중앙호스피스센터에서는 10월 둘째 주 토요일, 세계 호스피스의 날을 맞이하여 '10월 호스피스의 달 캠페인'을 실시한다. 호스피스·완화의료의 이해를 돕기 위한 자료를 제작·배포하고, 호스피스·완화의료를 알리는 행사와 학술 세미나를 개최함으로써 전 국민의 호스피스 인지도를 높이고, 그 필요성을 알리고자 하는 것이다. 그 내용은 다음과 같다.

- 호스피스·완화의료 우수 자원봉사자 선정
- 호스피스의 날 기념식 개최
- 세계 호스피스·완화의료의 날(World hospice & palliative care day)
- 각 기관별 '호스피스·완화의료의 달' 개최

08 호스피스·완화의료의 주요 현안과 과제

최근 한국의 호스피스·완화의료계는 국민건강보험 호스피스 수가제 시행, 호스피스 관련 법의 시행, 자문형과 가정형 등 유형별 수가 시범사업, 커뮤니티케어 등으로 격변의 전환기를 맞고 있다. 다행히도 입원형 국민건강보험 호스피스 급여수가제는 시범사업을 통해 정착해 가고 있으나, 완화의료 도우미제도와 「연명의료결정법」은 시범사업 등의 철저한 준비 없이 법부터 시행되고 있어, 시작부터 시행착오의 우려를 안겨 주고 있다. 예를 들면, 「연명의료결정법」의 시행으로 아직도 확대 질환에 대한 표준교육과정 개발과 전문인력 확보가 되지 않았고, 연명의료결정에 대한 논란도 지속되고 있다.

이러한 우를 범하지 않기 위해서는 법령의 제정과 시행이 정치 논리에 빠지지 않도록 호스피스 관련 학회와 협회, 호스피스 기관 및 시설, 유관 기관, 정부, 국회 등의 유기적인 협조와 무엇보다도 국내 호스피스·완화의료 시설 및 기관에 대한 전수조사를 전제로 시행착오를 줄이기 위한 정교하고 철저한 준비와 검토가 요구된다.

1) 주요 현안

(1) 역할과 자격 기준의 미비

호스피스·완화의료 사회복지가 당면한 문제점 중 하나는 사회복지사의 역할과 자격 기준이 명확하지 않다는 점이다. 환자 및 가족에게 적절한 서비스를 제공하기 위해서는 사회복지사 역할과 자격 기준의 정립, 전담 인력의 확충 및 고용안정의 확보가 선행되어야 한다.

(2) 충분하지 못한 교육프로그램

정부는 2004년 '호스피스·완화의료 사업지원 평가단'을 구성하여 의사 및 간호사, 사회복지사 각 직종에 호스피스·완화의료 교육프로그램에 대한 개발연구를 수행하였다. 이때 개발된 사회복지사의 시범 교육과정은 총 15시간으로 다음과 같다.

① 호스피스·완화의료 사회복지사의 역할(2시간)
② 심리·사회적 평가(2시간)
③ 심리·사회적 상담(2시간)
④ 사별관리(2시간)
⑤ 영적 돌봄(2시간)
⑥ 호스피스협력체계 구축 및 자원활용(2시간)
⑦ 심리사회적 평가와 상담(실습 3시간)

직종별 공통과목과 전문분야별 교육을 재구성하여 1일 교육과정(7시간)이 개발되어 의사, 간호사, 사회복지사를 대상으로 서울, 경기, 부산, 광주 지역 4곳에서 교육이 실시되었다. 그러나 사회복지사 교육은 총 15시간으로 사회복지사가 교육 시간을 별도로 내기 어려운 점을 감안하여 최소 필요한 교육내용으로 개발되었으나, 36시간을 개발한 의사직과 총 78시간을 개발한 간호직에 비해 이수 시간이 짧고 교육내용이 개괄적이다.

한편, 대한의료사회복지사협회 내 호스피스위원회는 사회복지사의 양성과 교육개발 과정을 필요성을 인식하고 2007년 사회복지사를 대상으로 교육을 개발하고 실시하였다. 교육과정은 2004년 사회복지사의 시범 교육과정, 미국 NHPCO(2004), 국립암센터의 호스피스 고위과정을 비교하여 공통적으로 다루고 있는 것과 사회복지사에게 필요한 교육을 파악하여 24개 주제 총 29시간의 기본교육(8시간), 전문교육 I, II(각각 7시간), 심화교육(8시간)이 개발되었다. 그러나 이는 「암관리법」에서 요구하고 있는 "완화의료 전문기관 근무하는 의사, 간호사, 사회복지사는 총 60시간 이상 완화의료 교육과정을 이수해야 한다."라는 기준에 못 미치는 수준이다. 이 교육은 2007년, 2008년 두 차례에 걸쳐서 실시되었다. 2007년 교육에 참석한 대상자는 기본교육 177명, 전문교육 168명, 심화교육 104명이 참석하였다. 이는 호스피스·완화의료에 대한 의료사회복지사의 높은 교육 욕구와 호스피스 영역에 대한 관심이 급증했음을 반영한 것이다.

(3) 수가 정책 활동

정부는 말기암 환자와 가족의 삶의 질 향상을 도모하고, 신체적·정신적·사회적 문제 해결을 위한 전인적 치료를 제공하며, 비효율적 의료 이용 및 환자의 신체적 부담을 완화하고자 수가 개발을 추진하였다. 2007년 7월에 78개 호스피스기관을 대상으로 설문조사를 실시하여 일반 현황, 인력 및 시설 수준을 파악하였고, 이 중 20개 호스피스기관(병동형 및 독립시설형)을 대상으로 수가를 조사하였다. 조사 결과 건강보험심사 평가원에서는 일당정액제를 기반으로 하는 호스피스·완화의료 수가안을 개발하였다. 그러나 실제로 완화의료 수가 수준을 완화의료 병동의 행위별 수가의 평균으로 산정하였고, 완화의료 상담 및 서비스를 완화의료 병동 일당 정액수가에 거의 반영하지 않았다. 즉, 호스피스·완화의료의 특성에 맞는 상담 및 교육, 정서적·영적 간호, 사별관리 등의 활동이나 병실 사용 등의 호스피스·완화의료 활동에 필요한 기관의 구조나 특성이 수가에 전혀 반영되지 않았다. 이러한 상황에서 호스피스·완화의료 포괄수가(DRG: Diagnosis-Related Group) 적용 시 수가가 충분히 보전되지 않으면 환자에게 필요한 의료행위까지 제한을 받을 위험이 있다.

그동안 관련 사회복지사는 보험위원회 및 건강보험심사평가원에 사회복지사 수가의 보상 방식에 대해 현재 정신건강의학과와 재활의학과에서 인정받고 있는 사회복지사의 행위료를 적용하여 일당 금액으로 산출하여 입원 건당 7가지 서비스(사회복지진단과 사정, 심리사회적 상담, 경제적 문제 상담, 지역사회 자원 연결 상담, 통증관리 상담, 임종상담, 퇴원계획 상담)가 각 1회 정도 필요하다고 제안한 바 있다. 제시한 7가지 서비스에 대한 행위수가가 인정되지 않더라도 최소한 정신건강의학과에서 인정받고 있는 4가지 서비스 항목(개인력 조사, 사회조사, 사회사업지도, 가정방문)이라도 사회복지 수가로 반영해 줄 것을 보험위원회 및 건강보험심사 평가원에 여러 차례 개진하였으나 반영되지는 않았다. 건강심사평가원은 말기암 환자와 가족을 대상으로 2010년 1월부터 1년 6개월간 '완화의료 건강보험수가 시범사업'에 들어갔다. 여기서 사회복지사의 일당정액 수가는 상급종합병원에서 3,290원, 종합병원에서 3,250원, 병원에서 3,030원, 의원은 2,950원을 인정하고 있다. 이와 같이 사회복지사의 일당 정액수가를 책정할 경우 기관의 입장에서는 사회복지사를 고용하기 어려울 수밖에 없다. 따라서 사회복지사의 행위수가에 대한 보상체계가 마련되어야 한다.

2) 향후 과제

(1) 역할 정립과 자격 기준의 표준화

호스피스·완화의료 사회복지서비스는 말기 환자와 가족의 광범위한 고통을 경감시키기 위한 서비스의 중요한 부분이며, 사회복지사는 개인, 가족, 의미 있는 타자는 물론, 특정 인구집단, 지역사회 및 건강 관련 특별프로그램과 교육 및 연구체계에 의료기관의 통합적 서비스를 제공하기 위하여 적극적인 역할을 담당해야 한다. 따라서 개입을 위한 다양한 역할과 숙련된 전문성이 요구된다.

(2) 교육과정 및 교육자 개발

한국 호스피스·완화의료의 미래를 위하여 가장 중요하게 발전을 도모해야 할 분야 중 하나는 교육이다. 실제로 호스피스·완화의료 현장에서 사회복지사의 역할이 필수적인 것은 아니며 타 전문직이 그 역할을 대체할 수 있다고 여겨지는 이유로 추정되는 이유 중 하나는 호스피스 분야에서 경쟁적 관계에 놓여 있는 대부분의 호스피스 간호사가 높은 수준의 교육을 통해 전문성을 강화하고 있다는 점이다. 따라서 사회복지사의 역량을 강화하고 충분한 교육과 훈련을 제공하는 것이 필요하다.

(3) 정책적 지원

현재 정부의 수가 시범사업은 일당 정액수가제로서 상담 서비스를 행위별로 포함시키지 않고 있다. 문제는 현행 일당 정액수가제로 추진할 경우 사회복지사는 인력충원에서 큰 타격을 입는다. 현 수가체계로 인력을 고용해야 한다면 기관은 이 비용만으로 사회복지사의 인건비를 충당하기 어려워서 사회복지사의 고용을 꺼려 할 수 있다. 수가는 인력 충원과 맞물려 있으므로 향후 인정받을 수 있는 사회복지 행위 수가의 적극적 개발과 수가 보상체계에 대한 정책적 건의 활동이 요구된다.

(4) 호스피스·완화의료 사회복지사 인력의 확충

대만은 호스피스 병동에 최소 1명 이상의 전담 사회복지사를 배치하고, 가정 호스피스에 최소 1명의 전담 사회복지사를 배치하고 있다. 국내 「암관리법」은 완화의료 전문기관의 인력, 시설, 장비 기준에서 '사회복지사의 인력 기준은 환자의 숫자에 관계없이 상근 1명 이상'이라는 기준으로 제시하고 있다. 그러나 사회복지사의 고용 기준이 '전담 상근'이 아니고 '상근'이라면 기관은 예산 절감을 위해서 낮은 임금의 계약직 또는 다른 업무를 맡고 있는 기존 인력을 활용할 가능성이 높다. 이에 인력 기준을 상근이 아닌 전담 사회복지사로 배치하도록 하는 지속적인 정책 건의가 필요하다.

생각해 봅시다

- 연명의료결정에 대한 여러분의 견해를 발표하고 토론해 봅시다.
- 일반 의료와 호스피스·완화의료의 차이점을 알아보고, 호스피스·완화의료의 범위에 대해 토의해 봅시다.
- 여러분이 의료사회복지사라고 가정하고 암병동의 말기암 환자에게 호스피스·완화의료에 관한 정보를 제공하는 것에 대해 토론해 봅시다.

Chapter 13

의료사회복지의 쟁점과 과제:
커뮤니티케어와 의료사회복지사의 역할을 중심으로

학습 목표

- 지역사회 통합 돌봄(커뮤니티케어)에 대한 개관에 대해 이해한다.
- 지역사회 통합 돌봄(커뮤니티케어)에서의 의료사회복지사의 역할을 이해하는 것으로 의료사회복지의 나아갈 방향에 대해 생각한다.

건강서비스는 보건의료 정책 및 보건의료 환경의 변화에 따라 지금도 지속적으로 변화되고 있다. 의료기관은 이와 같은 환경 변화를 고려하며 의료기술의 지속적인 발전과 더불어 보건 영역에서의 관리 및 성장을 위한 전략들을 변화해 가고 있다. 무엇보다 보건의료 영역에서의 환경 변화는 의료기관에서뿐만 아니라 국가적인 차원에의 보건의료 정책의 시책 변화에도 영향을 미치고 있다. 그러므로 좁은 의미에서의 보건의료 시책이 아닌 광범위하고 포괄적인 측면에서의 시책으로 정책 및 실천 분야를 더욱 넓혀 가는 상황이며, 이러한 변화를 선도해 갈 다양한 전문가 집단의 역할이 필요하다. 이에 의료사회복지사는 보건의료 및 복지를 함께 아우르는 전문직이자 특정 영역에서만이 아닌 다차원적이고 통합적인 분야에서의 정책 및 실천가로서 다기능적인 역할이 가능한 전문직으로, 이러한 시대적 변화의 필요에 대응하는 필수 전문가 집단임을 우리는 이 책의 첫 장에서 이미 논의한 바 있다.

현재 이와 같은 정책 및 환경의 변화 흐름의 중심에 지역사회 통합 돌봄(커뮤니티케어)이 있다. 지역사회 통합 돌봄(커뮤니티케어)은 보건의료복지 분야에서 국가의 중요한 시책 중 하나로 자리매김하고 있는 주요 사업이다. 이 사업에서 보건의료와 복지

영역에서 다기능이 가능한 의료사회복지사의 전문가 역할에 대한 기대가 커짐에 따라 의료사회복지사는 미래 사회의 보건의료 및 복지 영역에서의 핵심 전문가 집단이 되기 위한 다양한 준비가 필요한 상황이다. 이에 현재 국가가 주도하고 있는 보건의료복지 영역에서의 가장 큰 핵심 사업인 지역사회 통합 돌봄(커뮤니티케어)에 대한 이해를 돕고 이 영역에서 의료사회복지사의 역할이 무엇인지 논하는 것을 통해 의료사회복지의 앞으로의 쟁점과 과제에 대해 생각해 보고자 한다.

01 지역사회 통합 돌봄(커뮤니티케어)에 대한 개관

1) 지역사회 통합 돌봄(커뮤니티케어)의 정의 및 도입 배경

지역사회 통합 돌봄(이하 커뮤니티케어)이란 돌봄(케어[24])이 필요한 주민(어르신, 장애인 등)이 살던 곳(자기 집이나 그룹홈 등)에서 개개인의 욕구에 맞는 서비스를 누리고 지역사회와 함께 어울려 살아갈 수 있도록 주거, 보건의료, 요양, 돌봄, 독립생활 등을 통합적으로 지원하는 지역 주도형 사회서비스 정책이다(보건복지부, 2020a).

우리나라가 이미 고령사회에 진입하였고 2026년에는 고령인구가 전체 인구의 20%를 차지하는 초고령사회에 진입할 것으로 예상되고 있다. 무엇보다 이러한 사회변화로 돌봄(케어)에 대한 수요가 급증하고 이는 국민 대다수의 보편적 문제가 될 것이 예측됨에 따라 돌봄이 필요한 사람을 누가, 어디서 돌볼 것인가에 대한 해법 마련이 필요해짐에 따라 커뮤니티케어가 도입되었다. 대한민국정책브리핑(2021.11.17.) 자료에 따르면 2026년에 노인 1천만 명, 2024년에는 치매 환자만 100만 명이 될 것으로 예측하고 있다. 또한 동 자료에 따르면 「2017년 노인실태조사 결과」에서 노인 57.6%가 거동이 불편해도 살던 곳에서 여생을 마치고 싶다고 답했으나 실상은 병원

24 케어의 복합적 개념은 주거, 보건의료, 요양, 돌봄, 독립생활 지원을 포함한다.

이나 시설에서 지내야 하는 상황이 많고, 불충분한 재가 서비스로 인해 가족 특히, 여성에게 돌봄은 큰 부담이 되고 있다고 보고하였다. 실제로 2016년 장기요양보험 통계 자료에 따르면, 노인장기요양서비스 이용 노인 약 52만 명을 수발하는 가족 중 여성이 차지하는 비율이 73%(38만 명), 자녀 중에서는 딸이나 며느리가 86%로 보고하였다.

이처럼 커뮤니티케어는 초고령사회를 앞둔 시점에서 광범위한 돌봄 불안을 해소하고 국민의 삶의 질을 높이기 위해 어르신들이 살던 곳에서 건강한 노후를 보낼 수 있도록 주거, 의료, 요양, 돌봄 서비스를 획기적으로 개선하는 정책이라고 볼 수 있다. 그러나 커뮤니티케어에 대한 국가의 정책 방향을 살펴보면 궁극적으로는 지역사회에서 돌봄이 필요한 모든 대상에 대해 적정 서비스를 연계하여 지역사회에서의 생활을 지원하는 과정으로 커뮤니티케어를 정의할 수 있다. 이에 커뮤니티케어의 정부 정책 방향을 살펴보면 다음과 같다.

2) 커뮤니티케어에 대한 정부 정책 방향

커뮤니티케어는 '누구나 살던 곳에서 건강한 삶을 보낼 수 있는 포용국가'라는 비전 아래 2025년까지 지역사회 통합 돌봄 제공기반 구축을 목표로 한다. 이에 다음과 같은 핵심요소를 중점과제로 두고 있다(보건복지부 2021).

- 주거: 케어안심주택, 집수리 사업, 통합돌봄형 도시재생뉴딜
- 건강의료: 방문건강 서비스, 방문의료, 지역연계실 운영, 만성질환 예방 및 관리, 재활 및 회복
- 요양 및 돌봄: 차세대 노인장기요양, 신규 재가서비스, 재가 의료급여 신설
- 서비스 연계: 통합돌봄창구(읍면동, 보건소 등), 지역케어회의(시군구), 통합정보플랫폼

국가에서 제시하는 커뮤니티케어와 관련한 전반적인 비전 및 로드맵을 살펴보면 다음의 [그림 13-1]과 같다.

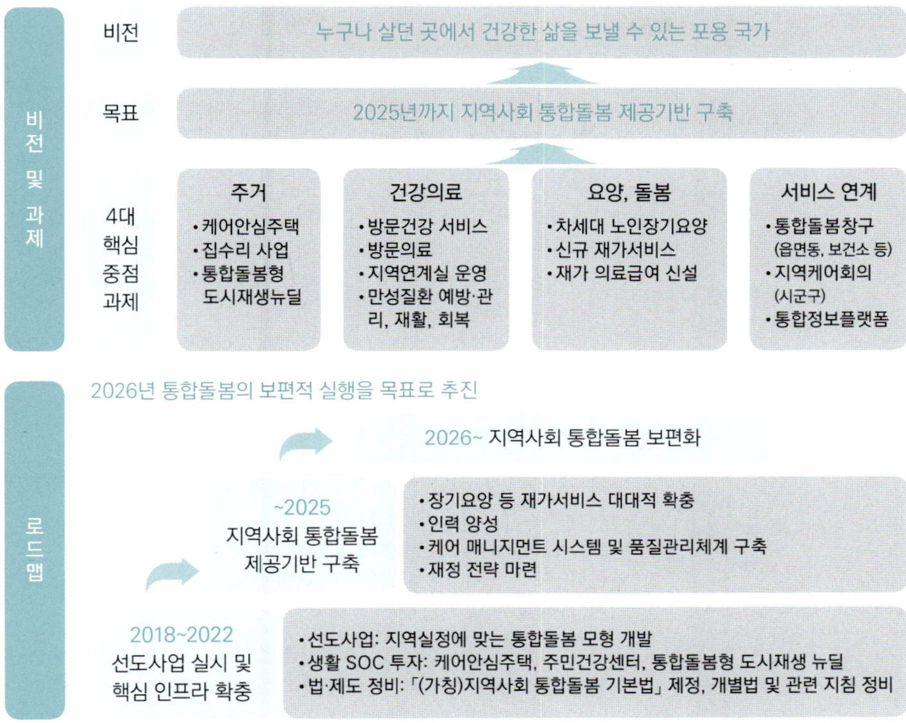

[그림 13-1] 커뮤니티케어의 비전과 4대 과제

출처: 보건복지부(2020a)

이처럼 커뮤니티케어의 대상은 노화, 사고, 질환, 장애 등으로 돌봄이 필요한 상태지만 평소 살던 곳에서 지내기를 희망하는 사람이다. 전통적인 복지처럼 빈곤한 자에게 엄격한 자산조사를 거쳐 선별적으로 선정하는 것이 아니라 자산조사 없이 욕구에 기반하여 돌봄이 필요한 사람은 누구나 대상이 되는 보편적인 제도로 발전시켜 나가는 것을 요지로 하고 있다. 이에 4대 중점과제에 대해 좀 더 구체적으로 소개하면 크게 주거 지원 인프라의 대폭 확충, 어르신의 집으로 찾아가는 방문건강 및 방문의료 실시, 재가 장기요양과 돌봄서비스 획기적 확충, 사람 중심의 민·관 서비스 연계와 통합 제공으로 볼 수 있으며, 세부적인 내용은 다음의 〈표 13-1〉과 같다.

〈표 13-1〉 커뮤니티케어 비전과 4대 과제

구분	4대 과제	핵심 내용
주거 지원 인프라 대폭 확충	어르신 맞춤형 '케어안심주택' 제공	• 어르신이 평소 사는 곳에서 건강관리를 받고 각종 돌봄 서비스 등을 편하게 누릴 수 있는 '케어안심주택' 대폭 확충 • 다양한 모델 개발, 선도사업·도시재생지역 등에서 실증 거쳐 확대
	어르신 독립생활 및 낙상 예방을 위한 주택개조(집수리) 실시	• 어르신이 집에서 안전사고를 당하지 않도록 집수리 사업 추진 - 일상생활 수행능력(옷 갈아입기, 화장실 사용, 목욕 등)이 불편한 어르신 가운데 재가 어르신 약 24만 세대(~'25): 퇴원(소)자와 최저 주거기준 미달자 우선 지원 - 노인가구가 가장 필요한 주택개조항목('17주거실태조사): 미끄럼 방지 등 안전바닥재(37.6%), 응급 비상벨(31.1%), 욕실 안전손잡이(29.3%) • 집수리를 통한 낙상 예방은 어르신 의료비 절감에 크게 기여 가능 - 어르신의 골절(낙상 등)로 인한 의료비(건강보험 + 의료급여): 1.3조원('17)
	커뮤니티케어 특화 도시재생 뉴딜사업 신설	• 복지부-행안부-국토부 3개 부처 공동 협력으로 커뮤니티케어-주민자치-도시재생 연계모델 마련과 확산 - 커뮤니티케어형 도시재생 뉴딜사업 2019년부터 시작 • 돌봄, 자치, 도시재생 사업을 연계하여 의료·요양·복지·주거 등의 지역 기반 서비스 통합 제공
어르신의 집으로 찾아가는 방문건강 및 방문의료 실시	어르신을 찾아가 건강관리를 하는 '주민건강센터' 대폭 확충	• 건강이 불안한 노인의 집으로 찾아가 혈압·혈당 등을 확인하고 생활습관과 만성질환을 관리해 주는 방문건강서비스 대폭 확충 - 2018년 110만 가구(125만 명) ⇒ 2022년 271만 세대(약 300만 명) ⇒ 2025년 346만 세대(약 390만 명)에게 서비스 제공 목표 • '주민건강센터'를 보건지소 기능 전환과 '건강생활지원센터(현재 66개)' 확충해 확보('22년까지 250개 시·군·구 목표)
	어르신의 집에서 진료·간호 등을 하는 방문의료 본격 제공	• 의사, 간호사 등이 거동이 불편한 어르신의 집으로 찾아가 진료(왕진), 간호 등을 하는 방문의료 제공 - (대상자 예시) ① 거동불편 중증환자, ② 중증정신질환자, ③ 거동불편 장애인, ④ 요양병원 퇴원 만성질환자, ⑤ 호스피스 말기환자 등
	지역사회 기반의 어르신 만성질환 전담 예방·관리	• 지역 동네의원을 중심으로 어르신의 만성질환을 지속적, 포괄적으로 예방·관리해 건강 악화와 합병증 방지
	경로당·노인교실에서 운동, 건강예방 등 프로그램 활성화	• 건강예방·관리 프로그램 등을 운영하는 경로당 대폭 확대 - 2022년까지 3만 개소, 2025년까지 4만 8000개에서 운영 추진 • 어르신 교실(노인대학)에서 사회참여(자원봉사 등), 노화적응(건강유지 등) 교육프로그램 본격 제공('20~)

<table>
<tr><th>구분</th><th>4대 과제</th><th>핵심 내용</th></tr>
<tr><td rowspan="4">재가 장기요양과 돌봄서비스 획기적 확충</td><td>병원 '지역연계실'을 통해 퇴원환자의 원활한 지역 복귀 지원</td><td>• 병원에 '지역연계실'(의사, 간호사, 사회복지사 등 협업)을 설치·운영해 퇴원환자의 지역 복귀를 위한 퇴원계획 수립과 돌봄 자원 연결</td></tr>
<tr><td>커뮤니티케어에 걸맞은 차세대 노인장기요양보험 구축</td><td>• 장기요양보험으로 돌보는 어르신을 OECD 선진국 수준으로 확대하는 목표 설정, 사회적 논의 거쳐 추진('25년 노인 11% 이상(약 120만 명) 수준의 확대 목표)
• 다양한 재가 급여를 수요자 중심으로 통합해 제공: 방문요양·간호·목욕·주야간 보호 통합재가급여 도입('19~)
• 병원에 갈 때 필요한 차량 이용 등의 이동서비스('병원 모심택시'), 집 문턱 제거 등의 주거환경 개선도 장기요양보험으로 지원
• 집에서 독립적으로 생활하는 데 필요한 보조기기 지원 확대(⇒ 고령친화산업으로 발전 기대)
• 집에서 장기요양서비스를 이용하는 어르신을 전체의 80%로 확대
* (재가서비스 이용률 확대) ('17) 69% ⇒ ('22) 75% ⇒ ('25) 80% 목표</td></tr>
<tr><td>'종합재가센터'를 설치해 서비스 통합 제공과 품질 향상</td><td>• 2022년까지 시군구별로 1개 설치
• 다양한 재가서비스를 한 기관에서 제공하는 '종합재가센터' 확보: 사회서비스원 직영 센터('22년 135개), 종합사회복지관 등 기존 기관 지정, '종합재가서비스업' 신설(「사회복지사업법」 개정) 등 민·관 협업 추진
• 식사 배달, 법률 지원, 안부 확인 등의 신규 재가서비스 개발: 선도사업을 통해 제공 모델 개발 후 장기요양보험·사회서비스 바우처 등 지원</td></tr>
<tr><td>재가 의료급여를 신설해 의료급여 퇴원환자의 재가생활 지원</td><td>• 장기입원 후 퇴원한 의료급여 대상자에게 재택의료, 간병, 돌봄·영양, 이동 지원(예: 외래 이용) 등의 통합서비스 제공</td></tr>
<tr><td rowspan="3">사람 중심의 민·관 서비스 연계와 통합 제공</td><td>공급자 중심의 분절적인 서비스 칸막이 해소</td><td>• 오랜 기간 누적된 보건과 복지 간의 분절적 서비스 해소
• 각종 복지 사업 간의 칸막이와 연계를 저해하는 걸림돌 제거: 복지사업 지침 일제</td></tr>
<tr><td>지역사회 민간-공공 협력으로 사람 중심의 서비스 연계</td><td>• 읍면동에 각종 서비스를 안내·연계하는 케어안내창구 신설
• 지역사회에서 민·관이 협력해 사람을 중심으로 서비스 연계, 통합 제공하는 모델 마련('지역케어회의')
- 지자체가 지역 여건에 맞추어 자율적으로 운영
- 선도사업을 실시해 다양한 모델을 검증하고, 우수모델을 만들어 지자체에 제시
• 사람(돌봄 대상자) 중심의 서비스 안내·연계 위한 통합플랫폼 구축
• '어르신 지역 돌봄 시범마을' 선정과 확산('25년 시군구별 4개, 총 1000개 목표)</td></tr>
<tr><td>민·관의 서비스 제공인력 및 사례관리인력 대폭 확충</td><td>• 지자체에 전담인력 확충(사회복지공무원 확충과 연계)
• 종합사회복지관 등 인력 증원, '명예 사회복지공무원' 위촉, 자원봉사자('좋은 이웃들') 등 적극 활용</td></tr>
</table>

출처: 대한민국정책브리핑(2021.11.17.) 재구성

이처럼 커뮤니티케어에 대한 정부정책 방향을 요약하면, 이와 같은 비전과 핵심과제의 실행을 통해, ① 중앙정부와 지방자치단체(지역사회)가 통합돌봄의 핵심요소 구현을 통해 건강한 노후를 보낼 수 있도록 제공기반을 구축하고, ② 중앙정부와 지방자치단체(지역사회)가 주도하여 다직종 연계를 구현하고 지역 특색에 맞는 통합돌봄 모형을 개발하고, ③ 지방자치단체(지역사회) 지역 진단을 기반으로 핵심 돌봄 대상자를 발굴하고 통합돌봄 프로그램을 운영하여 지방자치단체별 통합돌봄 모형을 개발·실현하는 것을 목표로 하고 있음을 알 수 있다. 커뮤니티케어의 4대 핵심과제 실현을 위해 중앙정부와 지방정부를 중심으로 영역별 커뮤니티케어의 실행을 위한 실제 수행체계 로드맵을 그림으로 나타내면 다음의 [그림 13-2]와 같다.

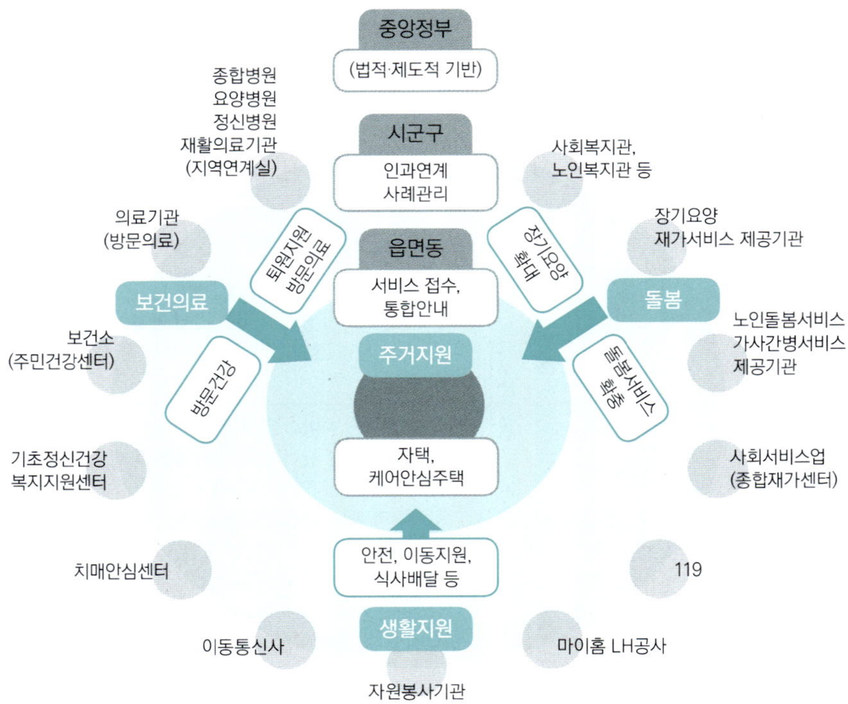

[그림 13-2] 영역별 커뮤니티케어의 실행을 위한 실제 수행체계 로드맵

출처: 대한민국정책브리핑(2021.11.17.)

02 커뮤니티케어와 의료사회복지

1) 커뮤니티케어와 보건의료 정책: 방문건강관리

커뮤니티케어의 실현을 위한 정부 정책 방향에서 의료사회복지가 접목될 수 있는 부분은 보건의료 분야라 볼 수 있으며 특히 그 가운데 방문건강 및 방문의료 서비스 구축에 대한 정부 정책 방향을 눈여겨볼 필요가 있다. 이에 이 분야에 대해 살펴보면 다음과 같다.

방문건강관리는 건강관리가 필요한 노인을 대상으로 정기적인 방문건강관리를 실시하는 것으로, 하위 부분으로 방문의료, 방문간호, 방문약료, 만성질환관리, 퇴원·지역연계, 의료급여 사례관리가 있다. 이 가운데 의료사회복지 영역에서 눈여겨볼 부분은 방문의료 분야에서의 일부와 퇴원·지역연계 영역에 대해 좀 더 구체적으로 살펴보고자 한다.

(1) 방문의료

- 의사, 간호사 등이 노인 등의 집으로 찾아가 방문의료를 제공
- 퇴원 시, 종합적인 환자 평가, 방문치료 및 환자관리 계획 수립, 방문의료 제공 및 타 의료기관 의뢰와 회송까지 지원

〈표 13-2〉 방문의료 대상자 및 서비스 내용의 예시

구분	주요 대상자	서비스 내용
급성기	• 수술 후 회복기에 있는 골절 환자 등	• 의료인 등 방문, 직접 치료
만성중증	• 중증환자: 악성종양, 심장질환 등 • 호흡치료: 인공호흡기 사용, 기도유지 등	• 의료인 등 방문, 직접 치료 – 드레싱 등 처치, 각종 장비점검 및 사용법 교육, 투약 등
만성관리	• 자가처치: 복막투석, 자가 도뇨 등 • 정신질환: 폐쇄병동 퇴원 후 일상적응 • 기타 만성노인질환: 요양병원 퇴원 후	• 의료인 등 방문, 주로 교육 – 자가처치 교육, 일상생활 교육, 일부 투약 등

구분	주요 대상자	서비스 내용
호스피스 (임종기)	• 사망에 임박하여 적극적 치료보다는 편안한 임종을 원하는 말기 환자	• 의료인과 사회복지사 등이 방문하여 상담 및 처치 – 통증조절 등 증상 완화와 심리 안정, 상담서비스 등

출처: 보건복지부(2020a)

〈표 13-2〉의 내용에서 눈여겨볼 부분은 의료사회복지사가 호스피스(임종기)에 있는 대상자를 대상으로 사망에 임박하여 적극적 치료보다는 편안한 임종을 원하는 말기환자에게 의료·심리적 안정을 찾을 수 있도록 상담서비스를 제공하는 역할을 할 수 있다는 것이다.

(2) 퇴원·지역 연계

- 병원과 지역(읍면동 등)이 협력하여 환자 입원 초기부터 퇴원계획 수립, 지역사회의 자원과 연계·지원하는 체계 마련
- 지자체는 관내 병원과 MOU를 체결하여 퇴원이 가능한 환자의 정보를 제공받음
- 지자체는 퇴원 시 지원할 수 있는 각종 통합돌봄 프로그램을 병원과 공유하여 실행 가능한 퇴원계획 수립

무엇보다 퇴원 및 지역 연계 부분에서의 퇴원계획은 이 영역의 서비스들이 수행되는 데 있어 가장 중점이 되는 내용이다. 병원에서 환자의 퇴원계획 수립에 대한 업무가 의료사회복지사의 핵심 직무 중 하나임을 고려해 볼 때 커뮤니티케어에서 환자지원팀의 일원으로 의료사회복지사가 수행하는 퇴원계획 수립 업무는 앞으로 그 중요성을 더 해 갈 것으로 예상할 수 있다. 이에 퇴원계획 수립에 대한 의료사회복지사의 개입 전문성을 함양할 필요가 있다. 특히 2019년 11월부터 환자지원팀을 중심으로 퇴원계획 수립을 통해 요양병원 환자를 지역사회로 연계하는 것이 법제화되었고 2020년에는 급성기 환자 퇴원지원 및 지역사회 연계활동 시범사업이 시행되어 퇴원 및 지역연계에서의 의료사회복지사의 역할은 더 커질 것으로 보인다. 이에 커뮤니티

케어에서의 퇴원계획과 의료사회복지사의 역할을 실제 시행되고 있는 제도 및 실천을 중심으로 살펴보겠다.

2) 커뮤니티케어와 의료사회복지사의 역할

(1) 요양병원 퇴원환자 지원제도

① 배경

인구 고령화 및 복합 만성질환 증가로 요양 및 간호, 주거욕구 등 사회·경제적 문제에 대한 대처가 필요해졌다. 살던 곳에서 건강한 노후를 보낼 수 있는 포용국가 건설을 위해 2025년까지 지역사회 통합 돌봄 제공기반(주거·의료·요양·돌봄서비스 통합 제공)을 구축하는 「지역사회 통합 돌봄(커뮤니티케어) 기본계획」 국무회의(2018.11.20.)에서 발표되었다. 또한. 요양병원 입원환자의 원활한 사회 복귀를 위한 지역연계 수가 신설이 건강보험정책심의위원회(2018년 제22차, 2018.12.27.)에서 의결되었다.

② 목적

요양병원 환자지원팀이 환자의 의료·사회경제적 욕구를 포괄적으로 파악·반영하여 지역사회 자원을 연계함으로써, 퇴원 후 환자의 안정적 지역사회 복귀를 지원하는 요양병원 환자지원체계 마련하고자 하였다.

③ 관련 근거

- 보건복지부 고시 제2022-132호(2022.5.31): 「건강보험 행위 급여·비급여 목록표 및 급여상대가치점수」 제3편제3부(요-56 요양병원 지역사회연계료)
- 보건복지부 고시 제2022-137호(2022.5.31): 「요양급여의 적용기준 및 방법에 관한 세부사항」 VI. 요양병원 제3부(요-56 요양병원 지역사회연계료)

④ 주요 내용

- 요양병원 환자지원팀이 환자의 의료·사회경제적 욕구를 포괄적으로 파악하여

욕구를 반영한 지역사회 자원을 연계함으로써, 퇴원 후 환자의 안정적 지역사회 복귀를 지원

- 요양병원 지역연계 수가 신설: 환자지원 심층평가(별지 제17호 서식) 실시, 퇴원지원 표준계획(별지 제18호 서식)을 수립·작성하고 지역사회 자원연계 후 퇴원 시 수가 산정

⑤ 요양병원 퇴원환자 지역사회 연계 업무

가. 대상 기관

- 「의료법」 제3조제2항제3호라목에 따른 요양병원
- 「정신건강증진 및 정신질환자 복지서비스 지원에 관한 법률」 제3조제5호에 따른 정신병원, 「장애인복지법」 제58조제1항제4호에 따른 의료재활시설은 제외

나. 환자지원팀 구성 및 신고

- 구성: 요양병원에 상근하는 의사, 간호사, 사회복지사 각 1인 및 기타 환자지원에 필요한 인력(약사, 영양사, 물리치료사, 작업치료사, 언어치료사 등)으로 구성
- 신고: 건강보험심사평가원에 환자지원팀으로 신고

다. 환자지원 절차

가) 환자평가표의 사회환경 선별조사 확인

- 확인 방법: 입원 시 당해 환자를 담당하는 의사 및 간호사가 작성하는 환자평가표 항목 중 사회환경 선별조사[25]를 확인
- 확인 사유: 주거, 돌봄, 경제적 지원 등의 퇴원지원이 필요할 정도의 사회경제적 욕구가 있는 잠재적 환자 선별

나) 환자지원 대상 선정 및 개인정보 수집·이용·제공 동의서 징구

- 대상 선정: 입원 후 120일 경과 환자 중 퇴원이 예정되어 있고 지역연계가 필요

25 * 「건강보험 행위 급여·비급여 목록표 및 급여 상대가치점수」 제3편 별표2 환자평가표 일반사항 11.~14.
* 요양기관정보마당 홈페이지 요양병원 메뉴 '환자지원 종합조회' 화면에서 확인 가능 … 급여비용 청구 시 건강보험심사평가원에 제출한 자료

한 환자(또는 보호자)에게 환자지원 내용을 안내

- 동의서 징구 내용: 환자지원 과정에서 발생하는 환자의 개인정보 수집·이용·제공 내용[26]에 대한 동의서 징구
- 동의서 징구 방법: 동의서 서식[27]을 활용하여 동의서 징구·보관, 동의 여부를 요양기관정보마당에 등록

다) 환자지원 심층평가 실시

- 평가자: 환자지원팀
- 평가서식: 요양병원 환자지원 심층평가표[28]
- 평가방법: 환자 및 보호자와 상담·면담(30분 이상)을 통하여 환자의 경제·심리 사회적 측면, 퇴원 관련 정보, 활용 가능 자원, 문제 사정, 개입계획 및 개입 수준 등의 심층평가 수행
- 평가결과 제출: 요양병원 환자지원 심층평가표를 요양기관정보마당 홈페이지에 항목별로 등록 및 보관

라) 퇴원지원 표준계획 수립

- 작성자: 환자지원팀
- 작성 서식: 요양병원 퇴원지원 표준계획서
- 작성 방법
  - 환자별 의료·사회경제적 요구도 평가 결과를 바탕으로 환자지원팀 회의를 통하여 지역사회 자원 연계 계획 수립

26 * 환자의 사회경제적 욕구를 파악하고 적정한 자원을 연계하기 위하여 지역사회 자원 이용이력 정보(노인돌봄종합서비스, 장애인활동지원서비스, 가사간병방문지원서비스 등의 이용이력)와 노인장기요양 등급 정보[등급 유무, 이용 가능한 급여 종류(재가급여, 재가급여 또는 시설급여, 가족요양비 등)]를 확인하고 퇴원지원 표준계획서를 지자체에 제공하는 등 환자의 개인정보를 수집·이용·제공하는 과정 발생

27 * 요양기관정보마당 홈페이지 요양병원 메뉴에서 다운로드하여 사용 가능
* 환자의 퇴원지원 표준계획표를 요양기관정보마당 홈페이지를 통해 제공하는 것 외에 지자체나 서비스 제공기관 등에 제공할 경우, 반드시 해당 내용에 대한 환자의 동의 필요. 동의서 서식에 제공기관 추가하여 활용 가능

28 * 「요양급여의 적용기준 및 방법에 관한 세부사항」 별지 제17호 서식

- '환자평가표'의 보건의료정보 및 건강수준과 '요양병원 환자지원 심층평가표'의 사회 환경 상황 등의 정보 등을 참고로 하여 작성하며, 환자지원팀 회의를 통하여 결정된 자원연계 계획, 종합평가 의견 등을 작성
- 환자(또는 보호자)에게 '요양병원 퇴원지원 표준계획서'에 따른 환자지원팀의 지원계획을 설명한 후 환자(또는 보호자)의 동의서명 징구 및 원본 보관

- 제출: 요양병원 퇴원지원 표준계획서를 요양기관정보마당 홈페이지에 항목별로 등록

마) 지역자원 연계활동

- 정의: 지역사회 자원연계 계획에 따라 환자에게 필요한 자원을 섭외하여 연계 조정하는 활동
- 내용
  - 시군구 내의 사회복지기관, 보건소, 치매안심센터, '지역사회 통합 돌봄 계획'에 따라 설치된 지자체의 통합돌봄창구,[29] '복지로'에 등록된 민간서비스단체 등을 통해 환자에게 직접 제공되는 서비스(일자리, 주거, 일상생활, 신체건강 및 보건의료, 정신건강 및 심리정서, 보호 및 돌봄, 요양, 안전 및 권익보장 등)를 연계
  - 국민건강보험공단의 만성질환관리 프로그램연계, 노인장기요양보험 급여이용 안내 상담 의뢰,[30] 타 의료기관 연계, 본인부담상한제 대리 신청, 재난적 의료비 신청만 이루어진 경우 수가 산정은 불가
- 연계결과 제출: 지역연계결과를 요양기관정보마당 홈페이지에 등록한 후 아래의 연계 안내서를 출력하여 환자(또는 보호자)에게 제공하여 연계가 이루어진 자원 안내

29 환자의 퇴원예정 주민등록주소지가 '지역사회 통합 돌봄 계획'에 따른 지자체 통합돌봄창구가 설치된 지역에 해당하는 경우에는 퇴원지원 표준계획서를 FAX 전송·의뢰하여 해당지역의 이용가능 자원목록을 제공받아 연계활동 실시. 요양기관정보마당 홈페이지에서의 의뢰·목록 회신 프로그램 구축 예정(2020. 이후)

30 환자가 장기요양 수급자인 경우, 퇴원지원표준계획서 제출 시 국민건강보험공단의 노인장기요양보험 운영센터로 급여이용 안내 상담 의뢰됨

〈표 13-3〉 지역자원 연계 안내서

환자 정보	성명		생년월일	
병원 정보	요양기관명		전화번호	
연계자원정보	연계기관명		사업자등록번호	
	연계자원종류		연계결정일	
	연계시작일			
	자원담당자		담당자연락처	
	방문활동여부		작성일자	

________년 ____월 ____일

○○요양병원

출처: 보건복지부(2020a)

환자지원 전산 등록 순서는 다음 [그림 13-3]과 같다.

환자 입·퇴원	내용
입원	1. 입원 일시 등록 2. 환자평가(당해 환자의 담당 의사 및 간호사가 실시)의 사회환경 선별조사(일반사항 11.~14.) 항목 확인
↓	↓
입원 120일 경과	3. 개인정보 수집·이용·제공 등의 청구 및 입력 4. 환자지원 심층평가표 실시 및 등록 5. 퇴원지원 표준계획 수립 및 등록 6. 지역사회 자원연계 활동 수행 결과 등록
↓	↓
환자 퇴원	7. 퇴원 일시 등록

※ 퇴원일시 등록 후 지역연계 업무 등록 불가

[그림 13-3] 환자지원 관련 전산 등록 순서

출처: 보건복지부(2020a)

라. 관련 수가 및 산정기준

가) 지역사회 연계 평가료

- 산정 기준: 환자지원팀이 환자(또는 보호자)를 대상으로 환자지원 심층평가를 실시하고 작성한 경우 산정
- 산정 횟수: 입원기간 중 1회 산정, 평가 완료 후 환자 상태의 급격한 변화 등 불가피한 경우 2회까지 산정 가능(진료기록부에 기록)

나) 지역사회 연계 관리료 Ⅰ, Ⅱ

- 산정기준
  - 환자지원팀이 환자(또는 보호자)를 대상으로 관련 서식에 따라 퇴원지원 표준계획을 수립·작성하고 지역사회 자원연계 계획에 따라 연계가 이루어진 경우 산정
  - 환자지원팀이 환자(또는 보호자)와 함께 지역 행정기관 등을 방문하여 연계가 이루어진 경우 '지역사회 연계 관리료 Ⅱ' 산정, 이외에는 요양병원 지역사회 연계 관리료 Ⅰ 산정
- 산정 횟수: 연계의 종류 및 횟수를 불문하고 퇴원 시 1회만 산정

다) 교통비

- 산정기준: 지역사회 연계 관리료 Ⅱ를 산정한 경우 소요 시간, 방문지역 등에 불문하고 1회 방문당 교통비 산정
- 비용부담: 환자 전액 본인 부담[방문당 108.30점(8,110원) 2019년 기준]

라) 기록 및 제출

- 환자지원 심층평가표, 퇴원지원 표준계획서 등에 기록·보관하고 요양기관정보마당에 제출
- 심층평가 2회 산정 사유, 연계 내역 등은 진료기록부에 기록·보관

지금까지 커뮤니티케어에서 의료사회복지사의 역할을 이해하기 위해 현재 제도가 시행되고 있는 요양병원에서의 퇴원환자 지원제도를 살펴보았다. 앞에서 설명한 내용을 요약하면 다음의 [그림 13-4]와 같다.

요양병원 퇴원환자지원 제도란?

환자의 안정적인 지역사회 복귀를 위해 요양병원 내 환자지원팀이 환자에게 필요한 지역사회 서비스 연계를 지원하는 제도입니다.

신청대상: 입원 후 120일이 경과하고 지역사회 서비스 연계가 필요한 퇴원 예정 환자
실시기관: 환자지원팀이 설치된 전국 요양병원(정신·재활병원 제외)
신청방법: 요양병원 내 환자지원팀과 상담

환자지원팀은 무엇인가요?

구성: 요양병원에 상근하는 의사, 간호사, 사회복지사 및 기타 환자지원에 필요한 인력으로 구성
역할: 환자의 의료·사회경제적 욕구를 파악하여 환자별 퇴원계획을 수립하고 필요한 지역사회 서비스 연계 지원

퇴원환자지원 절차 알아보기

1단계 대상 환자 선별
퇴원환자지원이 필요할 정도의 사회·경제적 욕구가 있는 환자 선별

↓

2단계 환자지원 심층평가
환자 및 보호자와 상담을 통해 의료 외 경제·심리사회적, 퇴원계획 등 어려움에 대해 파악

↓

3단계 퇴원지원 표준계획 수립
환자와 지역사회 서비스 연계를 위한 퇴원계획 수립

↓

4단계 지역사회 서비스 연계
환자에게 필요한 지역사회 서비스 연계

퇴원환자지원 사례

사례1 주거 환경 개선을 위한 서비스 연계
뇌출혈로 입원치료를 받은 A씨는 입원 전 비닐하우스에서 거주하고 있었습니다. 면담을 통해 이를 알게 된 환자지원팀은 열악한 주거 환경을 개선하고자 A씨와 함께 행정복지센터를 방문해 영구임대주택 및 주택 지원 서비스 신청을 진행하였습니다.

사례2 환자의 안정적인 지역사회 복귀 지원
홀로 고시원에서 생활하던 B씨는 급격한 건강 악화로 요양병원에 입원하였습니다. 환자지원팀은 B씨의 퇴원 후 원활한 일상생활을 위해 케어안심주택, 영구임대주택, 기초생활수급자 신청을 진행하고, 밑반찬 배달 서비스를 연계하였습니다. 뿐만 아니라 환자지원팀은 한 달에 1~2회 연락하여 B씨의 퇴원 후 생활을 확인하고 있습니다.

사례3 퇴원 후 가족의 돌봄 부담 완화
뇌경색으로 6개월 이상 요양병원에 입원한 C씨는 병원생활에 답답함을 느껴 집으로 돌아가고 싶어 했습니다. 그러나 다리가 불편해 거동 및 배변활동이 어렵고, 고령의 배우자가 C씨를 돌보는 것은 역부족이었습니다. 환자지원팀은 통합돌봄창구를 통해 노인맞춤돌봄서비스를 연계하여 가사와 간병서비스를 받을 수 있도록 지원하였습니다. 덕분에 C씨는 돌봄 걱정 없이 퇴원할 수 있었습니다.

[그림 13-4] 요양병원 퇴원환자지원 제도에 대한 개관 및 사례

출처: 보건복지부(2021a)

이처럼 퇴원환자 지원제도는 퇴원환자지원이 필요한 욕구가 있는 환자들을 선별하고 이들에 대한 환자지원을 위한 심층 평가를 통해 퇴원지원 표준계획을 수립하여 환자에게 필요한 다양한 지역사회 서비스를 연계하는 것을 주요한 골자로 하는 것을 알 수 있다. 무엇보다 이 과정에서 의료사회복지사의 전문적인 역할 수행이 요구되고 있는 바, 이에 대한 교육과 실천에서의 역량을 키워 나갈 필요가 있다.

(2) 급성기 환자 퇴원계획과 의료사회복지사

① 추진배경

- 의료기관에서 퇴원 시 온전한 사회 복귀를 위해 환자 상태에 대한 합리적 서비스 연계가 필요하지만, 연계 활동 활성화에는 한계
  - 퇴원 후 집중 재활 또는 장기 유지치료 의료기관으로 전원할 경우 의료기관 선정 및 진료정보 공유가 분절적으로 이루어지는 현실
- 급성기(종합병원 등): 회복기(재활의료기관)·유지기(요양병원) 의료기관별로 적정 의료기관 또는 지역사회 서비스 기관과 연계 모델 마련 필요

② 목적

- 종합병원급 의료기관에서 퇴원 시 환자 상태를 통합적으로 평가하고 적절한 퇴원계획을 통해 지역사회로 원활히 복귀할 수 있는 체계 구축
- 환자별 치료요구도 및 사회경제적 지원 필요성 등을 종합적으로 파악하고 이를 바탕으로 적정 서비스(의료적, 지역사회 자원)와 연계하고 관리하는 활동에 대한 보상 체계 마련

③ 관련 근거

「보건의료기본법」 제44조(보건의료 시범사업)제1항에 따르면 국가와 지방자치단체는 새로운 보건의료제도를 시행하기 위하여 필요하면 시범사업을 실시할 수 있다.

④ 시범사업 내용

가. 사업 개념

급성기 의료기관에서 뇌혈관 질환자를 대상으로 환자지원팀이 의료적·사회경제적 요구도를 평가하고 적절한 퇴원계획을 수립하여 적정 의료기관 및 지역사회 기관으로 연계·관리하는 활동에 건강보험을 적용한다는 것을 요지로 하며, 이에 대한 급성기 환자 퇴원지원 관련 시범사업의 모형도를 그림으로 보면 다음 [그림 13-5]와 같다.

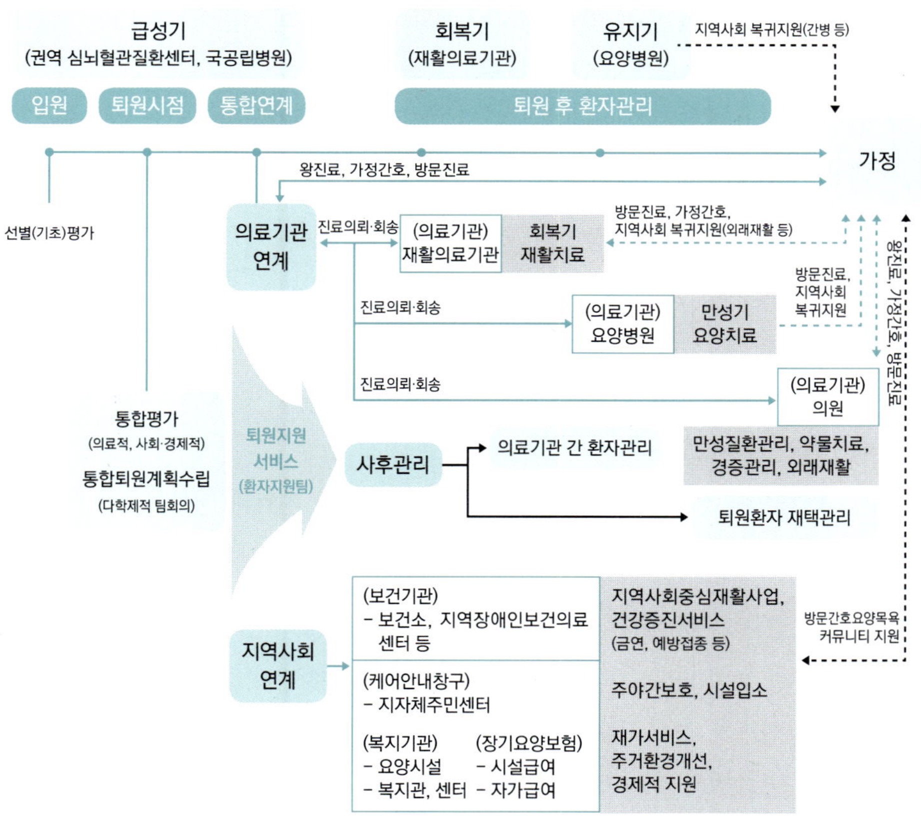

[그림 13-5] 급성기 환자 퇴원지원 관련 시범사업 모형도

출처: 보건복지부(2021a)

나. 사업 대상

- 대상 기관
  - 급성기 환자 퇴원지원 및 지역사회 연계활동 시범사업(이하 '시범사업'이라 함) 참여 신청을 통해 보건복지부장관의 승인을 받은 기관(이하 '시범기관'이라 함)
  - 급성기 의료기관: 종합병원급 이상 의료기관으로 「심뇌혈관질환의 예방 및 관리에 관한 법률」 제9조에 따른 심뇌혈관질환센터 또는 국공립병원
  - 연계 의료기관: 「장애인 건강권 및 의료접근성 보장에 관한 법률」 제18조(재활의료기관의 지정 등)에 따라 지정된 재활의료기관, 의료법 제3조제2항제3호라목 요양병원 중 일정 조건을 충족하는 의료기관
- 연계 지역범위: 급성기 의료기관 중심으로 인접 광역시·도를 묶은 7개 권역[31]
- 대상 환자: 급성기 의료기관에 입원한 뇌혈관 질환자(질병코드 I60~I69)로서, 시범사업 참여에 동의한 자

다. 서비스 수행인력

- 환자지원팀 필수 인력 구성·운영: 급성기 의료기관에서 환자지원을 위한 원활한 서비스 제공, 환자의 의료적·사회경제적 요구도 평가 및 퇴원 지원
- 필요인력 및 자격
  - 시범기관에 소속된 재활의학과·신경과·신경외과 진료과 전문의
  - 시범기관에 소속된 정규직 전일제 간호사, 1급 사회복지사 1인 이상

라. 급성기 환자 퇴원지원 및 지역사회 연계 서비스 제공 절차

환자 맞춤형 통합서비스 제공을 모토로, ① 초기(선별)평가, ② 연계활동 등이 필요한 환자 통합평가 실시, ③-1 팀회의[32]를 통해 퇴원계획 수립(③-2 지역사회 연계활동 실시), ④ 진료협력센터, 가정간호팀 등 병원 내 유관부서와 퇴원 준비, ⑤ 퇴원(회복기·유지기 의료기관 전원, 가정 또는 요양시설 등), ⑥ 사후관리(퇴원환자 재택관리 및 의료기

31 서울특별시, 강원도, 경인지역, 경상도, 전라도, 충청도, 제주도

32 환자지원팀 포함 최소 4인 이상(의사인력은 재활의학과 전문의 포함 2인 필수)

관 간 환자관리)의 순서로 급성기 환자의 퇴원지원 및 지역사회 연계가 이루어지도록 서비스 제공 절차가 설계되어 있으며, 이를 그림으로 나타내면 [그림 13-6]과 같다.

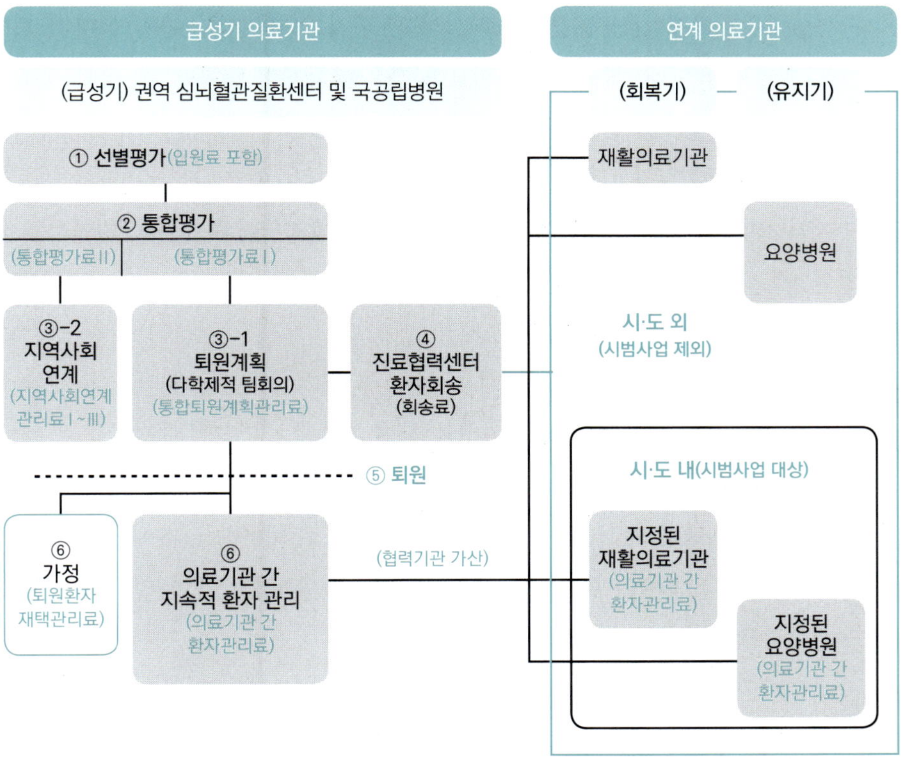

[그림 13-6] 급성기 환자 퇴원지원 및 지역사회 연계 흐름도

출처: 보건복지부(2021a)

마. 서비스 내용

- 통합평가 및 퇴원계획
  - 선별평가: 입원 초기 병동 간호사 또는 환자지원팀이 환자(보호자)를 대상으로 선별평가표를 활용하여 사회·경제적 지원 여부 평가
  - 통합평가료 I: 퇴원 시점에 환자지원팀 의사가 대상 환자의 의료적 기능 상태

등을 종합적으로 평가

- 통합평가료II: 선별평가 결과 사회경제적 지원이 필요한 경우 환자지원팀이 환자의 경제적·심리사회적 상태 등을 심층상담하고 종합적으로 평가
- 통합퇴원계획관리료: 통합평가I 실시 후 환자지원팀 의사 판단에 따라 퇴원 후 의료기관 연계, 재택관리가 필요한 경우 다학제적 팀회의[33]를 통해 통합퇴원계획을 수립

- 지역사회 연계활동
  - 지역사회연계관리료I: 통합평가II 실시 후 환자지원팀이 필요한 지역사회 자원 및 서비스 정보를 수집하고, 유선 등으로 확인·신청하는 등 연계활동을 수행하고 환자(보호자)에게 정보 제공
  - 지역사회연계관리료II: 통합평가II 실시 후 환자지원팀이 지역사회 자원 및 서비스 연계를 위하여 환자(보호자)와 함께 지역사회 기관[34] 현장방문
- 퇴원 후 사후관리
  - 퇴원환자 재택관리료: 퇴원계획에 따라 자택으로 퇴원한 환자에게 전화 또는 문자 등을 활용하여 환자 상태를 주기적으로 점검하고 질병 및 투약교육 등 지속적인 관리
  - 의료기관 간 환자관리료: 퇴원계획에 따라 연계 의료기관으로 입원한 환자를 대상으로 급성기 의료기관 환자지원팀과 연계 의료기관의 담당 의료진이 주기적 환자 상태 공유

바. 시범사업 기간

- 시범사업 시작일로부터 3년[35]으로 하되, 사업 성과에 따라 필요시 단축 또는 연장 가능

33 전문의 2인, 간호사, 사회복지사, 물리·작업치료사 등 최소 4인 이상 구성·운영

34 보건소, 지역장애인보건의료센터, 지자체(케어안내창구), 복지기관 등

35 2020.12.28. ~ 2023.12.31.

이처럼 급성기 환자 퇴원지원 및 지역사회 연계활동 시범사업의 전반적인 개요 및 서비스 내용을 통해 환자지원팀의 구성원인 사회복지사가 활동할 수 있는 영역은 통합평가 및 퇴원계획에서 선별평가, 통합평가료II, 통합퇴원계획관리료, 지역사회 연계관리료II 부분에서 역할을 할 수 있으며, 지역사회 연계활동에서는 지역사회연계관리료I, 지역사회연계관리료II를, 퇴원 후 사후 관리에서 퇴원환자 재택관리료, 의료기관 간 환자관리료 부분에서 팀 활동을 할 수 있겠다. 즉, 전체 서비스 내용에서 통합평가료I을 제외하고 모든 서비스 영역에서 환자지원팀의 일원으로 의료사회복지사들이 활동할 수 있음을 알 수 있다. 이에 해당 서비스 영역에서 활용하는 서식의 내용을 잘 숙지하고 그 내용을 중심으로 의료사회복지사로서 전문성을 발휘할 수 있도록 하는 것이 필요하다고 볼 수 있다.

생각해 봅시다

- 커뮤니티케어 제도에서 의료기관 의료사회복지사의 기능 이외에 지역사회에서도 의료사회복지사가 기능할 수 있다면 어떤 영역에서 어떤 역할을 할 수 있는지 생각해 봅시다.
- 급변하는 보건의료 환경에서 전문의료사회복지사에게 요구되는 의료사회복지 지식과 실천 역량은 무엇이며, 이를 위해 의료사회복지가 나아가야 할 방향과 풀어야 할 과제가 무엇인지 생각해 봅시다.

참고문헌

국내 서적

감신(2004). 의료의 공공성 강화. 대구: 우리복지시민연합.

___(2010). 공공보건의료체계 현황과 발전방안. 보건복지포럼, 169, 38-44.

강홍구(1999). 의료사회사업부문의 병원표준화 심사요강 개정에 관한 소고. 박현경과장 정년퇴임 기념 논문집, 227-256.

_____(2002). 의료사회사업서비스의 질에 관한 연구. 한국의료QA학회지, 9(2), 134-147.

_____(2008). 의료사회복지실천론. 파주: 학현사.

_____(2019). 의료사회복지실천론. 파주: 정민사.

_____(2020). 의료사회복지실천론. 파주: 정민사.

건강복지사회를 여는 모임(2003). 보건정책의 주요 과제와 쟁점.

고수진(2007). 임종 과정에서의 전인적 돌봄과 실제. 한국호스피스협회, 7(1), 52-56.

국가암센터(2018). 국가암등록사업 연례보고서.

국립중앙의료원(2019). *Statistics on public health and medical care in Korea*. Seoul: National Medical Center.

___________(2020a). 2019 공공보건의료 통계집. 서울: 국립중앙의료원.

___________(2020b). 2019 공공의료기관 현황. 서울: 국립중앙의료원.

국민건강보험공단(2021). 2020 노인장기요양보험 통계연보.

_____________(2022). 2022년 5월 시군구별 장기요양기관 현황 통계.

권은희(2008). 청소년 자살 생각에 영향을 미치는 요인에 관한 연구. 원광대학교 대학원 박사학위논문.

권진숙, 김정진, 전석규, 성준모(2019). 정신건강사회복지론. 고양: 공동체.

권진숙, 박지영(2015). 사례관리 이론과 실제. 서울: 학지사.

김규수(1999). 의료사회사업실천론. 서울: 형설출판사.

김기태(2006). 위기개입론. 서울: 대왕사.

김나리, 박재영, 임종런(2021). 사례로 배우는 사회복지행정실무. 고양: 어가.

김동배, 권중돈(2005). 인간행동과 사회복지실천. 서울: 학지사.

김룡(1979). 한국 군병원 사회사업의 필요성과 제도적 확립에 관한 연구. 중앙대학교 대학원 석사학위논문.

김미옥, 김연수, 김희성(2009). 산재장애인을 위한 임파워먼트 프로그램 개발 및 효과. 한국사회복지학, 61(4), 307-332.

김민영(2009). 항암화학요법 시행 초기 암환자의 증상 및 삶의 질 변화 양상. 대한간호학회지, 39(3), 433-445.

김시영(2008). 호스피스 완화의료. 대한의사협회지, 51(6), 505-508.

김연수, 김경희, 박지영, 최명민(2017). 의료사회복지의 이해와 실제. 서울: 나눔의집.

김옥기(2015). 교정시설 내 수용자의 자살예방에 관한 연구. 전북대학교 대학원 박사학위논문.

김용분, 이정섭(2003). 자살개념 분석. 정신간호학회지, 12(4), 394-401.

김용익(2010). 한국보건의료체계의 모순적 구조와 보건의료 '개혁'의 충돌. 서울대학교 의과대학 의료관리학교실 강의자료.

김윤, 이태식, 박수경, 이희영, 황승식, 곽미영, 이태호, 박혜진, 손희정, 김민주, 이지혜, 황교상, 조상현, 김태재, 허선아, 김혜정(2018). 건강보험 의료이용지도구축 3차 연구. 서울대산학협력단 연구용역보고서.

김윤재, 박스잔, 정경, 김연옥(2018). 정신건강론. 파주: 정민사.

김인숙, 우국희(2002). 사회복지사가 인식하는 임파워먼트의 의미에 관한 질적 연구: 한국에서 임파워먼트 실천은 가능한가?. 한국사회복지학, 49, 34-61.

김정회, 이정면, 이용갑(2020). 공공의료 확충의 필요성과 전략. 건강보험연구원 Issue Report, 2020년 11월호, 1-72.

김창곤(2019). 한국 호스피스 완화의료의 역사. 한국호스피스완화의료학회지, 22(1), 1-7.

김창엽(2004). 공공병원 확충방안 개발에 관한 연구. 서울: 보건복지부.

______(2020). 공공보건의료와 건강 정의. 황해문화, 109, 62-79.

김태연(2005). 의료사회복지사의 사회적 지지가 뇌졸중 노인가족의 부양부담 완화에 미치는 영향에 관한 연구. 임상사회사업연구, 2(3), 135-162.

김현아, 공윤정, 김봉환, 김옥진, 김요완, 노성숙, 방기연, 이장호, 임정선, 정성진, 정혜정, 황임란(2013). 상담철학과 윤리(한국상담학회 상담학 총서 2). 서울: 학지사.

김혜란, 홍선미, 공계순(2005). 사회복지실천기술론. 파주: 나남출판.

______________(2006). 사회복지실천기술론. 파주: 나남출판.

남연희, 김영삼, 한승길(2013). 척수장애인의 자립생활에 영향을 미치는 요인과 사회적 지지의 매개효과에 관한 연구. 재활복지, 17(3), 1-29.

노영숙, 이미숙(2007). 화상환자 가족이 인지한 부담감 의료인 지지와 교육요구도. 대한화상학회지, 10(2), 95-99.

노용환(2007). 자살위험의 미시적 결정요인 분석. 보건경제와 정책연구, 13(1), 41-58.

노유자, 한성숙, 유양숙, 용진선(2001). 호스피스팀구성원의 직무지침개발. 한국호스피스 완화의료학회지, 4(1), 126-140.

대한당뇨병학회 캠프 소위원회(2009). 당뇨캠프 가이드북. 서울: 대한당뇨병학회.

대한민국정책브리핑(2021. 11. 17.). 지역사회 통합 돌봄(커뮤니티 케어). https://www.korea.kr/special/policyCurationView.do?newsId=148866645

대한병원협회(1998). 병원표준화 심사결과 보고서.

대한의료사회복지사협회(1999). 의료사회사업의 전문성 확립을 위한 제도적 방안 모색. 제18차 대한의료사회사업가협회 워크숍 자료집.

______________(2015). 2015년 수련의료사회복지사 이론 교육교재.

______________(2019). 2019년 한시적 의료사회복지사 자격취득제도 교육.

문계숙(2002). 의료사회사업 기록교육 현황과 개선방안에 관한 연구. 이화여자대학교 대학원 석사학위논문.

문수열, 김병, 이창희, 정정란, 정창훈(2013). 사회복지프로그램 개발과 평가. 파주: 정민사.

문옥륜(2003). 공공 및 민간 보건의료 부문 협력체계 구축방안. 한국보건사회연구원 발표자료(미발간).

박선영(2012). 사회복지실천의 임파워먼트 접근에서 온정주의의 침투와 공존: 딜레마와 대안. 미래사회복지연구, 4(1), 107-135.

박소영, 오원희, 장효진, 임정원, 조진희(2001). 화상환자의 가족 보호부담에 관한 연구. 대한화상학회지, 4(2), 91-108.

박운제(2015). 국내 의료기관평가는 어떻게 발전했나. 월간헬스조선뉴스, 2월호, 112.

박재산(2004). 국립대학병원 입원환자가 느끼는 의료서비스 질, 만족도, 고객충성도 간의 관련성 분석. 병원경영학회지, 9(4), 45-69.

박종기(1979). 한국의 보건재정과 의료보험. 세종: 한국개발연구원.

박현선, 박선화, 황세희(2020). 화상환자 가족의 보호부담 완화를 위한 집단상담 프로그램 개발. 가족과 가족치료, 28(2), 207-229.

배지연(2005). 노인의 자살 생각에 관한 인과모형. 대전대학교 대학원 박사학위논문.

변영순(1990). 임종과 간호: 호스피스 케어. 이화간호과학연구소, 13-27.

보건복지부(2016). 제1차 공공보건의료 기본계획(2016~2020). 세종: 보건복지부.

_________(2018a). 공공보건의료 발전 종합대책. 세종: 보건복지부.

_________(2018b). 지역사회 통합돌봄 기본계획. 세종: 보건복지부.

_________(2019). 요양병원 퇴원환자 지역사회 연계 업무 안내서. 세종: 보건복지부.

_________(2020a). 지역사회 통합돌봄 자체 추진 가이드북. 세종: 보건복지부.

_________(2020b). 2019 보건복지 통계 연보. 세종: 보건복지부.

_________(2021a). 요양병원 퇴원환자지원제도 안내. 세종: 보건복지부.

_________(2021b). 제2차 공공보건의료 기본계획(2021~2025). 세종: 보건복지부.

_________(2021c). 2021년 공공보건의료 협력체계 구축 사업안내. 세종: 보건복지부.

_________(2022). 2022 의료급여사업안내. 세종: 보건복지부 기초의료보장과.

보건복지부, 건강보험심사평가원(2022). 급성기 환자 퇴원지원 및 지역사회 연계활동 시범사업 지침. 세종: 보건복지부.

보건복지부. 기초의료보장. http://www.mohw.go.kr/react/policy/index.jsp?PAR_MENU_ID=06&MENU_ID=063503

보건복지부, 연세대학교 의료복지연구소, 한국보건사회연구원, 국민건강보험, 건강보험심사평가원(2020). 2019년 국민보건계정.

보건복지부, 의료기관평가원(2021). 급성기병원 인증기준(4주기).

삼성서울병원 사회복지팀. 뇌졸중. http://www.samsunghospital.com/dept/main/index.do?DP_CODE=SWK&MENU_ID=002008

서울시 자살예방센터(2012). 자살예방 지킴이교육 워크북. 서울: 서울시자살예방센터.

서울시 정신건강복지센터(2018). 알아차림…. 빠를수록 더 좋은 조기정신증 지킴이 교육. 서울: 서울시정신건강복지센터.

서울아산병원. 질환백과. https://www.amc.seoul.kr/asan/healthinfo/disease/diseaseDetail.do?contentId=32316

성종호, 김정하(2022). 한국 내 공공보건의료 개념의 문제점과 재설정. 한국의학교육논단, 24(1), 3-9.

성지숙(2020). 시간적 추이에 따른 19세 이상 한국 성인 암환자의 자살생각 관련요인: 국민건강영양조사(2009, 2017). 한국컴퓨터정보학회, 25(10), 151-158.

성희자(2000). 의료사회사업의 질 관리(QI) 활동을 위한 고찰. 19차 대한의료사회사업가협회 워크숍 자료집, 57-81.

송인자(1996). QA 현황과 실제: 세브란스병원 간호부. 간호탐구. 5(2), 48-59.

송지원(2005). 척수장애인의 성 적응과 자기효능감에 관한 연구: 사회적 지지의 조절효과를 중심으로. 연세대학교 사회복지대학원 석사학위논문.

송효석(2005). 장기등 이식에 관한 법률 시행에 따른 의료사회복지사의 역할 정립. 대한의료사회사업가협회 워크숍 자료집, 149-162.

신민선(2005). Respite Care와 영적 케어의 고찰. 호스피스학술지. 5(1), 56-62.

신민섭(1993). 자살 기제에 대한 실증적 연구: 자기도피 척도의 타당화. 연세대학교 대학원 심리학과 박사학위논문.

신정우, 정영철, 홍혁원, 정소희, 안수인(2021). 2020년 OECD 등 국제기구 보건통계 생산 및 관리. 세종: 보건복지부.

양미진, 유준호, 박성륜(2016). 채팅상담 중심의 사이버상담 모형 개발. 청소년상담연구. 24(1), 291-309.

양옥경, 김정진, 서미경, 김미옥, 김소희(2018). 사회복지실천론. 파주: 나남출판.

엄명용(2020). 사회복지실천의 이해. 서울: 학지사.

엄명용, 김성천, 윤혜미(2020). 사회복지실천의 이해. 서울: 학지사.

__________(2021). 사회복지실천의 이해. 서울: 학지사.

엄명용, 노충래, 김용석(2020). 사회복지실천기술의 이해. 서울: 학지사.

엄태완(2019). 정신건강사회복지론. 서울: 학지사.

연세대학교 의과대학 예방의학교실(1975). 국민의료총론. 서울: 연세대학교 의과대학 예방의학교실.

오주연, 이다희, 임재희, 신양준, 박다혜, 유혜림, 최효정(2020). 호스피스·완화의료서비스 제도개선 방안: 유형간 연계 강화 및 환자중심의 통합적 이용활성화 방안을 중심으로. 건강보험심사평가원 심사평가연구소.

원미선, 한재희(2018). 화상환자의 외상 극복 경험 연구. 재활심리연구. 25(4), 907-934.

유근춘, 류시원, 오영호, 최정수, 김은정, 장혜정(2005). 공공의료의 역할 재정립 및 운영 혁신 방안: 성과와 재정적 동기의 관계에 기반해서. 한국보건사회연구원 연구보고서.

유수현, 김창곤, 김원철(2017). 의료사회사업론. 파주: 양서원.

__________(2020). 의료사회사업론. 파주: 양서원.

유양숙(2001). 척수손상인 부부의 문제와 부부관계증진 프로그램의 적용에 관한 연구. 숭실대학교 대학원 박사학위논문.

유철주, 유일영, 김현례, 조헌하, 진주혜, 최권호(2007). 소아암 아동의 학교복귀 및 적응을 위한 통합프로그램. 서울: 세브란스어린이병원.

윤매옥(2001). 영적 간호 중재가 호스피스 환자의 통증과 불안에 미치는 효과. 호스피스학술지, 1(1), 1-13.

윤영호(2002). 임종 환자의 연명치료 중단에 관한 대한의학회 의료윤리지침 작성의 배경: 임종환자의 연명치료 중단에 대한 대한의학회 의료윤리지침 제1보. 병원윤리위원회 의료와 사회 심포지엄 자료집. 서울: 대한의사협회.

윤영호, 이영선, 남소영, 채유미, 허대석, 이소우, 홍영선, 김시영, 이경식(2004). 품위 있는 죽음과 호스피스 완화의료에 대한 일반 국민들의 태도. 한국호스피스완화의료학회지, 7(1), 17-28.

윤욱희, 이귀한, 유선희, 곽원영, 진선경(2003). 말기환자의 전인적 돌봄에 있어서 포괄적 평가개념의 중요성. 호스피스학술지, 3(1), 12-30.

윤현숙, 김기환, 김성천, 이영분, 이은주, 최현미, 홍금자(2001). 사회복지실천기술론. 서울: 동인.

윤현숙, 김연옥, 황숙연(2001). 의료사회사업론. 파주: 나남출판.

__________________(2011). 의료사회복지실천론. 파주: 나남출판.

이건세(2018). 커뮤니티케어의 방향과 향후 과제. 보건의료이슈, 55(6). https://hineca.kr/1720

이광원, 부성은, 김영채(2016). 척수장애인의 삶의 경험에 관한 근거이론적 접근. 한국장애인복지학, 31, 111-137.

이광재(2005). 의료사회사업론. 서울: 인간과복지.

이규식(2016). 의료보장론: 이론과 세계동향. 서울: 계축문화사.

_____(2017). 공공의료의 올바른 정의와 발전 방향. 대한공공의학회지, 1(1), 79-97.

이만우(2013). 호스피스 완화의료 활성화: 문제점 및 과제. 이슈와 논점, 719, 1.

이명수(2009). Early psychosis 발견부터 조기개입까지: 지역사회정신보건전문가를 위한 안내서. 서울: 서울시정신건강증진센터.

이미라(1998). 영적 간호개론. 서울: 현문사.

이민아, 허휴정, 민정아, 이창욱, 이철, 김태석(2013). 일 종합병원 입원 암환자의 불안과 우울증상의 시점 유병률. 정신신체의학, 21(2), 122-131.

이병철(2017). 자연스런 죽음을 맞이할 권리 확보 방안 고찰: 호스피스 완화의료 및 임종 과정에 있는 환자의 연명의료결정에 관한 법률 개정(안). 고려대학교 법학대학원 석사학위논문.

이상일(1999). Critical Pathway의 이해. 한국의료QA학회지, 6(12), 6-11.

이선희(2005). 의료개혁과 건강보험 보장성. 건강복지사회를 여는 모임 정책토론회 자료집.

이솔지, 김진영, 김나리, 조선영, 권혜민(2022). 정신건강사회복지론. 고양: 어가.

이영숙(1998). 응급실 사회사업가의 위기개입 적용에 관한 연구. 이화여자대학교 사회복지대학원 석사학위논문.

이영호(2017). 정신건강론. 고양: 공동체.

이영호, 심경순, 김태준(2020). 정신건강 사회복지론. 서울: 학지사.

이익섭, 이윤로(2004). 사회조사방법의 이해. 서울: 학지사.

이인정, 이영선, 장수미, 임정원, 최경애(2021). 코로나 19 이후 의료사회복지사의 직무 변화와 대응 실태. 한국사회복지학, 73(4), 57-85.

이영선(2009). 암환자 가족의 삶의 질에 관한 연구: 돌봄 부담감과 내적 성장의 매개효과 중심으로. 이화여자대학교 대학원 박사학위논문.

이영선, 김효진, 김명준(2021). 지역사회 공공보건의료정책 강화방안. 한국지방자치연구, 22(4), 25-43.

이영선, 한인영, 이인정, 남은정(2009). 한국형 돌봄경험평가도구(CRA-K)의 타당도 검증: 암 환자가족을 대상으로. 대한임상건강증진학회지, 9(3), 189-198.

이인정, 한인영(2010). 암환자 배우자의 돌봄 부담에 영향을 미치는 요인에 관한 연구. 한국가족복지학, 30, 197-224.

이재민(2010). 화상 환자와 가족을 위한 의료사회복지사의 역할. 대한화상학회지, 13(1), 10-13.

이재식(2009). 사이버상담의 실제. 상담과지도, 44, 69-81.

이재홍, 김수경(2015). 재가 만성 뇌졸중 환자의 일상생활 고통: Parse의 인간되어감 연구방법. *Asia-pacific Journal of Multimedia Services Convergent with Art, Humanities, and Sociology, 5*(3), 175-185.

이정균, 김용식(2001). 정신의학. 서울: 일조각.

이정훈(2000). '의료사회사업의 질 관리 활동을 위한 고찰'에 대한 토론. 대한의료사회복지사협회 워크숍 자료집, 19, 80-81.

이혜란(2012). 의료기관 평가의 시대, 대한병원협회의 역할. 대한의사협회, 55(1), 통권624호, 23-30.

이효순, 권지현, 양정빈, 천덕희, 추정인, 한수연(2017). 의료사회복지론. 서울: 학지사.

______________________(2019). 의료사회복지론. 서울: 학지사.

이홍훈(2021). 공공의료 확충 관점에서 본 제2차 공공보건의료 기본계획의 의의와 한계. 대한공공의학회지, 5(1), 1-7.

임선미(2020). 지역의료 정책 검토와 과제. 의료정책포럼, 18(4), 19-23.

임혁, 채인숙(2015). 정신건강론. 고양: 공동체.

장수미, 이영선, 이인정, 임정원, 최경애, 한인영(2021). 의료사회복지론. 서울: 학지사.

장수미, 최정숙, 박형원, 김주현, 홍현미라, 이혜경, 이영선, 한인영(2010). 사회복지실천기술론. 서울: 학지사.

장지연, 신동균(2010). 소득 양극화와 자살. 사회보장연구, 26(2), 1-21.

전국보건의료산업노동조합(2002). 국립대병원 공공성 강화 프로젝트 연구보고서. 서울: 전국보건의료산업노동조합.

전상배, 한창환, 연병길, 류성곤, 김선자, 박미자, 전욱, 허준, 김도헌, 이병철(2013). 산업재해로 인한 화상환자에서 정신건강의학과 진료기피에 관한 연구. 대한화상학회지, 16(1), 24-29.

전석균(2017). 정신건강론. 고양: 공동체.

정옥분, 박점희(2004). 뇌졸중입원환자 가족 간호자의 부담감과 우울. 경북간호과학지, 8(1), 105-116.

정형선(2004). 국민건강보험 내실화를 위한 기본급여 영역에 관한 연구. 원주: 국민건강보험공단.

조은나(2011). 공공보건의료에서 의료사회복지사의 역할에 관한 연구. 부산대학교 대학원 석사학위논문.

질병관리청 국가건강포털(2021.07.12.). 화상. https://health.kdca.go.kr/healthinfo/biz/health/gnrlzHealthInfo/gnrlzHealthInfo/gnrlzHealthInfoView.do?cntnts_sn=4570

차미영(2010). 고등학생의 자살 생각에 대한 생활사건 스트레스와 사회적 지지 및 우울의 효과. 강원대학교 대학원 박사학위논문.

천덕희, 김은경, 서현희, 김성현(2002). 알코올중독. 서울: 나눔의집.

최가영(2019). 당뇨병 관리에 대한 의료사회복지사의 역할. 대한당뇨병학회지, 20(4), 251-254.

최선화(2014). 풀어쓴 사회복지실천기술. 고양: 공동체.

최세영(2021). 사회복지실천론. 고양: 어가.

최원정, 고민정, 남궁기, 박종연(2014). 자살 관련 행위의 의학적 사회문화적 요인의 통합모형. 근거와 가치, 3(1), 42-73.

최희경(2013). 호스피스 완화의료 사회복지사의 역할과 역량에 관한 연구. 사회과학연구, 29(4), 225-248.

최희철, 천덕희(2019). 정신건강사회복지론. 파주: 양서원.

추연화, 김경희(2004). 항암화학요법에 관한 개별교육이 암 환자의 삶의 질에 미치는 효과. 종양간호학회지, 4(2), 103-109.

통계청(2021). 2020년 사망원인 통계연보. 대전: 통계청.

한강성심병원화상센터(2007). 화상환자와 가족을 위한 지침서(개정증보판). 서울: 소화.

한국호스피스협회(2013). 호스피스 총론. 대구: 한국호스피스협회 출판부.

한인영, 최현미(2000). 의료사회사업론. 서울: 학문사.

한인영, 최현미, 장수미(2006). 의료사회복지실천론. 서울: 학지사.

한인영, 최현미, 장수미, 임정원, 이인정, 이영선(2017). 의료현장과 사회복지실천. 서울: 학지사.

허대석(2001). 말기암 환자가 당면한 문제점: 말기암 환자의 삶의 질, 이대로 좋은가? 호스피스 완화의료 심포지엄 자료집. 서울: 국립암센터.

허봉렬, 박노례, 김승택, 윤영호, 배종면, 이영성(2000). 진행암환자 관리의 문제점 분석 및 호스피스 관리체계 개발에 관한 연구. 암 정복 추진연구개발사업 지원 제2차년도 최종보고서. 서울: 보건복지부.

홍영수(2000). '의료사회사업의 질 관리 활동을 위한 고찰'에 대한 토론. 대한의료사회복지사협회 워크숍 자료집. 19, 73-79.

Hong YS(2008). Past, present and future of hospice in Korea. *J Korean Med Assoc, 51*, 509-516.

Hwang DK, Son BD, Park KR, & Seo EW(2017). *Research on ways to strengthen medical support of the medical vulnerable*. Sejong: Korea Institute for Health and Social Affair.

Kim CG, Lee KJ, & Lee YS(2005). Developing curriculum for hospice social worker in Korea. *Korean J Soc Welf., 10*, 407-413.

Kim HS(2006). Studies on the care management applications for the terminal cancer patients. *Korean J Care Work, 2*(3), 128-149.

Lee HS(2012). The starting point of medieval medicine in Korea. *The Study of Early Korean History, 10*, 237-262.

Lee KS(2017). Definition of public health care and it's policy directions. *Public Health Affair, 1*(1), 79-97.

Lee YS(2001). Study on the qualification and services of social worker in hospice palliative care. *2001 Summer Symposium of Korean Society for Hospice and Palliative Care, 1*, 88-95.

Lim SO(2002). A Structional model for Quality of life in Stroke patients. *Doctoral dissertation*. Seoul: KyungHee University.

Ro YJ, Kang KA, Ko SJ, Gu YM, Gu IH, Kyun SH, et al.(2018). *Hospice and palliative care*. Seoul: Hyunmoonsa.

Seo MK(2009). Study on an ethical susceptibility of social work in hospice palliate care. *The Winter Symposium of Korean Society for Hospice and Palliative Care*. Seoul: Korean Society for Hospice and Palliative Care.

Son MS(2008). A study on the necessity of home visit rehabilitation therapy in care management. *Master's thesis*. Seoul: SamYook University.

Yeo IS, Lee HS, Kim SS, Sihn KH, & Kim YS(2018). *History of medicine in Korea*. Seoul: Yeogsagonggan.

You YC, & Ann CS(2009). A study of the relationships between perceived rehabilitation-motivation and quality of life in patients after a cerebrovascular accident. *The Journal of Korean Society of Occupational Therapy, 17*(2), 1-16.

국외 서적

Allen, K. M., & Spitzer, W. J. (2015). *Social work practice in healthcare: Advanced approaches and emerging trends*. California: Sage Publications.

American Psychiatric Association (2013). *Diagnostic and Statistical Manual of Mental Disorders* (DSM-5). Arlington, VA: American Psychiatric Publishing.

Anderson, G., Vestergaard, K., Ingemann, M., & Lauritzen, L. (1995). Risk factor for post-stroke depression. *Acta psychiatrica Scandinavica, 92*, 193-198.

Banou, E., Hobfoll, S. E., & Trochelman, R. D. (2009). Loss of resources as mediators between interpersonal trauma and traumatic and depressive symptoms among women with cancer. *Journal of Health Psychology, 14*(2), 200-214.

Bard, M., & Ellison, K. (1974). Crisis intervention and investigation of forcible rape. *Police Chief, 41*(5), 68-73.

Barker, R. L. (1999). *The Social Work Dictionary*(4th ed.). Washington, D.C.: NASW Press.

Ben-Zur, H., Gilbar, O., & Lev, S. (2001). Coping with breast cancer: Patient, spouse, and dyad models. *Psychosomatic Medicine, 63*(1), 32-39.

Bisson, J. I. (2003). Single-session early psychological interventions following traumatic events. *Clinical Psychology Review, 23*, 481-499.

Bracht, N. F. (Ed.) (1978). *Social work in health care: A guide to professional practice*. New York: The Haworth Press.

Brandsen, C. K. (2005). Social work and end-of-life care: Reviewing the past and moving forward. *Journal of Social Work in End-of-life & PalliativeCare, 1*(2), 45-70.

Burton, G. (1995). Psychological aspects of adaptation and adjustment during various phases of neurological disability. *Neurological Rehabilitation, 3*, 179-199.

Carlton, T. (1984). *Clinical social work in health settings: A guide to professional practice with exemplars*. New York: Springer Publishing Company.

Claiborne, N., & Vandenburgh, H. (2001). Social worker's role in disease management. *Health & Social Work, 26*, 217-225.

Compton, B. R., & Galaway, B. (1994). *Social work processes*(5th ed.). Belmont: Wadsworth.

Corey, M. S., Corey, G., & Corey, C. (2019). 집단상담 과정과 실제[*Groups: Process and practice* (10th ed.)]. 김진숙, 유동수, 전종국, 한기백, 이동훈, 권경인 역. 서울: (주)센게이지러닝코리아. (원저 2018년 출판)

Cowles, L. (2000). *Social work in the health field: A care perspective*. New York: The Haworth Social Work Practices Press.

__________ (2003). *Social work in the health field: A care perspective*(2nd ed.). New York: The Haworth Social Work Practices Press.

Croxton, T. A., Jayaratne, S., & Mattison, D. (1995). *Social work and emerging practice standards: A review and exploratory study*. Ann Arbor: University of Michigan, School of Social Work.

Csikai, E. L. (2004). Social workers' participation in the resolution of ethical dilemmas in hospice care. *Health and Social Work, 29*, 67-76.

Deimling, G. T., Kahana, B., Bowman, K. F., & Schaefer, M. L. (2002). Cancer survivorship and psychological distress in later life. *Psycho-Oncology, 11*(6), 479-494.

El Hamaoi, Y., Yaalaoui, S., Chihabeddine, K,. Boukind, E., & Moussaoui, D. (2006). Depression in mothers of burned children. *Archives of Womens Mental Health, 9*(3), 117-119.

Ferguson, E. A. (1969). *Social work: An introduction*. Philadelphia: J. B. Lippincott.

France, K. (2015). *Crisis intervention: A handbook of immediate person-to-person help*(6th ed.). Springfield: Charles C Thomas.

Germain, C. B. (1984). *Social work practice in health care: The Ecological Perspective*. New York: The Free Press.

Gonzalez Block, M. A. (1997). Comparative research and analysis methods for shared learning from health system reforms. *Health Policy, 42*(3), 187-209.

Goodman, J. C. (1980). *National health care in Great Britain: Lesson for the U.S.A.* Dallas, Texas: A Fisher Institute Publication.

Gwyther, L. P., Altilio, T., Blacker, S., Christ, G., Csikai, E., Hoyman, N., Kramer, B., Linton, J. M., Raymer, M., & Howe, J. (2005). Social work competencies in palliative and end-of-life care. *Journal of Social Work inEnd-of-Life & Palliative Care, 1*(1), 87-120.

Hall, E., Saxe, G., Stoddard, F., Kaplow, J., Koenen, K., Chawla, N., Lopez, C., King, L., & King, D. (2006). Posttraumatic stress symptoms in parents of children with acute burns. *Journal of Pediatric Psychology, 31*(4), 403-412.

Jim, H. S., & Jacobsen, P. B. (2008). Posttraumatic stress and posttraumatic growth in cancer survivorship: A review. *Cancer Journal, 14*(6), 414-419.

Johnson, C. A., Burridge, J. H., Strike, P. W., Wood, D. E., & Swain, I. D. (2004). The effect of combined use of botulinum toxin type A and functional electric stimulation in the treatment of spastic drop foot after stroke: A preliminary investigation. *Archives of Physical Medicine and Rehabilitation, 85*(6), 902-909.

Johnston, M., & Keister, M. (1984). Early rehabilitation for stroke patients: A new look. *Archives of Physical Medicine and Rehabilitation, 65*, 437-441.

Kadushin, A., & Kadushin, G. (1997). *The social work interview: A guide for human service professionals*. New York: Columbia University Press.

Kagle, J. D., & Kopels, S. (1997). 사회사업기록[*Social work records*]. 홍순혜, 한인영 역. 서울: 학문사. (원저 1991년 출판)

Krause, J. S., & Crewe, N. M. (1991). Chronologic age, timr since injury, and time of measurement: Effect on adjustment after spinal cord injury. *Archives of Physical Medicine & Rehabilitation, 72*, 91-100.

Lefetz, C., & Reich, M. (2006). Suicidal crisis in oncolo-gy: Assessment and care. *Bulletin du Cancer, 93*(7), 709-713.

Le Grand, F. (2003). *Private participation in health services*. Washington, DC: The World Bank.

Maguire, L. (2002). *Clinical social work: Beyond generalist practice with individuals, groups, and families*. Belmont: Brooks/Cole Publishing Company.

__________ (2012). 전문 사회복지실천 기술[*Clinical social work beyound generalist practice with individual, groups, and families*]. 배태순, 최명민, 김영미 역. 서울: (주)센게이지러닝코리아. (원저 2002년 출판)

Miller, R. S., & Rehr, H. (Eds.) (1983). *Social work issues in health care*. New Jersey: Prentice Hall.

Miller, W. R., & Rollnick, S. (2013). *Motivational interviewing: Helping people change*(3rd ed.). New York: Guilford Press.

Miley, K. K., O'Melia, M., & DuBois, B. (1995). *Generalist social work practice: An empowering approach*. Boston: Allyn and Bacon.

National Association of Social Workers (1987). *NASW Standards of for social work practice in health care settings*. Washington, DC: Author.

__________________________ (1989). *Standards for the practice of clinical social work*. Washington, DC: NASW.

National Economic Research Associates(NERA) (1993). *Summary and overview-financing health care with particularly reference to medician*. New York: NERA.

New Zealand Ministry of Health (2001). *A framework for determining the extent of public financing of programs and services, An overview of the health and disability sector in New Zealand*. Wellington: Ministry of Health.

NHS Executive (1997). *NHS Priorities and Planning Guidance 1998/99*. Leeds: NHS Executive.

Novalis, P., Rojcewicz, S., & Peele, R. (2006). 지지 정신치료[*Clinical manual of supportive psychotherapy*]. 박민철 역. 서울: 하나의학사. (원저 1993년 출판)

O'keefe, D. E. (1954). Psychiatric social work. In R. H. Kurtz(Ed.), *Social work year book*. New York: NASW Press.

Parad, H. J., & Parad, L. G. (1990). Crisis intervention: An introductory overview. In H. J., Parad, & L. G. Parad(Eds.), *Crisis intervention, book 2: The practitioner's sourcebook for brief therapy*(pp.3-68). Milwaukee: Families Intl.

Parker Oliver, D., Wittenberg-Lyles, E., Washington, K. T., & Sehrawat, S. (2009). Social work role in hospice pain management: A national survey. *Journal of Social Work in End-of-Life & Palliative Care, 5*, 61-74.

Payne, M. (2004). Social work practice identities: An agency study of a hospice practice. *Quarterly Journal of Social Workers, 16*(1), 5-15.

Perry, S., Difede, J., Musngi, G., Frances, A. J., & Jacobsberg, L. (1992). Predictors of post traumatic stress disorder after burn Injury. *The American Journal of Psychiatry, 149*, 931-935.

Phelps, C. E. (1980). Public sector medicine. In C. M. Lindsay(Ed.), *New directions in public health care*. San Francisco, CA: Institute for Contemporary Studies.

Puryear, D. A. (1979). *Helping people in crisis*. San Francisco: Jossey-Bass.

Reese, D. J., & Sontag, M. (2001). Successful inter-professional collaboration on the hospice team. *Health and Social Work, 26*(3), 167-174.

Roemer, M. I. (1991). *National health systems of the world*(The countries, Vol. 1). New York: Oxford University Press.

Ross, J. W. (1995). Hospital social work. *Encyclopedia of social work*, 1365-1377.

Rourke, M. T., Stuber, M. L., Hobbie, W. L., & Kazak, A. E. (1999). Posttraumatic stress disorder: Understanding the psychosocial impact of surviving childhood cancer into young adulthood. *Journal of Pediatric Oncology Nursing, 16*(3), 126-135.

Rustoen, T., & Begnum, S. (2000). Quality of life in women with breast cancer: A review of the literature and implications for nursing practice. *Cancer Nursing, 23*(6), 416-421.

Schenone, K. (2012). Health Care a Public or Private Good? Economics & Institutions, MGMT 7730-SIK, Dec. 9. New York: Rensselaer Polytechnic Institute.

Schlesinger, E. G. (1985). *Health care social work practice: Concepts and strategies*. St Louis, Missouri: Times Mirror/Mosby College Pub.

Shahar, I. B., Auslander, G., & Cohen, M. (1995). Utilizing data to improve practice in hospital social work: A case study. *Soc Work Health Care, 20*(3), 99-111.

Snoke, P., & Weinerman, E. R. (1965). Comprehensive Care Programs in University Medical Centers. *Journal of Medical Education, 40*, 625-657.

Strickler, M., & Bonnefil, M. (1974). Crisis intervention and social casework: Similarities and differences in problem-solving. *Clinical Social Work Journal, 2*(1), 36-44.

Sundara, D. C. (2011). Review of issues and concerns of family members of an adult burn survivors. *Journal of Burn Care & Research, 32*, 349-357.

Timms, N. (1964). *Psychiatric social work in Great Britain(1939-1962)*. London: Routledge & Kegan Oaul.

Toseland, R. W., & Rivas, R. (1995). *An introduction to group: Work practice*. New York: MacMillan, Inc.

Toseland, R. W., & Hacker, L. (1982). Self-help groups and professional involvement. *Social Work, 27*(4), 341-347.

Voigt, M., & Sinkjaer, T. (2000). Kinematic and kinetic analysis of the walking pattern in hemiplegic patients with foot-drop using a peroneal nerve stimulator. *Clinical Biomechanics, 15*(5), 340-351.

Wagner, C. C., & Ingersoll, K. S. (2016). 집단 동기강화상담[*Motivational interviewing in groups*]. 신성만, 권정옥, 김성재, 유채영, 이미형, 최승애 역. 서울: 박학사. (원저 2013년 출판)

Yalom, I. D. (1995). 최신 집단정신치료의 이론과 실제[*The theory and practice of group psychotherapy*-(3rd ed.)]. 최해림, 장성숙 역. 서울: 하나의학사. (원저 1993년 출판)

Zastrow, C. (1995). *The practice of social work*(5th ed.). Pacific Grove: Brooks/Cole.

사카노 유지(2005). 인지행동치료[認知行動療法]. 김외숙 역. 서울: 하나의학사. (원저 1995년 출판)

服部ガッツヒート(2008). ホスピタリティー(Hospitality). Tokyo: Maruzen.

참고 사이트

국가암정보센터 www.cancer.go.kr

국가통계포털 kosis.kr

국민건강보험공단 www.nhis.or.kr

국립암센터 www.ncc.re.kr

국립암센터 중앙호스피스센터 hospice.cancer.go.kr

국립중앙의료원 www.pubnet.or.kr

대한당뇨병학회 www.diabetes.or.kr

대한병원협회 www.kha.or.kr

대한의료사회복지사협회 www.kamsw.or.kr

뒤셀도르프 홈페이지 https://www.duesseldorf.de/seite-nicht-gefunden.html

법제처 국가법령정보센터 www.law.go.kr

보건복지부 www.mohw.go.kr

보건복지부 국립장기조직혈액관리원 www.konos.go.kr

서울시청 www.seoul.go.kr

위키미디어 commons.wikimedia.org

위키백과 ko.wikipedia.org

의료기관평가인증원 www.koiha.or.kr

인천광역시자살예방센터 www.ispc.or.kr

포천시정신건강복지센터 pocheonmind.com

플로리다 보건국 https://www.floridahealth.gov/socialwork

한국호스피스·완화의료학회 www.hospicecare.or.kr

저자 소개

이솔지 부산대학교 사회복지학 박사

현) 동명대학교 사회복지학과 교수
한국사회복지상담학회 이사
정신건강전문 상담서비스 온라인 플랫폼 '솔카운셀' 전문가 자문위원

전) 성은의료재단 연산병원·연산요양병원 사회사업과장
온사랑병원 중독연구소 정신건강전문요원
고신대학교 사회복지학과 겸임교수
동명대학교 사회복지학과 겸임교수
화신사이버대학교 경영사회복지학부 겸임교수

김진영 신라대학교 사회복지학 박사

현) 화신사이버대학교 사회복지학과 교수
한국사회복지상담학회 이사
사)한국자원봉사연합회 이사

전) 부산시보호아동자립지원센터 센터장
청소년자립지원시설 미네르바의집 원장
신라대학교 사회복지학과 강사
동명대학교 사회복지학과 겸임교수

김나리 부산대학교 사회복지학 박사과정 수료

현) 한국기술교육대학교 교양학부 외래교수

전) 부산경상대학교 사회복지행정계열 조교수
구평종합사회복지관 관장

권혜민 부산대학교 사회복지학 박사과정 수료

현) 동아대학교 사회복지학과 강사

전) 괴정병원 정신건강사회복지사
해운대자명병원 정신건강사회복지사
부산중독관리통합지원센터 교육상담팀장

의료사회복지론

첫째판 1쇄 인쇄 | 2022년 9월 5일
첫째판 1쇄 발행 | 2022년 9월 10일

지 은 이 이솔지, 김진영, 김나리, 권혜민
펴 낸 이 어진용
책임편집 태선옥
디 자 인 이지혜
펴 낸 곳 어가

10449 경기도 고양시 일산동구 장백로 20, 102동 202호(백석동, 동문굿모닝힐1차)
전화 031) 901-4222, 6318
팩스 031) 901-6319
이메일 uhga@uhga.co.kr
홈페이지 www.uhga.co.kr

등 록 2016년 7월 4일 · 제2016-000133호

ISBN 979-11-91109-78-8 (93330)
정가 23,000원